Bewertung von Fluglärm – Regionalplanung –
Planfeststellungsverfahren

Schriftenreihe der Hochschule Speyer

Band 158

Bewertung von Fluglärm – Regionalplanung – Planfeststellungsverfahren

Vorträge auf den Vierten Speyerer Planungsrechtstagen
und dem Speyerer Luftverkehrsrechtstag vom 13. bis 15. März 2002
an der Deutschen Hochschule für Verwaltungswissenschaften Speyer

Herausgegeben von

Jan Ziekow

Duncker & Humblot · Berlin

Bibliografische Information Der Deutschen Bibliothek

Die Deutsche Bibliothek verzeichnet diese Publikation in der Deutschen Nationalbibliografie; detaillierte bibliografische Daten sind im Internet über <http://dnb.ddb.de> abrufbar.

Fotoprint: Werner Hildebrand, Berlin
Printed in Germany

ISSN 0561-6271
ISBN 3-428-11164-8

Gedruckt auf alterungsbeständigem (säurefreiem) Papier
entsprechend ISO 9706 ♾

Vorwort

Der vorliegende Band faßt die Vorträge zusammen, die auf dem Speyerer Luftverkehrsrechtstag am 13. März 2002 und den Vierten Speyerer Planungsrechtstagen vom 13. bis 15. März 2002 an der Deutschen Hochschule für Verwaltungswissenschaften Speyer gehalten wurden. Unter den Teilnehmerinnen und Teilnehmern der Veranstaltungen waren Vertreter aller Ebenen der Verwaltung, der Verwaltungsgerichtsbarkeit, der Rechtsanwaltschaft, von Planungsträgern und -büros, der Politik, der Wirtschaft und der Wissenschaft. Meine Sekretärin, Frau *Erika Kögel*, hat sachkundig die Formatierung des Bandes übernommen; hierfür sei ihr gedankt. Darüber hinaus gebührt Frau *Kögel*, meiner Assistentin Frau Dr. *Annette Guckelberger* sowie den Herren Wissenschaftlichen Referenten Dr. *Thorsten Siegel*, *Martin-Peter Oertel*, Mag. rer.publ., und *Alexander Windoffer* herzlicher Dank für die Unterstützung bei der Vorbereitung und Durchführung der Tagung.

Speyer, im Januar 2003 *Jan Ziekow*

Inhaltsverzeichnis

Fluglärm: Schutzziele aus der Sicht des Umweltbundesamtes

Von Heidemarie Wende und Jens Ortscheid

I. Einleitung

Schalle und Geräusche werden über das Ohr wahrgenommen. Das Ohr ist immer offen. Während das Sinnesorgan Auge einen Schutzmechanismus aufweist – werden wir geblendet, können wir die Augen schließen –, fehlt dem Ohr eine derartige Schutzmöglichkeit. Geräusche dringen in unsere Privatsphäre ein, nehmen keinerlei Rücksicht darauf, ob wir sie wahrnehmen wollen oder nicht und zwingen uns andauernd zu einer mehr oder weniger ausgeprägten Geräuschanalyse. Wir sind Geräuschen ausgesetzt, die uns nicht interessieren, die wir trotzdem verarbeiten müssen. Sie können uns von dem, was wir eigentlich tun wollen, abhalten. Geräusche können zudem zu Hörschäden führen, beeinflussen u.a. den Hormonhaushalt, Herz- und Kreislauffunktionen und unseren Schlaf, lassen uns zerschlagen aufwachen. Das ist Lärm: Akustischer Input, Hörschall, der zu Störungen, Belästigungen, Beeinträchtigungen oder Schäden führen kann.[1] Lärm ist Teil unserer Umwelt.

II. Beeinträchtigung und Belästigung durch Fluglärm

Lärm kann man nicht mit physikalischen Messverfahren erfassen, denn Lärm ist das Ergebnis kognitiver Auseinandersetzung mit Geräuschen. Trotzdem wird versucht, Lärm zu messen. Messen kann man die physikalischen Eigenschaften von Geräuschen, den Schalldruck, das Geräuschspektrum etc. Man misst einzelne Geräuschereignisse, z. B. einen Überflug oder eine Vielzahl diverser Schallereignisse über eine definierte Beurteilungszeit. Zur Kennzeichnung über eine längere Zeit wird ein Mittelungspegel verwendet.[2] Ein solcher Mittelungspegel ist in der Lage, rund ein Drittel der Spannweite der individuel-

---

[1] DIN 1320 „Akustik, Begriffe", Ausgabe Juni 1992, Berlin.

[2] *Ortscheid,* J. / *Wende,* H., „Lärm – Erfassung und Bewertung", Zeitschrift für Umweltrecht, 12 (2002) 3, S. 185-189.

len Reaktionen auf Lärm vorherzusagen. Das ist zur Zeit das Maximum, was physikalische Messwerte bezüglich des Erlebens von Lärm liefern können. Zwei Drittel der Reaktionen auf Lärm haben also mit dem Schalldruck und dem, was physikalisch davon erfassbar ist, scheinbar nichts zu tun. Sie sind u. a. Ausdruck aktueller persönlicher Dispositionen und Intentionen, sind abhängig vom Geschlecht, vom sozialen Status und vielen anderen Dingen.

Geräusche können in vielfältiger Weise die Lebensbedingungen beeinträchtigen, betroffen sind vor allem die Kommunikation, die Erholung und Entspannung innerhalb der Wohnung, aber auch im Außenwohnbereich, konzentriertes geistiges Arbeiten, das psychische Befinden und die Wohnnutzung. Die Summe aller in einer bestimmten Situation erlebten Störungen, einhergehenden Empfindungen aufgrund der Geräuscheinwirkung wird als Belästigung bezeichnet. Belästigungen zählen zu den Hauptwirkungen des Umweltlärms. Die Belästigung ist *die* entscheidende Größe für die Beurteilung von Lärmbelastungen.

1. Bestehende Belastungssituationen

Belästigungsurteile bilden sich im allgemeinen aus längerfristigen Erfahrungen in und mit der Belastungssituation aus. Zur Abschätzung der Bedeutung des Lärms sind repräsentative Bevölkerungsbefragungen besonders geeignet, da sie den Bürger direkt nach Lärmbelästigungen fragen. Die nichtakustischen Einflussfaktoren werden somit berücksichtigt. Nach der im Auftrag des Bundesministers für Umwelt, Naturschutz und Reaktorsicherheit durchgeführten repräsentativen Umfrage zum Umweltbewusstsein im Jahr 2002[3] ist nach wie vor die dominierende Lärmquelle im Belästigungserleben der Straßenverkehr. Neben dem Straßenverkehr und den Nachbarn gehört der Flugverkehr zu den wichtigsten Quellen für Lärmbelästigung in Deutschland. In Tabelle 1 sind die Belästigungsdaten, die im Jahr 2002 erhoben wurden, aufgeführt. Im Vergleich zur Umfrage im Jahr 2000[4] ergeben sich bei den meisten Quellen nur geringfügige Veränderungen. Beim Fluglärm dagegen ist der Anteil der überhaupt nicht gestörten oder belästigten Bewohner in Deutschland gesunken. Hochgerechnet fühlen sich 2002 etwa 4 Mio. Menschen in Deutschland mehr durch Fluglärm belästigt als im Jahre 2000, insgesamt werden nunmehr rund 30 Mio. Bundesbürger durch Fluglärm belästigt.

---

[3] Umweltbewusstsein in Deutschland 2002, Ergebnisse einer repräsentativen Bevölkerungsumfrage, Bundesministerium für Umwelt, Naturschutz und Reaktorsicherheit 2002.

[4] Umweltbewusstsein in Deutschland 2000, Ergebnisse einer repräsentativen Bevölkerungsumfrage, Bundesministerium für Umwelt, Naturschutz und Reaktorsicherheit 2000.

Tabelle 1:
Lärmbelästigung durch verschiedene Quellen in Deutschland Umfrageergebnisse 2002

Lärmbelästigung in Deutschland 2002					
Grad der Belästigung	äußerst gestört u. belästigt	stark gestört u. belästigt	mittelmäßig gestört u. belästigt	etwas gestört u. belästigt	überhaupt nicht gestört u. belästigt
Quelle	Angaben in %				
Straßenverkehr	5	12	20	28	35
Nachbarn	2	4	11	23	60
Flugverkehr	2	5	9	21	63
Industrie u. Gewerbe	1	3	8	15	73
Schienenverkehr	1	4	7	11	77

Diese Umfragen sind für umweltpolitisches Handeln von hoher Bedeutung. Zur Unterstützung von Grenzwertsetzungen bedarf es darüber hinaus auch der Angaben über die Geräuschbelastung der Befragten. Sogenannte Dosis-Wirkungs-Beziehungen sind eine geeignete Grundlage für politische Entscheidungen. Anhand der Dosis-Wirkungs-Beziehungen ist es möglich, die Lästigkeitsreaktionen der Bevölkerung vorherzusagen. In verschiedenen Studien zeigt sich ein deutlicher Zusammenhang zwischen Belastung und Belästigung in der o. g. Größenordnung[5]. Die zur Kennzeichnung der Geräuschbelastung verwendeten üblichen akustischen Maße L_{eq} (äquivalenter Dauerschallpegel) und damit hochkorrelierte Pegelmaße wie der 24-Stunden-Mittelungspegel L_{dn} (Day-Night-Level) bzw. der zukünftig in der EU zur Erarbeitung strategischer Lärmkarten vorgeschriebene L_{den} (Day-Evening-Night-Level) mit Zuschlägen für die Nacht- bzw. Abendstunden haben sich gleichermaßen als geeignet erwiesen. In den meisten Studien wird „Highly Annoyed“ als Bewertungsmaßstab (% HA) verwendet. Als highly annoyed werden Personen gewertet, deren Urteile in die oberen 27% - 29% der vorgegebenen, z.T. sehr unterschiedlichen Bewertungs (Antwort)skalen fallen[6]. Man geht davon aus, dass bei einer Angabe „Highly

[5] *Zimmer,* K. / *Ellermeier,* W., „Eine deutsche Version der Lärmempfindlichkeitsskala von Weinstein“, Zeitschrift für Lärmbekämpfung 44 (1997), S. 107-110.

[6] *Schultz,* Th. J., „Synthesis of social surveys on noise annoyance”, The Journal of the Acoustical Society of America, Vol. 64 Nr. 2, S. 377-405, 1978; *Fidell,* S. / *Barber,* D. S., „Updating a dosage-effect relationship for the prevalence of annoyance due to general transportation noise, The Journal of the Acoustical Society of America, Vol. 89 Nr.1, S. 221-233, 1991; *Miedema,* H. M. E. / *Vos,* H., Exposure-response relationships

Annoyed“ der Einfluss der nichtakustischen Moderatoren auf das Urteil geringer und die Korrelation zwischen der Geräuschbelastung und dem Belästigungsurteil hoch ist[7]. In der EU-Umgebungslärm-Richtlinie[8] ist dagegen ein abweichendes Kriterium vorgesehen.

Beispiele für Dosis-Wirkungsbeziehungen enthält Bild 1.

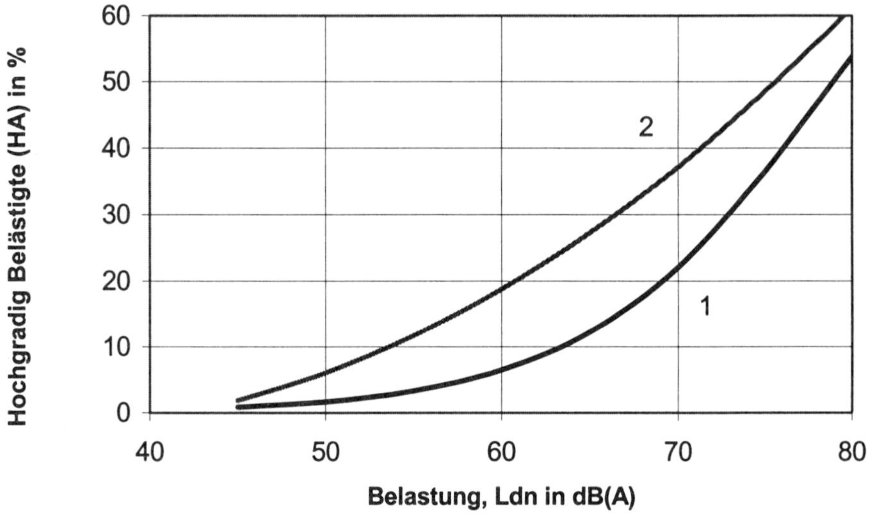

Bild 1: Zusammenhang zwischen der Belastung und der Belästigung, hochgradig belästigt (% HA)
1 FICON 1992[9]
2 Gezondheidsraad 1997[10]
Ldn = 24h-Mittelungspegel (15 Stunden am Tage und 9 Stunden mit einem Zuschlag von 10 dB in der Nacht)

---

for transportation noise", The Journal of the Acoustical Society of America, Vol. 104 Nr. 6 S. 3432-3445, 1998.

[7] *Schultz* (Fußn. 6).

[8] Richtlinie 2002 / 49 / EG des Europäischen Parlaments und des Rates vom 25. Juni 2002 über die Bewertung und Bekämpfung von Umgebungslärm, Amtsblatt der Europäischen Gemeinschaft L 189 / 12 vom 18.7.2002.

[9] Federal Interagency Committee On Noise, „Federal Agancy Review of Selected Airport Noise Analysis Issus", USA, 1992.

[10] Health Council of the Netherlands: Committee on Uniform environmental noise exposure metric, „Assessing noise exposure for public health purposes", Publikationsnr. 1997 / 23E.

Während in Kurve 1, die vom Federal Interagency Committee On Noise (USA)[11] veröffentlicht wurde, die Ergebnisse zahlreicher Studien zum Belästigungserleben durch alle Verkehrsarten zusammengefasst sind, basiert Kurve 2 nur auf Studien zum Fluglärm.

Nach Analyse der vorliegenden Arbeiten, die zum Zusammenhang zwischen Belastung und Belästigung auf der Basis von Personengruppen und bestehender Situationen vorliegen, lässt sich zusammenfassend feststellen, dass

- bei gleicher Geräuschbelastung sich durch Fluglärm im Vergleich zum Straßenverkehrslärm eine größere Anzahl der Befragten belästigt oder erheblich belästigt fühlt (Fluglärm-Malus). Der Malus wird in den einzelnen Studien unterschiedlich angegeben. Er ist u. a. abhängig vom betrachteten Belastungsbereich. Häufig wird ein Malus von ca. 5 dB genannt.[12]

2. Problematik einer Definition „Erhebliche Belästigung“

Einige Autoren führen aus, dass die Belastung, bei der sich mindestens 25 % der Betroffenen als „Highly Annoyed (HA)“ einstufen, als Grenze zur erheblichen Belästigung anzusehen ist. Die Autoren beziehen sich auf Arbeiten von *Grandjean* u.a 1969[13], *Tracor* 1972[14] und *Rohrmann* 1978[15]. Diese Schlussfolgerung kann aus diesen Arbeiten nicht abgeleitet werden:

Bei *Grandjean* u.a. z.B. finden sich zwar vergleichbare Zahlen, doch beziehen sich die Angaben nicht auf erhebliche Belästigung oder highly annoyed. Die Autoren schlagen vor, 20 – 25 % bei spontanen und 30 – 40 % bei direkt erfragten Klagen als *erheblichen Teil der Bevölkerung* zu bezeichnen. Eine Aussage über den Grad der Belästigung ist hiermit nicht verbunden. Zudem dürfte es ausgesprochen kritisch sein, ob 20 % oder 40 % der Bevölkerung als erheblich oder unerheblich anzusehen sind.

Tracor bezieht dagegen den Grad der Belästigung mit ein. Das Fluglärmproblem bekommt dann eine „ernste Natur“, wenn mehr als 25% „highly annoyed“ sind oder die Zahl offizieller Beschwerden 3% erreicht[16]. Die von *Tra-*

---

[11] S. Fußn. 9.

[12] *Taylor,* M., „Zur Lästigkeit von Verkehrslärm – Untersuchungen der McMaster Forschungsgruppe“, Zeitschrift für Lärmbekämpfung 42 (1995), S. 32-35; *Green,* D. M., „Eine Theorie der Belästigungsantworten auf der Grundlage der Schallbelastung“, Zeitschrift für Lärmbekämpfung 42 (1995), S. 3.

[13] *Grandjean,* E., in: Rohrmann, B. u.a., „Fluglärm und seine Wirkung auf den Menschen“, Verlag Hans Huber, Bern / Stuttgart / Wien, 1978.

[14] *Tracor* Inc., in: Rohrmann, B. u.a. (Fußn. 13).

[15] *Rohrmann,* B. u.a. (Fußn. 13).

[16] *Tracor* (Fußn. 14), S. 227.

cor angegebenen Werte sind reine Setzungen und definieren nicht die Grenze zur erheblichen Belästigung.

Rohrmann selbst hat gar keine Zahlen genannt, sondern die Schwierigkeiten bei der Festlegung von (Un-)Zumutbarkeitsgrenzen, deren Veränderlichkeit und die Unzulänglichkeit akustisch definierter Grenzwerte anhand eines Schemas aufgezeigt[17]. Auch daraus lassen sich die o.a. Werte nicht ableiten.

Die Frage, ab welcher Belastung Belästigungen im Sinne des BImSchG als erheblich zu werten sind, kann nicht ausschließlich seitens der Lärmwirkungsforschung beantwortet werden. Zum einen weisen Belästigungen und Beeinträchtigungen mit zunehmender Belastung (Stärke, Dauer, Häufigkeit) keine markanten Sprünge auf, sondern steigen kontinuierlich an, zum anderen sind derartige Zumutbarkeitsgrenzen eher soziale und politische Setzungen, die zudem eine Güterabwägung mit anderen gesellschaftlichen Wertstellungen erfordern, als empirische, mit wissenschaftlichen Methoden auffindbare Sachverhalte. Dies ist u. a. auch daran erkennbar, dass sich vorliegende Verordnungen, Verwaltungsvorschriften und Erlasse, in denen bisher Immissionsgrenz- oder -richtwerte zum Schutz vor schädlichen Umwelteinwirkungen durch Geräusche festgelegt worden sind, nicht auf einheitliche Wirkungsmaßstäbe stützen. Da sich die Beurteilungsverfahren in den quellenspezifischen Regelwerken unterscheiden (teilweise werden quellenspezifische Lästigkeitsunterschiede durch Zu- oder Abschläge berücksichtigt – 16. BImSchV; teilweise drücken sich Lästigkeitsunterschiede in unterschiedlichen Richtwerten aus – DIN 18005 Teil 1 – Orientierungswerte nachts), kann nicht davon ausgegangen werden, dass bei gleichem Beurteilungspegel auch mit der gleichen Belästigungswirkung zu rechnen ist. Vielmehr können erhebliche quellenspezifische Unterschiede bestehen, die zudem von der Höhe der Belastung abhängen. Daher lassen sich Beurteilungsverfahren und zugehörige Immissionsrichtwerte nicht schematisch auf andere Lärmquellen übertragen. Jedoch lassen die für verschiedene Lärmquellen festgelegten Immissionsrichtwerte Abschätzungen und Vergleiche zum Schutzniveau in Bezug auf das Ausmaß von Belästigungen zu[18].

Aus der Analyse der vorliegenden Studien lässt sich schlussfolgern, dass

- Belästigungsreaktionen bei 50 dB(A) (Leq; 16h; außen) am Tage beginnen,
- der Beginn der erheblichen Belästigungen tags bei Mittelungspegeln (Leq; 16h; außen) von 55 dB(A) gesehen werden muss.[19]

---

[17] *Rohrmann,* B. u.a. (Fußn. 15), S. 234; *Rohrmann,* B., „Psychologische Forschung und umweltpolitische Entscheidungen: das Beispiel Lärm", Beiträge zur psychologischen Forschung, Band 3, Opladen, 1984, S. 140.

[18] *Ortscheid,* J. / *Wende,* H., „Fluglärmwirkungen", Umweltbundesamt, 2000, S. 26.

[19] Es darf nicht übersehen werden, dass bei diesen Belastung auf der individuellen Ebene ein nicht unerheblicher Teil der Bevölkerung sich bereits belästigt oder erheblich belästigt fühlt.

3. Änderung der Belastungssituation

In nur geringem Umfang existieren Untersuchungen zu Änderungen in den Belästigungsreaktionen, wie dies für eine Bewertung von wesentlichen Änderungen oder einem Neubau, z.B. Bau einer neuen Start- und Landebahn oder eines neuen Flugplatzes, erforderlich wird. Hinweise, dass bei Erhöhungen sich mehr Personen belästigt oder hochgradig belästigt fühlen, findet man in den neueren Veröffentlichungen zum Flughafen Vancouver[20]. Die Untersuchungen erfolgten 1 ½ Jahre vor und knapp 2 Jahre nach der Eröffnung einer neuen Start- und Landebahn. In 3 Untersuchungsgebieten veränderte sich die Belastung nach der Eröffnung um 1, 3 und 7 dB(A). Bild 2 zeigt die daraus resultierenden Änderungen der Belästigungsreaktionen.

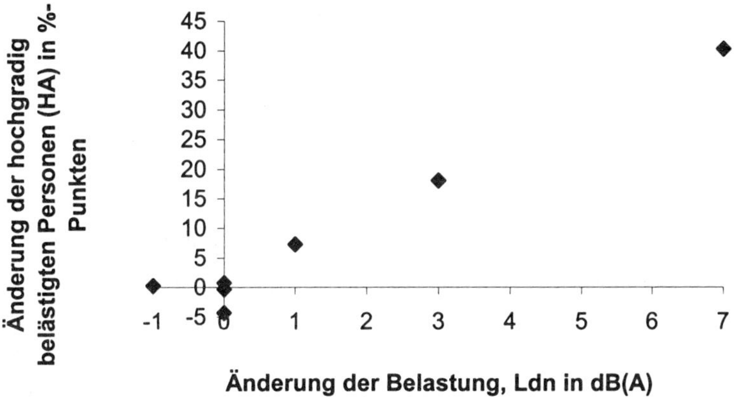

Bild 2: Flughafen Vancouver, Änderung der Belästigungsreaktionen in Abhängigkeit von der Änderung der Belastungssituation durch die Eröffnung einer neuen Start- und Landebahn

Bild 3 zeigt den Zusammenhang zwischen Belastung und Belästigung vor und nach der Änderung. Aufgetragen sind die Regressionsgeraden.

[20] *Fidell,* S. / *Silvati,* L. / *Haboly,* E., „Social survey of community response to a step change in aircraft noise exposure", The Journal of the Acoustical Society of America, Vol. 111 Nr. 1 S. 200-209, 2002.

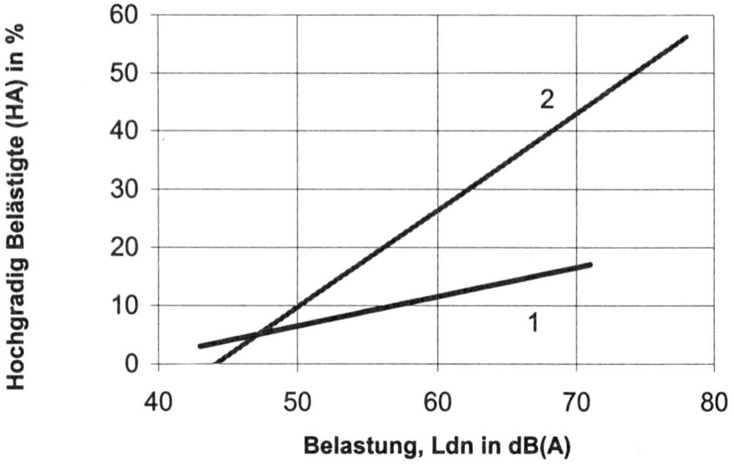

Bild 3: Flughafen Vancouver: Zusammenhang zwischen der Belastung und der Belästigung, hochgradig belästigt (% HA)
1 vor Eröffnung einer neuen Start- und Landebahn
2 nach Eröffnung einer neuen Start- und Landebahn

Die Ergebnisse am Flughafen Vancouver deuten darauf hin, dass

- bei Änderungen der Belastungssituationen die bekannten Dosis-Wirkungs-Beziehungen[21] die Belästigungsreaktionen unterschätzen und der Beginn der hochgradigen Belästigungen in diesen Fällen unter einem L_{eq} tags von 55 dB(A) liegt,
- im Vergleich zur „Bestandssituation" bei einer Änderung die gleichen Belästigungsreaktion (% HA) bei wesentlich geringeren Belastungen festzustellen sind. (Im Belastungsbereich der Bestandsituation von etwa L_{dn} = 60 dB(A) beträgt die Differenz z. B. ca. 7 dB(A)).

III. Kommunikationsstörungen

Für die Entfaltung der Persönlichkeit und für die soziale Entwicklung spielt die akustische Kommunikation eine bedeutende Rolle. Störungen der Kommunikation (Unterhaltung, Telefonieren, Fernsehen, Hören von Radio und Musik) gehen einher mit Gefährdung (Warnsignale werden nicht wahrgenommen),

[21] Vgl. *Miedema* u.a. (Fußn. 6) sowie Fußn. 9.

Verärgerung und Verhaltensänderung, wie lauteres Sprechen, Unterbrechen des Sprechens oder Erhöhung der Aufmerksamkeit beim Zuhören, und führen damit zu einer Minderung des Wohlbefindens. Kommunikationsstörungen werden bei Befragungen sehr häufig genannt[22]. Kommunikationsstörungen entstehen, wenn der gewünschte Schall (z. B. Sprache) durch den unerwünschten Schall (Lärm) ganz oder teilweise verdeckt wird. In ruhigen Umgebungen bevorzugen Personen einen Sprechpegel, gemessen in 1 m Abstand, von 54-60 dB(A)[23]. Der Interdisziplinäre Arbeitskreis für Lärmwirkungsfragen beim Umweltbundesamt[24] gibt einen etwas geringeren mittleren Sprechpegel bei ruhiger Sprechweise, gemessen in 1 m Entfernung, mit 50 – 55 dB(A) an.

Um eine gute bis sehr gute Sprachverständlichkeit zu erreichen, muss der Pegel des Störgeräusches mindestens 10 dB(A) geringer als der Sprechpegel sein. Dies würde bei einem Abstand des Hörers von 1 m im Mittel einen Störgeräuschpegel von maximal 45 dB(A) bedeuten. Diese Entfernung von 1 m liegt aber im häuslichen Bereich nur selten und im sozialen Bereich eher gar nicht vor, sondern meist größere Abstände. Da bei größeren Entfernungen beim Hörer ein geringerer „Sprechpegel“ ankommt, z.B. bei einer Verdopplung der Entfernung auf 2 m bei freier Schallausbreitung ein um 6 dB(A) geringerer, ist nur ein in gleichem Maße verringerter Störgeräuschpegel zulässig (etwa 40 dB(A)), um die gleiche Qualität der Sprachverständlichkeit zu erreichen.

Nach den vorliegenden Untersuchungsergebnissen lässt sich die Sprachverständlichkeit anhand der Sprechweise, des Abstandes zwischen Sprecher und Hörer sowie des Störgeräuschpegels vereinfacht wie folgt abschätzen:

- Für normalhörende Erwachsene besteht in Räumen üblicher Größe und Möblierung eine gute Sprachverständlichkeit, wenn bei entspannter Sprechweise der Störgeräuschpegel unter 40 dB(A) liegt.
- Außerhalb von Gebäuden gelten prinzipiell die gleichen Kriterien wie im Innenbereich. Es wird allerdings unterstellt, dass bezüglich der Kommunikation im Freien geringere Erwartungen bestehen, dem Sprecher werden Anstrengungen zugemutet. Mit Störungen der Kommunikation am Tage ist bei Mittelungspegeln oberhalb von etwa 50 dB(A) zu rechnen. Sprechpegel über 60 dB(A) werden als anstrengend und belästigend bewertet.

---

22 *Guski,* R., „Psychosoziale Lärmwirkungen“ in: Wichmann / Schlipköter / Fülgraff, Handbuch der Umweltmedizin, Landsberg / Lech, 22. Erg.Lfg. 7 / 01.

23 *Lazarus-Mainka,* G., „Faktoren der Belästigung bei der sprachlichen Kommunikation unter Geräuscheinwirkung“, Zeitschrift für Lärmbekämpfung 40 (1993) S. 129 ff.

24 Interdisziplinärer Arbeitskreis für Lärmwirkungsforschung beim Umweltbundesamt, „Die Beeinträchtigung der Kommunikation durch Lärm“, Zeitschrift für Lärmbekämpfung 32 (1985) S. 95-99.

- Bei jüngeren Kindern sind schärfere Anforderungen an die Bedingungen für eine gute bis sehr gute Sprachverständlichkeit zu stellen, da sie bei Störgeräuschpegeln, die bei Erwachsenen keine Minderung der Sprachverständlichkeit bewirken, ähnlich klingende Wörter aufgrund ihres noch nicht voll ausgeprägten akustischen Gedächtnisses nicht unterscheiden können.

IV. Beeinträchtigungen des Nachtschlafes

Der Schlaf dient der physischen und psychischen Erholung. Die Erholung hängt von der Dauer und von der Kontinuität des Schlafes ab. Der „Nicht erholsame Schlaf" ist mit Einschränkungen der Gesundheit, der geistigen und körperlichen Leistungsfähigkeit, der Teilhabe am beruflichen und sozialen Leben und daraus resultierenden Einschränkungen der Lebensqualität der Betroffenen verbunden. Der „Nicht erholsame Schlaf" wird über die Befindlichkeitsstörung hinaus zu einem gesellschaftlich relevanten und sozialmedizinisch bedeutsamen Problem[25].

Unter Störungen des Schlafes werden physikalisch messbare und mit soziopsychologischen Methoden erhobene Abweichungen vom normalen Schlafablauf bezeichnet[26]. Der Schlaf kann durch verschiedene Einflüsse gestört werden. Akustische Reize zählen zu den äußeren Einflüssen, die den Schlaf beeinträchtigen können.

In vielen Studien zum Einfluss von Lärm auf den Schlaf werden neben den physikalisch gemessenen Daten auch Angaben über die psychologischen Wirkungen des nächtlichen Lärms durch Befragungen ermittelt. Diese werden wie bei den Befragungen zur Belästigung am Tage der objektiven Geräuschbelastung gegenübergestellt, die zumeist für jeweils eine Gruppe von Befragten an einem repräsentativen Messpunkt außerhalb der Wohngebäude bestimmt wird. Die Angaben zur nächtlichen Störung des Schlafes hängen ebenso wie die Antworten zur Belästigung am Tage von einer Vielzahl von Faktoren (Alter, körperliches Befingen etc.) ab. Als Minderungen der empfundenen Schlafqualität werden bei den Befragungen Einschlaf-, Wiedereinschlafschwierigkeiten und Aufwachen sowie Müdigkeit am folgenden Tag angeführt. Als belästigend wird daneben auch das Schließen der Fenster angegeben, das für ein Durchschlafen oder Wiedereinschlafen erforderlich ist.

---

[25] „Nicht erholsamer Schlaf", Leitlinie der Deutschen Gesellschaft für Schlafforschung und Schlafmedizin.

[26] *Baust,* W., „Ermüdung, Schlaf und Traum", Frankfurt / M., 1971, S. 123 ff.

Bild 4 zeigt beispielhaft die Beziehungen zwischen der nächtlichen Belastung und den hochgradig durch Schlafstörungen belästigten Personen (HS %).

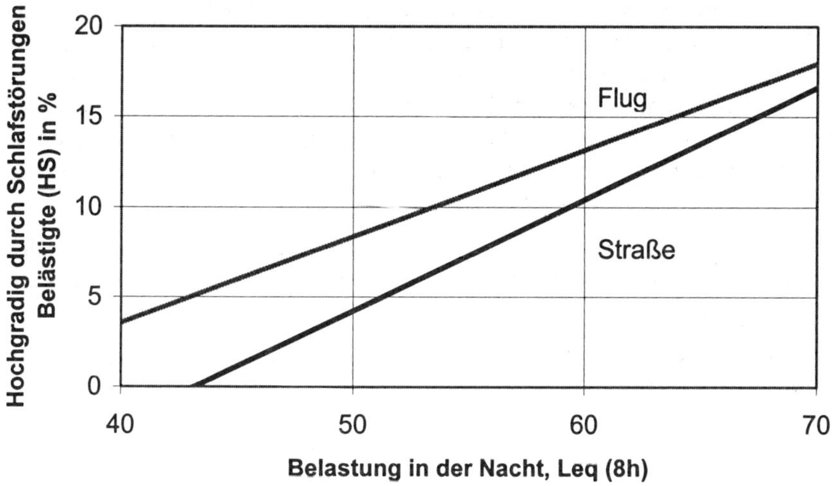

Bild 4: Zusammenhang zwischen der Belastung und der Anzahl von Personen, die angeben, hochgradig durch Schlafstörungen belästigt zu sein (higly sleep-disturbance annoyed (HS)) Gezondheidsraad 1997[27]

Nach Analyse der vorliegenden Arbeiten zum Zusammenhang zwischen Belastung und Belästigung nachts auf der Basis von Personengruppen lässt sich zusammenfassend feststellen, dass

- etwa ab einem L_{eq} von 40 dB(A) nachts außen Schlafstörungen berichtet werden,
- oberhalb eines L_{eq} von 45 dB(A) nachts außen erhebliche fluglärmbedingte Beeinträchtigungen beobachtet werden,
- nächtlicher Fluglärm hinsichtlich seiner Belästigungswirkung den Straßenverkehrslärm übertrifft. Er wäre somit mit einem Malus für den Beurteilungszeitraum Nacht zu versehen bzw. die im L_{den} implizierte Gewichtung müsste neu justiert werden.

[27] Health Council of the Netherlands (Fußn. 10).

Von einer Störung des Schlafes wurde in der Vergangenheit und wird z.T. noch heute oft nur gesprochen, wenn Geräusche zum erinnerbaren Aufwachen führen. Nach den Erkenntnissen der Schlafforschung in den letzten 20 Jahren können auch Schlafstörungen, die nicht zum Aufwecken (keine sichtbaren Weckreaktionen im EEG oder Änderungen im Verhalten) führen, den Schlaf z.T. so stark beeinträchtigen, dass die Leistungsfähigkeit am nächsten Tag nicht uneingeschränkt gegeben ist. Vorliegende Ergebnisse zeigen, dass durch Störungen des Schlafes Folgeschäden nicht ausgeschlossen werden können[28]. Ob und welche Änderungen in welchem Umfang gesundheitlich relevant sind, ist abschließend noch nicht geklärt. Deshalb müssen Beeinträchtigungen des Schlafes außerordentlich kritisch gesehen werden.

Die Ergebnisse der Laboruntersuchungen und epidemiologischen Studien streuen z.T. erheblich. Hinsichtlich der Belastbarkeit der Daten bestehen deutliche Unterschiede.

Bild 5 zeigt eine Kurve, in der die Ergebnisse mehrerer Fluglärmstudien zusammengefasst sind.

---

[28] *Raschke,* F., „Arousals bei Fluglärm – umweltbedingte Schlaf- und Gesundheitsstörungen aus schlafmedizinischer Sicht", in: „Nachtfluglärmproblematik", Schriftenreihe des Vereins für Wasser-, Boden- und Lufthygiene, Nr. 111, Berlin 2001.

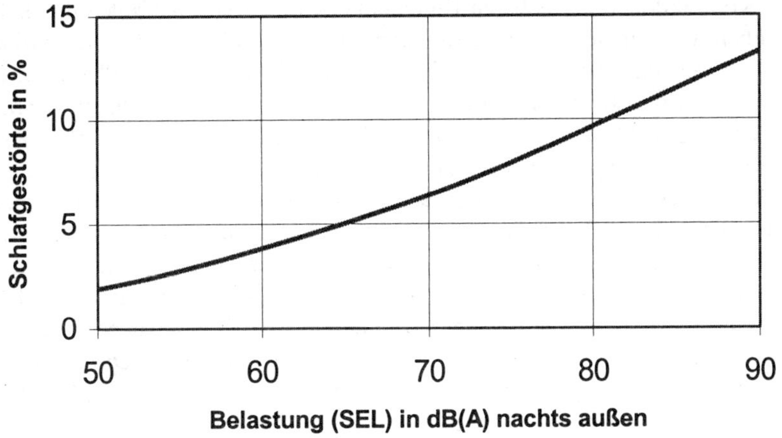

Bild 5: Zusammenhang zwischen der Belastung und Personen mit Aufwachreaktionen / Schlafstadienänderungen (Ergebnisse mehrerer Feldstudien), FICAN 1998[29]

SEL = Einzelereignispegel, Mittelungspegel, der auf die Dauer von 1s bezogen wird. Bei Überflügen ist der SEL immer höher als der L_{max}

Die Ergebnisse der physiologischen Untersuchungen zur Beeinflussung des nächtlichen Schlafes durch Lärm zeigen, dass

- Einzelereignisse oberhalb 50 dB(A) (L_{max}, innen) zu Veränderungen des Schlafablaufes bzw. zum Aufwachen führen,
- bei Dauerschallpegeln (L_{eq} < 30 dB(A), innen) ein weitgehend ungestörter Nachtschlaf noch möglich sein dürfte.

V. Risiken für Herz-Kreislauf-Erkrankungen

Seit längerer Zeit ist die Hypothese, dass eine hohe Lärmbelastung, die über mehrere Jahre besteht, ein erhöhtes Risiko für Herz-Kreislauf-Erkrankungen bewirkt, Gegenstand von Forschungsaktivitäten.

Die Hypothese leitet sich aus dem allgemeinen Stressmodell ab. Lärm führt zu unspezifischen Stressreaktionen. Wache Menschen reagieren auf Lärmbelas-

[29] Federal Interagency Committee On Aviation Noise, „Aviation Noise Research conducted by FICAN Member Agencies", USA, 1998.

tungen direkt oder bei Lärmbelästigungen indirekt mit vermehrter Ausschüttung verschiedener Stresshormone, Blutdruck- und Herzfrequenzänderungen und Kontraktionen der äußeren Blutgefäße. Kurzfristiges Auftreten dieser Reaktionen, wie wir sie auch in bestimmten Situationen ohne Geräuscheinwirkung (z.B. Prüfungen) erleben können, ist wahrscheinlich ohne gesundheitliche Relevanz. Die o.a. Reaktionen treten reflexartig bei Momentanpegeln oberhalb von etwa 60 dB(A) auf, können aber bei biologisch relevanten Signalen (Knalle, Sprache) sowie je nach Affektlage (Verärgerung, Angst) auch schon bei sehr niedrigen Pegeln beobachtet werden. Für die Dauer der Reaktionen spielen Sensibilisierung und Gewöhnung eine wichtige Rolle. Eine lang andauernde Lärmbelastung (über mehrere Jahre) kann in eine permanente Verschiebung des physiologischen Gleichgewichtes münden. Daraus können chronische Schädigungen im Herz-Kreislauf-System resultieren. Wie Tierversuche zeigen, ist dies besonders deutlich, wenn Lärm als Zusatzstressor auftritt. Die in Tierversuchen gewonnenen Erkenntnisse können nicht eins zu eins auf den Menschen übertragen werden, da die subjektive Bewertung des Lärms von Bedeutung ist. Schwierig ist auch eine Extrapolation der Ergebnisse aus Arbeitslärmstudien auf Umweltsituationen. Niedrigere Lärmbelastungen im Umweltbereich rufen stärkere Verärgerungen hervor als die höheren Belastungen am Arbeitsplatz. Auch die Ergebnisse von Laborstudien, in denen bestimmte vegetative Reaktionsgrößen untersucht wurden, können nicht ohne weiteres herangezogen werden. Es fehlen häufig Angaben für eine Beurteilung der Objektivität, Reliabilität und Validität. Insbesondere die Untersuchungen der Veränderungen der Fingerpulsamplitude unter Lärmeinwirkung stehen in der Kritik. Daher sind epidemiologische Felduntersuchungen erforderlich, um quantitative Aussagen zu ermöglichen. In diesen Studien muss eine Vielzahl von Risikofaktoren für Herz-Kreislauf-Erkrankungen kontrolliert werden (z.B. Alter, Geschlecht, Gewicht, erbliche Vorbelastung, Lebensgewohnheiten etc.), um Fehlinterpretationen zu vermeiden.

Derzeit sind keine belastbaren Untersuchungen bekannt, die direkte, extraaurale Gesundheitsbeeinträchtigungen durch Fluglärm nachgewiesen haben. Hinweise, dass Gesundheitsrisiken durch Fluglärm nicht per se ausgeschlossen werden können, finden sich in älteren Untersuchungen. Wegen fehlender akustischer Daten sind sie oft nur bedingt nutzbar. Der Bereich der Gesundheitsbeeinträchtigung könnte jedoch aus vorliegenden epidemiologischen Arbeiten zu Herzerkrankungen, die allerdings nur Straßenverkehrslärmbelastungen betreffen, abgeleitet werden. Die Studien weisen z.T. erhebliche methodische Unterschiede auf. Untersucht wurden u.a. Blutdruck, ischämische Herzkrankheiten einschließlich akutem Myokardinfarkt, etc. In Bild 6 sind die Ergebnisse vorliegender Studien zusammengestellt, der Tabelle 2 können die Erläuterungen der Abkürzungen entnommen werden. In Bild 6 ist der relative Risikofaktor für lärmbelastete Personen dargestellt. Bei nach rechts verschobenen Balken, bezogen auf das relative Risiko von 1,0, haben Personen mit höherer Belastung durch Straßenverkehrslärm im Vergleich zu weniger belasteten ein höheres Risiko für ischämische Herzerkrankungen. Wie die Anzahl der nach rechts verschobenen Balken zeigt, wurden in den meisten Studien Risikoerhöhungen ermittelt. In nur sehr wenigen Studien sind die Ergebnisse statistisch signifikant. Dies kann jedoch nicht als Nachweis gewertet werden, dass keine Risikoerhöhung vorliegt.[30] Auch kann nicht geschlussfolgert werden, dass bei höheren Belastungen das Wirkungsmodell statistisch belastbarer wäre, wie dies Ausführungen zu „Kritischen Toleranzwerten" vermuten lassen[31].

Tabelle 2:

Verwendete Abkürzungen zur Charakterisierung der in Bild 6 aufgeführten Studien

Merkmal	Code	Bedeutung
Geschlecht:	m	Männer
	f	Frauen
Lärmmessung:	o	Objektiv (Schallpegel)
	s	Subjektiv (Belästigung, Straßentyp)
*		
Lärmart:	a	Fluglärm
	r	Straßenverkehrslärm
Ischämische Herzkrankheit:	p	Angina pectoris
	h	Herzbeschwerden
	e	EKG-ischämische Zeichen
	y	Myokardinfarkt
	i	Ischämische Herzkrankheiten
	v	Kardiovaskuläre Beschwerden allgemein

* dunkle gefüllte Balken beziehen sich auf objektive Expositionserhebung (Ermittlung von Schallpegeln), helle Balken auf subjektive Expositionserhebung (Belästigungsangaben)

[30] *Ortscheid,* J., „Anmerkungen zur Ergebnissen der epidemiologischen Lärmwirkungsforschung", Zeitschrift für Lärmbekämpfung. 42 (1995), S. 169-174.

[31] *Griefahn,* B., „Extraaurale Lärmwirkungen", in diesem Band S. 27 ff.

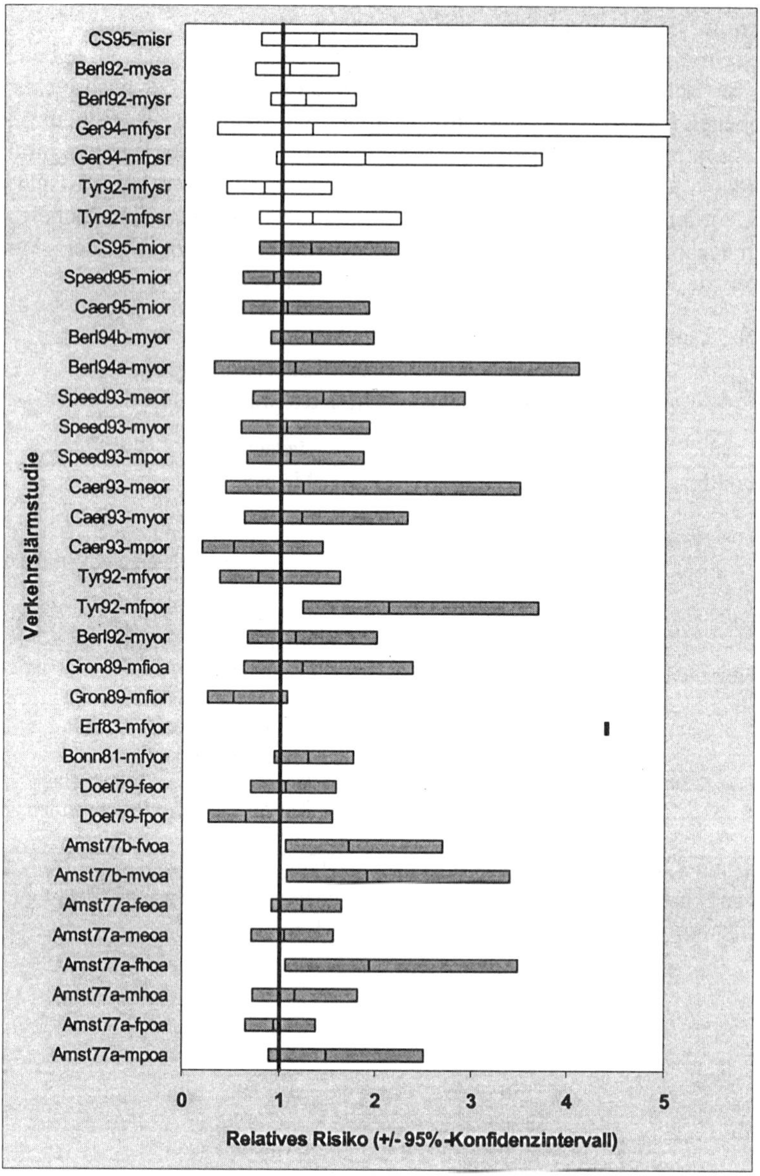

Bild 6: Gesamtübersicht über epidemiologische Studienergebnisse zum Zusammenhang zwischen Verkehrslärm und ischämischen Herzkrankheiten[32] (Studienbeschreibung: „Ort-Jahr-Studiencharakteristika", vgl. Tabelle 2)

[32] Umweltbundesamt, Daten zur Umwelt 2000, Berlin 2001.

Die vorliegenden Studien zum Zusammenhang zwischen Straßenverkehrslärm und ischämischen Herzerkrankungen zeigen, dass

- Personen, die mit Mittelungspegeln über 65 dB(A) am Tage belastet sind, im Vergleich zu weniger belasteten Personen mit Mittelungspegel am Tage unter 55 dB(A) ein höheres Risiko für ischämischen Herzkrankheiten haben.

VI. Risiken für Gehörschädigungen

Im Ohr wird die mechanische Energie der Schallwellen umgewandelt. Die Schallwellen lösen elektrische Nervenimpulse aus, die über den Hörnerv an die Großhirnrinde weitergeleitet werden. Der Höreindruck entsteht.

Die eigentlichen Schallwandler sind die Haarzellen mit den Sinneshärchen (Zilien) in unserem Innenohr. Bei einer Überlastung des Innenohres durch Schall können diese Härchen beeinträchtigt werden. Ist die Überlastung kurzzeitig und „moderat" werden sie nur vorübergehend beeinträchtigt, es treten temporäre Hörschwellenverschiebungen auf, bei extremer Überlastung werden sie irreparabel mechanisch geschädigt, sie können abbrechen. Ein permanenter Hörschaden entsteht. Er kann auch entstehen, wenn nach „moderaten" Überlastungen Ruhepausen fehlen.

Die vorliegenden Arbeiten zeigen, dass

- bei einzelnen, seltenen Überflügen keine akuten Schädigungen des Gehörs zu erwarten sind, wenn der Maximalpegel 115 dB(A) (am Ohr) nicht übersteigt und die Anstiegsgeschwindigkeit des Pegels unter 60 dB(A) pro s liegt,
- bei Überflügen mit hoher Anstiegsgeschwindigkeit in dichter Folge oder großer Häufigkeit die Maximalpegel (am Ohr) höchstens 105 dB(A) betragen sollten,
- bei anhaltender Lärmbelastung bleibende Minderungen der Hörfähigkeit (analog ISO 1999[33]) nicht zu erwarten sind, wenn die auf eine Beurteilungszeit von 24 h bezogenen Mittelungspegel am Ohr der Betroffenen unter 70 dB(A) liegen.

---

[33] ISO 1999 „Acoustics – Determination of occupational noise exposure and estimation of noise-induced hearing impairment", International Organization for Standardization, 1990.

VII. Qualitätsziele

In Vorbereitung einer Novelle des Gesetzes zum Schutz gegen Fluglärm[34] hat das Umweltbundesamt Ziele zum Schutz gegen Fluglärm formuliert[35]. Bei ihrer Entwicklung erfolgte eine Orientierung am Bundes-Immissionsschutzgesetz. Die Qualitätsziele umfassen folgende Wirkungsbereiche:

- Aurale, extraaurale Gesundheit
- Nachtschlaf
- Belästigung
- Kommunikation
- Rekreation.

Analog zu anderen Verkehrslärmquellen (Schienenverkehr, Straßenverkehr) wurden Schutzziele auf der Basis von Mittelungspegeln für den Tag mit einem Beurteilungszeitraum von 16 Stunden und für die Nacht (8 Stunden) außen von Gebäuden abgeleitet:

- *Vermeidung erheblicher Belästigungen* durch Begrenzung der Fluglärmbelastung (außen) auf Mittelungspegeln unterhalb von *55dB(A)* tags und *45dB(A)* nachts.[36]
- Bei Fluglärmbelastungen (außen) oberhalb von *60dB(A)* tags und *50dB(A)* nachts sind *Gesundheitsbeeinträchtigungen* nicht mehr auszuschließen.

Der Sachverständigenrat für Umweltfragen kommt in seinem Gutachten 2002[37], zu dessen Themen auch Fluglärm und die Novelle des Fluglärmgesetzes gehört, grundsätzlich zu gleichen Werten.

---

[34] Gesetz zum Schutz gegen Fluglärm vom 31. März 1971, BGBl. I S. 282.

[35] *Ortscheid,* J. / *Wende,* H., „Fluglärmwirkungen“, Umweltbundesamt, 2000.

[36] Bei Belastungen unterhalb dieser Werte werden bei zu Lüftungszwecken geöffneten Fenstern in Wohnräumen erhebliche Belästigungen, Schlafstörungen, Kommunikationsstörungen weitestgehend vermieden und Gesundheitsbeeinträchtigungen ausgeschlossen.

[37] Umweltgutachten des Sachverständigenrates für Umweltfragen, Bundestagsdrucksache 14 / 8792.

Extraaurale Lärmwirkungen und Bewertung von Fluglärm

Von Barbara Griefahn*

Zusammenfassung

Lärm ist unerwünschter und / oder die Gesundheit schädigender Schall, der – abgesehen von der Lärmschwerhörigkeit – zahlreiche extraaurale Reaktionen verursacht. Primärreaktionen sind Störungen und Beeinflussungen der Kommunikation, des Schlafes und vegetativer Funktionen. Deren Folgen (Sekundärreaktionen) können Leistungsbeeinträchtigungen und Belästigungen sein. Die Annahme klinisch relevanter Gesundheitsstörungen ist gegenwärtig noch nicht eindeutig gesichert. Auf der Grundlage gesicherter Erkenntnisse und unter dem Aspekt der Vorsorge werden hier für den besonders stark belästigenden Flugverkehrslärm Bewertungsgrenzen für unterschiedliche Schutzziele vorgeschlagen.

I. Einleitung

Als unerwünschter und / oder die Gesundheit schädigender Schall beschreibt der Begriff ‚Lärm' die Reaktion des Menschen auf eine physikalische Belastung. Eine erhebliche Belastung stellen die von Straßen-, Schienen- und Luftverkehr emittierten Geräusche dar. Obwohl die einzelnen Verkehrsmittel in den letzten 15 Jahren deutlich leiser geworden sind, ist die Gesamtbelastung aufgrund der höheren Verkehrsdichte angestiegen. Eine weitere Zunahme ist abzusehen. Das Verkehrsaufkommen wird bis zum Jahr 2010 gegenüber 1995 um 50 – 80 % ansteigen, in der Nacht weit stärker als am Tage. Da die bestehenden Regelungen zum Schutz der Bevölkerung gegen Fluglärm unzureichend sind, wird hier – basierend auf gesicherten wissenschaftlichen Erkenntnissen und un-

---

* Autoren: Klaus *Scheuch*, Technische Universität Dresden; Gerd *Jansen*, Heinrich-Heine Universität Düsseldorf; Manfred *Spreng*, Universität Erlangen. Der Vortrag auf dem Speyerer Luftverkehrsrechtstag wurde von Barbara *Griefahn* gehalten.

ter dem Aspekt der Vorsorge ein Bewertungsschema für Fluglärm vorgeschlagen.

II. Lärmwirkungen

1. Aurale Lärmwirkungen

Als Krankheit mit Anspruch auf Versicherungsleistungen gilt lediglich die Lärmschwerhörigkeit. Dieser irreversible Hörverlust ist trotz adäquater Möglichkeiten der Prävention die am häufigsten entschädigte Berufskrankheit. Sie ist zu erwarten, wenn die Mittelungspegel am Arbeitsplatz 85 dB(A) überschreiten oder wenn Impulsspitzen zwischen 130 und 150 dB(A) auftreten. Im außerberuflichen Bereich sind solche Pegel eher selten. Exzessiver Freizeitlärm mit entsprechenden Hörverlusten ist aber u. a. möglich bei Heimwerkern, Sportschützen, Disco-Besuchern und Benutzern von Walkmen.

2. Extraaurale Lärmwirkungen

Die extraauralen Lärmwirkungen werden nach dem Zeitpunkt ihres Auftretens unterteilt. Die primären Wirkungen unmittelbar im Anschluss an den Lärm(beginn) rufen ihrerseits Sekundärwirkungen hervor, die langfristig u.U. zur Genese und Manifestation chronischer Erkrankungen beitragen können.

a) Primäre Lärmwirkungen

In sozialwissenschaftlichen Interviews werden am häufigsten Störungen der Kommunikation genannt. Störungen der Ruhe, der Entspannung und des Schlafes sind zwar seltener, werden aber als besonders gravierend empfunden. Diese primären Wirkungen beeinträchtigen ihrerseits Leistung, Befinden und Verhalten.

Kommunikationsstörungen: Störgeräusche behindern die akustische Kommunikation direkt durch Verdecken des Kommunikationsschalls oder indirekt durch Ablenken von der Arbeitsaufgabe. Während die wiederholte Unterbrechung persönlicher Gespräche schon ärgerlich ist, wird die Störung der Einwegkommunikation (TV / Radio) als besonders lästig empfunden, da die Informationen unwiderruflich verloren gehen. Die Folgen sind Verärgerung, Leistungsabfall und Gefährdung der Sicherheit, wenn Warnrufe oder Warngeräusche (z. B. Heißlaufen von Maschinen) nicht mehr gehört werden. In solchen Situationen, in denen die Kommunikation nur noch mühsam aufrecht erhalten oder auf das Notwendigste begrenzt wird, sind soziale Störungen unausweichlich.

Störungen der Ruhe, der Entspannung und des Schlafes: Die als besonders gravierend empfundenen nächtlichen Schallbelastungen reichen von passageren Änderungen im Hirnstrombild bis hin zu partiellem Schlafentzug (infolge verlängerten Einschlafens, vermehrter und verlängerter intermittierter Wachphasen, vorzeitigen terminalen Aufwachens). Erinnerte Wachphasen, deren Dauer und Verlauf bestimmen im Wesentlichen die subjektiv empfundene Schlafqualität. Chronische lärmbedingte Schlafstörungen beeinträchtigen die Befindlichkeit und die Leistung.

Vegetative (autonome) Reaktionen: Das Vegetativum reagiert mit zahlreichen unspezifischen Funktionsänderungen (beschleunigte Herzschlagfrequenz, Verengung peripherer Blutgefäße etc.). Diese nicht gewöhnungsfähigen Stressreaktionen werden primär durch den physikalischen Reiz und nicht als Folge subjektiver Beeinträchtigungen ausgelöst, also auch bei Personen, die subjektiv nicht (mehr) auf Lärm reagieren, ebenso beim schlafenden Menschen, ohne dass eine bewusste Wahrnehmung erfolgt.

b) Sekundäre Lärmwirkungen

Leistungsverhalten: Arbeitsabläufe, bei denen akustische Informationen eine wesentliche Rolle spielen, werden beeinträchtigt, wenn Störgeräusche den Kommunikationsschall verdecken. Besonders empfindlich gegenüber Lärmeinwirkungen sind Lernprozesse. Dies gilt vor allem für den Spracherwerb des Kleinkindes und die Transformation zwischen Schrift- und Lautsprache beim Schulkind. Während der Erwachsene eine nur teilweise gehörte Information noch verstehen kann, ist dies dem Kind noch nicht möglich.

Leistungen, bei denen akustische Informationen keine Rolle spielen, können unter Einwirkung von Lärm gesteigert, vermindert oder unbeeinträchtigt sein. Eine Erklärung hierfür ist, dass optimale Leistungen ein bestimmtes Erregungsniveau voraussetzen, das mit dem Pegel ansteigt. Bei Überschreiten eines bestimmten Niveaus fällt die Leistung wieder ab. Pegel und Leistung sind durch eine umgekehrt u-förmige Funktion verknüpft, deren Scheitelpunkt sich umso mehr zu den niedrigen Pegeln hin verschiebt, je komplexer und schwieriger die Arbeitsaufgabe ist und wenn weitere Belastungen, wie etwa Zeitdruck, hinzukommen. Lärm erschwert vor allem die Informationsverarbeitung, kreative Tätigkeiten und Planungsarbeiten.

Leistungsabfälle sind auch zu erwarten, wenn Geräusche von der Arbeitsaufgabe ablenken. Dies ist umso wahrscheinlicher, je bedeutsamer der Störschall für das betreffende Individuum ist, je stärker die Frequenz und die zeitliche Verteilung der Pegel variieren. Die Konzentrationsfähigkeit kann schließlich auch als Folge lärmbedingter Schlafstörungen beeinträchtigt sein.

Belästigung, Verärgerung, Verhalten: Störungen der Kommunikation, der Ruhe, der Entspannung und des Schlafes verursachen das Gefühl der Belästigung und Verärgerung. Das Ausmaß dieser Lärmfolgen ist jedoch in erheblichem Umfang durch individuelle und situative Faktoren bestimmt. So kann ein Musikstück, das normalerweise zur Entspannung beiträgt, durchaus lästig werden, wenn gleichzeitig eine schwierige geistige Aufgabe zu bewältigen ist.

Zu den akustischen Variablen, die das Ausmaß der Reaktion bestimmen, gehören u. a. Frequenzzusammensetzung, Pegel, Impuls- und Tonhaltigkeit, Anzahl der einzelnen Ereignisse und die Tageszeit. Die mehrfach bestätigten wesentlichen Determinanten der Belästigung sind Maskierungseffekte (Kommunikation) und die Einstellung zur Geräuschquelle (selbst- oder fremdverursacht). Eine weitere Rolle spielt die zeitliche Verteilung von Geräuschen sowie evtl. mit dem Geräusch verbundene Furchtassoziationen. Unter den verschiedenen Verkehrsgeräuschen rangiert der Fluglärm auf der Lästigkeitsskala vor dem Straßenverkehrslärm und dieser wiederum vor dem Schienenverkehrslärm.

Wiederholt weisen sozialwissenschaftliche Untersuchungen darauf hin, dass sich der Lärm von stark frequentierten Straßen und Flughäfen auf das Verhalten der Anwohner auswirkt. Verglichen mit Personen in ruhiger Umgebung schließen sie häufiger ihre Fenster, nutzen Balkone, Terrassen und Gärten seltener, haben weniger Besuch und gehen seltener aus. Sie neigen vermehrt zur Einnahme beruhigender Medikamente und überlegen öfter, wegen des Lärms umzuziehen. Die Hilfsbereitschaft ist im Allgemeinen niedriger und bereits vorhandene Aggressionen werden durch Lärm verstärkt.

Schriftliche Beschwerden bei kommunalen Behörden, Bildung von Bürgerinitiativen, Teilnahme an Demonstrationen und juristische Schritte gegen den Lärmemittenten sind wiederum weniger durch den Pegel als durch nichtakustische Variablen bestimmt.

c) Gesundheitsstörungen durch Lärm

Die primären Lärmeffekte und deren unmittelbare Folgen lassen vermuten, dass die langfristige Einwirkung von Lärm die Entwicklung multifaktorieller, insbesondere kardiovaskulärer und psychomentaler Erkrankungen begünstigt. Auch Beeinträchtigungen des Immunsystems, negative Auswirkungen auf die Schwangerschaft, die Frühgeborenenrate, das Geburtsgewicht etc. werden diskutiert, haben sich aber nicht bestätigt.

Psychomentale Gesundheitsstörungen: Luft- und Straßenverkehrsgeräusche sind oft außerordentlich lästig. Die Entwicklung psychomentaler Erkrankungen als Folge chronischer Lärmexpositionen galt daher als plausibel, was entsprechende Untersuchungen von Flughafenanrainern und Anwohnern frequentierter Straßen jedoch nicht bestätigten. Eine statistisch signifikante Assoziation besteht aber zwischen psychiatrischen Befunden und selbst eingeschätzter Lärmempfindlichkeit, die aber nicht spezifisch ist, sondern eher einer generellen Unzufriedenheit mit der Umwelt entspricht.

Kardiovaskuläre Gesundheitsstörungen: Lärm verursacht zahlreiche nicht gewöhnungsfähige unspezifische Stressreaktionen. Da der Stress eine zentrale Rolle in der Genese kardiovaskulärer und gastrointestinaler Erkrankungen spielt, konzentrierte sich die extraaurale Lärmwirkungsforschung auf den Stellenwert permanenter Schallbelastungen für die Entstehung chronischer multifaktoriell bedingter Gesundheitsschäden. Mittlerweile liegen zahlreiche epidemiologische Arbeiten zu diesem Problemkreis vor, die sich überwiegend mit der Wirkung auf den Blutdruck und mit koronaren Herzkrankheiten befassen.

Die widersprüchlichen Ergebnisse deuten an, dass die mögliche pathogene Wirkung des Lärms nur unter bestimmten Bedingungen zum Tragen kommt. Nach dem gegenwärtigen Kenntnisstand ist nicht auszuschließen, dass permanent einwirkende äquivalente Dauerschallpegel von über 65 dB(A) letztlich zur Genese und Manifestation kardiovaskulärer Erkrankungen beitragen können.

III. Bewertungsgrenzen für Fluglärm

Bei wesentlichen Änderungen des Luftverkehrs und bei Neuanlagen von Flughäfen sind nach dem Luftverkehrszulassungsgesetz medizinische Gutachten gefordert, in denen die Wirkung auf die betroffene Bevölkerung zu bewerten ist. Im Vorfeld der geplanten Erweiterung des Flughafens Frankfurt wurden 3 Einzelgutachten zum gegenwärtigen Stand der Lärmwirkungsforschung erstellt, auf deren Basis die Autoren gemeinsam Bewertungsgrenzen, für den mit dem Flugbetrieb verbundenen Lärm erarbeiteten. Andere Lärmquellen (Straße, Schiene) wurden mangels ausreichender Untersuchungen nicht einbezogen.

Grundlage für die Bewertung von Lärmwirkungen ist die biopsychosoziale Komplexität des Menschen, die daher keine Trennung zwischen medizinischen, psychologischen und sozialwissenschaftlichen Aspekten der Fluglärmwirkungen vornimmt.

Physikalisch-technische Grundlagen zur Berechnung von Schall durch Flugbewegungen sind der energieäquivalente Dauerschallpegel, berechnet mit dem Halbierungsparameter $q = 3$ (L_{eq3}) und der Maximalpegel L_{max}. Zugrunde gelegt werden weiterhin die A-Frequenzbewertung, die Zeitbewertung ‚slow' und die Einteilung der Flugzeugtypen entsprechend der Anlage zur Berechnung von

Fluglärm (AzB) von 1999. Die Berechnung sollte aus präventivmedizinischer Sicht weiterhin auf der Grundlage der Flugbewegungen in den 6 verkehrsreichsten Monaten erfolgen.

Anders als im Fluglärmgesetz wird hier zwischen Tag (6 – 22 Uhr) und Nacht (22 – 6 Uhr) unterschieden und eine weitere Unterteilung der Nacht vorgenommen. Eine weitere Unterteilung des Tages wurde wegen mangelnder wissenschaftlicher Grundlagen nicht erwogen. Die Diskussion zur gesonderten Betrachtung von Tagesrandzeiten bleibt jedoch offen. Für eine differenzierte Bewertung von Wirkungsmöglichkeiten werden unterschiedliche Schutzziele einzeln betrachtet, um die Sicherheit der Beurteilung zu erhöhen und Unklarheiten in der Risikodebatte zu vermindern. Es wird von einer Hierarchie der Begrenzungswerte ausgegangen, die einer quantitativen Abstufung der einzelnen Wirkungsebenen entsprechen und unterschiedliche Sicherheiten der wissenschaftlichen Erkenntnis berücksichtigen:

- Kritischer Toleranzwert (KTW):

  Gesundheitsgefährdungen und / oder -beeinträchtigungen sind nicht mehr auszuschließen. Die wissenschaftliche Begründung der Lärmwirkung ist vorhanden oder es besteht ein ausreichender, wissenschaftlich begründeter Verdacht.

  Diese Kritischen Toleranzwerte sind zu unterschreiten. Ihre Überschreitung zwingt zu Maßnahmen der Lärmminderung.

- Präventiver Richtwert (PRW):

  Es handelt sich um einen Vorsorgewert, bei dessen Einhaltung Gesundheitsgefährdungen weitgehend ausgeschlossen sind. Beeinträchtigungen können insbesondere bei sensiblen Gruppen auftreten. Die wissenschaftliche Begründung ist plausibel.

  Die Präventiven Richtwerte sollten grundsätzlich nicht überschritten werden. Bei Überschreitung besteht Handlungsbedarf.

Sowohl der Kritische Toleranzwert als auch der Präventive Richtwert liegen deutlich über dem *Schwellenwert*, der unter dem Minimierungsgebot langfristig angestrebt werden sollte, für den aber nach gegenwärtiger Kenntnis keinerlei Langzeitfolgen anzunehmen sind. Die durch Schalle zwischen dem Schwellenwert und dem Präventiven Richtwert ausgelösten Reaktionen sind vielmehr als unkritisch und als essentielles Zeichen von Leben einzuordnen. Ein unmittelbarer Handlungsbedarf für Flughäfen / Flugplätze ergibt sich aus diesen Werten nicht. Der Begriff „Schwellenwert" ist physiologisch definiert und hat nichts mit juristischen oder anderen „Schwellen" einer Handlungsnotwendigkeit zu tun.

IV. Bewertungsgrenzen für einzelne Schutzziele

Schutzziel: Vermeidung von Hörschäden		
	Maximalpegel	äquivalenter Dauerschallpegel
Kritischer Toleranzwert:	L_{max} = 115 dB(A)	$L_{eq\,24h}$ = 80 dB(A)
Präventiver Richtwert:	L_{max} = 95 dB(A)*	$L_{eq\,24h}$ = 75 dB(A)
Schwellenwert:	L_{max} = 90 dB(A)*	$L_{eq\,24h}$ = 70 dB(A)

* unter Berücksichtigung der Anstiegssteilheit

Anmerkung: Hörschäden sind durch zivilen Flugverkehr bedingten Umweltlärm nicht zu erwarten. Sie sind möglicherweise zu beachten, wenn die notwendigen Erholungszeiten für das Gehör nicht eingehalten werden können.

Schutzziel: Vermeidung von extraauralen Gesundheitsschäden / Krankheiten Tagwerte: 6 – 22 Uhr (außen)		
	Äquivalenter Dauerschallpegel	Maximalpegel
Kritischer Toleranzwert:	$L_{eq\,16\,h}$ = 70 dB(A)	$L_{max\,16\,h}$ = 19 x 99 dB(A)*
Präventiver Richtwert:	$L_{eq\,16\,h}$ = 65 dB(A)	$L_{max\,16\,h}$ = 25 x 90 dB(A)
Schwellenwert:	–	–

* Pegelhäufigkeit darf nicht überschritten werden

Anmerkung: Gesicherte wissenschaftliche Erkenntnisse zur Festlegung von Schwellenwerten bei Umweltlärm am Tag liegen noch nicht vor.

Schutzziel: Vermeidung von erheblicher Belästigung (außen)	
	äquivalenter Dauerschallpegel
Kritischer Toleranzwert:	$L_{eq\,16\,h}$ = 65 dB(A)
Präventiver Richtwert:	$L_{eq\,16\,h}$ = 62 dB(A)
Schwellenwert:	$L_{eq\,16\,h}$ = 55 dB(A)

Anmerkung: Maximalwerte werden nicht vorgeschlagen, da wissenschaftliche Erkenntnisse vor allem in Bezug auf den äquivalenten Dauerschallpegel vorliegen.

Schutzziel: Vermeidung von Störungen der Kommunikation		
	äquivalenter Dauerschallpegel	
	Innen	Außen
Kritischer Toleranzwert:	L_{eq} = 45 dB(A)	L_{eq} = 62 dB(A)
Präventiver Richtwert:	L_{eq} = 40 dB(A)	L_{eq} = 59 dB(A)
Schwellenwert:	L_{eq} = 35 dB(A)	L_{eq} = 56 dB(A)

Anmerkung: Der Unterschied zwischen den Werten Innen und Außen resultiert aus der Möglichkeit zur aktiven Beeinflussbarkeit der Situation im Innenraum und der Zumutbarkeit einer befriedigenden bis ausreichenden Kommunikationsgüte in Außenbereichen im Gegensatz zu einer guten bis sehr guten in Innenbereichen. Maximalwerte werden nicht angegeben, da auch hier keine ausreichenden Untersuchungen vorliegen.

Schutzziel: Vermeidung der Störung von Erholung / Rekreation (außen)	
	äquivalenter Dauerschallpegel
Kritischer Toleranzwert:	$L_{eq, 16 h}$ = 64 dB(A)
Präventiver Richtwert:	$L_{eq, 16 h}$ = 57 dB(A)
Schwellenwert:	$L_{eq, 16 h}$ = 50 dB(A)

Anmerkung: Erholung / Rekreation ist auf die Nutzung der Außenanlagen einschließlich von Gärten gerichtet. Bei letzteren sowie bei Campingplätzen ist zu berücksichtigen, dass sie nicht ganzjährig bzw. über einen längeren Zeitraum genutzt werden.

Schutzziel: Vermeidung von Störungen des Schlafes (innen)

Vorbemerkung: Grundsätzlich halten die Autoren die Vermeidung von Fluglärm während der Nacht von 22 bis 6 Uhr für die optimale Lösung. Sollte dies nicht gewährleistet werden können, wird eine Konzentration des Flugverkehrs auf den weniger empfindlichen ersten Teil der Nacht vorgeschlagen.

Konzentration des Flugverkehrs auf den ersten Teil der Nacht 22.00 – 1.00 Uhr: zwei Drittel bis drei Viertel aller Bewegungen 1.00 – 6.00 Uhr: ein Viertel bis ein Drittel aller Bewegungen		
	Maximalpegel	äquivalenter Dauerschallpegel
Kritischer Toleranzwert:	$L_{max,\,22\text{-}6\,h}$ = 6 x 60 dB(A)*	$L_{eq,\,22\text{-}6\,h}$ = 40 dB(A)
Präventiver Richtwert:	$L_{max,\,22\text{-}1\,h}$ = 8 x 56 dB(A) $L_{max,\,1\text{-}6\,h}$ = 5 x 53 dB(A)	$L_{eq,\,22\text{-}1\,h}$ = 35 dB(A) $L_{eq,\,1\text{-}6\,h}$ = 32 dB(A)
Schwellenwert:	$L_{max,\,22\text{-}6\,h}$ = 23 x 40 dB(A)	$L_{eq,\,22\text{-}6\,h}$ = 30 dB(A)

* Pegelhäufigkeit darf nicht überschritten werden

Für den Fall, dass eine Zweiteilung der Nacht nicht realisiert werden kann, kommt als Alternative infrage die

Ungewichtete Verteilung des Flugverkehrs über die gesamte Nacht		
	Maximalpegel	äquivalenter Dauerschallpegel
Kritischer Toleranzwert:	L_{max} = 6 x 60 dB(A)*	$L_{eq,\,8\,h}$ = 40 dB(A)
Präventiver Richtwert:	L_{max} = 13 x 53 dB(A)	$L_{eq,\,8\,h}$ = 35 dB(A)
Schwellenwert:	L_{max} = 23 x 40 dB(A)	$L_{eq,\,8\,h}$ = 30 dB(A)

* Pegelhäufigkeit darf nicht überschritten werden

V. Schutzziel: Besonders schutzbedürftige Bereiche

Hier gelten nur die Präventiven Richtwerte und keine kritischen Toleranzwerte. Die Besonderheiten des intermittierten Flugverkehrs sind gegenüber anderen Verkehrslärmvorschriften zu berücksichtigen.

Kindergärten:	L_{eq} = 36 dB(A) (innen) Der Innenpegel gilt vor allem für die Ruhezeit, Außenpegel werden nicht angegeben, sie werden durch die anderen Schutzziele abgedeckt.
Schulen:	L_{eq} = 40 dB(A) (innen) Außenpegel werden nicht angegeben, sie werden durch die anderen Schutzziele abgedeckt.
Krankenhäuser:	Tags: L_{eq} = 36 dB(A) L_{max} = 45 dB(A) Nachts: L_{eq} = 30 dB(A) L_{max} = 40 dB(A) Für Krankenhäuser gelten Innenraumpegel
Altenheime:	Tags: L_{eq} = 36 dB(A) L_{max} = 51 dB(A) Nachts: L_{eq} = 32 dB(A) L_{max} = 45 dB(A) Für Altenheime gelten Innenraumpegel

VI. Ausblick

Der Vorschlag solcher Begrenzungswerte ersetzt nicht die lärmmedizinische Begutachtung bei wesentlichen Änderungen oder Neubau von Flughäfen / Flugplätzen nach dem Luftverkehrszulassungsgesetz. Es sind stets

- neue wissenschaftliche Erkenntnisse, die auf ihre Tragfähigkeit zu prüfen sind, unmittelbar in die Bewertung einzubeziehen,
- Kombinationswirkungen mit anderen Lärmquellen und anderen Einwirkungen einer komplexen umweltmedizinische Betrachtung und Abwägung zu unterziehen,
- Einzelbetrachtungen besonders schutzbedürftiger Bereiche und bestimmter Immissionsorte vorzunehmen,
- neue Überlegungen zur Flugorganisation unter Wirkungsaspekten zu diskutieren.

Rechtliche Aspekte des Fluglärmschutzes

Von Klaus-Peter Dolde

Die folgenden Überlegungen zur rechtlichen Bewertung, Einordnung und Bewältigung gliedern sich in fünf Fragenbereiche: Den rechtlichen Rahmen, Fragen der Lärmermittlung, vor allem aber Fragen der Lärmbewertung, Mittel zur Konfliktbewältigung und Fehlerfolgen.[1]

I. Rechtlicher Rahmen

1. Änderung bestehender Flugplätze

Zunächst ist der rechtliche Rahmen abzustecken, innerhalb dessen Fluglärm zu ermitteln und zu beurteilen ist. Dies ist vor allem die luftrechtliche Planfeststellung und Genehmigung, in der die Lärmauswirkungen eines Vorhabens und deren Beurteilung einen zentralen Platz einnehmen. Da in der Bundesrepublik mit der Anlage neuer Flughäfen nicht zu rechnen ist, stellt sich die Frage praktisch nur bei der Änderung bestehender Flughäfen. Nur soweit sie der Genehmigung oder der Planfeststellung bedarf, besteht Gelegenheit und Anlass, Lärmauswirkungen abwägend zu bewältigen.

Die bloße gesteigerte Ausnutzung der Kapazität eines uneingeschränkt genehmigten Flugplatzes ist keine genehmigungs- oder planfeststellungsbedürftige Erweiterung oder Änderung[2]. Eine solche Kapazitätssteigerung ist deshalb kein Anlass für eine erneute Abwägung der Lärmauswirkungen. Bauliche Maßnahmen, die die technische Kapazität des Flughafens unberührt lassen, verpflichten nicht zu einer neuen Abwägung. Das Bundesverwaltungsgericht hat dies für Vorfeldänderungen angenommen, die ausschließlich auf eine Verbesserung der betrieblichen Qualität durch optimierte Anbindung an einen Passagier-Abfertigungsbereich gerichtet waren, nicht jedoch auf eine Erhöhung der Flug-

---

[1] Siehe auch *Berkemann*, ZfL 2001, 134; ZUR 2002, 202; *Kötter*, 2. Rheiner Fluglärm-Konferenz 2002.

[2] BVerwG, NVwZ-RR 1998, 22.

bewegungen. Die Anlagen für die Passagier- und Frachtabfertigung tragen zur Kapazität der Gesamtanlage eines Flughafens nur mittelbar bei. Unzureichende Abfertigungskapazitäten beeinträchtigen über zunehmende Wartezeiten und Unbequemlichkeiten die Service-Qualität und mindern so ab einer bestimmten Größenordnung die Attraktivität eines Flughafens. Die Verbesserung der „landseitigen“ Abfertigungskapazität trägt zur Gesamtkapazität eines Flughafens nichts entscheidendes bei, sie bedarf deshalb nach neuerer Rechtsprechung nicht der Planfeststellung; sie ist deshalb kein geeigneter Maßstab zur Beurteilung von Umweltauswirkungen[3]. Die Frage der Lärmauswirkungen und ihrer Zumutbarkeit stellt sich deshalb nur bei einer Änderung der technischen Kapazität durch Änderung der luftseitigen Flughafenkomponenten, wie Start- und Landebahnen, Rollflächen, Vorfelder.

2. Abwägungserheblichkeit von Fluglärm

Dem Schutz vor Fluglärm kommt in der luftrechtlichen Genehmigung und Planfeststellung besonderes Gewicht zu. Dies ergibt sich schon aus seiner ausdrücklichen Erwähnung in § 6 Abs. 2 Satz 1 LuftVG und in § 8 Abs. 1 Satz 2 LuftVG. Die fehlerfreie Zusammenstellung des Abwägungsmaterials setzt deshalb voraus, dass die Lärmbelastung fehlerfrei ermittelt wird. Abwägungserheblich ist jede mehr als nur geringfügige Änderung der Lärmbelastung auch unterhalb der Zumutbarkeitsgrenze. § 9 Abs. 2 LuftVG setzt der Planungsentscheidung eine äußerste, durch eine Abwägung der widerstreitenden Belange nicht überwindbare Grenze. Die Benutzung der benachbarten Grundstücke ist gegen Gefahren oder Nachteile durch Fluglärm zu sichern; ob dies in ausreichendem Maße geschehen ist, unterliegt der uneingeschränkten gerichtlichen Kontrolle[4].

II. Ermittlung der Lärmwirkungen

1. Luftverkehrsprognose

Die Zusammenstellung des Abwägungsmaterials setzt voraus, dass die Lärmwirkungen des Änderungsvorhabens fehlerfrei ermittelt werden. Die dazu anzustellenden Prognosen haben den rechtlichen Anforderungen zu genügen: Sie haben den der Prognose zugrunde liegenden Sachverhalt zutreffend zu er-

---

[3] BVerwG, Buchholz 442.40, § 8 LuftVG Nr. 17 S. 3 f; ebenso zu Berlin-Tegel ZLW 2001, 455; *Wysk*, in: FS Böckstiegel, 2001, 256, 268 f.

[4] BVerwGE 107, 313, 323; 87, 332, 342, 361; 56, 110, 123 f.

mitteln, eine geeignete fachspezifische Methode zu wählen und das Ergebnis einleuchtend zu begründen[5].

In einem ersten Schritt sind die künftig zu erwartenden Verkehrsmengen fehlerfrei zu ermitteln. Dies geschieht regelmäßig in Form einer „Luftverkehrsprognose". Da es um die Folgen der Änderung geht, hat die Prognose das Verkehrsaufkommen für das Prognosejahr mit und ohne Änderungsmaßnahme zu ermitteln, da regelmäßig das Verkehrsaufkommen auch ohne Durchführung der geplanten Änderung steigt[6]. Nach inzwischen gefestigter Rechtsprechung ist beim künftigen Verkehrsaufkommen nicht auf die technisch maximale Kapazität des Flugplatzes abzustellen, sondern darauf, welches Verkehrsaufkommen realistischerweise in einem überschaubaren, hinreichend zuverlässig zu beurteilenden Zeitraum zu erwarten ist[7]. Ein Prognosezeitraum von 15 Jahren wird von den Gerichten akzeptiert, da ein längerer Zeitraum die Prognose noch unsicherer macht[8]. Gegenstand der Prognose ist der Typenmix des Prognosejahres in seiner Verteilung auf die verschiedenen Betriebsrichtungen und die An- und Abflugrouten. Das Ergebnis ist das sog. Datenerfassungsystem (DES).

2. Schallimmissionsprognose

Für den Typenmix im Prognosenullfall und im Prognosefall sind die Emissionen zugrunde zu legen. Grundlage ist die Anleitung zur Berechnung von Lärmschutzbereichen (AzB), die allerdings nur in einer veralteten Fassung aus dem Jahre 1984 vorliegt, die die Schallbelastung deutlich überschätzt[9]. In der Praxis wird deshalb häufig mit dem Entwurf einer neuen AzB gearbeitet, der die Emissionen niedriger veranschlagt.

Für die Ermittlung der zu erwartenden Schallimmissionen gibt es verschiedene Verfahren. Das Fluglärmschutzgesetz nebst der zugehörigen Anleitung zur Berechnung von Lärmschutzbereichen (AzB) enthält Berechnungsvorschriften für die Festlegung der Schutzzonen nach Fluglärmgesetz. Sie verwenden den Halbierungsparameter q = 4, d.h. eine Halbierung des Flugverkehrsaufkommens führt zu einer Reduzierung des Dauerschallpegels um 4 dB(A). Das OVG Münster hält in ständiger Rechtsprechung diese Vorgehensweise für rich-

[5] BVerwGE 107, 313, 326 m.w.N.

[6] OVG Hamburg, Urt. vom 3.9.2001 – 3 E 32 / 98.P – UA S. 77.

[7] BVerwG, Beschl. vom 7.2.2002 – 11 B 61.00; OVG Münster, Urt. vom 23.11. 2000 – 20 D 115 / 97.AK – UA S. 22; Beschl. vom 29.6.2001 – 20 B 417 / 00.AK – BA, S. 12 f.

[8] Z.B. OVG Hamburg, a.a.O., S. 79; OVG Lüneburg, Urt. vom 26.5.2000 – 12 K 1303 / 99 – UA S. 27 ff.

[9] OVG Münster, Beschl. vom 29.6.2001 – 20 B 417 / 00.AK – BA, S. 13 f.

tig[10]. Die Praxis in anderen Bundesländern verwendet für die Schallimmissionsprognose seit längerem die DIN 45643 und den dort vorgesehenen Halbierungsparameter q = 3. Der so ermittelte energieäquivalente Dauerschallpegel ist mit anderen Dauerschallpegeln vergleichbar und für die Beschreibung der Störwirkung besonders geeignet und wird deshalb meist der lärmmedizinischen Beurteilung zugrunde gelegt.

Im Hinblick auf den bisherigen Stand der Rechtsprechung werden neben dem Dauerschallpegel für den Tag regelmäßig auch die Maximalpegel und ihre Häufigkeit während der Nacht ermittelt. In neueren Verfahren werden Beurteilungspegel für Teilzeiten während des Tages und der Nacht gebildet. Der Planfeststellungsbeschluss für die Erweiterung des Flughafens Hamburg vom 26.5. 1998 teilte die Tagzeit von 6.00 Uhr bis 22.00 Uhr in vier Zeitbereiche ein, die Nachtzeit von 22.00 Uhr bis 6.00 Uhr in zwei Zeitbereiche. Maßgebend sind insoweit jeweils die Kriterien des lärmmedizinischen Gutachters und der Planfeststellungsbehörde.

III. Bewertung von Fluglärm

1. Rechtlicher Rahmen

Der rechtliche Rahmen für die Bewertung von Fluglärm wird durch § 9 Abs. 2 LuftVG abgesteckt. Er setzt der Planungsentscheidung eine äußerste, durch Abwägung nicht überwindbare Grenze. Unzumutbare Fluglärmimmissionen müssen vermieden werden. Für die Beurteilung der Zumutbarkeit von Fluglärm gibt es keine verbindlichen Grenzwerte.

Das aus dem Jahr 1971 stammende Gesetz zum Schutz gegen Fluglärm sieht die Festsetzung von Lärmschutzbereichen vor. Sie umfassen ein Gebiet außerhalb des Flugplatzgeländes, in dem der durch den Fluglärm hervorgerufene Dauerschallpegel 67 dB(A) übersteigt. Schutzzone 1 umfasst den Bereich mit mehr als 75 dB(A), Schutzzone 2 den Bereich mit 67 dB(A) bis 75 dB(A)[11]. Das Gesetz zum Schutz gegen Fluglärm dient der Festlegung regionaler Lärmschutzbereiche, nicht von individuellen Lärmbeeinträchtigungen[12]. Für die Bestimmung der fachplanungsrechtlichen Zumutbarkeitsgrenze im Sinne von § 9 Abs. 2 LuftVG ist es auch deshalb nicht geeignet, weil es die für das Maß des zumutbaren Fluglärm bedeutsamen Kriterien nicht vollständig erfasst; so wer-

[10] Zuletzt Beschl. vom 29.6.2001 – 20 B 417 / 00.AK – BA, S. 14 f.

[11] Vgl. §§ 2 Abs. 1, 5 Abs. 2 FluglärmG.

[12] BVerwG, NJW 1979, 64, 69 (insoweit in BVerwGE 56, 110 nicht abgedruckt); BGHZ 69, 105, 108 ff.

den z.B. Maximalpegel und deren Häufigkeit nicht gesondert bewertet[13]. Der Ausschuss für Verkehr des Deutschen Bundestages hat im Juni 1998 empfohlen, die Bundesregierung aufzufordern, dem Deutschen Bundestag zu Beginn der nächsten Legislaturperiode Vorschläge für Verbesserungen im Bereich des Schutzes vor Fluglärm vorzulegen und dabei insbesondere das Berechnungsverfahren bei größtmöglicher Harmonisierung mit den Verfahren in anderen Bereichen zu modernisieren, das Gesamtschutzniveau (Zumutbarkeitsgrenzen, Schutzzonen, Schutzauflagen, Eingriffsschwellen, Bewertungsverfahren) zu verbessern und die Lärmereignisse in empfindlichen Zeiten (Nachtlärmproblematik) stärker zu gewichten[14]. Der Deutsche Bundestag ist dieser Empfehlung mit Beschluss vom 2.9.1998 gefolgt. Allerdings gibt es bislang keinen ressortabgestimmten Entwurf eines Fluglärmgesetztes. Vielmehr hat das Bundesumweltministerium „Eckpunkte der Novelle des Gesetzes zum Schutz gegen Fluglärm" im Mai 2000 vorgestellt, die jedoch nicht abgestimmt sind und deshalb weder in der Verwaltungspraxis noch in der gerichtlichen Kontrolle zugrunde gelegt werden können[15].

Der Länderausschuss für Immissionsschutz (LAI) beschloss im Mai 1997 eine „Leitlinie zur Beurteilung von Fluglärm durch die Immissionsschutzbehörden der Länder". Sie enthält Orientierungswerte für die raumordnerische und städtebauliche Planung. Der LAI schlägt vor, Siedlungsbeschränkungsbereiche festzusetzen und dafür die Orientierungswerte der DIN 18005 heranzuziehen. Die Leitlinie des LAI ist für die Bestimmung der Zumutbarkeitsgrenze im Sinne von § 9 Abs. 2 LuftVG nicht heranzuziehen[16].

Die Vorschriften des Bundes-Immissionsschutzgesetzes gelten gem. § 2 Abs. 2 Satz 1 BImSchG nicht für Flugplätze. Deshalb sind für die Beurteilung von Fluglärm weder die TA Lärm noch die 16. BImSchV heranzuziehen, zumal Fluglärm anders als die vom BImSchG erfassten Schallquellen durch kurzzeitige, verhältnismäßig hohe Schalldrücke und bestimmte Frequenzzusammenhänge gekennzeichnet ist[17]. Es gibt auch keine anerkannten fachlich-technischen Regelwerke für die Beurteilung des Fluglärms. Die DIN 45643 regelt nur das Ermittlungsverfahren, sie bestimmt jedoch keine Richt- oder Grenzwerte.

Der Rechtsanwender ist somit darauf angewiesen, im Einzelfall die Grenze des § 9 Abs. 2 LuftVG zu ermitteln. Auszuschließen sind Fluglärmimmissionen, die eine Gefahr für die Gesundheit verursachen. Gesundheitsgefahren lösen die staatliche Pflicht zur vorbeugenden Gefahrenabwehr aus. Verhältnis-

---

[13] Vgl. BVerfGE 56, 54, 76 ff.; OVG Hamburg, Urt. vom 3.9.2001, a.a.O., S. 83.

[14] BT-Drs. 13 / 11140 vom 26.6.1998, S. 3 f.

[15] OVG Hamburg, a.a.O., S. 83 f.

[16] OVG Hamburg, a.a.O., S. 84.

[17] BGHZ 122, 76, 80.

mäßigkeitserwägungen spielen nur bei der Frage eine Rolle, wie der erforderliche Schutz gewährleistet wird. Der Schutz vor *Gesundheitsgefahren* kann nicht durch Duldungsgrenzen relativiert werden, die aus der Vorbelastung und der Gebietsqualität abgeleitet werden[18]. Es überzeugt deshalb nicht, wenn die Rechtsprechung daran festhält, die Grenze der Gesundheitsgefährdung sei aufgrund tatrichterlicher Würdigung des Einzelfalls unter Berücksichtigung von Gebietsart und Vorbelastung zu ermitteln[19]. Dieses Postulat entspricht nicht der Realität in der Verwaltungs- und Gerichtspraxis. Die Frage, ob die Grenze zur Gesundheitsgefahr überschritten ist, wird regelmäßig aufgrund lärmmedizinischer Gutachten beantwortet, die situationsbedingte Umstände nicht mit einbeziehen.

Anders verhält es sich bei einer *erheblichen Belästigung*. Im Rahmen der Zumutbarkeit besteht ein relativ großer Spielraum für Verhältnismäßigkeitserwägungen. Er muss ausgefüllt werden. Dazu sind zum einen die Ergebnisse der Wirkungsforschung heranzuziehen, zum anderen sind dezisionistische Entscheidungen gefordert. Der Rat von Sachverständigen für Umweltfragen hat zutreffend darauf hingewiesen, dass der Schnittpunkt, bei dem eine erhebliche Belästigung beginnt, „nach wie vor eher eine pragmatisch-politische Entscheidung als eine fundierte wissenschaftliche Aussage" ist[20]. Die „Belästigung" erfasst verschiedene Komponenten, insbesondere die Lästigkeit des Schallreizes, die Emotion des Rezipienten, Störung oder Unterbrechung von alltäglichen Aktivitäten, insbesondere der Kommunikation und der Lernfähigkeit. Hinzu kommen psychosomatische Symptome. Für die Beurteilung der Lästigkeit sind wiederum verschiedene Einflussfaktoren maßgebend. Viele dieser Kriterien haben mit der akustischen Intensität wenig gemein. Sie sind stark von individuellen und sozialen Komponenten geprägt[21]. Die Kriterien zeigen, dass die Grenze der zumutbaren Belästigung durch Fluglärm situativ und umgebungsbezogen und durch Wertentscheidungen bestimmt wird. Dies schließt es aus, die Grenze der zumutbaren Belästigung ausschließlich aus lärmmedizinischer Sicht zu bestimmen.

Im Interesse der Rechtsgleichheit und der Rechtssicherheit sowie im Interesse eines effizienten Vollzugs sind generelle Entscheidungen über die Zumut-

---

[18] BVerwGE 71, 150, 155; Buchholz 454.51 Nr. 19; Rat von Sachverständigen für Umweltfragen, Sondergutachten „Umwelt und Gesundheit – Risiken richtig einschätzen", BT-Drs. 14 / 2300, Tz. 494, 34 ff. (i. f. „SRU").

[19] Z.B. BGHZ 97, 114, 123; BVerwGE 59, 253, 262 ff.; 71, 150, 153 ff.; 87, 332, 337; ZfBR 1991, 120, 122, 123; zur Kritik *Dolde*, in: Dolde, Umweltrecht im Wandel, 2001, S. 451, 465. Zur Bestimmung der enteignungsrechtlichen Zumutbarkeitsschwelle aufgrund wertender Beurteilung des Einzelfalls BVerwGE 107, 350, 357 f unter Berufung auf BGHZ 122, 76, 80 f.

[20] SRU, a.a.O., Tz. 406.

[21] SRU, a.a.O., Tz. 405; Dolde, a.a.O., S. 467 f.

barkeitsgrenze notwendig. Dass dabei situative Umstände des Einzelfalls mit zu berücksichtigen sind, steht einer generellen Regelung nicht entgegen, falls diese für die Berücksichtigung dieser Umstände Raum lässt, wie z.B. die TA Lärm mit der Bestimmung ihrer Richtwerte und der „Variationsbreite“, der diese Richtwerte unter Berücksichtigung der Umstände des Einzelfalls unterliegen. So verfährt auch heute schon die Praxis. Die Grenze der Zumutbarkeit wird von den hinzugezogenen Lärmmedizinern unabhängig von der örtlichen Situation aufgrund der Ergebnisse der Lärmwirkungsforschung benannt. Die Gerichte folgen in der Regel den hinzugezogenen Gutachtern und nehmen ggf. Einzelkorrekturen unter Berücksichtigung von Vorbelastung und besonderen Umständen des Einzelfalls vor.

2. Vorbelastung

Bei der Änderung bestehender Flugplätze spielt die Vorbelastung bei der Ermittlung der Grenze des § 9 Abs. 2 LuftVG eine zentrale Rolle. Plangegebene Vorbelastungen beeinflussen Gebietscharakter und Schutzwürdigkeit von Grundstücken, weil die Anwohner aufgrund einer bereits verfestigten Planung mit Immissionen in einem bestimmten Umfang rechnen müssen[22]. Bei der Änderung eines bestehenden Flugplatzes besteht die plangegebene Vorbelastung in dem Fluglärm, der im Prognosejahr zu erwarten ist, wenn der bestehende Flugplatz nicht geändert wird, d.h. im „Planungsnullfall“. Diese Verkehrsentwicklung und die damit verbundene Fluglärmbelastung müssen die Anwohner auch ohne das Änderungsvorhaben hinnehmen, insoweit sind ihre Grundstücke vorbelastet. Maßgebend ist die Lärmzunahme durch das Änderungsvorhaben. Dies ist der Grund dafür, dass im Rahmen der Schallimmissionsprognose die Fluglärmimmissionen ermittelt werden für den Planungsnullfall und für den Planungsfall.

Eine Fluglärmimmission, die in der Vergangenheit für zumutbar erklärt wurde, die jedoch bei der Änderung des Flugplatzes künftig tatsächlich nicht mehr auftreten kann, darf nicht als plangegebene Vorbelastung angesetzt werden, weil es ausgeschlossen ist, dass ohne das Änderungsvorhaben diese Belastung tatsächlich eintritt[23]. Was im Rahmen einer früheren Planfeststellung für zumutbar gehalten wurde, jedoch aufgrund inzwischen eingetretener Änderungen nicht mehr eintreten wird, kann anlässlich einer Änderung des Flugplatzes nicht mehr als Vorbelastung schutzmindernd berücksichtigt werden.

---

[22] Zur plangegebenen Vorbelastung vgl. OVG Münster, Urt. vom 17.5.1999 – 20 B 2493 / 98.AK – UA S. 9 f; BVerwGE 77, 285, 294; NVwZ-RR 1991, 118,126; BVerwGE 87, 332, 356 f, 360.

[23] OVG Münster, Urt. vom 17.5.1999, a.a.O., S. 10 f.

Neben der plangegebenen Vorbelastung ist die tatsächliche Vorbelastung schutzmindernd zu berücksichtigen. Dies ist die aufgrund des tatsächlichen Zustandes tatsächlich auftretende Fluglärmbelastung der Umgebung. Da in der Regel das Flugverkehrsaufkommen ansteigt, bleibt die tatsächliche Vorbelastung in aller Regel hinter der plangegebenen Vorbelastung zurück.

Die Berücksichtigung der Vorbelastung bedeutet nicht, dass insoweit keine Abwägung stattzufinden hat. Das Bundesverwaltungsgericht[24] hat dazu vielmehr entschieden, aus der gesetzlich vorgeschriebenen Notwendigkeit einer Planfeststellung ergebe sich die rechtliche Verpflichtung der Planfeststellungsbehörde, in eine neue Abwägung einzutreten, die die tatsächliche oder plangegebene Vorbelastung nicht von vornherein ausblendet, sondern in den Blick nimmt und bewertend berücksichtigt.

Die Pflicht, die von der zu ändernden Anlage in ihrem bisherigen – tatsächlichen oder plangegebenen – Zustand ausgehenden Einwirkungen in die Abwägung einzubeziehen, führt zu der davon zu unterscheidenden Frage, welche Bedeutung den von solchen Vorbelastungen betroffenen Belangen in der Abwägung zuzuerkennen ist und welche objektive Gewichtigkeit diesen Belangen im Verhältnis zu entgegenstehenden anderen Belangen zukommt. Insoweit ist anerkannt, dass Schutzwürdigkeit und Schutzbedürftigkeit der von solchen Vorbelastungen betroffenen Belange grundsätzlich geringer sind als bei nicht vorbelasteten Belangen. Führt eine *tatsächliche* Vorbelastung der Umgebung dazu, dass von dem Vorhaben selbst keine zusätzlichen nachteiligen Auswirkungen ausgehen, besteht mangels Schutzwürdigkeit des Interesses am Unterbleiben des Vorhabens kein Anlass, Schutzvorkehrungen zu treffen oder einen Ausgleich in Geld zu gewähren[25]. Man könnte auch einfacher formulieren, dass es an der Kausalität zwischen dem Vorhaben und der Unzumutbarkeit der Schallimmissionen fehlt[26].

Wenn eine tatsächliche Vorbelastung fehlt und nur eine plangegebene Vorbelastung besteht, kann nach Auffassung des Bundesverwaltungsgerichts dem Interesse von Anwohnern an der Vermeidung einer tatsächlichen Zunahme der Umgebungsbelastung, nämlich an der Zunahme des Verkehrs und des damit verbundenen Lärms, die Schutzwürdigkeit nicht schon allein deshalb abgesprochen werden, weil sich die Zunahme im Rahmen der bereits bestehenden planungsrechtlichen Situation halte. Vielmehr ergebe sich die Grenze der Berücksichtigung der bisherigen planungsrechtlichen Situation als schutzmindernder

---

[24] BVerwGE 107, 350, 356 unter Bezugnahme auf BVerwGE 56, 110, 129; 59, 253, 264; Buchholz 442.09 § 18 AEG Nr. 12 S. 45, ebenso zu Flughäfen BVerwGE 56, 110, 129; 107, 313, 323.

[25] BVerwGE 107, 350, 356 f; Buchholz 316, § 74 VwVfG Nr. 8, S. 13.

[26] So zutreffend BVerwGE 87, 332, 356 ff., *Kühling / Herrmann*, Fachplanungsrecht, 2. Aufl. 2000, Rdnr. 422 ff.

Vorbelastung jedenfalls dort, wo die zu erwartenden Einwirkungen Eigentums- und Gesundheitsbeeinträchtigungen darstellten. Aus dem objektiv-rechtlichen Gehalt der Grundrechte aus Art. 2 Abs. 2 Satz 1 und Art. 14 Abs. 1 GG folge die Pflicht der staatlichen Organe, sich schützend und fördernd vor die entsprechenden Rechtsgüter zu stellen und sie insbesondere vor rechtswidrigen Eingriffen von Seiten anderer zu bewahren. Diese Pflicht würden sie verletzen, wenn sie durch die Planfeststellung an der Herstellung oder Fortsetzung solcher rechtswidrigen Eingriffe mitwirkten[27].

Früher hat das Bundesverwaltungsgericht klarer formuliert, bei der Änderungsplanfeststellung seien (zusätzliche) Schutzvorkehrungen wegen Überschreitens der Zumutbarkeitsgrenze zu treffen, wenn und soweit durch die hinzutretenden Lärmimmissionen der Pegel des nunmehr vorhandenen Gesamtgeräuschs den früher vorhandenen Lärmpegel in beachtlicher Weise erhöht und gerade in dieser Erhöhung eine zusätzliche und auch unzumutbare Belastung liegt. Die Sanierung eines bereits zuvor bestehenden Zustandes, nämlich der Vorbelastung, ist nicht Gegenstand der durch das Änderungsvorhaben ausgelösten und erforderlichen Konfliktbewältigung. Ein Anspruch auf Lärmsanierung besteht nur, wenn bereits früher der Zustand entweder zu einer Verletzung des Rechts auf körperliche Unversehrtheit führte oder im Hinblick auf das Grundeigentum eine Belastung darstellte, die als schwer und unerträglich zu geltend hatte und die die enteignungsrechtliche Zumutbarkeitsschwelle überschritt[28].

3. Nachtschutz

Zentrale Bedeutung hat der Schutz vor Fluglärm während der Nachtzeit.

a) Nachtzeit

Sie erfasst den Zeitraum von 22.00 bis 6.00 Uhr. Nach meiner Kenntnis wurde erstmals im Planfeststellungsbeschluss für die Erweiterung des Flughafens Hamburg vom 26.5.1998 dieser Zeitbereich für die Einschlafenszeit von Kindern verlängert um die Zeit von 19.00 Uhr bis 22.00 Uhr. Es wurden

---

[27] BVerwGE 107, 350, 357 unter Verweis auf BVerwGE 101, 1, 9 f; 56, 110, 132; 59, 253,265 ff.

[28] BVerwG, NVwZ-RR 1991, 129, 131; BVerwGE 87, 332, 356 ff; ähnlich bereits BVerwGE 56, 110. 132; s. auch *Kühling / Herrmann*, a.a.O., Rdnr. 434. Zu den Besonderheiten der Berücksichtigung der plangegebenen Vorbelastung bei Wiederherstellung von in den Nachkriegsjahren abgebauten Schienenanlagen aus Anlass der Wiederherstellung der deutschen Einheit BVerwGE 107, 350; NVwZ-RR 1999, 720; NVwZ 2000, 567; *Kühling / Herrmann*, a.a.O., Rdnr. 436 ff.

Schallschutzmaßnahmen für Kinderzimmer angeordnet, die sicherstellen sollen, dass in diesem Zeitabschnitt bei geschlossenen Fenstern im Rauminnern Dauerschallpegel von 40 dB(A) (Leq3) und Maximalpegel von 60 dB(A) nicht überschritten werden. Das OVG Hamburg hat – lärmmedizinisch beraten – dieses Schutzziel als dem Schutzbedürfnis von Kindern gerecht werdend bezeichnet, die leichter als Erwachsene einschlafen und sich durch gewohnte Verkehrsgeräusche deutlich schwerer als diese aufwecken lassen[29].

Die Richtlinie 2002 / 49 / EG des Europäischen Parlaments und des Rates über die Bewertung und Bekämpfung von Umgebungslärm sieht einen Lärmindex für die Nachtzeit von 23.00 Uhr bis 7.00 Uhr vor[30].

b) Maximalpegel

Von besonderer Bedeutung sind die Maximalpegel während der Nacht. Seit dem Planfeststellungsbeschluss für den Flughafen München hat sich das sogenannte „*Jansen*-Kriterium" durchgesetzt, wonach für nicht vorbelastete Grundstücke bei Außenpegeln von mehr als 6 x 75 dB(A) passiver Schallschutz gewährt wird mit dem Ziel, am Ohr des Schläfers, also im Rauminneren, einen Maximalpegel von 55 dB(A) nicht zu überschreiten[31]. Das Bundesverwaltungsgericht hat trotz neuerer Tendenzen der Lärmwirkungsforschung daran jedenfalls für den Fall festgehalten, dass während der „Kernnacht" von 24.00 Uhr bis 4.00 Uhr nur geringer Flugverkehr herrscht[32]. Das *Jansen*-Kriterium beruht auf der Annahme, dass bei einem Außenpegel von 75 dB(A) und bei leicht gekipptem Fenster am Ohr des Schläfers ein Maximalpegel von 60 dB(A) zu erwarten ist, er markiert den Aufwachschwellenwert[33].

Maschke hat methodische Kritik an der Ableitung der Aufwachschwelle von 60 dB(A) durch *Jansen* geäußert, jedoch nicht den Anspruch erhoben, einen niedrigeren Schwellenwert zu bestimmen. Das OVG Hamburg hat in seinen Urteilen vom 3.9.2001[34] unter Einbeziehung der Äußerungen von *Maschke* den Schutz vor erinnerbarem Aufwachen bei einer Begrenzung der Maximalpegel

---

[29] Urt. vom 3.9.2001, a.a.O., S. 102. Insgesamt wurden 6 Zeitbereiche gebildet: 6.00-12.30 Uhr (1), 12.30-13.30 Uhr (2), 13.30-19.00 Uhr (3); 19.00-22.00 Uhr (4), 22.00-1.00 Uhr (5), 1.00-6.00 Uhr (6).

[30] Abl. L 189 v. 18.7.2002, S. 12, Anhang I.

[31] BVerwGE 87, 332,372 ff.

[32] BVerwGE 107, 313, 329 f; zu Schwellenwerten der nächtlichen Lärmbelästigung siehe auch SRU, a.a.O., Tz. 441 ff.

[33] Siehe auch SRU, a.a.O., Tz. 441, 444, wo ein Maximalpegel von 60 dB(A) als Schwellenwert für den Beginn gesundheitsbeeinträchtigender Belastungen für eine durchschnittliche Bevölkerung bezeichnet wird.

[34] A.a.O., S. 92 ff.

auf 55 dB(A) als gewährleistet angesehen, u.a. deshalb, weil störender Fluglärm nach Mitternacht wegen der Nachtflugbeschränkungen am Flughafen Hamburg selten ist. In ausführlicher Würdigung der lärmmedizinischen Aussagen hat es die Festlegung eines niedrigeren Maximalpegels sowie die Vorschläge des Umweltbundesamtes in der Schrift von *Ortscheid / Wende*[35] abgelehnt. Man kann deshalb davon ausgehen, dass das *Jansen*-Kriterium jedenfalls in den Fällen weiterhin Bestand hat, in denen nach Mitternacht nur wenige Flugbewegungen stattfinden.

c) Dauerschallpegel

Der Dauerschallpegel während der Nacht hat bisher für die Bestimmung der Grenze des § 9 Abs. 2 LuftVG praktisch keine Rolle gespielt. In seinen Urteilen vom 3.9.2001 hat das OVG Hamburg auf der Grundlage des lärmmedizinischen Gutachtens von *Maschke / Hecht / Balzer* insoweit neue Maßstäbe gesetzt: Das lärmmedizinische Gutachten war für die gesamte Nachtzeit von einer Zumutbarkeitsgrenze von 32 dB(A) als Dauerschallpegel innen ausgegangen. Im Hinblick auf den geringen Flugverkehr nach 24.00 Uhr sah das Gutachten die Zumutbarkeitsgrenze im Zeitraum 22.00 Uhr bis 1.00 Uhr bei 36 dB(A) innen. Zusammen mit der Begrenzung der Maximalpegel innen auf 55 dB(A) werde ein bewusstes Aufwachen vermieden. Dies war Voraussetzung dafür, dass die mit einem Dauerschallpegel von 36 dB(A) nicht mehr auszuschließenden Störungen im Schlafverlauf in der Zeit von 22.00 Uhr bis 1.00 Uhr im fluglärmfreien Teil der Nacht kompensiert werden können; fluglärmfrei ist die Zeit ab 1.00 Uhr, wenn durchschnittlich nicht mehr als zwei bis drei Fluglärmereignisse stattfinden[36].

d) Wirkungen unterhalb der Aufweckschwelle

Die geschilderte Begrenzung der Maximalpegel und des Dauerschallpegels dient dem Schutz vor Aufwachreaktionen. Für Reaktionen unterhalb der Aufwachschwelle, also für Auswirkungen auf die Schlafstruktur, die Motorik, die vegetativen Funktionen und die Hormonausschüttung, hat die Rechtsprechung bislang im Hinblick auf § 9 Abs. 2 LuftVG keinen Handlungsbedarf gesehen. Solche Reaktionen begründen keine unzumutbare Lärmbeeinträchtigung, die durch Schutzvorkehrungen nach § 9 Abs. 2 LuftVG vermieden werden muss[37]. Das OVG Hamburg hat sich dem in seinen Urteilen vom 3.9.2001 unter einge-

---

[35] *Ortscheid / Wende*, Flurlärmwirkungen, 2000.

[36] OVG Hamburg, a.a.O., S. 90 f.

[37] BVerwGE 87, 332, 374 f; 107, 313, 329 f.

hender Würdigung der lärmmedizinischen Aussagen angeschlossen; es sah keinen Anlass, den Bereich, in dem Belastungen langfristig als Beeinträchtigung der Gesundheit zu beurteilen sind, schon mit der Effektschwelle für Sofortreaktionen beginnen zu lassen[38].

4. Tagschutz – innen

Von zentraler Bedeutung ist der Taglärmschutz im Inneren von Wohngebäuden.

a) Bisherige Rechtsprechung

Maßstab für den Schutz des Wohnens innen während des Tages war in der bisherigen Praxis vor allem der Dauerschallpegel außen. Es wurden Schallschutzmaßnahmen angeordnet bzw. Schallschutzprogramme durchgeführt bei Überschreitung eines Dauerschallpegels außen von 62 oder 67 dB(A) (in der Regel Leq4); das anzustrebende Schutzziel bestand in der Regel darin, im Rauminnern während des Tages bei geschlossenen Fenstern einen Maximalpegel von 55 dB(A) nicht zu überschreiten.

Die enteignungsrechtliche Zumutbarkeitsgrenze wurde in der Rechtsprechung bislang bei einem Dauerschallpegel außen von 70 bis 75 dB(A) angenommen[39]. Nach DIN 45643 ermittelte Dauerschallpegel von 70 / 60 dB(A) erreichen die Enteignungsschwelle nicht. Das BVerwG stellte fest, es „erscheine nach dem derzeitigen Stand der Lärmursachen- und Lärmwirkungsforschung keineswegs gesichert", dass ein Dauerschallpegel von 65 dB(A) eine Gesundheitsgefährdungsschwelle erreicht[40]. Eine Differenzierung zwischen Innen- und Außenwerten wurde bislang nicht vorgenommen.

b) Innenpegel bei geschlossenen Fenstern

Auch insoweit geht das OVG Hamburg in seinen Urteilen vom 3.9.2001 neue Wege[41]. Das OVG Hamburg hält es für sachgerecht, für die Beurteilung der Auswirkungen des Fluglärms am Tage auf die Verhältnisse bei geschlossenen Fenstern abzustellen. Die Fenster von Wohn- und Kinderzimmern seien

[38] A.a.O., S. 98 ff.

[39] BGHZ 129, 124, 127; 122, 76, 81 zum militärischen Fluglärm; BVerwG, NVwZ-RR 1991, 129, 132.

[40] B. 29.12.1998 – 11 B 21.98.

[41] A.a.O., S. 110 ff.

ohnehin witterungsbedingt in der überwiegenden Zeit des Jahres im Tagesverlauf zumeist geschlossen und würden nur kurzfristig zum Lüften geöffnet. Der Wunsch, die Fenster bei angenehmen Außentemperaturen und trockenem Wetter auch über längere Zeiträume geöffnet zu halten, müsse nicht jedes Mal der Abschirmung des Fluglärms aufgeopfert werden, da der Fluglärm – anders als Straßenverkehrslärm – nicht ständig anhalte. Selbst wenn die Intervalle zwischen verschiedenen Lärmereignissen so kurz sind, dass ein zwischenzeitliches Öffnen und Schließen der Fenster ausscheidet, sei es den Anwohnern im Hinblick auf den seit langem bestehenden Flughafen zuzumuten, die Fenster bei Landeverkehr geschlossen zu halten. Die Annehmlichkeit des Wohnens mit einem Erleben der naturnahen Umgebung des eigenen Gartens müsse wegen der Vorbelastung durch Fluglärm in den Zeiten des Flugbetriebes zurücktreten.

c) Gesundheitsschutz

Auf der Grundlage des Gutachtens *Maschke / Hecht / Balzer* hat der Planfeststellungsbeschluss für die Erweiterung des Flughafens Hamburg im Hinblick auf den Gesundheitsschutz „Gefährdungsgrenzwerte" für Dauerschallpegel innen festgelegt und zwar für den Zeitbereich 6.00 Uhr bis 12.30 Uhr von 58 dB(A), für den Zeitbereich 12.30 Uhr bis 19.00 Uhr von 53 dB(A); im Zeitbereich 19.00 Uhr bis 22.00 Uhr soll die Zumutbarkeitsgrenze bei einem Innenpegel von 40 dB(A) liegen, während aller Zeitbereiche beträgt die Zumutbarkeitsgrenze für den Maximalpegel innen 78 dB(A)[42].

Diese Aufteilung des Tages in verschiedene Zeitbereiche mit unterschiedlichen Zumutbarkeitsgrenzen für die einzelnen Zeitbereiche ist neu und im Bereich des Lärmschutzes jedenfalls insoweit unüblich, als sie über die Berücksichtigung von Ruhezeiten zu Beginn des Tages, am Abend und an Sonn- und Feiertagen hinausgeht. Rechtlich geboten ist eine solche Aufteilung sicherlich nicht, wie die Regelwerke zu anderen Lärmquellen zeigen[43]. Zudem erscheint der Nutzen dieser Zeitabschnittsbildung zweifelhaft, da der Immissionsprognose das durchschnittliche Verkehrsaufkommen der sechs verkehrsreichsten Monate zugrunde liegt. Auch die Richtlinie 2002 / 49 / EG des Europäischen Parlaments und des Rates über die Bewertung und Bekämpfung von Umgebungs-

---

[42] OVG Hamburg, a.a.O., S. 109 ff.

[43] Die TA Lärm sieht bei der Bildung des Beurteilunspegels für die Zeit von 6.00-22.00 Uhr Ruhezeitzuschläge für die Teilzeiten 6.00-7.00 Uhr und 20.00-22.00 Uhr, sonn- und feiertags von 6.00-9.00 Uhr, 13.00-15.00 Uhr und 20.00-22.00 Uhr vor (Nr. 6.5) Die 18. BImSchV bestimmt Richtwerte jeweils für die Ruhezeiten 6.00-8.00 Uhr und 20.00-22.00 Uhr, an Sonn- und Feiertagen 7.00-9.00 Uhr, 13.00-15.00 Uhr und 20.00-22.00 Uhr. Die 16. BImSchV differenziert nicht.

lärm[44] kennt als wichtigsten Lärmindex nur den Tag-, Abend-, Nacht-Pegel L_{den}, der die gesamten 24 Stunden eines Tages erfasst, außerdem den Nachtlärmindex L_{night} für die Nachtzeit von 23.00 Uhr bis 7.00 Uhr[45].

Für den Maximalpegel wurde die Grenz der Gesundheitsgefährdung bislang bei 19 Einzelschallereignissen von 99 dB(A) und mehr gezogen[46]. Dieses Kriterium beruht auf Untersuchungen von *Jansen*, die fachlich kritisiert werden; andere sehen die Grenze für die Vermeidung von vegetativen Übersteuerungen bei Maximalpegeln von etwa 90 dB(A). Das OVG Hamburg hat offen gelassen, welcher Auffassung zu folgen ist[47].

d) Belästigungsschutz

Zur Vermeidung von erheblichen Belästigungen wird die Zumutbarkeitsgrenze bei einem Tagesdauerschallpegel innen von 45 dB(A) gezogen. Bei Einhaltung dieses Wertes ist mit einer empfindlichen Beeinträchtigung häuslicher Lebensverhältnisse und Verrichtungen nicht zu rechnen. Dies gilt insbesondere für die Kommunikation[48]. Zur Vermeidung unzumutbarer Kommunikationsstörungen wurden verschiedentlich die Maximalpegel innen auf 55 dB(A) begrenzt. Das Bundesverwaltungsgerichts hat dies als ein sehr „weitgehendes" Schutzziel charakterisiert, für eine Reduzierung auf 52 dB(A) hat es keine Veranlassung gesehen[49]. Bei dem Maximalpegel von 55 dB(A) handelt es sich um das Schutzziel, nicht jedoch um das Belastungsniveau, bei dessen Überschrei-

---

[44] Abl. L 189 v. 18.7.2002, S. 12, Anhang I.

[45] Näher dazu *Dolde*, in: Dolde, Umweltrecht im Wandel, 2001, S. 451, 461 Fn. 33.

Zur Maßgeblichkeit des vorausschätzbaren Verkehrsaufkommens und nicht der technisch maximalen Kapazität bei der Verkehrsprognose BVerwG, B. 7.2.2001 – 11 B 61.00 – BA S. 4; NVwZ-RR 1999, 720, 723; Buchholz 442.09 § 18 AEG Nr. 25; NVwZ 1996, 1006; *Vallendar*, UPR 2001, 171, 173.

[46] BVerwG, Urt. vom 27.10.1998 – 11 A 1.97 – UA S. 61, insoweit in BVerwGE 107, 313 nicht abgedruckt; Nds. OVG, Urt. vom 26.5.2000 – 12 K 1303 / 99 – UA S. 32 ff.; OVG Münster, NVwZ-RR 1999, 23, 25; BayVGH, Urt. vom 11.4.1997 – 2 A 92.4034 u.a. – UA S. 22 ff. nimmt für Außenwohnbereiche die Zumutbarkeitsgrenze bei 64 dB(A) an, bestätigt durch BVerwG, Beschl. vom 29.12.1998 – 11 B 21.98; das BVerwG stellt dort fest, die These, bei einem Dauerschallpegel von 65 dB(A) sei die Gesundheitsgefährdungsschwelle erreicht, erscheine „nach dem derzeitigen Stand der Lärmursachen- und Lärmwirkungsforschung keineswegs gesichert". Siehe auch *Hofmann / Grabherr*, LuftVG, Stand November 1997, § 9 Rn. 64 ff.

[47] OVG Hamburg, a.a.O., S. 113.

[48] SRU, Tz. 387; OVG Hamburg, a.a.O., S. 115 f.

[49] BVerwG, NVwZ 1999, 644, 647, insoweit in BVerwGE 107, 313 nicht abgedruckt; ebenso OVG Hamburg, a.a.O., S. 116.

tung Maßnahmen des Schallschutzes notwendig sind[50]. Dementsprechend sind gelegentliche Überschreitungen der Maximalpegel von 55 dB(A) innen bei geschlossenen Fenstern zumutbar[51].

5. Tagschutz – außen

Auch die Lärmbelastung außen muss den Anforderungen des § 9 Abs. 2 LuftVG genügen.

a) Gesundheitsschutz

Die Gesundheitsgefährdung durch Dauerschallpegel außen wird bislang im Bereich von 70 bis 75 dB(A) angenommen[52]. Grundlage waren Untersuchungen von *Jansen.* Im Planfeststellungsverfahren zur Erweiterung des Flughafens Hamburg hat *Maschke* die Schwelle für ein erhöhtes, zu vermeidendes Gesundheitsrisiko bei einem Dauerschallpegel von 65 dB(A) gesehen. Der Rat von Sachverständigen für Umweltfragen nennt einen Außenpegel von 65 dB(A) am Tage mit aller Vorsicht wegen sehr schwacher epidemiologischer Evidenz als Schwellenwert für mögliche lärmbedingte Infarktrisiken[53]. Die Auffassung von *Ortscheid / Wende,* bei Fluglärmbelastungen oberhalb von 65 dB(A) seien Herz-Kreislauf-Erkrankungen „zu erwarten", hält *Jansen* für wissenschaftlich nicht belegt, weil es eine Monokausalität zwischen Lärm und Krankheit nicht gebe[54]. Bei der Bestimmung der Grenze der Gesundheitsgefährdung durch Dauerschallpegel außen ist nach Auffassung des OVG Hamburg zu berücksichtigen, dass die Anwohner diesen Dauerschallpegeln nicht ständig ausgesetzt sind, die Einwirkungszeit ist erheblich kürzer als die Lärmwirkungsforschung bei der Ermittlung der Grenze zur Gesundheitsgefährdung voraussetzt. Das OVG Hamburg[55] ließ deshalb offen, ob ein Dauerschallpegel von 67 dB(A) außen gesundheitsgefährdend ist, weil dies nur bei einer Einwirkungszeit von 16 Stunden bejaht werden könnte, die jedoch beim Aufenthalt im Freien nicht erreicht werde.

---

[50] Zur Unterscheidung zwischen Belastungsniveau und Schutzziel vgl. OVG Münster, Beschl. vom 29.6.2001 – 20 B 417 / 00. AK – UA S. 18.

[51] OVG Hamburg, a.a.O., S. 120: 12 Maximalpegel im Bereich von 55 bis 60 dB(A) bei einem Durchschnittstag in der Zeit ab 16.00 Uhr sind im Hinblick auf den seit langem bestehenden Verkehrsflughafen zumutbar.

[52] Siehe oben zu Ziff. 4 a.

[53] SRU, Tz. 434.

[54] OVG Hamburg, a.a.O., S. 121 f.

[55] A.a.O., S. 122 f.

b) Belästigungsschutz

§ 9 Abs. 2 LuftVG schließt auch eine unzumutbare Beeinträchtigung der Nutzung der Außenwohnbereiche aus. Schutzgegenstand ist die Nutzung der dafür eingerichteten, für ein längeres Verweilen bestimmten Außenflächen eines Grundstücks zu Wohnzwecken, z.B. Terrasse, Balkon und Freisitz im Garten[56]. Schutzwürdig und schutzbedürftig sind vor allem die kommunikativen Verhaltensweisen und die Erholung im Außenbereich, nicht die sonstigen Aktivitäten im Garten wie Spiel, Sport und Gartenarbeit. Die Erwartungen, die an eine ungestörte Kommunikation, an Muse und Erholung im Innern der Wohnung bestehen, können im Außenwohnbereich nicht aufrechterhalten werden. Im Außenwohnbereich besteht generell eine höhere Lärmerwartung.

Für den Dauerschallpegel wird deshalb die Grenze der Zumutbarkeit für die Außenwohnbereiche bei einem Wert von 65 dB(A) gezogen (L_{eq3}, 6.00 Uhr bis 22.00 Uhr)[57]. Nach den Feststellungen des sachverständig beratenen OVG Hamburg entspricht der von *Ortscheid* und *Wende* vorgeschlagene Wert von 55 dB(A) als Grenze zu erheblichen Belästigungen nicht dem Forschungsstand[58]. Bei der Bestimmung der Zumutbarkeitsgrenze für den Außenpegel ist die konkrete Grundstückssituation, insbesondere die Vorbelastung, von besonderer Bedeutung. Das OVG Hamburg hat unter Berücksichtigung einer seit langem bestehenden Vorbelastung des Wohngebiets die Grenze der Unzumutbarkeit bei 67 dB(A) gesehen. Die Erhöhung eines Belastungsniveaus von 67 dB(A) dahingehend, dass anhaltend diese Grenze überschritten wird und ein Dauerschallpegel von mehr als 68 dB(A) zu erwarten ist, hat das OVG Hamburg unter Berücksichtigung der Vorbelastung für unzumutbar gehalten, weil der Abstand zur enteignungsrechtlichen Zumutbarkeitsschwelle nur noch gering sei[59].

Die Bedeutung der Maximalpegel für den Schutz der Außenwohnbereiche vor unzumutbaren Belästigungen ist ungeklärt. Der Bayerische VGH meint, der energieäquivalente Dauerschallpegel reiche als alleiniges Kriterium zur Bewertung der Zumutbarkeit aus[60], die Berücksichtigung von Maximalpegeln sei

---

[56] BVerwGE, 107, 313, 314; 87, 332, 386; OVG Hamburg, a.a.O., S. 124.

[57] OVG Hamburg, a.a.O., S. 125; SRU 1988, Tz. 1534; BVerwGE 87, 332, 386. Der Bayerische VGH zog die Grenze bei 64 dB(A), Urt. vom 04.11.1997 – 20 A 92.40134 u.a., UA S. 22 ff. Siehe auch SRU 1999, Tz, 465, 493: Als Nahziel für den vorbeugenden Gesundheitsschutz und den Schutz gegen erhebliche Belästigung werden 65 dB(A) Außenpegel genannt.

[58] OVG Hamburg, a.a.O., S. 129 f.

[59] OVG Hamburg, a.a.O., S. 132 f.

[60] Urt. vom 4.11.1997 – 20 A 92.40134 u.a., UA S. 27 ff.

zwar möglich, jedoch rechtlich nicht geboten. In der Verwaltungspraxis werden zuweilen auch Maximalpegel herangezogen[61].

c) Bezugszeitraum

Maßgebender Bezugszeitraum für die Ermittlung der Schallimmissionen durch Flugverkehr ist – in Anlehnung an das Fluglärmschutzgesetz – das Verkehrsaufkommen während der sechs verkehrsreichsten Monate des Jahres. Für die Beeinträchtigung der Außenwohnbereiche ist das OVG Hamburg erstmals davon abgewichen. Die Störung der Außenwohnbereiche sei am ehesten in wärmeren Monaten des Jahres spürbar, deshalb seien die Monate April bis einschließlich September maßgebend, nicht die sechs verkehrsreichsten Monate[62].

IV. Mittel zur Konfliktbewältigung

Ist mit unzumutbaren Schallimmissionen zu rechnen, stellt sich die Frage, mit welchen Mitteln der prognostizierte Konflikt bewältigt werden kann und bewältigt werden muss. § 9 Abs. 2 LuftVG enthält insoweit keine abschließende Regelung. Er fordert lediglich eine Konfliktbewältigung, die unzumutbare Beeinträchtigungen Dritter ausschließt.

1. Aktiver und passiver Schallschutz

Über die geeignete Weise des Schallschutzes entscheidet die Planfeststellungsbehörde im Rahmen ihrer planerischen Gestaltungsfreiheit. Den häufig von Anwohnern geltend gemachten Vorrang von Maßnahmen des aktiven Schallschutzes vor denen des passiven Schallschutzes gibt es nach ständiger Rechtsprechung nicht[63]. Vorrangig sind aktive Schallschutzmaßnahmen nicht schon deshalb, weil passiver Schallschutz keinen Schutz der Außenwohnbereiche ermöglicht.

Die Planfeststellungsbehörde hat im Rahmen ihrer planerischen Gestaltungsfreiheit ein schlüssiges Konzept zum Lärmschutz zu entwickeln. Es ist ihr dabei

---

[61] Vgl. BVerwG, Urt. vom 27.10.1998 – 11 A 1.97 – UA S. 65 ff., insoweit in BVerwGE 107, 313 nicht abgedruckt; BayVGH, Urt. vom 4.11.1997, a.a.O., UA S. 29 – München II.

[62] OVG Hamburg, a.a.O., S. 133.

[63] BVerwG Buchholz 442.40 § 6 LuftVG Nr. 29; BVerwGE 87, 332, 346; Beschl. vom 5.10.1990 – NVwZ-RR 1991, 129, 134; OVG Hamburg, a.a.O., S. 69 f.

nicht verwehrt, im Interesse der Funktionsfähigkeit und der betrieblichen Entwicklungsmöglichkeiten eines internationalen Verkehrsflughafens von Maßnahmen des aktiven Schallschutzes, insbesondere von Betriebsbeschränkungen oder einer Lärmkontingentierung, abzusehen und im Interesse der Funktionsfähigkeit sowie der geringstmöglichen Einschränkung des Betriebs vorwiegend auf passiven Schallschutz und auf Entschädigung zu setzen[64]. Selbstverständlich kommen auch „gemischte" Lösungen in Betracht, z.B. Nachtflugregelungen zur Beschränkung des nächtlichen Flugverkehrs kombiniert mit Maßnahmen des passiven Schallschutzes. Flugbetrieblichen Regelungen können durch die Zweckbestimmung des Flugplatzes Grenzen gesetzt sein. Wo diese Grenzen verlaufen, sei hier dahingestellt, diese Frage wird im Zusammenhang mit dem beabsichtigten Nachtflugverbot für den Flughafen Frankfurt kontrovers erörtert[65].

Eine Kontingentierung der Zahl der Flugbewegungen wie auch eine Lärmkontingentierung ist rechtlich möglich, jedoch rechtlich nicht geboten. Entscheidend ist, ob das jeweilige Konzept den Konflikt in einer dem Abwägungsgebot und § 9 Abs. 2 LuftVG genügenden Weise löst. Das Absehen von einer Kontingentierung der Flugbewegungen oder des Lärms kann mit der Überlegung begründet werden, in die betrieblichen Abläufe des Flughafens im Interesse der Wahrung seiner Funktion möglichst wenig einzugreifen und stattdessen andere Maßnahmen zur Konfliktlösung, insbesondere präventiv-medizinisch begründeten passiven Schallschutz, anzuordnen[66].

Eine Akzentverschiebung könnte insoweit der „Vorschlag für eine Richtlinie des Europäischen Parlaments und des Rates über Regeln und Verfahren für lärmbedingte Betriebsbeschränkungen auf Flughäfen der Gemeinschaft" bringen, den die Kommission unter dem 29.10.2001 vorlegte[67]. Für Flughäfen mit mehr als 50.000 Flugbewegungen jährlich, die spezifische Lärmprobleme aufweisen, sieht der Richtlinienvorschlag Regeln vor für partielle Betriebsbeschränkungen für bestimmte zivile Unterschallstrahlflugzeuge sowie Betriebsbeschränkungen, die auf einen Abzug von Flugzeugen abzielen, die die Lärmvorschriften nur knapp einhalten. Für Stadtflughäfen sind strengere Vorschriften vorgesehen.

---

[64] OVG Hamburg, a.a.O., S. 70 ff.

[65] Zur Begrenzung flugbetrieblicher Beschränkungen nach § 8 Abs. 1 LuftVG durch die Zweckbestimmung BVerwGE 87, 332, 342 ff, 366 ff, 372; 107, 313 322 ff, 327 f.

[66] OVG Hamburg, a.a.O., S. 68, 70, 72.

[67] KOM (2001) YYY endgültig.

2. Schutzgebiete

In der Praxis bewährt, rechtlich jedoch nicht zwingend geboten ist die Festlegung von Nachtlärmschutzgebieten bzw. Taglärmschutzgebieten. Solche Schutzgebiete dienen der Beweiserleichterung: Die Grundstücke, die innerhalb der Schutzgebiete liegen, kommen in den Genuss der im Planfeststellungsbeschluss festgelegten Maßnahmen. Für Grundstücke außerhalb der Schutzgebiete besteht Anspruch auf die verfügten Schallschutzmaßnahmen nur, wenn der Betroffene nachweist, dass das Belastungsniveau überschritten ist, das nach dem Planfeststellungsbeschluss für den Anspruch auf passiven Schallschutz maßgebend ist[68]. Die Festlegung von Schutzgebieten dient der Verwaltungsvereinfachung: Alle erfassten Grundstücke kommen in den Genuss der dafür verfügten Regelungen, selbst wenn die dafür vorausgesetzte Überschreitung des Belastungsniveaus für das konkrete Grundstück nicht vorliegen sollte. Dies ist zweckmäßig, um erheblichen Aufwand zu vermeiden, der entstünde, wenn für jedes einzelne Grundstück ermittelt werden müsste, ob das maßgebende Belastungsniveau überschritten wird. Schutzgebiete können auch in der Weise festgesetzt werden, dass die angeordneten Schutzmaßnahmen entbehrlich sind, wenn der Vorhabenträger im Einzelfall nachweist, dass das maßgebende Belastungsniveau nicht überschritten ist. Wegen des damit verbundenen Aufwandes ist dies im Regelfall wenig praktikabel.

3. Entschädigung bei Untunlichkeit

Sind Schutzvorkehrungen, z.B. Maßnahmen des passiven Schallschutzes, untunlich, hat der Betroffene Anspruch auf angemessene Entschädigung in Geld[69]. Maßnahmen des passiven Schallschutzes können somit unterbleiben, wenn sie einen unverhältnismäßigen Aufwand verursachen. Der Planfeststellungsbeschluss kann wegen Unverhältnismäßigkeit der Aufwendungen eine „Kappungsgrenze" bestimmen. Es ist nicht abschließend geklärt, unter welchen Voraussetzungen dies möglich ist. Das Bundesverwaltungsgericht hat auf die Umstände des Einzelfalls abgestellt. Im Fall des Flughafens Erfurt hat es eine Kappungsgrenze beanstandet, die zum Wegfall des passiven Schallschutzes führte, wenn die Kosten der Lärmdämmung die Kosten für den Einbau von Schallschutzfenstern ohne Belüftungssystem um 100 % übersteigen[70].

---

68 BVerwGE 87, 332, 358 ff; BVerwGE 107, 313, 331; OVG Hamburg, a.a.O., S. 18.

69 § 9 Abs. 2 LuftVG i.V.m. § 74 Abs. 2 Satz 3 VwVfG.

70 BVerwGE 107, 313, 336 ff.

4. Entschädigung für Außenwohnbereiche

Unzumutbare Beeinträchtigungen der Außenwohnbereiche können nur durch Maßnahmen des aktiven Schallschutzes vermieden werden, nicht durch Maßnahmen des passiven Schallschutzes. Da in der Regel die Beeinträchtigung der Außenwohnbereiche in der Abwägung nicht das Gewicht hat, um Betriebsbeschränkungen zu rechtfertigen, kommt insoweit in der Regel nur eine Geldentschädigung in Betracht. In der Rechtsprechung ist noch nicht abschließend geklärt, wie diese Entschädigung zu berechnen ist. Das Bundesverwaltungsgericht hat in seinem Urteil zum Flughafen München[71] auf die Verminderung des Verkehrswertes abgestellt, die durch die Beeinträchtigung oberhalb der Zumutbarkeitsgrenze auftritt. Eine ausschließlich am Grundstückswert orientierte Betrachtung sei jedoch nicht immer angemessen. Dies gelte besonders in solchen Fällen, in denen der Grundstücksmarkt trotz der Lärmbeeinträchtigung mit Wertsteigerungen reagiere, weil die Umgebung eines Planungsvorhabens für potenzielle Käufer erheblich an Attraktivität gewinne, wie dies im Umland eines neuen Flughafens der Fall sei. Einen Vorteilsausgleich hat das Bundesverwaltungsgericht insoweit abgelehnt. Bei der Ermittlung der Wertminderung könne auf den Einheitswert und das Bewertungsgesetz zurückgegriffen werden. Im Urteil zum Flughafen Erfurt[72] hat das Bundesverwaltungsgericht daran angeknüpft, ohne präzisere Maßstäbe zu formulieren.

V. Fehlerfolgen

Als letztes stellt sich die Frage nach der Rechtsfolge, wenn Lärmermittlung, Lärmbewertung oder Konfliktlösung misslungen sind.

Das Gericht darf den Planfeststellungsbeschluss im Falle erheblicher Abwägungsmängel nach § 10 Abs. 8 Satz 2 LuftVG nur aufheben, wenn diese Fehler nicht durch Planergänzung oder ein ergänzendes Verfahren behoben werden können. Wegen eines Abwägungsmangels erfolgt die Aufhebung des Planfeststellungsbeschlusses nur, wenn der Fehler die Ausgewogenheit der Planung insgesamt in Frage stellt, deren Konzeption in einem wesentlichen Punkt berührt oder wenn er nicht korrigierbar ist, ohne dass in dem Interessengeflecht der Planung andere Belange nachteilig betroffen werden[73]. Mängel bei der Behandlung der Lärmfragen werden danach regelmäßig nicht zur Aufhebung des

[71] BVerwGE 87, 332, 388 ff.

[72] BVerwGE 107, 313, 333 ff.

[73] BVerwG, Buchholz, 442.40 § 8 LuftVG Nr. 14, S. 11; BVerwGE 101, 73, 85; 56, 110, 133; Dolde, NVwZ 2001, 976, 977 ff.

Planfeststellungsbeschlusses führen[74]. Sie können regelmäßig in einem ergänzenden Verfahren durch Anordnung von Maßnahmen des aktiven oder passiven Schallschutzes oder durch die Begründung von Entschädigungsansprüchen behoben werden.

Unterbleiben nach § 9 Abs. 2 LuftVG notwendige Schutzauflagen, besteht nur ein Anspruch auf Planergänzung. Wie der Mangel behoben wird, hat die Planfeststellungsbehörde auch bei Verletzung von § 9 Abs. 2 LuftVG in Ausübung ihrer planerischen Gestaltungsfreiheit zu entscheiden. Insoweit kommt deshalb regelmäßig ein Bescheidungsurteil in Betracht, nicht jedoch die Verpflichtung der Planfeststellungsbehörde, konkrete Schutzmaßnahmen anzuordnen[75].

---

[74] Anders im Fall OVG Münster, Beschl. vom 17.5.1999 – 20 B 2493 / 98.AK.

[75] BVerwGE 51, 6, 12; 69, 256, 276; 87, 332, 346 f, 360; *Hofmann / Grabherr*, a.a.O., § 9 Rdnr. 48 f.

Beteiligungsrechte kommunaler Gebietskörperschaften in luftrechtlichen Genehmigungs- und Normsetzungsverfahren

Von Norbert Kämper

I. Einleitung

Flughäfen sind für die Umlandgemeinden janusköpfige Infrastruktureinrichtungen: Einerseits ist für die betroffene Kommune die gute Anbindung an das nationale und internationale Luftverkehrsnetz ein Standortvorteil, andererseits bringt insbesondere der mit dem Betrieb verbundene Fluglärm für die Gemeindebürger Belastungen mit sich, die die Kommunalpolitik veranlassen, gegen Anlage und Betrieb von Flughäfen zu opponieren. Diese Situation führt nicht selten dazu, daß einerseits die Wirtschaftsförderungsgesellschaften der betroffenen Gemeinden mit bunten Prospekten unter Hinweis auf den Standortvorteil der Flughafennähe um die Ansiedlung von Unternehmen werben, andererseits die Räte derselben Gemeinden in steter Regelmäßigkeit gegen luftrechtliche Genehmigungen mehr oder weniger überzeugt zu Felde ziehen und die Verwaltungsgerichte anrufen.

Die materielle Rechtsposition der Kommunen ist eher schwach ausgeprägt. So dürfen sie nicht – was sie aus kommunalpolitischen Gründen bevorzugen würden – die Grundrechte ihrer Bürger ins Feld führen[1] oder aus allgemeinen Erwägungen des – wie auch immer verstandenen – öffentlichen Wohls Flughafenprojekte verhindern. Der prozeßrechtliche Grundsatz subjektiven Rechtsschutzes gilt auch hier. Deshalb müssen die Gemeinden geltend machen, durch das Vorhaben in ihren eigenen subjektiven Rechten betroffen zu sein. Dabei stehen die verfassungsrechtlich gewährleisteten Selbstverwaltungsrechte im Vordergrund, insbesondere die kommunale Planungshoheit. Die Hürden, die die Rechtsprechung für die Annahme einer Verletzung der kommunalen Planungshoheit errichtet hat, sind allerdings recht hoch. Nur wenn hinreichend konkrete in Bauleitplänen zum Ausdruck kommende gemeindliche Planungen nicht mehr verwirklicht werden können oder wesentliche Teile des Gemeinde-

[1] BVerwG, Beschl. vom 9.2.1996 – 11 VR 45.95 – NVwZ 1996, S. 1021, 1022.

gebiets einer durchsetzbaren Planung entzogen werden, kann eine materielle Rechtsverletzung gegeben sein[2].

Damit rücken die formellen Beteiligungsrechte in den Blick. Zwar sollen Verfahrensbeteiligungen kein Selbstzweck sein[3]; grundsätzlich kommt einer Verletzung von Verfahrensvorschriften nur dann rechtliche Bedeutung zu, wenn nach den Umständen des Falles die konkrete Möglichkeit besteht, daß die Planungsbehörde ohne den Verfahrensfehler anders entschieden hätte[4]. Jedoch hat die Rechtsprechung speziell für das luftrechtliche Genehmigungsverfahren ein besonderes „absolutes" Beteiligungsrecht der Gemeinden herausgearbeitet, dessen Verletzung bereits zu einer Aufhebung von Genehmigungsentscheidungen führen kann, wenn die luftrechtliche Genehmigung rechtsgestaltende Wirkung für die betroffene Kommune entfaltet[5]. Welche Berechtigung diese bereits in den 60er Jahren entwickelte Rechtsfigur insbesondere vor dem Hintergrund moderner Planerhaltungsgrundsätze noch hat, wird zu erörtern sein.

Bevor ich mich diesem von der Rechtsprechung entwickelten verfassungsunmittelbarem Beteiligungsrecht zuwende, möchte ich die einfachgesetzlichen Beteiligungsrechte im luftrechtlichen Genehmigungsverfahren näher beleuchten. Abschließend sollen die Beteiligungsrechte in Normsetzungsverfahren behandelt werden.

II. Anlagen- und Betriebsgenehmigungen für Flugplätze

Vergleichsweise ausführliche Regelungen des Anhörungsverfahrens enthält das Planfeststellungsrecht, während bei Plangenehmigungen und Genehmigungen nach § 6 LuftVG auf die allgemeine Anhörungsvorschrift des § 28 VwVfG zurückgegriffen werden kann; neuerdings verweist jedoch § 6 Abs. 5 LuftVG partiell auf planfeststellungsrechtliche Vorschriften hinsichtlich der Behördenanhörung.

---

2 BVerwG, Urt. vom 27.10.1998 – 11 A 10.98 – UPR 1999, S. 146 f.; BVerwG, Urt. vom 30.5.1984 – 4 C 58.81 – BVerwGE 69, S. 256, 261.

3 Zu den Funktionen des Beteiligungsrechts ausführlich *Scherg*, Beteiligungsrechte nach dem Luftverkehrsgesetz, 1982, S. 78 ff.

4 BVerwG, Beschl. vom 20.2.2002 – 9 B 63.01 – BA S. 8 ff.; BVerwG, Urt. vom 27.10.1998 – 11 A 10.98 – UPR 1999, S. 146, 147; *Wysk*, Ausgewählte Probleme zum Rechtsschutz gegen Fluglärm Teil I, ZLW 1998, S. 18, 32.

5 *Wysk*, Ausgewählte Probleme zum Rechtsschutz gegen Fluglärm, Teil III, ZLW 1998, S. 456, 462.

1. Planfeststellungsverfahren

Das Verwaltungsverfahrensrecht unterscheidet zwei Gruppen von Verfahrensbeteiligten: Die Behörden, deren Belange berührt werden, und die „Betroffenen", worunter sowohl natürliche als auch juristische Personen fallen, in der Terminologie des Gesetzes „jeder". Die kommunalen Gebietskörperschaften können in beiden Zusammenhängen anzuhören sein. Diese Doppelstellung der Gemeinden ist dabei nicht nur von theoretischer, sondern von erheblicher praktischer Bedeutung[6]. Nur der Vollständigkeit halber erwähnt sei die dritte Funktion der Gemeinden im Planfeststellungsverfahren: Als Auslegungsstelle, § 73 Abs. 2 VwVfG, ist sie verpflichtet, Einwendungen entgegenzunehmen und erscheint nach außen als Behörde.

a) Behördenanhörung

Für das Anhörungsverfahren im Rahmen des Planfeststellungsverfahrens verweist § 10 Abs. 2 LuftVG auf § 73 (Bundes-) VwVfG und modifiziert diese Regelungen nach den folgenden Maßgaben: Nach Ziff. 1 sind „alle in ihrem Aufgabenbereich durch das Vorhaben berührten Behörden" – und ausdrücklich genannt werden die Gemeinden – zu hören. Die Einholung der Stellungnahme soll von der Anhörungsbehörde innerhalb eines Monats veranlaßt werden (Ziff. 2). Sodann regelt § 10 Abs. 2 Nr. 3 Sätze 1 bis 3 LuftVG die Behördenpräklusion ähnlich § 73 Abs. 3a VwVfG, aber doch mit feinen Abweichungen. Von der Anhörungsbehörde ist den Gemeinden zur Abgabe ihrer Stellungnahmen eine Frist zu setzen, die drei Monate nicht übersteigen darf. Sie kann nach Ermessen der Planfeststellungsbehörde – jedenfalls bei einfach gelagerten Fällen – verkürzt werden. Widersprüchlich ist der zeitliche Anknüpfungspunkt der Behördenpräklusion geregelt: während § 10 Abs. 2 Nr. 3 S. 3 LuftVG an den Ablauf der von der Behörde gesetzten Frist anknüpft, bezieht sich § 10 Abs. 4 S. 3 LuftVG auf die Beendung des Erörterungstermins[7].

Verspätet eingehende Stellungnahmen müssen nicht berücksichtigt werden; ausgeschlossen ist die Berücksichtigung jedoch im Gegensatz zu der allgemeinen Regelung in § 73 Abs. 3 a VwVfG nicht. Im luftrechtlichen Planfeststellungsverfahren hat die Planfeststellungsbehörde also Ermessen, ob sie verspätete Stellungnahmen berücksichtigt oder nicht. Das gilt nicht, wenn später von einer Behörde vorgebrachte öffentliche Belange der Planfeststellungsbehörde

---

[6] *Thorsten Siegel*, Die Verfahrensbeteiligung von Behörden und anderen Trägern öffentlicher Belange, 2001, S. 48 ff.

[7] *Grabherr* in Hofmann-Grabherr, Luftverkehrsgesetz, Stand: 2002,, § 10 Rn 5 sieht darin eine Doppelregelung, während *Siegel* einen Widerspruch annimmt, der zugunsten der späteren Frist aufzulösen ist, a.a.O. S. 220.

auch ohne ihr Vorbringen bekannt sind oder hätten bekannt sein müssen. Dann sind die Einwendungen in jedem Falle zu berücksichtigen.

Zweck der Behördenbeteiligung ist im wesentlichen die umfassende Ermittlung des Sachverhalts auch vor dem Hintergrund der verfahrensrechtlichen Konzentrationswirkung des Planfeststellungsbeschlusses. Eine drittschützende Wirkung haben die genannten Vorschriften nicht. Bei der Verletzung von Behörden-Beteiligungsrechten wird insoweit kein verwaltungsgerichtlicher Rechtsschutz gewährt, und zwar weder für die anzuhörende Behörde[8] noch für Dritte; wegen der allein objektiv-rechtlichen Funktion der Behördenbeteiligung können auch sie regelmäßig keine Behördenbeteiligung erzwingen. Die Aufgaben der Behörden begründen lediglich Wahrnehmungszuständigkeiten, nicht aber subjektive Rechte. Rechtlich relevante Fehler können der Planfeststellungsbehörde im Rahmen der Behördenbeteiligung gleichwohl unterlaufen, wenn objektiv rechtswidrige Verfahrenshandlungen zu einer unvollständigen Sachverhaltsermittlung führen, was wiederum Fehler in der Abwägung nach sich ziehen kann.

b) Betroffenenanhörung

Werden Gemeinden durch luftrechtliche Vorhaben als Träger privater Rechte betroffen, etwa als Grundstückseigentümer, sind sie nicht als Behörden im Sinne von § 1 Abs. 4 VwVfG angesprochen, sondern als Betroffene im Sinne des § 73 Abs. 4 VwVfG. Die Folge dieser Kategorisierung ist die Verpflichtung, rechtswahrend Einwendungen innerhalb der kürzeren Fristen des § 73 Abs. 4 VwVfG zu erheben, um die Wirkungen der materiellen Präklusion zu vermeiden, § 74 Abs. 4 S. 2 VwVfG.

Darüber hinausgehend hält die Rechtsprechung die Erhebung von Einwendungen im Rahmen der Betroffenenanhörung auch dann für erforderlich, wenn subjektive Rechte, die im öffentlich-rechtlichen Bereich begründet sind, gewahrt werden sollen; das gilt insbesondere für das verfassungsrechtlich garantierte kommunale Selbstverwaltungsrecht.[9] Als Folge dieser Aufspaltung gemeindlicher Anhörungsrechte werden die betroffenen Kommunen weitgehend gezwungen, ihre Einwendungen im Rahmen der Betroffenenanhörung innerhalb einer Frist von zwei Wochen nach Ablauf der Auslegungsfrist zu erheben, wollen sie ihrer Klagerechte nicht verlustig gehen.

---

[8] BVerwG, Urt. vom 29.4.1993 – 7 A 2.92 – BVerwGE 98, S. 258 zur Beteiligung der obersten Landesnaturschutzbehörde nach § 9 BNatSchG.

[9] BVerwG, Beschl. vom 13.3.1995 – 11 VR 2.95 – NVwZ 1995, S. 905, 907.

Weitergehend verlangt die Rechtsprechung die Kenntlichmachung kommunaler Einwendungen als Betroffeneneinwendung etwa im Betreff: Eine nach den Umständen des Falles eindeutig nur als behördliche Stellungnahme nach § 73 Abs. 2 VwVfG abgegebene Äußerung des Planungsamts einer Gebietskörperschaft könne auch dann nicht als Betroffeneneinwendung der Gebietskörperschaft im Sinne von § 73 Abs. 4 VwVfG angesehen werden, wenn diese Äußerung noch innerhalb der Einwendungsfrist abgegeben worden sei[10].

Diese Aufspaltung ist in der Literatur als systemwidrig kritisiert worden; auch finde sie im Gesetz keine hinreichende Stütze[11]. Man wird den Kritikern einräumen müssen, daß die Lösung insbesondere im Luftverkehrsgesetz widersprüchlich ist, wenn die Gemeinden im Rahmen der Behördenanhörung ausdrücklich angesprochen werden, faktisch aber aus Gründen der Rechtswahrung Einwendungen nach § 73 Abs. 4 VwVfG abgeben müssen. Gleichwohl ist meines Erachtens der Rechtsprechung im Hinblick auf den besonderen subjektiven Rechtsschutz zu folgen; andernfalls könnten auch außerhalb jeglicher Fristen erfolgende Einwendungen zur Anfechtung des Planfeststellungsbeschlusses berechtigen, was der Rechtssicherheit sicherlich nicht zuträglich ist.[12]

2. Genehmigung nach § 6 LuftVG

Wie bereits angemerkt, ist in § 6 LuftVG ein Beteiligungsrecht der Gemeinden nicht ausdrücklich erwähnt, sieht man von dem Hinweis in § 6 Abs. 5 LuftVG auf die planfeststellungsrechtlichen Vorschriften zur beschränkten Behördenpräklusion einmal ab. Damit ist auf das allgemeine Verwaltungsverfahrensrecht zurückzugreifen, insbesondere also auf § 28 VwVfG. Danach ist demjenigen, in dessen Rechte der zu erlassende Verwaltungsakt eingreift, Gelegenheit zu geben, sich zu den entscheidungserheblichen Tatsachen zu äußern. Das betrifft insbesondere den Kommunen zustehende private Rechtspositionen, aber auch öffentliche Rechte, die nicht der Planungshoheit unterfallen.

Zum Schutz der kommunalen Planungshoheit hat die Rechtsprechung bereits vor Inkrafttreten des Verwaltungsverfahrensgesetzes ein besonderes „absolutes" Beteiligungsrecht der Kommunen entwickelt, wonach den kommunalen Gebietskörperschaften speziell in luftrechtlichen Planungsverfahren – und damit abweichend von allen anderen Fachplanungen – formelle Beteiligungsrech-

---

[10] BVerwG, Urt. vom 9.6.1999 - 11 A 8.98 - DVBl 1999, S. 1527 (LS) = LKV 2000, S. 39 ff.; dazu kritisch *Siegel*, S. 51.

[11] *Steinberg / Berg / Wickel*, Fachplanungsrecht, 3. Auflage 2001, § 2 Rn. 49.

[12] OVG S.-A., Urt. vom 11.8.1999 – C 1 S 805 / 98 – UA S. 22; *Giemulla*, Luftverkehrsgesetz, § 10 Rn. 11.

te zuzubilligen sind, die unabhängig von der konkreten Rechtsbetroffenheit der jeweiligen Kommune bestehen und durchsetzbar sein sollen.

a) Rechtsprechung der Verwaltungsgerichte zu formellen Beteiligungsrechten

In Rechtsprechung und Literatur werden als „absolute" Verfahrensvorschriften solche gesetzlichen Regelungen bezeichnet, durch die dem Begünstigten eine vom materiellen Recht unabhängige, selbständig durchsetzbare Verfahrensposition begründet wird, auf deren Verletzung ein Anspruch auf Aufhebung eines Verwaltungsaktes auch dann gestützt werden kann, wenn in der Sache selbst keine materielle Rechtsposition betroffen und möglicherweise verletzt ist[13]. Als Fallgruppen werden im wesentlichen Beteiligungsrechte anerkannter Naturschutzverbände nach § 29 BNatSchG sowie der Gemeinden im luftrechtlichen Genehmigungsverfahren zur Wahrung ihrer Planungshoheit genannt. In diesem Zusammenhang zu erwähnen ist auch die Beteiligung der Gemeinden im Baugenehmigungsverfahren, das nach § 36 BauGB allerdings nicht als Anhörungsrecht, sondern als Mitwirkungsrecht definiert ist: Es ist mit der Gemeinde das Einvernehmen herzustellen. Auch bei der Errichtung dem Atomgesetz unterfallender Anlagen wird dem Genehmigungsverfahren eine besondere grundrechtssichernde Bedeutung beigemessen[14].

Die Frage, wie ein Verfahrensrecht zu qualifizieren ist, beantwortet sich nicht nach dem Inhalt des jeweiligen materiellen Rechts, sondern allein nach Zielrichtung und Schutzzweck der Verfahrensvorschrift selbst[15]. Außerhalb der genannten Fallgruppen können Verfahrensfehler regelmäßig nicht zur Aufhebung von Entscheidungen führen, solange der Kläger nicht materiell in seinen subjektiven Rechten verletzt ist[16].

aa) Naturschutzrecht

Anerkannte Naturschutzverbände[17] können auf bundesrechtlicher Grundlage allein die Verletzung von Beteiligungsrechten nach § 29 Abs. 1 Ziff. 4 BNat-

---

[13] OVG NRW, Beschl. vom 5.5.2000 – 20 B 2119 / 99.AK – BA S. 7 f. mwN.; vgl. *Kopp / Schenke*, Verwaltungsgerichtsordnung, 12. Aufl. 2000, § 42 Rn. 95 m.w.N.; *Wahl / Schütz*, in: Schoch / Schmidt-Aßmann / Pietzner, VwGO, § 42 Abs. 2 Rn 73.

[14] BVerwG, Urt. vom 9.3.1990 – 7 C 23.89 – BVerwGE 85, S. 54, 55 f.

[15] BVerwG, Urt. vom 14.12.1973 – IV C 50.71 – BVerwGE 44, S. 235, 240; BVerwG, Urt. vom 15.1.1982 – 4 C 26.78 – BVerwGE 64, S. 325, 332.

[16] Kopp / Schenke, a.a.O.

[17] Dazu *Ziekow*, Klagerechte von Naturschutzverbänden gegen Maßnahmen der Fachplanung, VerwArch Bd. 91 (2000), S. 483 ff.

SchG (a.F.) geltend machen[18]. Da diesen Verbänden – jedenfalls nach der noch geltenden Gesetzesfassung[19] – bundesrechtlich keine materiellen Rechte zustehen, ist die Anerkennung formeller Verfahrensrechte zwingend für die Eröffnung verwaltungsrechtlichen Rechtsschutzes; ohne diese Konzeption einer begrenzten Subjektivierung der im öffentlichen Interesse eingeräumten Wahrnehmung von Belangen des Naturschutzes[20] würden Fehler im Beteiligungsverfahren notwendig sanktionslos bleiben[21]. Die Verbände müssen sich die mangelnde Ergebnisrelevanz eines Verstoßes gegen ihr Beteiligungsrecht nicht entgegenhalten lassen[22]. § 46 VwVfG ist dementsprechend auf Verfahrensfehler in diesem Zusammenhang nicht anwendbar[23]. Allerdings kann nach Einführung planerhaltender Regelungen wie etwa § 10 Abs. 8 LuftVG nicht mehr allein wegen Verletzung des Beteiligungsrechts die Aufhebung der Planungsentscheidung verlangt werden, weil sie durch Planergänzung behoben werden kann[24]. Die Absicherung einer Verfahrensposition ohne materiellrechtliche Unterfütterung wird als systemfremd kritisiert[25]. Diese Problematik wird wohl nach der Neuregelung der Vereinsklage in § 61 BNatSchG n.F. neu zu betrachten sein.

bb) Luftverkehrsrecht

Das Bundesverwaltungsgericht hat den Gemeinden darüber hinaus auch in Genehmigungsverfahren nach § 6 LuftVG mit Urteil vom 14.2.1969[26] unmittelbar aus der durch Art. 28 Abs. 2 GG gewährleisteten Planungshoheit ein Recht auf Mitwirkung an überörtlichen, aber ortsrelevanten Planungen zuerkannt; obwohl den Sachzwängen der überörtlichen Planung unterworfen, stehe den Gemeinden damit wenigstens ein ordnungsgemäßes Verwaltungsverfahren

---

[18] Vgl. BVerwG, Urt. vom 31.10.1990 – 4 C 7.88 – BVerwGE 87, S. 62, 73.

[19] Anders nunmehr § 61 BNatSchG in der seit dem 4.4.2002 geltenden Fassung des BNatSchGNeuregG vom 25.3.2002 BGBl I S. 1193.

[20] BVerwG, Urt. vom 12.12.1996 – 4 C 19.95 – NVwZ 1997, S. 905, 907; *Gassner*, in: Gassner / Bendomir-Kahlo / Schmidt-Ränsch, Kommentar zum Bundesnaturschutzgesetz, 1996, § 29 Rn. 6 ff.

[21] BVerwGE 105, S. 348, 354.

[22] OVG NRW, Beschl. vom 11.5.1999 – 20 B 1464 / 98.AK – NuR 2000, S. 165, 166.

[23] BVerwG, Urt. vom 12.11.1997 – 11 A 49.96 – BVerwGE 105, S. 348, 353.

[24] BVerwG, Urt. vom 12.12.1996 – 4 C 19.95 NVwZ 1997, S. 905, 907 = BVerwGE 102, S. 358.

[25] *Ziekow*, VerwArch Bd. 91 (2000), S. 483, 502.

[26] IV C 82.66, UA S. 11 ff. = DVBl 1969, 362; ausführlich zur Entwicklung der Rechtsprechung *Scherg*, Beteiligungsrechte der Gemeinden nach dem Luftverkehrsgesetz, 1982, S. 87 ff.

zu[27]. Dieses formelle Beteiligungsrecht der Gemeinden soll unabhängig von der Verletzung ihrer materiellen Rechte bestehen und wird seitdem in ständiger Rechtsprechung anerkannt[28].

Auch im vorgelagerten Genehmigungsverfahren mit nachfolgender Planfeststellung wird ein Anhörungsrecht der Gemeinde bereits im Genehmigungsverfahren bejaht[29], während die Betroffenenanhörung erst im Planfeststellungsverfahren stattfindet. Der Genehmigung komme partiell faktisch der Charakter einer Vorentscheidung für Fragen zu, die rechtlich erst im folgenden Planfeststellungsbeschluß verbindlich geregelt werden; die betroffenen Gemeinden müßten deshalb frühzeitig Gelegenheit erhalten, auf die sie berührenden Belange hinzuweisen und dadurch auf die Genehmigung Einfluß zu nehmen[30]. Dieser Anwendungsfall dürfte aber in der Praxis kaum noch eine Rolle spielen, seit die zeitliche Abfolge von Genehmigung und Planfeststellung durch § 8 Abs. 6 LuftVG aufgegeben worden ist.

Das formelle Beteiligungsrecht soll damit ausschließlich dem Zweck dienen, der kommunalen Selbstverwaltungskörperschaft Gelegenheit zu geben, frühzeitig auf ihre von dem Vorhaben berührten kommunalen Belange hinzuweisen[31]. Diese Rechtsprechung beruht auf der Eigenart des in das Genehmigungs- und das Planfeststellungsverfahren gegliederten luftverkehrsrechtlichen Verfahrens und ist nach der Rechtsprechung des Bundesverwaltungsgerichts auf andere Planfeststellungsverfahren nicht übertragbar[32].

b) Inhalt des Beteiligungsrechts

Inhaltlich umfaßt das Beteiligungsrecht ein Recht auf Information und Anhörung[33]. Die Anhörung muß nicht zwingend in dem objektiv gebotenen Verfahren durchgeführt werden; sie kann u.U. auch dadurch bewirkt werden, daß

---

[27] BVerwG, Urt. vom 14.2.1969, UA S. 14 = DVBl 1969, S. 362.

[28] Vgl. BVerwG, Urt. vom 16.12.1988 – 4 C 40.86 – BVerwGE 81, S. 95, 106 ff.; BVerwG, Urt. vom 22.6.1979 – 4 C 40.75 – NJW 1980, S. 718; BVerwG, Urt. vom 3.5.1988 – 4 C 11.85 – NVwZ 1988, S. 1122; zum Genehmigungsverfahren mit nachfolgender Planfeststellung BVerwG, Urt. vom 7.7.1978 – 4 C 79.76 – BVerwGE 56, S. 110, 134 ff.; BVerwG, Urt. vom 11.12.1978, Buchholz 442.40 § 6 LuftVG Nr. 8; BVerwG, Urt. vom 20.11.1987, Buchholz 442.40 § 6 LuftVG Nr. 17 = ZLW 1988, S. 180; OVG NW, Urt. vom 14.7.1982 – 20 A 762 / 80 – UA S. 14 ff.

[29] BVerwG, Urt. vom 7.7.1978 – 4 C 79.76 – BVerwGE 56, 110, S. 134 ff., 137.

[30] BVerwGE 56, S. 110, 137.

[31] BVerwG, Urt. vom 11.12.1978, Buchholz 442.40 § 6 LuftVG Nr. 8, S. 6; OVG NW, Urt. vom 23.1.1998 – 20 A 3642 / 91 UA S. 26.

[32] BVerwG, Beschl. vom 15.10.1991 – 7 B 99.91 und 7 ER 301.91 – NJW 1992, S. 256, 257 mwN. (Bundeswasserstraße).

[33] OVG NW, Beschl. vom 5.5.2000 – 20 B 2119 / 99.AK – BA S. 7.

die Gemeinde in einem anderen Verfahren angemessen Gelegenheit zur Stellungnahme erhält[34]. Das Beteiligungsrecht kann verletzt werden, in dem eine objektiv genehmigungspflichtige Maßnahme etwa durch eine Unterbleibensentscheidung für nicht genehmigungsbedürftig erklärt wird[35], so daß die Gemeinde ihre durch das Beteiligungsrecht geschützten materiellen Interessen nicht in dem gebotenen Genehmigungsverfahren geltend machen kann. Wird die erforderliche Anhörung jedoch in einem anderen Verwaltungsverfahren durchgeführt, so vermittelt allein die Wahl der falschen Verfahrensart kein Abwehrrecht. Dem Erfordernis, ein Planfeststellungsverfahren durchzuführen, kommt keine drittschützende Wirkung zu[36].

Ein Anspruch auf mündliche Erörterung gemeindlicher Einwendungen besteht unmittelbar aus verfassungsrechtlichen Vorgaben nicht[37]; im luftrechtlichen Genehmigungsverfahren fehlt es an der entsprechenden gesetzlichen Grundlage[38]. Nach Auffassung des OVG NRW ist bei Änderungen einer luftrechtlichen Genehmigung unter dem Blickwinkel des Lärmschutzes die Beteiligung der Umlandgemeinden durch die Mitwirkungsrechte in der Fluglärmkommission nach § 32b LuftVG sichergestellt[39].

c) Subjektivrechtliche Ausgestaltung

Die Konzeption des Beteiligungsrechts als wehrfähiges formelles Verfahrensrecht erscheint vor allem vor dem Hintergrund erklärbar, daß die materielle Rechtsposition der Gemeinden in Fachplanungsverfahren eher schwach ausgeprägt ist. Vergleicht man nun die beiden dargestellten Anwendungsfälle des „absoluten" Beteiligungsrechts, so fällt auf, daß im Unterschied zum oben erwähnten Klagerecht der Naturschutzverbände das formelle Beteiligungsrecht der Gemeinden im luftrechtlichen Genehmigungsverfahren keineswegs einer objektiven Rechtskontrolle dient; vielmehr wird den Gemeinden diese verfahrensrechtliche Rechtsposition zur Wahrung ihrer individuellen materiellen Rechte eingeräumt; eine Gemeinde kann eine Verletzung ihres formellen Beteiligungs-

---

[34] BVerwG, Beschl. vom 13.9.1993 – 4 B 68.93 – ZLW 1994, S. 347; OVG NRW 23.1.1998 UA S. 27; OVG NW aaO., UA S. 23; BVerwG, Urt. vom 16.12.1988 – 4 C 40.86 – BVerwGE 81, S. 95 106; BayVGH, Urt. vom 22.12.1992 – 20 B 92.3332 – UA S. 32.

[35] OVG NW, Urt. vom 26.7.1999 – 20 D 85 / 96 – UA S. 18; BVerwG, Urt. vom 22.6.1979 – 4 C 40.75 – ZLW 1980, S. 69, 75.

[36] OVG NW, Urt. vom 26.8.1999, UA S. 24.

[37] BVerwG, Urt. vom 20.11.1987 – 4 C 39.84 – DVBl 1988, S. 532, 534; OVG NRW, Urt. vom 26.8.1999 – 20 D 85 / 96.AK – UA S. 23.

[38] BayVGH, Urt. vom 22.12.1992 – 20 B 92.3332 – UA S. 33.

[39] OVG NRW, Urt. vom 12.11.1984 – 20 A 440 / 83 – UA S. 21.

rechts nur dann rügen, wenn sie durch die genehmigte Anlage bzw. den Betrieb des Flugplatzes in ihrer konkreten eigenen Planungshoheit nachhaltig und unmittelbar berührt werden kann[40], soweit diese durch die Selbstverwaltungsgarantie des Art. 28 Abs. 2 GG verfassungsrechtlich abgesichert ist; auf einfachgesetzliche Planungsrechte der Kommunen kann dagegen nicht zurückgegriffen werden[41].

Eine Betroffenheit kann anzunehmen sein, wenn das Gebiet der klagenden Gemeinde im Bauschutzbereich eines anzulegenden oder zu erweiternden Flughafens belegen ist[42] oder das Gemeindegebiet durch einen Lärmschutzbereich nach dem Fluglärmgesetz überlagert wird[43]. Weiterhin ist eine Beeinträchtigung der kommunalen Planungshoheit außerhalb von Lärmschutzbereichen in Erwägung gezogen worden, wenn Teile des Gemeindegebiets in Zonen gelegen sind, in denen der äquivalente Dauerschallpegel über 62 dB(A) liegt[44]. Insoweit enthält z.B. der Landesentwicklungsplan Schutz vor Fluglärm des Landes Nordrhein-Westfalen[45] eine Schutzzone C mit Vorgaben für die Bauleitplanung.

Außerhalb dieser Gebiete mit normativ vorgesehenen Baubeschränkungen und Planungsvorgaben sind sonstige geringfügige mittelbare Auswirkungen des Flugbetriebes nicht geeignet, die kommunale Planungshoheit zu berühren. Beteiligungsrechte der Gemeinden bestehen nicht, da hierfür erforderlich ist,

> „daß gerade die in Rede stehende Maßnahme sich auf ihre Planungshoheit auswirken kann. Die verfahrensrechtliche Rechtspositionen ist ihnen zur Wahrnehmung ihrer materiellen Interessen eingeräumt und ein Berufen auf die Rechtsposition muß deshalb versagen, wenn materielle Interessen schlechterdings nicht berührt sein können.“[46]

Bloße faktische Veränderungen der Verkehrsverhältnisse begründen für die Gemeinden lediglich Rechtsreflexe: eine Berührung der Selbstverwaltungsrech-

---

[40] OVG NW, Beschl. vom 5.5.2000 – 20 B 2119 / 99.AK – BA S. 9 mwN.; BVerwG, Beschl. vom 17.2.1992 – 4 B 232.91 – in: *Hoppe / Stüer*, Rechtsprechung zum Bauplanungsrecht, 1995, Rn. 1186; OVG NW, Beschl. vom 21.12.1995 – 20 B 3208 / 95.AK – BA S. 3 f. BVerwG, Urt. vom 22.6.1979, ZLW 1980, S. 69, 75; BVerwGE 56, 110, S. 135; *Stüer*, in: Planungsrecht Bd. 2, Planung von Großvorhaben, 1999, S. 272.

[41] *Lerche*, Grenzen der Wehrfähigkeit der kommunalen Planungshoheit, in: Maunz (Hrsg.): Verwaltung und Rechtsbindung. Festschrift zum 100jährigen Bestehen des bayerischen Verwaltungsgerichtshofs, 1979, S. 223, 224.

[42] OVG NW, Urt. vom 14.7.1982 – 20 A 507 / 80 – UA S. 21 f.; Hess. VGH, Urt. vom 18.2.1970 II OE 130 / 68 – VerwRspr 21 (1970) S. 857, 861.

[43] OVG NW, Urt. vom 14.7.1982 – 20 A 762 / 80 – UA S. S. 14 f.

[44] OVG NW, Urt. vom 14.07.1982 – 20 A 765 / 80 – S. 14.

[45] Vom 17.8.1998, GV.NW S. 512.

[46] OVG NW, Beschl. vom 21.12.1995, 20 B 3208 / 95.AK – BA S. 3 f.

te der Gemeinden ist in diesen Fällen erst möglich, wenn die Verkehrsbelastungen ein solches Gewicht erreichen, daß der Gemeinde die Erfüllung ihrer eigenen Aufgaben unmöglich gemacht oder zumindest in konkreter Weise ganz erheblich erschwert wird[47]. Dabei ist zu beachten, daß nicht jede Planung überörtlicher Verwaltungsträger, die auf die örtlichen Verhältnisse einwirkt, damit auch schon das gemeindliche Selbstverwaltungsrecht berührt[48].

d) „Absolutheit" kommunaler Beteiligungsrechte?

Der Rechtsprechung des Bundesverfassungsgerichts ist ein „absolutes" Anhörungsrecht der Gemeinden im luftrechtlichen Planungsverfahren nicht zu entnehmen. Allerdings hat das höchste Gericht bei der Festsetzung von Lärmschutzbereichen durch Rechtsverordnung ein Anhörungsrecht der in ihrer Planungshoheit betroffenen Gemeinden bejaht, worauf noch einzugehen sein wird. Danach dürfe dem Bund nicht gestattet sein, „einzelnen Gemeinden einschneidende Beschränkungen ihrer Planungshoheit aufzuerlegen, ohne sie vorher anzuhören."[49] Damit hängt das Gericht die Schwelle für die Annahme einer Anhörungspflicht recht hoch. Tatsächlich greifen festgelegte Lärmschutzbereiche durch Invollzugsetzung der Bauverbote des § 5 FluglärmG massiv in die kommunale Planungshoheit ein. Aber selbst diese auf einschneidende Beschränkungen bezogenen Anhörungsrechte der Gemeinden sind nicht unumstritten; so konstatieren immerhin zwei Mitglieder des 2. Senats in ihrem Minderheitsvotum, daß § 4 FluglärmG verfassungsgemäß sei, obwohl er kein Anhörungsrecht der Gemeinden vorschreibe; ein solches lasse sich weder aus Art. 28 Abs. 2 GG noch aus dem Rechtsstaatsprinzip entnehmen[50]. In diesem Zusammenhang wird ausdrücklich darauf verwiesen, daß Art. 28 Abs. 2 GG das Recht der Gemeinden, alle Angelegenheiten der örtlichen Gemeinschaft zu regeln[51], nur im Rahmen der Gesetze gewährleistet[52]. Die institutionelle Garantie der kommunalen Selbstverwaltung steht damit unter einem Regelungs- und Eingriffsvorbehalt[53]. Das Bundesverfassungsgericht hält grundsätzlich die Beschränkung der Planungshoheit der Gemeinden für zulässig, „wenn und soweit eine vorzunehmen-

---

47 BVerwG, Urt. vom 29.6.1983 – 7 C 102.82 – DVBl. 1984, S. 88, 89.

48 OVG NW, Beschl. vom 5.5.2000 – 20 B 2119 / 99.AK – BA S. 10.

49 BVerfG, Beschl. vom 7.10.1980 – 2 BvR 584, 598, 599, 604 / 76 – BVerfGE 56, S. 298, 320.

50 BVerfGE 56, S. 298, 338; dazu *Weyreuther*, DÖV 1982, S. 173, 175 ff.

51 Dazu *Ehlers*, Die verfassungsrechtliche Garantie der kommunalen Selbstverwaltung, in: Ehlers / Krebs (Hg.) Grundfragen des Verwaltungsrechts und des Kommunalrechts, Symposion aus Anlaß der Emeritierung von Professor Dr. Hans-Uwe Erichsen am 5. Mai 2000 in Münster, S. 59 ff.

52 BVerfGE 56, S. 298, 334.

53 *Schmidt-Aßmann*, in: FS Sendler, S. 134.

de Güterabwägung ergibt, daß schutzwürdige überörtliche Interessen diese Einschränkung erfordern."[54]

Wenn aber selbst massive Eingriffe in die materiellen Selbstverwaltungsrechte bis zur Grenze des Kernbereichs zulässig sind, muß dies erst recht für die Einschränkung von lediglich formellen Verfahrensrechten gelten[55]; solche sind jedenfalls dann zulässig, wenn gewichtige schutzwürdige Interessen gerade die begrenzte Beschränkung eines Anhörungsrechts erfordern.

So wie die Gemeinden das Recht haben, öffentliche Einrichtungen zu errichten und zu betreiben, muß der Staat in der Lage sein, seiner Verantwortung für eine funktionierende Verkehrsinfrastruktur gerecht zu werden[56]. Das Grundgesetz setzt die staatliche Infrastrukturverantwortung, die in luftrechtlichen Gesetzgebungs- und Verwaltungskompetenzen, Art. 73 Nr. 6, 87 d GG, zum Ausdruck kommt, voraus[57]. Die staatliche Gewährleistung einer funktionierenden und hinreichend dimensionierten Verkehrsinfrastruktur ist Voraussetzung einer effektiven Grundrechtsausübung und hat auch unter diesem Gesichtspunkt Verfassungsrang[58]. Nur der Vollständigkeit halber sei auf den Vertrag zur Gründung der Europäischen Gemeinschaft[59] hingewiesen, der den Auf- und Ausbau transeuropäischer Netze auch im Bereich der Verkehrsinfrastruktur vorsieht, Art. 154 EGV. Zur Verkehrsinfrastruktur im Sinne dieser innerstaatlich unmittelbar geltenden Norm zählen auch die Flughäfen[60]. Die verfassungsrechtliche Bedeutung der staatlichen Infrastrukturverantwortung auch für funktionierende Verkehrsflughäfen steht damit keineswegs hinter der Planungshoheit der Gemeinden zurück.

Letztlich ist auch die Frage eines Verzichts auf eine gemeindliche Anhörung im Rahmen einer durch die zuständige Behörde vorzunehmenden Güterabwägung zu entscheiden. Solange bei dieser verfahrensinternen Ermessensentscheidung die Vorgaben des kommunalen Selbstverwaltungsrechts hinreichend berücksichtigt werden, die gegen eine ebenfalls mit Verfassungsrang ausgestattete staatliche Gewährleistungsgarantie für eine funktionierende und hinreichend dimensionierte Verkehrsinfrastruktur abzuwägen ist, stehen einer Beschränkung des Anhörungsrechts kommunaler Gebietskörperschaften bei Wah-

---

[54] BVerfGE 56, S. 298, LS 1; S. 314.

[55] *Scherg*, a.a.O, S. 201.

[56] Dazu *Hermes*, Staatliche Infrastrukturverantwortung, 1998, S. 215.

[57] *Hermes*, aaO., S. 353.

[58] *Steiner*, Grundfragen der Verkehrsrechtsordnung in der BRD, in: R. Schmidt, Öffentliches Wirtschaftsrecht besonderer Teil 2, 1996, S. 127, 142; *Hermes*, aaO, S. 354 mwN.

[59] I. d. F. des Vertrages von Amsterdam vom 2.10.1997, BGBl. II 1998, S. 384.

[60] *Callies / Ruffert*, Kommentar zum EU-Vertrag und zum EG-Vertrag, 1999, Art. 154 Rn 5.

rung des Verhältnismäßigkeitsgrundsatzes keine verfassungsrechtlichen Vorgaben entgegen. Eine Beschränkung der Planungshoheit einzelner Gemeinden ist jedenfalls dann zulässig, wenn und soweit diese durch überörtliche Interessen von höherem Gewicht gefordert werden[61]. Im übrigen ist nicht jede Berührung der Interessensphäre einer Gemeinde geeignet, ihre Rechtsstellung zu beeinträchtigen[62].

e) „Berührung" der kommunalen Planungshoheit

Werden die formellen Beteiligungsrechte nicht generell, sondern nur dann gewährt, wenn die Planungshoheit nachhaltig und unmittelbar berührt werden kann, so ist zu klären, wann das der Fall sein kann. Die Planungshoheit der Gemeinde umfaßt als Teil der Angelegenheiten der örtlichen Gemeinschaft u. a. das Recht auf verbindliche Planung und eigenverantwortliche Regelung der baulichen und sonstigen Bodennutzung auf ihrem Gebiet[63]. Sie wird durch die Bauleitplanung ausgeübt[64] und ist den Determinanten des Baugesetzbuchs über die verbindliche Bauleitplanung unterworfen[65]. Dabei können drei Fallgruppen von Betroffenheiten unterschieden werden:

- unmittelbare Inanspruchnahme des Gemeindegebietes durch die Flugplatzanlage;
- Überplanung des Gemeindegebiets mittels normativer Festlegungen (Bauschutzbereich, Lärmschutzzonen nach FluglärmG, LEP)[66];
- mittelbare Betroffenheit durch Fluglärm.

Während die ersten beiden Fallgruppen unschwer zu identifizieren sind, stellt sich die Frage, wann eine mittelbare Betroffenheit durch Fluglärm so erheblich ist, daß ein Beteiligungsrecht ausgelöst wird.[67] Eine „Berührung" liegt nicht erst dann vor, wenn konkret in Planungsrechte der Gemeinde eingegriffen wird. Vielmehr wird man den Beteiligungsumgriff im Hinblick auf die Funk-

---

[61] BVerfG, Beschl. vom 23.6.1987 – 2 BvR 826 / 83 – BVerfGE 76, S. 107, 119 f.

[62] BVerfG, Beschl. vom 12.5.1980 – 2 BvR 1434 / 79 – DVBl. 1981, S. 374.

[63] BVerwG, Urt. vom 14.4.2000 – 4 C 5.99 – BauR 2000, S. 1312, 1313; BVerwGE 74, S. 124, 132; *Oebbecke*, Die verfassungsrechtlich gewährleistete Planungshoheit der Gemeinden, in: FS Hoppe, 2000, S. 239; *Widera*, Zur verfassungsrechtlichen Gewährleistung gemeindlicher Planungshoheit, 1985, S. 76 mwN.

[64] *Kühling*, Fachplanungsrecht, Rn 461; *Hoppe*, Kommunale Selbstverwaltung und Planung, in: FS von Unruh, 1983, S. 555, 562 ff.

[65] *K. Stern*, Staatsrecht der Bundesrepublik Deutschland, Band I, 2. Aufl. 1984, S. 414.

[66] Vgl. dazu *Scherg*, a.a.O., S. 165 ff.

[67] OVG S.-A, Urt. vom 11.8.1999 – C 1 S 805 / 98 – UA S. 22 akzeptiert 55 dB(A).

tion der Anhörung, zur umfassenden Sachverhaltsermittlung beizutragen, eher großzügig bemessen müssen. Dabei kommt der fachplanerischen Erheblichkeitsschwelle der Lärmauswirkungen eine entscheidende Bedeutung zu. Nach der Rechtsprechung ist Fluglärm jedenfalls dann als abwägungserheblich anzusehen, wenn ein äquivalenter Dauerschallpegel von 55 dB(A) überschritten wird[68]. Die faktischen Einwirkungen des Fluglärms auf das Gemeindegebiet können Rechtswirkungen über das im Bauplanungsrecht geltende Abwägungsgebot § 1 Abs. 6 BauGB, entfalten[69].

Fraglich ist, ob und wann bei Änderungsgenehmigungen Betroffenheiten der Gemeinden anzunehmen sind. Die Auswirkungen eines Flugplatzes auf die kommunale Bauleitplanung sind häufig bereits durch einen in Form einer Rechtsverordnung festgelegten Lärmschutzbereich auf Grundlage des Fluglärmgesetzes sowie die Festlegung von Lärmschutzzonen in Landesentwicklungsplänen, z. B. in Nordrhein-Westfalen im LEP „Schutz vor Fluglärm"[70] geregelt. Sind die Auswirkungen des mit einer luftrechtlichen Änderungsgenehmigung zugelassenen zusätzlichen Flugverkehrs wesentlich geringer als in dem mit verbindlichen Planungsbeschränkungen versehenen LEP „Schutz vor Fluglärm" vorgesehen, so sind darüber hinausgehende Beeinträchtigungen der Selbstverwaltungsrechte durch den zugelassenen Flugbetrieb auszuschließen.

Die Planungshoheit kann nur durch zulässige Bauleitplanung beeinträchtigt sein; ist die fragliche Planung offensichtlich unzulässig, etwa weil sie auf absehbare Zeit nicht realisiert werden kann, ist eine darauf gestützte gemeindliche Klage unzulässig[71].

3. Zulässige Beschränkung bestehender Anhörungsrechte

Auch „absolute" Verfahrensrechte gelten nicht uneingeschränkt. So verweist § 29 Abs. 1 S. 2 BNatSchG hinsichtlich der Verfahrensrechte anerkannter Naturschutzverbände ausdrücklich auf § 28 Abs. 2 Nrn. 1 u. 2 VwVfG. Ein „absolutes" Anhörungsrecht, verstanden in dem Sinne, daß ausnahmslos zu jeder luftrechtlichen Genehmigung die Gemeinden anzuhören sind, besteht auch nach Maßgabe der Regelungen des Luftverkehrsgesetzes nicht. So werden Militärflugplätze, § 30 Abs. 1 S. 2 LuftVG, von der Planfeststellungspflicht ausgenommen. Damit wird bei militärischen Flughafenprojekten auch das Anhö-

---

[68] OVG S.-A, Urt. vom 11.8.1999 – C 1 S 805 / 98 – UA S. 22; *Giemulla*, Luftverkehrsgesetz, § 10 Rn. 11.

[69] *Steinberg*, Verwaltungsgerichtlicher Schutz der kommunalen Planungshoheit gegenüber höherstufigen Planungsentscheidungen, DVBl 1982, S. 13, 14.

[70] Vom 17.8.1998, GV NW S. 512, 514.

[71] BVerwG, Beschl. vom 21.1.1993 – 4 B 206.92 – NVwZ 1993, S. 884.

rungsrecht der Gemeinden beschnitten. Wird ein Militärflughafen auf nach dem Landbeschaffungsgesetz erworbenem Gelände errichtet, so findet allein das Anhörungsverfahren nach § 1 Abs. 2 des Landbeschaffungsgesetzes statt, § 30 Abs. 3 S. 3 LuftVG[72]. Eine weitere Anhörung in einem nachfolgenden luftrechtlichen Genehmigungsverfahren ist nicht erforderlich[73]. Über eine später ergehende luftrechtliche Genehmigung nach § 6 LuftVG braucht die Gemeinde nicht einmal mehr informiert zu werden[74].

Damit beschränkt der Gesetzgeber die Anhörung allein auf die Landbeschaffungsmaßnahme und die darauf durchzuführende Anlage des Flugplatzes. Etwaige Betriebsregelungen werden dagegen im Rahmen des luftrechtlichen Genehmigungsverfahrens nach § 6 LuftVG nicht mehr erfaßt. Damit wird deutlich, daß der Gesetzgeber den Schwerpunkt des Anhörungsrechts auf den anlagenbezogenen Teil gelegt hat; nur dadurch wird in die Planungshoheit der Gemeinde, deren Gemeindegebiet durch die Flughafenanlage in Anspruch genommen wird, gewichtig eingegriffen; der aktuelle Flugbetrieb ist dagegen nur von sekundärer Bedeutung[75].

Die Ableitung des gemeindlichen Anhörungsrechts aus dem durch das Grundgesetz garantierten Selbstverwaltungsrecht der Gemeinden, Art. 28 Abs. 2 GG, zieht nicht die Unbeschränkbarkeit des Anhörungsrechts nach sich. In der Rechtsprechung ist anerkannt, daß die Eilbedürftigkeit einer Sache durchaus einen Verzicht auf die Anhörung auch im Geltungsbereich des Art. 28 Abs. 2 GG unter den Voraussetzungen des § 28 Abs. 2 VwVfG rechtfertigen kann, soweit dessen weitere Vorgaben beachtet sind[76]. Art. 28 Abs. 2 GG gewährleistet die Planungshoheit ausdrücklich nur „im Rahmen der Gesetze". Sie unterliegt damit einem Regelungs- und zugleich Eingriffsvorbehalt[77]. Im Hinblick auf diesen Gesetzesvorbehalt sind auch gemeindliche Anhörungsrechte nach Maßgabe der Rechtsgrundsätze des § 28 Abs. 2 VwVfG beschränkbar. Das ergibt sich bereits daraus, daß das allgemeine Anhörungsrecht aus dem Rechtsstaatprinzip der Verfassung abzuleiten ist[78] und damit dem formellen aus Art.

---

[72] Vgl. BVerwG, Urt. vom 3.5.1988 – 4 C 11.85 – NVwZ 1988, S. 1122; BVerwG, Urt. vom 14.4.1989 – 4 C 21.88 – ZLW 1990, S. 110, 115; *Hofmann / Grabherr*, Luftverkehrsgesetz, Losebl., Stand: 2002, § 30 Rn 24; *Burmeister / Bodenheim*, Die Rechtsstellung der Gemeinden in der Landesverteidigung, S. 77.

[73] *Kühling*, Fachplanungsrecht, 1988, Rn 64.

[74] BVerwG, Urt. vom 3.5.1988 – 4 C 11.85 – NVwZ 1988, S. 1122, 1123.

[75] *Ronellenfitsch*, DÖV 1994, S. 45, 52 unter Hinweis auf die Entstehungsgeschichte von § 30 LuftVG.

[76] Vgl. Hess. VGH, Beschl. vom 28.4.1978 – V TH 4 / 78 – NJW 1979, S. 178, 180.

[77] *Schmidt-Aßmann*, in: FS Sendler, 1991, S. 134.

[78] So die Gesetzesbegründung, BT-Drs 7 / 910, S. 51 f. unter Hinweis auf die einschlägige Rechtsprechung des Bundesverfassungsgerichts; dem sind Literatur und Rechtsprechung gefolgt, vgl. nur die Nachweise bei *Claussen*, in: Knack, Verwaltungs-

28 Abs. 2 GG abgeleiteten Anhörungsrecht im Rang keineswegs nachsteht. § 28 VwVfG begründet dieses Recht daher nicht, sondern gestaltet es lediglich aus und legt seine Reichweite fest[79]. Wenn die dort normierten Einschränkungen im Hinblick auf das allgemeine Anhörungsrecht des § 28 Abs. 1 VwVfG, das Ausdruck eines aus dem Rechtsstaatsprinzip herzuleitenden allgemeinen Rechtssatzes des Verwaltungsverfahrens ist, zulässig sind, kann für das gemeindliche Anhörungsrecht jedenfalls im Grundsatz nichts anderes gelten; die besonderen Maßgaben der kommunalen Selbstverwaltung sind im Rahmen der Ermessensentscheidung zu berücksichtigen.

Eine Anhörung kann nach den Grundsätzen des § 28 Abs. 2 VwVfG entbehrlich sein. Danach kann von einer Anhörung abgesehen werden, wenn sie nach den Umständen des Einzelfalles nicht geboten ist. Die Durchführung eines Anhörungsverfahrens kann etwa dann verzichtbar sein, wenn es den zeitgerechten Erlaß einer Entscheidung verhindern würde.

Die Vorhaltung von Flugplätzen gehört zur Daseinsvorsorge, so daß der Flughafenunternehmer eine öffentliche Aufgabe von gemeinschaftswichtiger Bedeutung wahrnimmt[80]. Aus der Zweckbestimmung eines in den luftverkehrsrechtlichen Genehmigungen so gewidmeten internationalen Verkehrsflughafens, der im Sinne des § 6 Abs. 3 LuftVG „dem allgemeinen Verkehr dienen" soll, ergibt sich, daß er unabhängig von seiner privatrechtlichen Organisationsform und seiner teilweise privaten Gesellschafterstruktur öffentliche Zwecke erfüllt[81]. Die Nutzung der vorhandenen Kapazitäten zur Befriedigung der Nachfrage nach Luftverkehrsdienstleistungen steht damit im öffentlichen Interesse. Insbesondere darf im Rahmen der Ermessensausübung berücksichtigt werden, wenn Interessen an einer Reduzierung der Lärmbelastung bekannt sind. Hat eine Gemeinde diese Auffassungen in der Anhörung zu einer vorhergehenden Entscheidung, die eine höhere Lärmbelastung als die streitgegenständliche Entscheidung zuließ, dargelegt; die dort vorgetragenen Argumente sind in der streitgegenständlichen Entscheidung berücksichtigt worden. Der Zweck des Anhörungsrechts ist damit erfüllt[82], insgesamt ist bei einer Entscheidung über den Verzicht auf die Anhörung in dem zwingend erforderlichen

---

verfahrensgesetz, 7. Aufl. 2000, § 28 Rn 3 mwN, weitere Begründungsansätze sind die analoge Anwendung des Art. 103 Abs. 1 GG und die Menschenwürde, vgl. *Bonk / Kallerhoff*, in: Stelkens / Bonk / Sachs, Verwaltuungsverfahrensgesetz, 6. Aufl. 2001, § 28 Rn 3.

[79] *Claussen*, aaO.

[80] OVG NW, Urt. vom 23.1.1998 – 20 A 3642 / 91 – UA S. 18; vgl. auch BGH DVBl. 1974, S. 558, 560.

[81] BVerwGE 56, S. 110, 119.

[82] BVerwG, Beschl. vom 13.9.1993 – 4 B 68.93 – NVwZ-RR 1994, S. 187, 188.

Ausmaß auch dem vom Bundesverfassungsgericht postulierten Verhältnismäßigkeitsgebot im Rahmen des Art. 28 Abs. 2 GG Rechnung zu tragen[83].

4. Nachholung

Eine erforderliche, aber zunächst unterbliebene Anhörung kann nachgeholt werden. Sollte in einer nicht durchgeführten Anhörung ein Verfahrensfehler liegen, ist dieser nach § 45 VwVfG heilbar. Danach sind Verfahrenshandlungen, u.a. auch die erforderliche Anhörung eines Beteiligten, bis zum Abschluß der ersten Instanz eines verwaltungsgerichtlichen Verfahrens nachholbar[84]. Auch eine fehlerhaft unterlassene Anhörung einer Gemeinde im luftrechtlichen Genehmigungsverfahren kann nach § 45 VwVfG nachgeholt werden[85]. § 10 Abs. 8 LuftVG enthält nunmehr eine ausdrückliche Regelung für Planfeststellungsverfahren[86].

Im Hinblick auf ein unmittelbar aus Art. 28 GG abgeleitetes Anhörungsrecht ist § 45 Abs. 1 Nr. 3 VwVfG jedenfalls entsprechend anzuwenden, da der Schutz kommunaler Beteiligungsrechte im Genehmigungsverfahren nicht weiter reichen kann als im Planfeststellungsverfahren[87]. Voraussetzung für die Heilungswirkung ist, daß die Behörde aufgrund etwaiger nachträglich vorgetragener Tatsachen eine neue, unvoreingenommene Prüfung durchführt[88]. Daß eine Gemeinde von ihrer Möglichkeit zur Stellungnahme keinen Gebrauch machen will, beseitigt die heilende Wirkung der nachträglichen Anhörung nicht. Vielmehr verletzt die Kommune die ihr im luftrechtlichen Genehmigungsverfahren obliegende Mitwirkungslast[89], woraus kein Verfahrensfehler zu Lasten der Genehmigungsbehörde resultieren kann.

Ergeben sich in einer nachgeholten Anhörung neue Erkenntnisse, so muß die Behörde sie in einer neuen „ergebnisoffenen" Entscheidung berücksichtigen,

---

83 Vgl. BVerfGE 56, S. 298, 313 f.

84 Vgl. Art. 10 Ziff. 5 des ersten ModernG NRW vom 15.6.1999, GV. NW. S. 386, 391.

85 BVerwG, Beschl. vom 17.2.1992 – 4 B 232.91 – BA S. 4; vgl. *Giemulla / Schmid*, Frankfurter Kommentar zum Luftverkehrsrecht, Band 1.1., § 6 LuftVG Rn. 62; Zur Nachholung der Beteiligung anerkannter Naturschutzverbände BVerwG, Urt. vom 12.12.1996 – 4 C 19.95 – NVwZ 1997, S. 905, 907.

86 Vgl. BVerwGE 75, S. 214, 227 zum luftrechtlichen Planfeststellungsverfahren; VGH Kassel, NJW 1979, S. 178, 180.

87 OVG NW, Beschl. vom 5.5.2000 – 20 B 2119 / 99.AK – BA S. 18.

88 *Sachs*, in: Stelkens / Bonk / Sachs, Verwaltungsverfahrensgesetz, 6. Aufl. 2001, § 45 Rn. 84.

89 BVerwG, Urt. vom 11.12.1978 – 4 C 13.78 – Buchholz 442.40 § 6 LuftVG Nr. 8, S. 7.

weil die nachträgliche Beteiligung andernfalls ihren Zweck nicht erfüllen würde[90].

5. Unbeachtlichkeit des Verfahrensfehlers, § 46 VwVfG

Naturgemäß kommt eine Anwendung von § 46 VwVfG auf „absolute" Verfahrensrechte nicht in Betracht[91].

6. Ergänzendes Verfahren

Wird die Anhörung der Gemeinde rechtswidrig unterlassen, so stellt sich die Frage nach der Fehlerfolge. Die Rechtsprechung hatte zunächst angenommen, daß allein die fehlerhaft unterbliebene Anhörung unabhängig von der materiellen Rechtmäßigkeit der Entscheidung zur Aufhebung der Planungsentscheidung führt. Nachdem der Grundsatz der Planerhaltung mit dem PlanungsvereinfachungsG auch im Luftverkehrsgesetz normativ verankert wurde, wird man auch hinsichtlich fehlerhafter Anhörung von der Möglichkeit der Fehlerkorrektur im Wege des ergänzenden Verfahrens ausgehen müssen. Das wird jedenfalls vom Bundesverwaltungsgericht hinsichtlich des anderen Hauptanwendungsfalles des „absoluten" Anhörungsrechts der Naturschutzverbände nach § 29 Abs. 1 S. 1 Nr. 4 BNatSchG so gesehen[92]. § 10 Abs. 8 S. 2 LuftVG schließt die Aufhebung des Planfeststellungsbeschlusses nicht nur bei erheblichen Mängeln in der Abwägung, sondern auch bei einer Verletzung von Verfahrens- oder Formvorschriften aus[93], wenn diese Fehler durch Planergänzung oder durch ein ergänzendes Verfahren behoben werden können. Dem ist das OVG NW für das luftrechtliche Genehmigungsverfahren nach § 6 LuftVG gefolgt; die Möglichkeit des ergänzenden Verfahrens sei von Amts wegen zu berücksichtigen[94]. Das gilt nicht nur in Planfeststellungs- und Plangenehmigungsverfahren; § 10 Abs. 8 LuftVG ist in luftrechtlichen Genehmigungsverfahren nach § 6 LuftVG analog anzuwenden[95]. Das Bundesverwaltungsgericht geht

---

[90] BVerwGE 102, S. 358, 365.

[91] *Kopp / Ramsauer*, VwVfG, 7. Aufl. 2000, § 46 Rn 18.

[92] BVerwG, Urt. vom 12.11.1997 – 11 A 49.96 – BVerwGE 105, S. 348, 349; BVerwG, Urt. vom 12.12.1996 – 4 C 19.95 – BVerwGE 102, S. 358 = NVwZ 1997, S. 905, 907; dazu *Ziekow*, VerwArch Bd. 91, 2000, S. 483, 503 f.

[93] Im Unterschied zu § 75 Abs. 1a S. 2 VwVfG, der aber gleichwohl auch auf die Verletzung von Form- und Verfahrensvorschriften anwendbar sein soll, *Ziekow*, VerwArch Bd. 91, 2000, S. 483, 503 ff.

[94] OVG NW, Beschl. vom 5.5.2000 – 20 B 2119 / 99.AK – BA S. 18.

[95] VGH Mannheim, Urt. vom 22.6.2001 – 8 S 2225 / 00 –.

davon aus, dass § 10 Abs. 8 S. 1 LuftVG hinsichtlich von Fehlern im Abwägungsvorgang einen im Fachplanungsrecht allgemein geltenden Grundsatz normiert, dessen Anwendung nicht von einer Gesetzesanalogie abhängt[96].

7. Plangenehmigung

Die Verfahrensvorschriften des Planfeststellungsrechts sind auf Plangenehmigungsverfahren nicht anwendbar, § 8 Abs. 2 S. 2 LuftVG. Allerdings ist mit den Trägern öffentlicher Belange, deren Aufgabenbereich berührt wird, das Benehmen herzustellen, wozu regelmäßig auch die Gemeinden gehören. Eine Behördenpräklusion könnte sich aus § 71e Abs. 2 VwVfG ergeben, wenn die Voraussetzungen des § 71a VwVfG vorliegen[97], d.h. das Vorhaben im Rahmen einer wirtschaftlichen Unternehmung des Antragstellers realisiert werden soll; darunter fallen auch öffentliche Unternehmen[98]. Im Übrigen gilt § 28 VwVfG.

8. Zusammenfassung

Zusammenfassend bleibt festzuhalten, daß sich auch ein verfassungsunmittelbares „absolutes" Anhörungsrecht nicht als absolut im Wortsinne, d.h. als einschränkungslos, darstellt. Vielmehr unterliegt es den Einschränkungen, die das Verwaltungsverfahrensrecht etwa in § 28 Abs. 2 VwVfG vorsieht, mit der Besonderheit, daß § 46 VwVfG keine Anwendung findet. Diese Ausnahme wird aber wiederum relativiert durch die Planerhaltungsgrundsätze, so daß die Frage gestellt werden darf, ob dieser verfassungsrechtlichen Hervorhebung in der Praxis noch eine eigenständige Bedeutung zukommt. Der einzige Anwendungsbereich, der zu einer abweichenden Verfahrensgestaltung nötigte, die Anhörung in dem der Planfeststellung vorgelagerten Genehmigungsverfahren, wurde durch die Aufgabe der zeitlichen Abfolge in § 8 Abs. 6 LuftVG obsolet.

Damit spricht im Ergebnis einiges dafür, auch das Anhörungsrecht der Gemeinden vollständig im allgemeinen Verwaltungsverfahrensrecht zu verorten. Das Anhörungsrecht nach § 28 VwVfG, das als Ausfluß des Rechtsstaatsprinzips ebenfalls ein Verfassungsprinzip einfachgesetzlich ausgestaltet, wird der besonderen Stellung der kommunalen Selbstverwaltungskörperschaften hinreichend gerecht.

---

[96] BVerwG, Beschl. vom 20.2.2002 – 9 B 63.01 – BA S. 10.

[97] *Siegel* (Fußn. 6), S. 222; *Wysk*, ZLW 1998, 456, 468 f.

[98] *Clausen*, in: Knack, VwVfG, § 71a Rn 5.

III. Luftrechtliche Normsetzungsverfahren

Das Luftverkehrsgesetz ermächtigt an verschiedenen Stellen zum Erlaß von Rechtsverordnungen, die die Gemeinden in ihrer Planungshoheit betreffen können, so daß sich auch hier die Frage nach Beteiligungsrechten der Gemeinden stellt. Zu nennen sind hier die Festlegung von Lärmschutzbereichen nach dem FluglärmG sowie die Festlegung von Flugrouten.

1. Festlegung von Lärmschutzbereichen nach Fluglärmgesetz

Nach den Vorschriften des Gesetzes zum Schutz gegen Fluglärm sind für Verkehrsflughäfen, die dem Linienflugverkehr angeschlossen sind, und für militärische Flugplätze, die dem Betrieb von Flugzeugen Strahltriebwerken zu dienen bestimmt sind, Lärmschutzbereiche festzusetzen, § 1 S. 1 FluglärmG. Der Lärmschutzbereich gliedert sich in zwei Schutzzonen. Die Schutzzone 1 umfaßt das Gebiet, in dem der äquivalente Dauerschallpegel 75 dB(A) übersteigt, die Schutzzone 2 den 67 dB(A)-Bereich. Mit der durch Rechtsverordnung erfolgenden Festsetzung sind unmittelbar Bauverbote nach § 5 FluglärmG verbunden: So dürfen Krankenhäuser, Altenheime, Erholungsheime, Schulen und ähnliche in gleichem Maße schutzbedürftige Einrichtungen nicht errichtet werden. Ebenso ist in der Schutzzone 1 der Bau von Wohnungen untersagt. Diesen Bauverboten ist auch ein an die Träger der kommunalen Planungshoheit adressiertes parallel gerichtetes Bauplanungsverbot immanent[99]. Damit erfolgt mit Erlaß der Lärmschutzbereichsverordnung ein erheblicher Eingriff in die Bauleitplanung und damit in die Planungshoheit als Bestandteil des Selbstverwaltungsrechts der betroffenen Gemeinde[100].

Das FluglärmG sieht vor Erlaß einer Rechtsverordnung nach § 4 FluglärmG eine Anhörung der betroffenen Gemeinden nicht vor, weshalb das Bundesverfassungsgericht ein Beteiligungsrecht unmittelbar aus Art. 28 Abs. 2 GG abgeleitet hat[101]. Bei der Auslegung des Gesetzes sei das verfassungsrechtliche Übermaßverbot zu berücksichtigen; der bei der Ermittlung des zu erwartenden Fluglärms bestehende Prognosespielraum belasse ausreichenden Raum für die wertende Abwägung, welcher Nutzungsgrad des Flughafengeländes nach Art und Umfang die Obergrenze des für die gemeindliche Entwicklung Zumutbaren

[99] *Söll*, in: Landmann Rohmer, Umweltrecht, § 5 FluglärmG Rn. 17.

[100] BVerfG, Beschl. vom 7.10.1980 – 2 BvR 584, 598, 599, 604 / 76 – BVerfGE 56, S. 298, 317.

[101] BVerfG, Beschl. vom 7.10.1980 – 2 BvR 584, 598, 599, 604 / 76 – BVerfGE 56, S. 298 ff.

darstelle[102]. Aus dem Eingriff in die Planungshoheit sei eine Verpflichtung des Verordnungsgebers zu folgern, den betroffenen Gemeinden Gelegenheit zu geben, sich vor diesem Eingriff im Rechtssetzungsverfahren zumindest mittelbar zu äußern. Sie sollen Gelegenheit erhalten, ihre Planungsinteressen im geplanten Lärmschutzbereich darlegen zu können.

Demgegenüber legten zwei Verfassungsrichter in einer ausführlich begründeten abweichenden Meinung dar, daß die in dem Beschluß angesprochenen Abwägungskriterien nicht bei der Festsetzung von Lärmschutzbereichen, sondern im vorausgehenden luftrechtlichen Genehmigungsverfahren zutreffend zu verorten seien[103]. Mit der Festlegung des Lärmschutzbereichs werde das dortige planerische Abwägungsergebnis nur nachvollzogen. Zu Recht wird deshalb die Funktionslosigkeit dieses verfassungsunmittelbaren Beteiligungsrechts kritisiert, weil die Festlegung der Lärmschutzbereiche schematisch nach schallphysikalischen Kriterien erfolgt und keine planerische Abwägung stattfindet[104]. Der Verordnungsgeber hat nach m. E. zutreffender Auffassung des Bundesverwaltungsgerichts weder hinsichtlich der Grenzen des Lärmschutzbereichs selbst noch hinsichtlich der räumlichen Abgrenzung der Schutzzonen einen Gestaltungsspielraum[105]. Damit kann ein gemeindliches Anhörungsrecht jedenfalls nicht aus dem hier nicht einschlägigen Abwägungsgebot hergeleitet werden.

2. Festlegung von Flugrouten

Demgegenüber handelt es sich bei der Festlegung von Flugrouten nach §§ 32 Abs. 1 S. 1 Nr. 1, Abs. 3 LuftVG, 27a Abs. 2 S. 1 LuftVO durch Rechtsverordnung des Luftfahrt-Bundesamtes nach der Rechtsprechung des Bundesverwaltungsgerichts um eine staatliche Planungsaufgabe, die dem rechtsstaatlichen Abwägungsgebot unterliegt[106], welches Lärmbetroffenen ein subjektives Recht auf gerechte Abwägung ihrer rechtlich geschützten Interessen vermittelt[107]. Im Gegensatz zur soeben behandelten Festlegung von Lärmschutzberei-

---

[102] BVerfG, Beschl. vom 7.10.1980 – 2 BvR 584, 598, 599, 604 / 76 – BVerfGE 56, S. 298, 315 f.

[103] BVerfGE 56, S. 298, 324 ff.

[104] *Soell*, in: Landmann-Rohmer, Umweltrecht, Bd III, § 5 FluglärmG Rn 12, 20 ff.

[105] BVerwG, Urt. vom 15.9.1981 – 4 B 117.81 – DÖV 1982, S. 198; zustimmend *Weyreuther*, Abwägung der gemeindlichen Belange und Anhörung der Gemeinden bei der Festsetzung von Lärmschutzbereichen?, DÖV 1982, S. 173 ff.; kritisch zur „Ignoranz" des Bundesverwaltungsgerichts gegenüber der Entscheidung des Bundesverfassungsgerichts *Blümel*, Festsetzung von Lärmschutzbereichen und gemeindliche Selbstverwaltungsgarantie, VerwArch Bd. 79 (1982), S. 329, 332.

[106] BVerwG, Urt. vom 28.6.2000 – 11 C 14 / 99 – UA S. 13 = BVerwGE 111, 276.

[107] BVerwG, Urt. vom 28.6.2000 – 11 C 14 / 99 – BVerwGE 111, 276, 280.

chen steht dem LBA als Verordnungsgeber hier tatsächlich ein weiter Gestaltungsspielraum zu[108]. Das Luftfahrt-Bundesamt ist dabei aus Kompetenzgründen bei der Bewältigung der Fluglärmproblematik auf die Verteilung des vorhandenen Lärms beschränkt. Es hat nach § 29b LuftVG auf den Schutz der Bevölkerung vor unzumutbarem Lärm hinzuwirken. Dem individuellen Interesse kann im Wege einer generalisierenden Betrachtung Rechnung getragen werden. Wegen der Weite des Gestaltungsspielraums der Behörde wird sich die gerichtliche Kontrolle letztlich auf die Einhaltung des Willkürverbots beschränken müssen. Verfahrensvorschriften bestehen auch hier nicht. Damit stellt sich die Frage, inwieweit die soeben erwähnte Rechtsprechung des Bundesverfassungsgerichts zur Anhörung bei der Normierung von Lärmschutzbereichen übertragbar ist. In einer ersten Entscheidung zu diesem Themenkomplex hat der baden-württembergische Verwaltungsgerichtshof die m. E. zutreffenden Auffassung vertreten, daß den betroffenen Gemeinden auch hinsichtlich der Festlegung von Flugverfahren ein formelles Beteiligungsrecht zusteht[109].

Bisher erfolgt in der Praxis keine individuelle Anhörung der Gemeinden. Tatsächlich wird die Festlegung der Flugrouten aber von der örtlichen Fluglärmkommission beraten, in der auch die lärmbetroffenen Gemeinden vertreten sein sollen, § 32b Abs. 4 LuftVG. Mit der Beratung ist ein stärkeres Mitwirkungsrecht verbunden als bei einer schlichten Anhörung bei der Festlegung von Flugverfahren wird der Meinungsbildung in der Fluglärmkommission erhebliches Gewicht beigemessen[110]. Damit dürfte den Anforderungen des Selbstverwaltungsrechts der Gemeinden genüge getan sein[111], die in der Fluglärmkommission vertreten sind.

Auf Verfahrensfehler bei der Normierung von An- und Abflugverfahren sollen die Heilungsvorschriften des Verwaltungsverfahrensgesetzes wegen der Unanwendbarkeit desselben in Normsetzungsverfahren nicht anwendbar sein[112].

---

[108] OVG NRW, Urt. vom 4.3.2002 – 20 D 120 / 97 – UA S. 26.

[109] VGH Mannheim, Urt. vom 22.3.2002 – 8 S 1271 / 01 – allerdings unter Zugrundelegung eines wesentlich zu weit gefassten Beteiligungsumgriffs. Eine ausreichende Beteiligung der Betroffenen und der Gemeinden bejaht *Czybulka*, Festlegung von Flugrouten und Flughafenplanung, in: Ziekow (Hg.), Flughafenplanung, Planfeststellungsverfahren, Anforderungen an die Planungsentscheidung, 2001, S. 9, 17.

[110] Vgl.,OVG NRW, Urt. vom 4.3.2002 – 20 D 120 / 97 – UA S. 17 f.

[111] Vgl. OVG NRW, Urt. vom 12.11.1984 – 20 A 440 / 83 – UA S. 21; *Wysk*, Ausgewählte Probleme zum Rechtsschutz gegen Fluglärm, Teil II, ZLW 1998, S. 285, 289.

[112] *Bohl*, Zum Rechtsschutz der Gemeinden gegen Flugroutenfestlegungen, NVwZ 2001, S. 764, 765.

IV. Beteiligung bei der Festlegung militärischer Tieffluggebiete

Nur der Vollständigkeit halber soll die Festlegung militärischer Tieffluggebiete durch die Bundeswehr erwähnt werden, für die regelmäßig auch eine Beteiligung der Gemeinden gefordert wird. Nach der Rechtsprechung des Bundesverwaltungsgerichts ist die Entscheidung militärischer Dienststellen über die Zulassung militärischer Flüge unterhalb der in § 6 LuftVO vorgeschriebenen Sicherheitsmindesthöhe eine verwaltungsinterne Maßnahme, die weder der Durchführung eines Verwaltungsverfahrens im Sinne des Verwaltungsverfahrensgesetzes noch einer vorherigen Anhörung der betroffenen Gemeinden bedarf. Nach § 30 Abs. 1 Satz 3 LuftVG kann von den Vorschriften über das Verhalten im Luftraum abgewichen werden, soweit dies zur Erfüllung hoheitlicher Aufgaben zwingend notwendig ist. Ob die Flüge militärisch zwingend notwendig sind, ist verwaltungsgerichtlich nur beschränkt überprüfbar. Dem Bundesminister der Verteidigung kommt dabei ein verteidigungspolitischer Beurteilungsspielraum zu.

Anders als etwa bei der Anlegung von Flugplätzen bewirken Tieffluggebiete keine rechtlichen Beschränkungen der Planungsbefugnisse von Gemeinden, insbesondere keine Bauverbote aus Lärmschutz- oder Sicherheitsgründen[113].

Sie schaffen keine vollendeten Tatsachen, sondern können jederzeit geändert und aufgehoben werden. Demnach bedarf es keines „institutionalisierten Anhörungsrechts".

V. Schlußbemerkung

Der Beteiligung der betroffenen Kommunen kommt im luftrechtlichen Genehmigungsverfahren erhebliche Bedeutung zu, auch ohne dass Beteiligungsrechte verfassungsunmittelbar aus dem kommunalen Selbstverwaltungsrecht abgeleitet werden müssen. Ungeklärt ist die Frage des Beteiligungsumgriffs.

Es ist allerdings zu erwarten, daß ein verfassungsunmittelbares formelles Beteiligungsrecht der Gemeinden neue Aktualität erlangen wird bei der Festlegung von Flugrouten durch das Luftfahrt-Bundesamt, nachdem das Bundesverwaltungsgericht diese Rechtsverordnungen einer verwaltungsgerichtlichen Kontrolle zugänglich gemacht hat[114].

---

[113] BVerwG, Urt. vom 14.12.1994 – 11 C 18.93 – BVerwGE 97, S. 203, 211 f.

[114] BVerwG, Urt. vom 28.6.2000 – 11 C 13.99 – BVerwGE 111, 279.

Auswirkungen des Gesetzes zur Umsetzung der UVP-Änderungsrichtlinie, der IVU-Richtlinie und weiterer EG-Richtlinien zum Umweltschutz vom 27.7.2001 auf luftverkehrsrechtliche Zulassungsverfahren

Von Thomas Gerhold

I. Einleitung

Das luftverkehrsrechtliche Zulassungsverfahren hat durch das Gesetz zur Umsetzung der UVP-Änderungsrichtlinie, der IVU-Richtlinie und weiterer EG-Richtlinien zum Umweltschutz vom 27.7.2001[1] (sog. Artikelgesetz) erhebliche Änderungen erfahren. Die Änderungen im luftverkehrsrechtlichen Zulassungsverfahren sind dabei nur Folgewirkungen einer Erweiterung des Anwendungsbereichs der Umweltverträglichkeitsprüfung. Zu einer solchen Erweiterung war der bundesdeutsche Gesetzgeber einerseits durch die UVP-Änderungsrichtlinie der EG vom 3.3.1997[2] andererseits durch eine Reihe von Entscheidungen des EuGH, die die Umsetzung der UVP-Richtlinie[3] in verschiedenen Mitgliedstaaten, u.a. auch in der Bundesrepublik Deutschland für unzureichend erachtet hatten,[4] verpflichtet.

Zur Behebung dieses Mangels wird eine Plangenehmigung für solche Vorhaben ausgeschlossen, für die nach dem Gesetz über die Umweltverträglichkeitsprüfung eine Umweltverträglichkeitsprüfung durchzuführen ist.[5] Unter

---

[1] BGBl. I, S. 1950, in Kraft getreten am 3.8.2001.

[2] Richtlinie 97 / 11 / EG des Rates vom 3. März 1997 zur Änderung der Richtlinie 85 / 337 / EWG über die Umweltverträglichkeitsprüfung bei bestimmten öffentlichen und privaten Projekten, ABl. EG Nr. L 73, S. 5.

[3] Richtlinie 85 / 337 / EWG des Rates vom 27. Juni 1985, ABl. EG Nr. L 175, S. 40.

[4] *EuGH*, Urt. vom 2.5.1996, Rs. C-133 / 94, Slg. 1996, I-2323 ff. – Kommission / Belgien; Urt. vom 22.10.1998, Rs. C-301 / 95, Slg. 1998, I-6135 ff. – Kommission / Deutschland; Urt. vom 21.9.1999, Rs. C-392 / 96, Slg. 1999, I-5901 ff. – Kommission / Irland; vgl. a. *EuGH*, Urt. vom 24.10.1996, Rs. C-72 / 95, Slg. 1996, I-5403 ff. – Kraaijeveld u.a.; Urt. vom 16.9.1999, Rs. C-435 / 97, Slg. 1999, I-5613 ff. – WWF u.a. / Autonome Provinz Bozen u.a.

[5] Begründung zum Gesetzentwurf der Bundesregierung BT-Drs. 14 / 4599, S. 147 ff.

denselben Voraussetzungen entfällt zukünftig die Möglichkeit eines sog. „Negativattests“.

Die Umsetzung der gemeinschaftsrechtlichen Anforderungen bringt grundsätzliche Änderungen im Recht der Umweltverträglichkeitsprüfung mit sich. War bisher das Erfordernis einer Umweltverträglichkeitsprüfung weitgehend von der Art des fachrechtlichen Zulassungsverfahrens, etwa dem Erfordernis eines Planfeststellungsverfahrens bei Anlage und Änderung eines Flugplatzes, abhängig, bestimmt nunmehr das UVPG selbst abschließend die Voraussetzungen, unter denen eine Umweltverträglichkeitsprüfung zu erfolgen hat.[6] Ist danach eine Umweltverträglichkeitsprüfung durchzuführen, stellt das Fachrecht mit der Planfeststellung das hierfür geeignete Trägerverfahren mit Öffentlichkeitsbeteiligung zur Verfügung.

Die neuen Vorschriften werfen eine Reihe von Fragen auf. Bei der Feststellung der UVP-Pflicht bereiten neben den Vorschriften über die Berücksichtigung kumulierender Vorhaben und die Feststellung der UVP-Pflicht im Einzelfall aufgrund einer Vorprüfung vor allem die neuen Anforderungen an die Änderung oder Erweiterung von Vorhaben Schwierigkeiten. Bei den luftverkehrsrechtlichen Vorhaben wirft die Abhängigkeit des fachrechtlich durchzuführenden Verfahrens von der nach dem UVPG festzustellenden UVP-Pflicht vor allem die Frage auf, welcher Raum zukünftig überhaupt noch für die zwischen Planfeststellung und zulassungsfreien Vorhaben angesiedelte Plangenehmigung verbleibt.

II. Die luftverkehrsrechtlich relevanten Neuerungen des Artikelgesetzes vom 27.7.2001

1. Gemeinschaftsrechtlicher Hintergrund des Artikelgesetzes vom 27.7.2001

Das Artikelgesetz dient im Wesentlichen der Umsetzung der UVP-Änderungsrichtlinie, deren Anwendungsbereich durch Änderungen der Anhänge I und II sowie eine Präzisierung der Bedingungen, unter denen Projekte des Anhangs II einer UVP zu unterziehen sind, erheblich erweitert wurde.[7] Darüber hinaus war die Rechtsprechung des EuGH zur alten UVP-Richtlinie zu beach-

[6] Zur Änderung des Verfahrens der Bestimmung der UVP-Pflichtigkeit von Projekten s. auch *Schink*, DVBl. 2001, 321 (324 f.).

[7] Zur Konzeption der UVP-Änderungsrichtlinie vgl. *Schink*, NVwZ 1999, 11 ff.; *ders.*, DVBl. 2001, 321 (322 ff.); *Feldmann*, DVBl. 2001, 589 (591); *Peters*, UPR 1999, 294 ff.; *Becker*, NVwZ 1997, 1167 ff.

ten. So war in einem Vertragsverletzungsverfahren gegen die Bundesrepublik Deutschland ein Verstoß gegen die UVP-Richtlinie durch die alte Fassung des UVPG festgestellt worden. Dort waren ganze Klassen der in Anhang II der UVP-Richtlinie aufgezählten Projekte von der Pflicht zur Umweltverträglichkeitsprüfung ausgenommen worden.[8] Ein weiteres Vertragsverletzungsverfahren[9] betraf die unzureichende Umsetzung der UVP-Richtlinie bei der Einführung der Plangenehmigung durch das Verkehrswegeplanungsbeschleunigungsgesetz[10] und das Planungsvereinfachungsgesetz.[11] Hier wurde beanstandet, dass die nach der Richtlinie erforderliche förmliche Umweltverträglichkeitsprüfung mit Öffentlichkeitsbeteiligung für Verkehrsvorhaben, die nur der Plangenehmigung unterliegen, nicht vorgeschrieben worden sei.[12] Dieses Verfahren ist durch Änderungen des LuftVG, auf die später noch zurück zu kommen sein wird, erledigt worden.

2. Änderungen des UVPG

Im Mittelpunkt des Artikelgesetzes stehen die Änderungen des UVPG, die im Folgenden einer näheren Analyse zugeführt werden sollen.

a) Grundzüge der Gesetzesänderung

Bemerkenswert ist zunächst die gesetzgeberische Entscheidung, die Integration der Umweltverträglichkeitsprüfung in bestehende verwaltungsbehördliche Verfahren beizubehalten. Dies bedeutet, dass die Durchführung der Umweltverträglichkeitsprüfung nach wie vor innerhalb des fachrechtlich vorgesehenen Verfahrens erfolgt.

Dem sich aus der UVP-Richtlinie 85 / 337 / EWG und der UVP-Änderungsrichtlinie 97 / 11 / EG ergebenden Umsetzungserfordernis wird dagegen durch ein geändertes Verfahren zur Feststellung der UVP-Pflichtigkeit Rechnung ge-

---

[8] *EuGH*, Urt. vom 22.10.1998, Rs. C-301 / 95, Slg. 1998, I-6135 ff. – Kommission / Deutschland.

[9] Klage der Kommission vom 29.1.1999 vor dem Europäischen Gerichtshof (Rs. C-24 / 99), s. dazu auch die Schlussanträge *GA Geelhoed* vom 12.7.2001, im Internet abrufbar unter www.curia.eu.int.

[10] VerkPBG vom 16.12.1991 (BGBl. I S. 2174), zuletzt geändert durch Gesetz vom 15. Dezember 1995 (BGBl. I S. 1840).

[11] PlVereinfG vom 17.12.1993 (BGBl. I S. 2123).

[12] Siehe hierzu die Begründung zum Gesetzentwurf der Bundesregierung BT-Drs. 14 / 4599, S. 146 f.

tragen.[13] Das UVPG unterscheidet nunmehr zwischen Vorhaben, für die eine Umweltverträglichkeitsprüfung zwingend durchzuführen ist und Vorhaben, bei denen über das Erfordernis einer Umweltverträglichkeitsprüfung im Einzelfall zu befinden ist. Die Vorhaben, für die nach § 3 b Abs. 1 UVPG zwingend eine Umweltverträglichkeitsprüfung durchzuführen ist, sind in Anlage 1 Spalte 1 des Gesetzes aufgeführt. Eine Prüfung der UVP-Pflicht im Einzelfall ist demgegenüber nach § 3 c Abs. 1 UVPG für solche Vorhaben durchzuführen, die in Anlage 1 Spalte 2 aufgeführt sind. Wenn diese Vorhaben mit einem A gekennzeichnet sind, ist nach § 3 c Abs. 1 Satz 1 UVPG eine allgemeine Vorprüfung des Einzelfalls erforderlich. Die Benennung mit S verweist demgegenüber auf eine standortbezogene Vorprüfung des Einzelfalls nach § 3 c Abs. 1 Satz 2 UVPG. Bei Vorhaben, die mit L gekennzeichnet sind, bestimmt sich die UVP-Pflicht gem. § 3 d UVPG nach Maßgabe des Landesrechts.

Neu sind auch die Vorschriften des Gesetzes über kumulierende Vorhaben in § 3 b Abs. 2 UVPG sowie für die Änderung und Erweiterung von Vorhaben in § 3 b Abs. 3 und § 3 e UVPG. Die zuletzt genannten Vorschriften zielen darauf ab, einer sog. „Salamitaktik“, also einer Aufteilung von Vorhaben mit dem Ziel, eine ansonsten erforderliche Umweltverträglichkeitsprüfung zu unterlaufen, entgegenzuwirken.[14]

b) Anwendungsfragen im Bereich luftverkehrsrechtlicher Vorhaben

Die beschriebenen Änderungen des Gesetzes über die Umweltverträglichkeitsprüfung werfen eine Vielzahl von Fragen für die Zulassung luftverkehrsrechtlicher Vorhaben auf.

aa) Anwendungsbereich des UVPG

Erklärungsbedürftig ist schon der Anwendungsbereich des UVPG. Das neue UVPG beschreibt als UVP-pflichtiges Vorhaben den „Bau eines Flugplatzes im Sinne der Begriffsbestimmung des Abkommens von Chicago von 1944 zur Errichtung der internationalen Zivilluftfahrtorganisation (Anhang 14)“. Nach diesem Anhang 14 ist ein Flugplatz ein „festgelegtes Gebiet auf dem Lande oder Wasser (einschließlich Gebäude, Anlagen und Ausrüstung), das ganz oder teilweise für Ankunft, Abflug und Bewegungen von Luftfahrzeugen bestimmt ist.“ Bemerkenswert ist, dass die Anlage zum UVPG lediglich den *Bau* von Flug-

[13] Zu den wesentlichen Änderungen des Gesetzes über die Umweltverträglichkeitsprüfung s. umfassend *Feldmann*, DVBl. 2001, 589 (593 ff.); *Koch / Siebel-Huffmann*, NVwZ 2001, 1081 (1085 ff.), *Enders / Krings*, DVBl. 2001, 1242 (1243 ff.).

[14] S. BT-Drs. 14 / 4599, S. 89.

plätzen, nicht aber deren *Betrieb*, als UVP-pflichtiges Vorhaben anführt.[15] Wie durch die Begriffsbestimmung des Vorhabens in § 2 Abs. 2 UVPG bestätigt wird, wird damit bei Verkehrsvorhaben anders als bei technischen Anlagen der bloße Betrieb nicht erfasst. Gleiches gilt für nur betriebliche Änderungen oder Erweiterungen. So scheidet eine Pflicht zur Durchführung der Umweltverträglichkeitsprüfung etwa aus, wenn ohne bauliche Maßnahmen allein durch Ausschöpfung betrieblicher Möglichkeiten die Leistung eines bestehenden Flugplatzes gesteigert werden kann.

Ob und unter welcher Voraussetzung der Bau eines Flugplatzes UVP-pflichtig ist, richtet sich nach der Start- und Landebahngrundlänge. Die in Nr. 14.12.1 genannten Vorhaben mit einer Start- und Landebahngrundlänge von 1500 m oder mehr sind in Spalte 1 mit einem x gekennzeichnet und unterliegen daher nach § 3 b Abs. 1 UVPG ausnahmslos der UVP-Pflicht. Bei den in Nr. 14.12.2 genannten Vorhaben mit einer Start- und Landebahngrundlänge von weniger als 1500 m, die in Spalte 2 mit einem A gekennzeichnet sind, ist nach § 3 c Abs. 1 Satz 1 über die UVP-Pflicht im Einzelfall aufgrund einer allgemeinen Vorprüfung zu befinden.

Die Anknüpfung an die Start- und Landebahngrundlänge wirft die Frage auf, inwieweit auch bauliche Maßnahmen, bei denen die Start- und Landebahngrundlänge unverändert bleibt, UVP-pflichtig sein können. Grundsätzlich wird man von einer solchen Möglichkeit ausgehen müssen. Die Start- und Landebahngrundlänge ist ein reiner Größen- oder Leistungswert. Wie bei anderen Vorhaben auch entscheidet das Erreichen oder Überschreiten dieses Wertes darüber, ob eine Umweltverträglichkeitsprüfung nach § 3 b Abs. 1 UVPG zwingend durchzuführen ist oder bei einem Unterschreiten dieses Wertes über das Erfordernis einer Umweltverträglichkeitsprüfung nach § 3 c Abs. 1 Satz 1 UVPG aufgrund einer allgemeinen Vorprüfung des Einzelfalls zu befinden ist. Damit kann der „Bau eines Flugplatzes" auch bei baulichen Maßnahmen gegeben sein, die nicht unmittelbar die Start- und Landebahn betreffen. Beispielhaft sind insbesondere der Bau oder die Erweiterung von Vorfeldflächen zu nennen.

Bei einer Start- und Landebahngrundlänge von weniger als 1500 m ist nach § 3 c Abs. 1 Satz 1 UVPG eine Umweltverträglichkeitsprüfung durchzuführen, wenn das Vorhaben nach Einschätzung der zuständigen Behörde aufgrund überschlägiger Prüfung unter Berücksichtigung der in Anlage 2 des Gesetzes aufgeführten Kriterien erhebliche nachteilige Umweltauswirkungen haben kann. Die vom Gesetzgeber gewählte Formulierung wirft die Frage auf, was unter „Einschätzung der zuständigen Behörde" und „aufgrund überschlägiger

[15] Insoweit handelt es sich bei den Flugplätzen jedenfalls um „sonstige Anlagen" i.S. von § 2 Abs. 2 lit. b) UVPG; vgl. a. BT-Drs. 14 / 4599, S. 87, in der die Verkehrsvorhaben ausdrücklich den „sonstigen Anlagen" zugeordnet werden.

Prüfung" zu verstehen ist. Nach der gesetzlichen Begründung soll hierdurch der auf eine überschlägige Vorausschau begrenzten Prüfungsstufe Rechnung getragen werden.[16] Damit kommt zum Ausdruck, dass die Entscheidung der Behörde aufgrund summarischer Feststellungen zutreffend ist. Ein gerichtlich nur beschränkt nachprüfbarer Entscheidungsspielraum wird der Behörde damit nicht gewährt. Wie andere aufgrund summarischer Feststellungen getroffene Entscheidungen ist damit auch die Feststellung der UVP-Pflicht gerichtlich voll nachprüfbar.

Gegenstand der Vorprüfung ist die Feststellung, ob das Vorhaben erhebliche nachteilige Umweltauswirkungen haben kann. Diese Feststellung soll unter Berücksichtigung der in Anlage 2 des Gesetzes aufgeführten Kriterien erfolgen. Dies sind Merkmale der Vorhaben, z.B. Größe des Vorhabens, der Standort der Vorhaben, z.B. in einem Schutzgebiet, und Merkmale der möglichen Auswirkungen, z.B. besondere Schwere. Dabei ist nach § 3 c Abs. 1 Satz 3 UVPG zu berücksichtigen, inwieweit Umweltauswirkungen durch die vom Träger des Vorhabens vorgesehenen Vermeidungs- und Verminderungsmaßnahmen offensichtlich ausgeschlossen werden. Aus den in mehrfacher Hinsicht eingezogenen Grenzen wird deutlich, dass die Durchführung einer Umweltverträglichkeitsprüfung als Folge der Vorprüfung die Ausnahme und nicht etwa die Regel ist.[17]

bb) Kumulierende Vorhaben

Besondere Aufmerksamkeit widmet das Gesetz kumulierenden Auswirkungen. So besteht nach § 3 b Abs. 2 UVPG die Verpflichtung zur Durchführung einer Umweltverträglichkeitsprüfung unter bestimmten Voraussetzungen auch, wenn mehrere Vorhaben derselben Art, zusammen die maßgeblichen Größen- oder Leistungswerte erreichen oder überschreiten.[18] Diese Vorhaben müssen gleichzeitig von demselben oder mehreren Trägern verwirklicht werden und in einem engen Zusammenhang stehen. Ein enger Zusammenhang ist gegeben, wenn diese Vorhaben

– als technische oder sonstige Anlagen auf demselben Betriebs- oder Baugelände liegen und mit gemeinsamen betrieblichen oder baulichen Einrichtungen verbunden sind oder

---

[16] S. BT-Drs. 14 / 4599, S. 89.

[17] So auch *Schink*, DVBl. 2001, 321 (329).

[18] Anhang III Nr. 1, 2. Anstrich, der UVP-Änderungsrichtlinie schreibt die Berücksichtigung von Kumulationswirkungen bei der Bestimmung der UVP-Pflicht ausdrücklich vor; zur Berücksichtigung der Kumulation von Vorhaben bei der Festsetzung von Schwellenwerten nach Anhang II der UVP-Richtlinie 85 / 337 / EWG s. auch *EuGH*, Urt. vom 21.9.1999, Rs. C-392 / 96, Slg. 1999, I-5901 ff. – Kommission / Irland.

- als sonstige in Natur und Landschaft eingreifende Maßnahmen in einem engen räumlichen Zusammenhang stehen und
- wenn sie einem vergleichbaren Zweck dienen.

Für die Neuanlage von Flugplätzen ist diese Vorschrift ohne Bedeutung, da der für die UVP-Pflicht von Flugplätzen maßgebliche Größen- oder Leistungswert einer Start- und Landebahngrundlänge von 1.500 m oder mehr in Bezug auf ein- und dieselbe Start- und Landebahn vorliegen muss und damit nicht durch ein Nebeneinander von Start- und Landebahnen mehrerer Flugplätze erreicht werden kann. Bei der Änderung und Erweiterung von Flugplätzen ergibt sich die Berücksichtigung kumulierender Vorhaben aus § 3 b Abs. 3 UVPG mit den dort unter dem Gesichtspunkt des Bestandsschutzes vorgesehenen Beschränkungen.

cc) Änderung und Erweiterung von Vorhaben

Unter welchen Voraussetzungen hier eine Umweltverträglichkeitsprüfung durchzuführen ist, ist in den §§ 3 b Abs. 3 und 3 e UVPG geregelt. Ob eine Änderung oder Erweiterung vorliegt, richtet sich nach den Bestimmungen des Fachrechts. Nur wenn danach eine Änderung oder Erweiterung anzunehmen ist, stellt sich die Frage, ob es hierfür eines Verfahrens mit Umweltverträglichkeitsprüfung bedarf. Fehlt es an einer fachrechtlich bedeutsamen Änderung oder Erweiterung, würde die Forderung nach Durchführung einer Umweltverträglichkeitsprüfung von vornherein ins Leere laufen. Die Frage einer luftverkehrsrechtlichen Zulassung und damit einer in diesem Rahmen durchzuführenden UVP stellt sich dann wegen insoweit fehlendem Trägerverfahrens gar nicht.[19] Geht man dem folgend von den Begrifflichkeiten des Fachrechts aus, stellt eine betriebliche oder bauliche Maßnahme an einem Flughafen nur dann eine unter Umständen zulassungspflichtige Änderung dar, wenn vom Inhalt der bestehenden Zulassungsentscheidungen abgewichen wird.[20] Unter welchen Voraussetzungen eine solche Abweichung anzunehmen ist, ist an dieser Stelle nicht zu entscheiden.[21]

Bei der Änderung und Erweiterung von Vorhaben ist zu unterscheiden zwischen bisher nicht UVP-pflichtigen Vorhaben und Vorhaben, für die als solche bereits eine UVP-Pflicht besteht.

---

[19] Daran, dass die Umweltverträglichkeitsprüfung unselbstständiger Teil der jeweiligen fachrechtlichen Zulassung ist, hat sich durch die Neufassung des UVPG nichts geändert, vgl. *Schink*, DVBl. 2001, 321 (324).

[20] Vgl. *Steinberg / Müller*, NJW 2001, 3293 ff.

[21] Vgl. hierzu die Beispiele bei *Steinberg / Müller*, NJW 2001, 3293 (3294).

(1) Bisher nicht UVP-pflichtige Vorhaben

Für bisher nicht UVP-pflichtige Vorhaben sieht § 3 b Abs. 3 Satz 1 UVPG die Durchführung einer Umweltverträglichkeitsprüfung vor, wenn durch die Änderung oder Erweiterung der maßgebende Größen- oder Leistungswert erstmals erreicht oder überschritten wird.

Dazu, wann von einem bisher nicht UVP-pflichtigen Vorhaben auszugehen ist, sagt das Gesetz nichts. Aufschluss ergeben jedoch die Gesetzesmaterialien. Danach hatte der Gesetzgeber beabsichtigt, das erstmalige Hineinwachsen in die UVP-Pflicht zu erfassen.[22] Dementsprechend muss von einem bisher nicht UVP-pflichtigen Vorhaben dann ausgegangen werden, wenn das bestehende Vorhaben den für die UVP-Pflicht maßgebenden Größen- oder Leistungswert noch nicht erreicht. Dabei muss es sich um einen solchen Größen- oder Leistungswert handeln, der eine zwingende Verpflichtung zur Durchführung einer Umweltverträglichkeitsprüfung begründet. Dies ergibt sich aus dem Zusammenhang mit der die zwingende UVP-Pflicht regelnden Vorschrift des § 3 b Abs. 1 UVPG. Als erstes Zwischenergebnis kann danach festgehalten werden: Eine Umweltverträglichkeitsprüfung ist dann durchzuführen, wenn durch die Änderung oder Ergänzung erstmals der in Nr. 14.12.1 der Anlage 1 des UVPG genannte Größenwert einer Start- und Landebahngrundlänge von 1500 m erreicht oder überschritten würde.

Dieser Grundsatz erfährt in der Folge eine bedeutsame Einschränkung. Nach einer Art Bestandsschutzklausel in § 3 b Abs. 3 Satz 3 UVPG bleibt der in den jeweiligen Anwendungsbereich der UVP- bzw. der UVP-Änderungs-Richtlinie fallende, aber vor Ablauf der jeweiligen Umsetzungsfristen erreichte Bestand insoweit unberücksichtigt, als er für die Frage, ob durch die Änderung oder Erweiterung erstmals der maßgebliche Größen- oder Leistungswert erreicht wird, außer Betracht bleibt. Da jedoch Flugplätze von Anbeginn an zu den UVP-pflichtigen Vorhaben gehören, bleibt hier der bis zum Ablauf der Umsetzungsfrist der ursprünglichen UVP-Richtlinie, also der bis zum 3.7.1988 verwirklichte Bestand unberücksichtigt. Ist also bspw. ein Flugplatz vor 1988 mit einer Start- und Landebahnlänge von 1400 m errichtet worden, würde erst bei einer Verlängerung um mindestens 1.500 m eine Umweltverträglichkeitsprüfung zwingend durchzuführen sein.

Dies leitet sofort zu der Frage über, ob eine diese Schwelle unterschreitende Start- und Landebahnverlängerung ausnahmslos UVP-frei ist. Nach dem zweistufigen System des UVPG würde man erwarten, dass dann im Wege einer Vorprüfung des Einzelfalls über das Erfordernis einer Umweltverträglichkeits-

[22] Vgl. Begründung zum Gesetzentwurf der Bundesregierung, BT-Drs. 14 / 4599, S. 89.

prüfung zu befinden ist. Ausdrücklich ergibt sich dies aus dem Gesetz nicht. Eine unmittelbare Anwendung der die Änderung oder Erweiterung von Vorhaben betreffenden Vorschriften der §§ 3 b Abs. 3 und 3 e UVGP scheidet aus. Eine Anwendung von § 3 b Abs. 3 UVPG scheitert daran, dass auch durch die Verlängerung der Start- und Landebahn der für die obligatorische UVP-Pflicht maßgebliche Schwellenwert von 1500 m nicht erreicht wird. Auch eine Anwendung des § 3 e UVPG scheidet aus, da es sich nicht in der erforderlichen Weise um ein Vorhaben handelt, für das als solches bereits eine UVP-Pflicht besteht. Angesichts des klaren Wortlautes wird man hierfür voraussetzen müssen, dass es sich entweder um ein wegen der Nennung in Spalte 1 der Anlage 1 nach § 3 b Abs. 1 UVPG zwingend UVP-pflichtiges Vorhaben handelt oder aber für eine in Spalte 2 der Anlage genanntes Vorhaben eine UVP-Pflicht im Einzelfall nach § 3 c UVPG bereits festgestellt wurde.[23] Naheliegend scheint demgegenüber ein mittelbarer Rückgriff auf § 3 b Abs. 3 UVPG über eine entsprechende Anwendung von § 3 c Abs. 1 Satz 5 UVPG. Wenn nach der letzt genannten Vorschrift für das Erreichen oder Überschreiten der Prüfwerte für Größe oder Leistung § 3 b Abs. 2 und 3 UVPG entsprechend gelten sollen, so muss dies erst recht für Vorhaben gelten, für die die Pflicht zur Vorprüfung besteht, ohne dass hierfür erst eine Bagatellschwelle in Form eines Prüfwertes erreicht werden müsste. Für den Beispielsfall bedeutet dies, dass eine Verlängerung einer Start- und Landebahn, durch die die Schwelle von 1500 m nicht erreicht oder überschritten wird, einer Vorprüfung nach Maßgabe des § 3 c Abs. 1 Satz 5 i.V.m. § 3 b Abs. 3 UVPG zu unterziehen ist. Die Bestandsschutzklausel des § 3 b Abs. 3 Satz 3 UVPG hat dabei zur Folge, dass Auswirkungen durch den bereits vor Ablauf der Umsetzungsfristen der jeweiligen EG-UVP-Richtlinie erreichten Bestand bei der Vorprüfung unberücksichtigt bleiben.

(2) Änderungen und Erweiterungen UVP-pflichtiger Vorhaben

§ 3 e Abs. 1 UVPG bestimmt, unter welchen Voraussetzungen eine Verpflichtung zur Durchführung einer Umweltverträglichkeitsprüfung auch für die Änderung oder Erweiterung eines Vorhabens besteht, für das als solches bereits eine UVP-Pflicht besteht.

[23] Zwar ist der gesetzlichen Begründung zu § 3 e UVPG zu entnehmen, dass UVP-pflichtige Vorhaben in diesem Sinne auch Vorhaben sind, für die noch keine Umweltverträglichkeitsprüfung durchgeführt worden ist, die aber gleichwohl die Voraussetzungen für die UVP-Pflichtigkeit nach den §§ 3 a bis 3 f i.V.m. der Anlage 1 erfüllen (vgl. Begründung zum Gesetzentwurf der Bundesregierung, BT-Drs. 14 / 4599, S. 91). Angesichts des klaren Wortlautes dürfte dies kaum so verstanden werden können, dass bestehende Vorhaben gleichsam im Nachhinein einer Vorprüfung nach § 3 c UVPG zur Feststellung des Tatbestandsmerkmals einer bereits bestehenden UVP-Pflicht nach § 3 e Abs. 1 UVPG unterzogen werden müssten.

(a) Anwendungsbereich des § 3 e Abs. 1 UVPG

Die Vorschrift setzt voraus, dass für das Vorhaben „als solches" bereits eine UVP-Pflicht besteht. Erfasst werden damit zunächst die Flugplätze, die vor Durchführung der Änderung oder Erweiterung bereits über eine Start- und Landebahngrundlänge von 1500 m und mehr verfügen. Bei der Änderung oder Erweiterung größerer Flugplätze, insbesondere von Verkehrsflughäfen, beurteilt sich damit das Erfordernis einer Umweltverträglichkeitsprüfung regelmäßig nach § 3 e UVPG. Darüber hinaus sind zu den Vorhaben, für die als solche bereits eine UVP-Pflicht besteht, auch solche Flugplätze zu rechnen, für die in der Vergangenheit aufgrund einer Vorprüfung des Einzelfalls eine UVP-Pflicht bereits festgestellt wurde.[24]

Bei derart UVP-pflichtigen Vorhaben besteht die Verpflichtung zur Durchführung einer Umweltverträglichkeitsprüfung nach § 3 e Abs. 1 Nr. 1 UVPG zunächst dann, wenn die in der Anlage 1 für Vorhaben der Spalte 1 angegebenen Größen- oder Leistungswerte durch die Änderung oder Erweiterung selbst erreicht oder überschritten werden.[25] Ein solcher Sachverhalt ist gegeben, wenn die Erweiterung der Start- und Landebahn für sich genommen bereits die Grundlänge von 1500 m erreicht.

Weit häufiger dürfte § 3 e Abs. 1 Nr. 2 UVPG in Betracht kommen. Danach besteht die Verpflichtung zur Durchführung einer Umweltverträglichkeitsprüfung auch dann, wenn eine Vorprüfung des Einzelfalls im Sinne des § 3 c Abs. 1 Satz 1 und 3 UVPG ergibt, dass die Änderung oder Erweiterung erhebliche nachteilige Auswirkungen haben kann. Diese Bestimmung wird durch einen bedeutsamen Zusatz ergänzt: In die Vorprüfung sollen auch frühere Änderungen oder Erweiterungen[26] des UVP-pflichtigen Vorhabens einzubeziehen sein, für die nach der jeweils geltenden Fassung dieses Gesetzes keine Umweltverträglichkeitsprüfung durchgeführt worden ist.

---

[24] Vgl. hierzu die Ausführungen oben c) aa).

[25] Diese Regelung entspricht einem Urteil des EuGH vom 11.8.1995, in dem dieser entschieden hat, dass die Erweiterung eines bestehenden Vorhabens, die für sich betrachtet bereits den maßgeblichen Schwellenwert nach Anhang I der UVP-Richtlinie überschreitet, in jedem Fall UVP-pflichtig ist, *EuGH*, Urt. vom 11.8.1995, Rs. C-431 / 92, Slg. 1995, I-2189 – Großkrotzenburg; s. hierzu auch *Feldmann*, DVBl. 2001, 589 (596).

[26] Durch den Wortlaut ist klargestellt, dass in die Vorprüfung nur frühere Änderungen und Erweiterungen, nicht aber das Vorhaben insgesamt einzubeziehen sind. Der Vorschlag des Bundesrates, die Vorprüfung auf das bestehende Vorhaben zu erstrecken (BR-Drs. 286 / 01, S. 3), hat in der Beschlussempfehlung des Vermittlungsausschusses (BT-Drs. 14 / 6357, S. 2), keine Berücksichtigung gefunden.

(b) Einbeziehung früherer Änderungen oder Erweiterungen in die Vorprüfung

Der mit diesem Nachsatz geforderte „Blick zurück" löst dabei in besonderem Maß Besorgnisse der Flughafenbetreiber aus. Gerade die großen Verkehrsflughäfen sind durch fortlaufende Anpassungen an die geänderten Verhältnisse geprägt. Hierbei dürften die Mehrzahl der Änderungen ohne Umweltverträglichkeitsprüfung entweder auf der Grundlage einer Plangenehmigung (§ 8 Abs. 2 LuftVG) oder sogar gänzlich ohne Verfahren aufgrund eines sog. „Negativ-Attests" (§ 8 Abs. 3 LuftVG)[27] durchgeführt worden sein. Dies wirft die Frage auf, unter welchen Voraussetzungen frühere Änderungen oder Erweiterungen Bedeutung für die Vorprüfung erlangen können.

Geht man vom *Wortlaut* aus, sind nur solche Änderungen oder Erweiterungen des UVP-pflichtigen Vorhabens einzubeziehen, für die nach der jeweils geltenden Fassung dieses Gesetzes *keine Umweltverträglichkeitsprüfung durchgeführt* worden ist. Danach sind zunächst solche Änderungen oder Erweiterungen von einer Einbeziehung in die Vorprüfung ausgenommen, die bereits Gegenstand einer Umweltverträglichkeitsprüfung gewesen sind.[28] Hier könnte daran gedacht werden, auch solche Änderungen oder Erweiterungen von einer Einbeziehung in die Vorprüfung auszunehmen, für die zwar in der Vergangenheit keine förmliche Umweltverträglichkeitsprüfung durchgeführt worden ist, bei denen jedoch eine vollständige Prüfung der Umweltbelange im Rahmen des Plangenehmigungsverfahrens erfolgt ist. Eine solche Sichtweise wird durch eine Entscheidung des EuGH zum Wärmekraftwerk Großkrotzenburg nahegelegt.[29] Der EuGH hatte die Klage der Kommission gegen die immissionsschutzrechtliche Genehmigung für einen weiteren Kraftwerksblock als unbegründet abgewiesen, weil trotz unterlassener Umweltverträglichkeitsprüfung im Ge-

[27] Die Terminologie ist in diesem Punkt nicht einheitlich. So unterscheidet *Wysk*, ZLW 1998, 456 (471) unter dem Oberbegriff „Freistellungsentscheidung" zwischen „Negativattest" (im Fall des § 6 Abs. 4 Satz 2 LuftVG) und „Unterbleibensentscheidung" (im Fall des § 8 Abs. 3 LuftVG) als Zulassungsakten besonderer Art. Entsprechend dem gängigen Sprachgebrauch sollen die Begriffe hier jedoch synonym verwendet werden.

[28] Ob dabei von der Durchführung einer Umweltverträglichkeitsprüfung allein aufgrund einer nach § 71 LuftVG fingierten Planfeststellung ausgegangen werden kann, muss bezweifelt werden. Abgesehen davon, dass die zeitliche und gegenständliche Reichweite des § 71 – und damit dessen Erstreckung auch auf Änderungen und Erweiterungen nach Inkrafttreten der ersten Fassung des UVPG am 01.08.1990 – streitig sind (vgl. hierzu *Giemulla / Schmid*, ZLW 2001, 491 ff. einerseits, *Zacharias*, ZLW 2000, 337 ff. andererseits), würde die Ersetzung einer aufgrund der UVP-Richtlinie oder der UVP-Änderungsrichtlinie gebotenen Umweltverträglichkeitsprüfung gegen bindendes EG-Recht verstoßen.

[29] *EuGH*, Urt. vom 11.8.1995, Rs. C-431 / 92, Slg. 1995, I-2189 ff. – Großkrotzenburg.

nehmigungsverfahren eine Prüfung der Auswirkungen des Projekts auf die Umwelt stattgefunden hatte und diese Angaben auch der betroffenen Öffentlichkeit zugänglich gemacht worden waren.

Eine vergleichbar umfassende Prüfung aller betroffenen Umweltbelange findet auch im luftverkehrsrechtlichen Plangenehmigungsverfahren statt. Demgegenüber findet eine Beteiligung der Öffentlichkeit, die sich auf Art. 6 Abs. 2 der UVP-Richtlinie in der Fassung der UVP-Änderungsrichtlinie gründet, im Plangenehmigungsverfahren regelmäßig nicht statt. Etwas anderes ist nur denkbar, wenn trotz Entscheidung für die Plangenehmigung ausnahmsweise auf freiwilliger Grundlage eine Öffentlichkeitsbeteiligung durchgeführt worden ist. So scheint es bei der Erweiterung des Flughafens Dortmund gehandhabt worden zu sein.[30] Ob eine UVP auch dann als durchgeführt angesehen werden kann, wenn keine Öffentlichkeitsbeteiligung erfolgt ist, muss als offen bezeichnet werden. Das BVerwG hat dies in einem Beschluss vom 29.5.2000 jedenfalls nicht für ausschlaggebend erachtet.[31]

Als weitere Voraussetzung verlangt § 3 e Abs. 1 Nr. 2 UVPG, dass es sich um Änderungen oder Erweiterungen handeln muss, für die nach der *jeweils geltenden Fassung dieses Gesetzes* keine Umweltverträglichkeitsprüfung durchgeführt worden ist. Hieraus ergibt sich zunächst eine zeitliche Begrenzung. Änderungen oder Erweiterungen, die vor Inkrafttreten der ursprünglichen Fassung des UVPG am 1.8.1990 vorgenommen worden sind, scheiden als Gegenstand der Vorprüfung von vornheraus aus. Offen bleibt demgegenüber, welche Bedeutung die Bezugnahme auf die „jeweils" geltende Fassung des UVPG für nach dem 1.8.1990 durchgeführte Änderungen und Erweiterungen haben soll. Der Gesetzeswortlaut wirft die Frage auf, ob der Gesetzgeber solche Sachverhalte erfassen wollte, in denen eigentlich eine Umweltverträglichkeitsprüfung hätte durchgeführt werden müssen, eine solche tatsächlich jedoch unterblieben ist. Dies würde auf eine Brandmarkung des Vollzugs hinauslaufen, die man dem Gesetzgeber nicht unterstellen dürfen wird. Auch die Entstehungsgeschichte kann zur Auslegung der Vorschrift nicht herangezogen werden. Die in § 3 e Abs. 1 Nr. 2 2. Halbsatz UVPG geforderte Einbeziehung früherer Änderungen oder Erweiterungen geht auf eine Beschlussfassung des Vermittlungsausschusses zurück. Gesetzesmaterialien liegen – wie allgemein bei Beschlussfassungen des Vermittlungsausschusses – nicht vor.

Anhaltspunkte dafür, was mit der gewählten Formulierung gemeint ist, können sich aus der *Systematik des Gesetzes* ergeben. Dies lenkt den Blick auf die Vorschrift über die Änderung oder Erweiterung bisher nicht UVP-pflichtiger Vorhaben in § 3 b Abs. 3 Satz 3 UVPG. Danach soll bei der Prüfung, ob eine

[30] Vgl. hierzu *Weber / Jürgensen*, NWVBl. 1999, 6 ff.

[31] *BVerwG*, Beschl. vom 29.5.2000 – 11 B 65 / 99 – , ZLW 2000, S. 601 f.

Änderung oder Erweiterung erstmals den maßgebenden Schwellenwert erreicht oder überschreitet, der bei Ablauf der jeweiligen Umsetzungsfristen schon erreichte Bestand unberücksichtigt bleiben. Nach der gesetzlichen Begründung wird hierdurch lediglich der Begriff des bestehenden Vorhabens eingeschränkt. Der vor Ablauf der jeweiligen Umsetzungsfristen der Richtlinien schon erreichte Bestand soll bei der Prüfung, ob eine Änderung oder Erweiterung erstmals den maßgebenden Größen- oder Leistungswert erreicht oder überschreitet, unberücksichtigt bleiben. Damit fallen solche Änderungen und Erweiterungen heraus, die bereits vorgenommen wurden, bevor das jeweilige Vorhaben überhaupt hätte UVP-pflichtig werden können.[32] Dieser Gedanke lässt sich auf die Vorschrift über die Änderung und Erweiterung UVP-pflichtiger Vorhaben in § 3 e Abs. 1 Nr. 2 2. Halbsatz UVPG übertragen. Von einer Einbeziehung in die Vorprüfung sind damit solche Änderungen oder Erweiterungen ausgenommen, die vorgenommen wurden, bevor das jeweilige Vorhaben erstmals UVP-pflichtig werden konnte. Unter der Geltung des ursprünglichen UVPG vom 12.12.1990 waren dies diejenigen Vorhaben, die in der Anlage zu § 3 UVPG ausdrücklich genannt waren, bei denen aber wegen der gewählten Verfahrensart tatsächlich eine Umweltverträglichkeitsprüfung unterbleiben durfte.[33] Dies führt zu einem weiteren *Zwischenergebnis*: Änderungen und Erweiterungen von Flugplätzen, die ja in Abhängigkeit von der Verfahrensart bereits nach dem UVPG vom 12.12.1990 UVP-pflichtig waren, können nicht Gegenstand der Vorprüfung sein, wenn sie vor Inkrafttreten des 1. UVPG am 1.8.1990 vorgenommen wurden.

(c) Notwendigkeit einer Einschränkung der Einbeziehung früherer Änderungen oder Erweiterungen in die Vorprüfung

Auch damit ist der Gegenstand der Vorprüfung noch nicht genügend eingegrenzt. *Sinn und Zweck* der Vorschrift gebieten vielmehr eine einschränkende Auslegung.[34] Anhaltspunkte hierfür ergeben sich aus der gesetzlichen Begründung der Parallelvorschrift über nicht UVP-pflichtige Vorhaben in § 3 b Abs. 3 Satz 1 UVPG. Danach soll die gesetzliche Regelung verhindern, dass die UVP-Pflicht nicht durch sukzessive Vorhabenerweiterungen unterlaufen wird (sog.

---

[32] Die Beschränkung auf derart „potentiell" UVP-pflichtige Vorhaben ergibt sich zwingend daraus, dass § 3 b Abs. 3 UVPG nur auf solche Vorhaben Anwendung findet, die bisher – wegen Unterschreitens der maßgeblichen Größen- oder Leistungswerte – tatsächlich noch nicht UVP-pflichtig waren.

[33] Der Entwurf einer nordrhein-westfälischen Verwaltungsvorschrift spricht insoweit von einer „potentiellen" UVP-Pflicht.

[34] So weist auch *Schink*, DVBl 2001, 321 (329), darauf hin, dass eine UVP nach Einzelfallprüfung die Ausnahme ist.

„Salamitaktik").[35] Dem liegt eine Entscheidung des EuGH zur Umsetzung der UVP-Richtlinie in Irland zugrunde.[36] Dort war die Vorgehensweise des irischen Gesetzgebers beanstandet worden, durch die Vorgabe festgelegter Schwellenwerte die Möglichkeit eröffnet zu haben, durch eine Aufteilung von Projekten eine ansonsten erforderliche Umweltverträglichkeitsprüfung zu unterlaufen. Hintergrund der Entscheidung ist die Überlegung, dass verschiedene Einzelvorhaben, von denen keines den für die Durchführung der Umweltverträglichkeitsprüfung maßgeblichen Schwellenwert überschreitet, in ihrer Gesamtheit dennoch erhebliche Auswirkungen auf die Umwelt haben können. Hieraus leitet sich ein weiteres *Zwischenergebnis* ab: Es können nur solche Einzelvorhaben in die Vorprüfung einbezogen werden, die *vergleichbare* Umweltauswirkungen haben. Vergleichbar sind Umweltauswirkungen nur, wenn sie – auch unter Berücksichtigung möglicher Wechselwirkungen[37] – einer gesamthaften Betrachtung im Sinne einer „Addition" zugänglich sind. Hieran fehlt es etwa, wenn bei einem Flugplatz in der Vergangenheit eine Reihe von Vorfelderweiterungen vorgenommen worden sind, und sich hieran die Errichtung eines neuen Abfertigungsgebäudes anschließen soll. Während sich die Erweiterungen des Vorfeldes auf die Anzahl der Flugbewegungen und damit auf den Fluglärm auswirken können,[38] sind Umweltauswirkungen des Abfertigungsgebäudes allenfalls in anderen Umweltbereichen, z.B. Lärm durch Fahrzeugverkehr, denkbar. Eine Einbeziehung der früher vorgenommenen Vorfelderweiterungen in die Vorprüfung für das Abfertigungsgebäude scheidet dementsprechend aus.

(d) Beschränkung der Vorprüfung auf das erst vorgesehene Vorhaben

Für die danach für eine Einbeziehung in die Vorprüfung noch verbleibenden Änderungen oder Erweiterungen stellt sich die Frage, *wie* sich deren Einbeziehung auf das Ergebnis der Vorprüfung auswirkt. Festzuhalten ist, dass die Vorprüfung auf die Feststellung gerichtet ist, ob die *vorgesehene* Änderung oder Erweiterung erhebliche nachteilige Umweltauswirkungen haben kann. Frühere Änderungen oder Erweiterungen können nur dann Bedeutung erlangen, wenn sich erst aus dem Zusammenwirken mit der hinzukommenden Änderung oder Erweiterung die Möglichkeit erheblicher nachteiliger Umweltauswirkungen ergibt. Dementsprechend kommt es auf frühere Änderungen und Erweiterungen

---

[35] Begründung zum Gesetzentwurf der Bundesregierung, BT-Drs. 14 / 4599, S. 89.

[36] *EuGH*, Urt. vom 21.9.1999, Rs. C-392 / 96, Slg. 1999, I-5901 ff. – Kommission / Irland.

[37] Wechselwirkungen können insbesondere durch Schutzmaßnahmen verursacht werden, die zu Problemverschiebungen zwischen den Umweltgütern führen (vgl. Zf. 0.6.2.1 Abs. 1 UVPGVwV vom 18. September 1995 (GMBl. S. 671)).

[38] Vgl. *OVG Münster*, Urteil vom 23.11.2000 – 20 D 115 / 97.AK – unter Berufung auf *BVerwG*, Urt. vom 11.1.2001 – 11 VR 16 / 00 – NVwZ 2001, 566 f.

nicht an, wenn die hinzutretende Änderung oder Erweiterung für sich bereits die Möglichkeit erheblicher nachteiliger Umweltauswirkungen beinhaltet. So liegt es etwa, wenn eine Verlängerung der Start- und Landebahn die Nutzung durch größere Flugzeuge ermöglicht und damit zu einer bedeutsamen Erhöhung des Fluglärms beitragen kann.[39] Das Erfordernis einer Umweltverträglichkeitsprüfung ergibt sich hier bereits aus der isolierten Betrachtung der hinzukommenden Änderung oder Erweiterung. Die Einbeziehung früherer Änderungen oder Erweiterungen ist also gar nicht mehr erforderlich, um die UVP-Pflichtigkeit des Vorhabens festzustellen.

Wird die Schwelle erheblicher nachteiliger Umweltauswirkungen durch die hinzukommende Änderung oder Erweiterung für sich nicht erreicht, zwingt auch dies noch nicht zu einer Einbeziehung früherer Änderungen oder Erweiterungen. Auch hier ist wieder der Zweck der Vorprüfung entscheidend. Festgestellt werden soll, ob gerade die hinzutretende Änderung oder Erweiterung dazu führt, dass die Erheblichkeitsschwelle erreicht oder überschritten wird. Diese Möglichkeit scheidet von vornherein aus, wenn die hinzutretende Änderung oder Erweiterung überhaupt keinen relevanten Beitrag zu Umweltauswirkungen leistet. Hier kann die Erheblichkeitsschwelle nicht in der erforderlichen Weise gerade erst durch die hinzutretende Änderung oder Erweiterung erreicht oder überschritten werden.

Zweck der Vorschrift ist es demgegenüber nicht, zurückliegende Vorgänge, die für sich genommen bereits die Erheblichkeitsschwelle überschreiten, nachträglich eine Umweltverträglichkeitsprüfung zu unterziehen. Derartiges ist insbesondere dem vom Gesetzgeber in Bezug genommenen Irland-Urteil des EuGH[40] nicht zu entnehmen. Der EuGH fordert lediglich eine Berücksichtigung der kumulativen Wirkungen von Projekten, nicht aber eine Nachholung pflichtwidrig unterlassener Umweltverträglichkeitsprüfungen. Dem stünde bereits die Bestandskraft von in der Vergangenheit erteilten Genehmigungen entgegen.

Nach dem vorhergehenden lassen sich die Voraussetzungen für eine Einbeziehung früherer Änderungen oder Erweiterungen in die Vorprüfung bei Flugplätzen wie folgt *zusammenfassen*:

1. Es muss sich um Änderungen und Erweiterungen nach dem 1.8.1990 handeln.
2. Eine Umweltverträglichkeitsprüfung darf für diese Änderungen oder Erweiterungen noch nicht durchgeführt worden sein.

---

[39] Dass dies nicht zwingend ist, ergibt sich daraus, dass mit der Verwendung größerer Flugzeuge mit entsprechend größerer Kapazität ggf. auch eine Verringerung der Flugbewegungen einhergehen kann.

[40] Siehe oben, *EuGH*, Urt. vom 21.9.1999, Rs. C-392 / 96, Slg. 1999, I-5901 ff. – Kommission / Irland.

3. Die Auswirkungen früherer Änderungen oder Erweiterungen der vorgesehenen Änderung oder Erweiterung müssen einer gesamthaften Betrachtung im Sinne einer „Addition" zugänglich sein.

4. Die hinzukommende Änderung oder Erweiterung muss relevant zu Umweltauswirkungen beitragen können.

Damit ist die Frage beantwortet, wann frühere Änderungen und Erweiterungen in die Vorprüfung einzubeziehen sind. Ist eine solche Einbeziehung erforderlich, ist als weiterer Schritt zu prüfen, ob sich gemeinsam mit der hinzutretenden Änderung oder Erweiterung erhebliche nachteilige Umweltauswirkungen ergeben können.[41] Wird dies unter Berücksichtigung der bereits erwähnten Kriterien des Anhang 2 festgestellt, ist eine Umweltverträglichkeitsprüfung durchzuführen. Hier muss jedoch auf folgendes hingewiesen werden: Die Umweltverträglichkeitsprüfung ist Teil des Zulassungsverfahrens und als solcher auf den Antragsgegenstand beschränkt. Gegenstand der Umweltverträglichkeitsprüfung kann damit nur die *beantragte* Änderung oder Erweiterung sein. Zurückliegende Änderungen und Erweiterungen können daher nur als Vorbelastung berücksichtigt werden. Nach ständiger Rechtsprechung des Bundesverwaltungsgerichts kann sich dies schutzmindernd auswirken mit der Folge, dass die durch die Änderung oder Erweiterung hinzukommende Zusatzbelastung als zumutbar anzusehen ist.[42] Als weiteres *Zwischenergebnis* lässt sich damit festhalten, dass frühere Änderungen oder Erweiterungen in die Umweltverträglichkeitsprüfung nur als Vorbelastung eingehen.

3. Änderungen im LuftVG

Mit dem Artikelgesetz vom 27.7.2001 gehen Folgeänderungen im LuftVG einher. Im Vordergrund stehen diejenigen Änderungen, die gewährleisten sollen, dass für nach dem UVPG erforderliche Umweltverträglichkeitsprüfungen

[41] Hieran wird es regelmäßig bei in der Vergangenheit vorgenommenen zulassungsfreien Änderungen nach § 8 Abs. 3 LuftVG fehlen. Dies gilt zumindest dann, wenn Negativatteste nach dieser Vorschrift deswegen erteilt worden sind, weil andere öffentliche Belange nicht berührt waren und Rechte anderer nicht beeinflusst wurden. Ob sich daraus, dass nach § 8 Abs. 3 LuftVG in der durch das Planungsvereinfachungsgesetz vom 17.12.1993 geänderten Fassung nur unmittelbare Auswirkungen zu berücksichtigen waren, während nach § 2 Abs. 1 UVPG auch mittelbare Auswirkungen zu berücksichtigen sind, hieran etwas ändert, muß bezweifelt werden. Schon bisher wurde die Auffassung vertreten, dass neben „unmittelbaren" Eingriffen auch „mittelbare, etwa durch Fluglärm ausgelöste Betroffenheiten", zu berücksichtigen seien (vgl. *Wysk*, ZLW 1998, 456, 474).

[42] Vgl. *BVerwG*, Beschl. vom 5.10.1990 - 4 B 249 / 89 -, NVwZ-RR 1991, 118 (126) m.w.N.; vgl. a. *OVG Münster*, Beschl. vom 17.5.1999 - 20 B 2493 / 98.AK -, Umdruck, S. 9 ff.; *OVG Münster*, Beschl. vom 24.4.1998 – 20 B 1232 / 97.AK i.S. Flughafen Dortmund.

ein geeignetes Trägerverfahren mit Beteiligung der Öffentlichkeit zur Verfügung steht.

a) Änderung des § 8 Abs. 2 Satz 1 LuftVG

Die erste dieser Änderungen betrifft die Vorschrift über die Plangenehmigung in § 8 Abs. 2 Satz 1 LuftVG. Die Vorschrift ermöglicht unter bestimmten Voraussetzungen die Erteilung einer Plangenehmigung anstelle eines Planfeststellungsbeschlusses. Durch das Artikelgesetz vom 27.7.2001 ist eine weitere Voraussetzung hinzugekommen. Danach darf es sich nicht um ein Vorhaben handeln, für das nach dem Gesetz über die Umweltverträglichkeitsprüfung eine Umweltverträglichkeitsprüfung durchzuführen ist.

Durch diese zusätzliche Voraussetzung dürfte der Anwendungsbereich der Plangenehmigung in erheblichem Maße eingeschränkt werden.[43] Durch die Anknüpfung an das Erfordernis einer Umweltverträglichkeitsprüfung wird die Ersetzung der Planfeststellung durch die Plangenehmigung auf solche Vorhaben beschränkt, bei denen erhebliche Auswirkungen auf die Umwelt nicht zu besorgen sind.[44] Es steht zu befürchten, dass das Instrument der Plangenehmigung damit weitgehend leer läuft. Entweder bedarf es wegen der Möglichkeit erheblicher nachteiliger Auswirkungen auf die Umwelt ohnehin einer Planfeststellung, oder aber es handelt sich um Änderungen oder Erweiterungen von unwesentlicher Bedeutung, bei denen Planfeststellung und Plangenehmigung nach § 8 Abs. 3 LuftVG unterbleiben können.

b) Änderung des § 8 Abs. 3 Satz 2 LuftVG

Dies lenkt den Blick auf die Änderung der Vorschrift über die unwesentliche Änderung oder Erweiterung in § 8 Abs. 3 Satz 2 LuftVG. Auch hier ist als zusätzliche Voraussetzung aufgenommen worden, dass eine UVP nicht erforderlich sein darf. Damit wird im Ergebnis gewährleistet, dass für Änderungen oder Erweiterungen, bei denen die Vorprüfung nach § 3 e i.V.m. § 3 c UVPG das Erfordernis einer Umweltverträglichkeitsprüfung ergeben hat, ein geeignetes

---

[43] Zu den vergleichbaren Konsequenzen des neugefassten UVPG bei Straßenbauvorhaben s. *Stüer / Probstfeld*, UPR 2001, 361 ff.

[44] Die Aufnahme einer derartigen Beschränkung war noch bei Verabschiedung des PlVereinfG entgegen der Mehrheit des Bundesrates von der Bundesregierung und der Mehrheit des Bundestages mit der Begründung abgelehnt worden, dass die Plangenehmigung dann wesentlich an praktischer Bedeutung verloren hätte, vgl. BR-Drs. 756 / 92 vom 18.12.1992, S. 7, 9, einerseits und Äußerung der Bundesregierung zur Stellungnahme des Bundesrates, Anlage 3 zu BT-Drs. 12 / 4328, S. 38, andererseits; vgl. hierzu auch *BVerwG*, Beschl. vom 15.12.1994 – 7 UR 17.94 –, UPR 1995, 229 (230).

Trägerverfahren mit Öffentlichkeitsbeteiligung in Form der Planfeststellung zur Verfügung steht.

Bis dahin sind die Änderungen im LuftVG überschaubar. Leider ist jedoch durch die Abhängigkeit des sog. „Negativattests" vom Ergebnis der Vorprüfung nach dem UVPG eine Zuständigkeitsfrage entstanden. Mangels anderer Festlegungen dürfte für die Vorprüfung die Behörde zuständig sein, die auch das eigentliche Zulassungsverfahren betreibt. Da dies erst als Ergebnis der Vorprüfung festzustellen ist, kann die Zuständigkeit (gegenwärtig) nur im Wege eines iterativen Vorgehens geklärt werden. Soll etwa ein Abfertigungsgebäude erweitert werden, wird der Vorhabenträger in aller Regel um eine Baugenehmigung bei der zuständigen Bauaufsichtsbehörde nachzusuchen. Die Bauaufsichtsbehörde wird die Erteilung der Baugenehmigung jedoch von einem vorherigen Negativattest der für das luftverkehrsrechtliche Zulassungsverfahren zuständigen Behörde abhängig machen. Voraussetzung für die Erteilung des Negativattests ist unter anderem, dass keine UVP erforderlich sein darf. Sollen Doppelprüfungen vermieden werden, wird die Luftfahrtbehörde nur prüfen, ob *luftseitig* erhebliche nachteilige Umweltauswirkungen, insbesondere durch eine Erhöhung des Fluglärms, ausgeschlossen werden können und auch die übrigen Voraussetzungen vorliegen, unter denen Planfeststellung und Plangenehmigung entfallen können. Sodann müsste die Bauaufsichtsbehörde prüfen, ob auch *landseitig* erhebliche nachteilige Umweltwirkungen, etwa durch Anlieferverkehr, ausgeschlossen werden können. Nur wenn diese Prüfung ergibt, dass insgesamt eine Umweltverträglichkeitsprüfung unterbleiben kann, steht fest, dass die Voraussetzungen für das Entfallen von Planfeststellung und Plangenehmigung vorliegen. Erst dies hat zur Folge, dass für das weitere Verfahren – und damit auch für den Abschluss der Vorprüfung – die Zuständigkeit der Bauaufsichtsbehörde gegeben ist. Hält dagegen die Bauaufsichtsbehörde erhebliche nachteilige Umweltauswirkungen auf der Landseite für möglich, wäre wegen der dann erforderlichen Umweltverträglichkeitsprüfung nach § 8 Abs. 3 Nr. 1 LuftVG eine von der Luftverkehrsbehörde durchzuführende Planfeststellung erforderlich. Es liegt auf der Hand, dass hier eine Klarstellung der Zuständigkeit durch den Landesgesetzgeber aus Gründen der Rechtssicherheit dringend geboten ist.

c) Änderung des § 8 Abs. 5 Satz 3 LuftVG

Eine letzte Änderung betrifft § 8 Abs. 5 LuftVG. Die Vorschrift regelt Besonderheiten für die zivile Nutzung eines aus der militärischen Trägerschaft entlassenen ehemaligen Militärflugplatzes. Bislang war hier lediglich eine Änderungsgenehmigung nach § 6 Abs. 4 Satz 2 LuftVG erforderlich. Ausdrücklich war in Absatz 5 Satz 3 bestimmt, dass eine Planfeststellung oder Plangenehmigung nicht stattfindet. Diese Bestimmung ist durch das Artikelgesetz vom 27.7.2001 um einen Halbsatz ergänzt worden. Danach muss das Genehmigungsverfahren den Anforderungen des Gesetzes über die Umweltverträglichkeitsprüfung entsprechen, wenn die zivile Nutzung des Flugplatzes mit UVP-pflichtigen *baulichen* Änderungen oder Erweiterungen verbunden ist.

Ausweislich der gesetzlichen Begründung[45] trägt diese Ergänzung dem sog. Bozen-Urteil des EuGH vom 16. September 1999 Rechnung.[46] Nach diesem Urteil ist eine Umweltverträglichkeitsprüfung auch dann durchzuführen, wenn ein bislang teils militärisch und teils zivil benutzter Flugplatz so umstrukturiert werden soll, dass er überwiegend kommerziell nutzbar wird. Derartige Vorhaben seien nicht als Zwecken der nationalen Verteidigung dienende Projekte im Sinne der Ausnahmeregelung des Art. I Abs. 4 der UVP-Richtlinie anzusehen.[47] Nach der Neufassung des § 8 Abs. 5 Satz 3 LuftVG ist daher künftig für die zivile Nutzung eines aus der militärischen Trägerschaft entlassenen ehemaligen Militärflugplatzes ein Genehmigungsverfahren mit UVP erforderlich, wenn mit der zivilen Nutzung bauliche Änderungen oder Erweiterungen verbunden sind, für die nach § 3 e Abs. 1 UVPG n.F. eine UVP durchzuführen ist.

III. Schlussbemerkung

Die dargestellten Änderungen des UVPG offenbaren deutlich die erheblichen Schwierigkeiten, die der Gesetzgeber bei der Gratwanderung zwischen der Beibehaltung der integrierten Umweltverträglichkeitsprüfung und der Umsetzung der gemeinschaftsrechtlichen Anforderungen hatte. Insbesondere die Vorschriften über die Änderung oder Erweiterung UVP-pflichtiger Vorhaben können als misslungen bezeichnet werden. Die Anwendungsschwierigkeiten sind zahllos und werden erst langsam durch die Rechtsprechung geklärt werden. Bei der Änderung der luftverkehrsrechtlichen Vorschriften ist festzustellen, dass die Plangenehmigung wohl zur Bedeutungslosigkeit verkommen wird. Erwähnenswert scheint schließlich die vom Gesetzgeber selbst geschaffene „Zuständigkeitsfalle" bei der Klärung der Voraussetzung für ein Negativattest.

---

45 Gesetzentwurf der Bundesregierung, BT-Drs. 14 / 4599, S. 148.

46 *EuGH*, Urt. vom 16.9.1999, Rs. C-435 / 97, Slg. 1999, I-5613 ff. – WWF u.a. / Autonome Provinz Bozen u.a.

47 *EuGH*, Urt. vom 16.9.1999, Rs. C-435 / 97, Slg. 1999, I-5613 (5659; Rn. 64 ff.) – WWF u.a. / Autonome Provinz Bozen u.a.

Neuere Rechtsprechung des Bundesverwaltungsgerichts zum Fachplanungsrecht der Flugplätze und Schienenwege

Von Ulrich Storost

I. Einleitung: Schwerpunkte der Rechtsprechung

Schwerpunkt der Rechtsprechung im Berichtszeitraum des Jahres seit den letzten Speyerer Planungsrechtstagen sind Entscheidungen, die sich weniger mit großen Neubauvorhaben beschäftigen, für die Staat und Gesellschaft derzeit wohl das notwendige finanzielle Polster fehlt. Vielmehr geht es überwiegend um die Ausweitung und Modernisierung bereits vorhandener Infrastrukturanlagen, die neuen – sei es umfangreicheren, sei es andersartigen – Nutzungsbedürfnissen angepaßt werden sollen. Dabei sehen sich Mensch und Natur im Einwirkungsbereich solcher Vorhaben entsprechenden neuen Beeinträchtigungen gegenüber. Von der Rechtsprechung wird erwartet, die dadurch ausgelösten Interessenkonflikte zu entscheiden, wobei natürlich jede Seite hofft, das zuständige Gericht werde in ihrem Sinne Partei ergreifen. Ich werde an einigen Beispielen zeigen, daß diese Hoffnung in aller Regel enttäuscht werden muß. Denn die Rechtsprechung eines Kollegialgerichts, wie es das Bundesverwaltungsgericht aus gutem Grund immer noch ist, ist auf argumentativen Diskurs und vernünftige Konsensfähigkeit zwischen durchaus heterogenen Richterpersönlichkeiten mit unterschiedlichen Vorverständnissen angelegt. Sie tendiert deshalb überwiegend dazu, Interessenkonflikte eher mit den weichen Mitteln des Kompromisses als mit dem scharfen Schwert der einseitigen Dezision zu bewältigen. Man mag das daraus folgende Sowohl-als-auch mancher Entscheidungen als halbherzig und oft auch unklar beklagen, weil Kompromisse oft nur auf Kosten der Konsequenz und Stringenz der Gedankenführung erreichbar sind. Darin liegt jedoch gerade ein wesentlicher Unterschied zwischen der nur sich selbst verantwortlichen Wissenschaft und der Rechtspraxis, die sich vor allem an ihren gesellschaftlichen Wirkungen legitimieren muß.

Lassen Sie mich Ihnen an einigen wenigen Fällen zeigen, wie das Bundesverwaltungsgericht seine Aufgabe der Bewältigung dieses Problems zu erfüllen versucht hat.

II. Versuche der Problembewältigung

1. Flugplätze

Der 9. Senat des Bundesverwaltungsgerichts ist u.a. für das Recht der Anlegung und des Betriebs von Flugplätzen zuständig. Ich möchte Ihnen drei Fälle vorstellen, die beispielhaft verdeutlichen, wie der Senat seine Rolle in dem Konflikt zwischen Flughafenbetreibern einerseits und fluglärmbetroffenen Nachbarn andererseits versteht. Dabei geht es zum einen um die Frage, wie angemessener Rechtsschutz verfahrensrechtlich sichergestellt werden kann, ohne die Zahl der möglichen Verfahren unnötig zu vervielfachen (a), zum zweiten um die inhaltliche Intensität der richterlichen Kontrolle der Planung auf diesem Gebiet (b) und schließlich – gewissermaßen als Fazit aus diesen beiden Fragen – um das Problem, ob und welche Funktionsgrenzen der Verwaltungsgerichtsbarkeit generell bei der Kontrolle des Vorgangs planerischer Abwägung gesetzt sind (c).

a) Verfahrenskonzentration: Rechtsschutzvereinfachung ohne Rechtsschutzlücke

In einem Klageverfahren, für das das Bundesverwaltungsgericht gemäß § 5 des Verkehrswegeplanungsbeschleunigungsgesetzes[1] im ersten und letzten Rechtszug zuständig war, wandte sich die Bewohnerin eines Hauses im Einzugsbereich des Berliner Flughafens Tegel gegen den weiteren Ausbau der Abfertigungsanlagen dieses Flughafens.

In § 2 Abs. 5 des am 3. Oktober 1990 in Kraft getretenen Sechsten Überleitungsgesetzes[2] ist bestimmt, daß die Berliner Flughäfen nach ihrer Übergabe durch die Alliierten im Sinne der §§ 6 bis 10 des Luftverkehrsgesetzes als genehmigt und im Plan rechtskräftig festgestellt gelten. Die Übergabe des Flughafens Tegel durch die französischen Militärdienststellen wurde 1994 abgeschlossen. Im April 1999 stellte die beigeladene Betreiberin des Flughafens bei der Bauaufsichtsbehörde den Antrag auf Erteilung eines Bauvorbescheids für den Umbau eines 1992 fertiggestellten Gebäudeteils. Es handelte sich dabei ursprünglich um ein Bürogebäude. Durch eine Aufstockung sollte das Gebäude eine neue Check-In-Ebene mit 20 Abfertigungsschaltern, einem Abflugwarteraum und neuen Gepäckabfertigungseinrichtungen erhalten. In einer Stellung-

---

[1] Gesetz zur Beschleunigung der Planungen für Verkehrswege in den neuen Ländern sowie im Land Berlin vom 16. Dezember 1991 (BGBl. I S. 2174), zuletzt geändert durch das Zweite Änderungsgesetz vom 22. Dezember 1999 (BGBl. I S. 2659).

[2] Gesetz zur Überleitung von Bundesrecht nach Berlin (West) vom 25. September 1990 (BGBl. I S. 2106).

nahme vom 22. März 2000 teilte die Planfeststellungsbehörde der Bauaufsichtsbehörde auf entsprechende Anfrage mit, bei dem Vorhaben handele es sich nicht um eine wesentliche Änderung des Flughafens, so daß eine Planfeststellung unterbleiben könne.

Daraufhin wurde der Bauvorbescheid am 3. Juli 2000 antragsgemäß erteilt. Ebenso wurde auf den zwischenzeitlich gestellten Bauantrag hin am 11. September 2000 die Baugenehmigung erteilt. Gegen diese legte die Klägerin Widerspruch ein, der – im Einvernehmen mit der Klägerin – nicht beschieden wurde. Am 2. Februar 2001 erhob die Klägerin gegen das Land Berlin, vertreten durch die Luftfahrtbehörde, Klage zum Bundesverwaltungsgericht, mit der sie die Auffassung vertrat, die Erweiterung der Abfertigungskapazität sei als wesentliche Änderung des Flughafens planfeststellungsbedürftig. Die Klägerin beantragte, den Beklagten zu verpflichten, der Beigeladenen zu untersagen, die durch die Baugenehmigung vom 11. September 2000 genehmigten baulichen Änderungen und Erweiterungen auf dem Flughafen Tegel in Betrieb zu nehmen.

Das Bundesverwaltungsgericht hat die Klage durch Urteil vom 26. September 2001[3] als unzulässig abgewiesen, weil für das Begehren auf Einschreiten der Luftaufsicht kein Rechtsschutzinteresse erkennbar sei. Für die beabsichtigte Rechtsverfolgung stehe eine andere, sachnähere und wirksamere Klageart zur Verfügung, weil das streitige Vorhaben durch eine Baugenehmigung zugelassen worden sei und die Klägerin gegen diese gerichtlichen Rechtsschutz in Anspruch nehmen könne. Falls sie sich nicht entgegenhalten lassen müsse, daß der Bauvorbescheid vom 3. Juli 2000 inzwischen unanfechtbar geworden ist, werde die Klägerin in jenem Klageverfahren rügen können, die Baugenehmigung sei rechtswidrig, weil die Zulassung des Vorhabens einer Planfeststellung bedurft hätte. Solange die Baugenehmigung auf ihre Klage hin nicht aufgehoben worden sei, könne sie der Luftaufsicht gegenüber jedoch nicht mit Erfolg geltend machen, das Vorhaben habe nicht allein durch eine Baugenehmigung zugelassen werden dürfen. Der von ihr gegen die Baugenehmigung eingelegte Widerspruch ändere daran nichts, weil er gemäß § 212 a BauGB keine aufschiebende Wirkung habe. Die Voraussetzungen für ein Einschreiten der Luftaufsicht nach § 29 Abs. 1 Satz 1 des Luftverkehrsgesetzes[4] wären deshalb selbst dann nicht erfüllt, wenn es zutreffen sollte, dass das Vorhaben nicht von der Planfeststellung freigestellt werden durfte.

Es sei eine Besonderheit des Flughafenzulassungsrechts, daß bei der Zulassung von Hochbauten auf dem Flughafengelände Planfeststellung und Bauge-

---

[3] BVerwG 9 A 3.01 – DVBl 2002, S. 272 ff.

[4] LuftVG vom 1. August 1922 (RGBl. I S. 681) i.d.F. der Bekanntmachung vom 27. März 1999 (BGBl. I S. 550).

nehmigung nach § 8 Abs. 4 Satz 1 LuftVG nebeneinander treten könnten. Dies rechtfertige eine abweichende Beurteilung der Rechtsschutzmöglichkeiten der Klägerin jedoch nicht. Die genannte Vorschrift, die 1993 durch Art. 4 Nr. 1 des Planungsvereinfachungsgesetzes[5] in das Luftverkehrsgesetz eingefügt worden ist, bestimmt, daß bei der Planfeststellung von Flughäfen auch die bau*planungs*rechtliche Zulässigkeit von Flughafenhochbauten Regelungsgegenstand sein kann. Der Gesetzgeber habe damit die bereits unter der Geltung von § 8 LuftVG a.F.[6] vom – seinerzeit für das Luftverkehrsrecht zuständigen – 4. Senat[7] vertretene Ansicht bestätigt, daß Flughafenhochbauten planfeststellungsfähig sind. Allerdings habe der 4. Senat seinerzeit zusätzlich angenommen, daß es der luftverkehrsrechtlichen Planfeststellung in diesem Fall überlassen bleibe, „auch bau*ordnungs*rechtliche Festlegungen zu treffen“[8]. Diese Aussage habe nicht berücksichtigt, daß ausweislich der Gesetzesbegründung[9] speziell das Baugenehmigungsverfahren von der Planfeststellung ausgenommen bleiben sollte. Wie inzwischen erneut durch § 9 Abs. 1 Satz 3 LuftVG[10] klargestellt worden sei[11], habe aus diesem Grunde durch § 8 Abs. 4 LuftVG zugleich die zuvor zitierte Aussage der Rechtsprechung korrigiert werden sollen.

Unverändert festzuhalten sei dagegen an der weiteren Aussage des 4. Senats, daß die Entscheidung, ob die Zulassung von Flughafenhochbauten Anlaß für die Durchführung einer Planfeststellung ist, in einem *verwaltungsinternen Zwischenverfahren* getroffen werden darf[12]. Dieses sei von der Bauaufsichtsbehörde einzuleiten, sobald sich ihr die Frage stelle, ob das bei ihr zur Genehmigung gestellte Bauvorhaben, das eine Änderung oder Erweiterung des Flughafens darstellt, i.S. von § 8 Abs. 3 Satz 1 LuftVG von wesentlicher oder unwesentlicher Bedeutung ist[13]. In diesem Verfahren sei die Planfeststellungsbehörde zum einen aufgerufen, darüber zu befinden, ob eine Änderung oder Erweiterung von wesentlicher Bedeutung vorliegt, die planfeststellungsbedürftig ist. Zum anderen habe sie, wenn sie einen Fall von nur unwesentlicher Bedeutung als gegeben ansehe, die Möglichkeit, das ihr in § 8 Abs. 3 Satz 1 LuftVG durch das Wort „können“ eingeräumte Ermessen dahingehend auszuüben, dennoch ein

[5] Gesetz zur Vereinfachung der Planungsverfahren für Verkehrswege vom 17. Dezember 1993 (BGBl. I S. 2123).

[6] Bekanntmachung vom 14. Januar 1981 (BGBl. I S. 61).

[7] Im Urt. vom 20.7.1990 – BVerwG 4 C 30.87 – BVerwGE 85, 251 ff.

[8] A.a.O., S. 256.

[9] BT-Drucks.III / 100, S. 13.

[10] I.d.F. von Art. 1 Nr. 8 des Elften Gesetzes zur Änderung des Luftverkehrsgesetzes vom 25. August 1998 (BGBl. I S. 2432).

[11] Vgl. BT-Drucks. 13 / 9513, S. 27.

[12] Vgl. BVerwGE 85, 251 (259).

[13] A.a.O. S. 258.

Planfeststellungsverfahren durchzuführen[14]. Letzteres komme in Betracht, wenn der Flughafenbetreiber ein berechtigtes Interesse daran geltend mache, daß das Vorhaben Gegenstand einer Planfeststellung wird. In beiden Fällen sei die Bauaufsichtsbehörde gehindert, dem Bauantrag stattzugeben, ohne daß für das Vorhaben zuvor eine Planfeststellung beantragt und erfolgreich durchgeführt worden ist.

Entscheide sich die Planfeststellungsbehörde – wie im vorliegenden Fall – dafür, von einer Planfeststellung abzusehen, so verlange § 10 Abs. 1 Satz 3 LuftVG nicht, daß diese Entscheidung in der Form eines Verwaltungsakts ergeht. Die Bauaufsichtsbehörde habe nunmehr das Bauantragsverfahren fortzusetzen und müsse die Baugenehmigung erteilen, wenn das Vorhaben baurechtlich genehmigungsfähig sei. Dies habe notwendig Rückwirkungen auf die Drittbetroffenen zustehenden Rechtsschutzmöglichkeiten. Mit der zitierten Rechtsprechung sei die Meinung unvereinbar, ein Drittbetroffener müsse, wenn er das Vorhaben für planfeststellungsbedürftig halte, in jedem Fall gegen die Entscheidung nach § 10 Abs. 1 Satz 3 LuftVG Klage erheben. Dies treffe nicht zu, wenn die Entscheidung – wie hier – verwaltungsintern geblieben sei. Mit der Billigung eines verwaltungsinternen Zwischenverfahrens habe die Rechtsprechung Dritte gerade der Anfechtungslast entheben wollen, die notwendig auf sie zugekommen wäre, wenn die Freistellung von der Planfeststellung in einem Verwaltungsakt auszusprechen wäre. Vielmehr sei gegen eine Freistellungsentscheidung, die verwaltungsintern bleibe, kein Rechtsmittel zulässig.

Da Drittbetroffene die Baugenehmigung anfechten könnten, führe diese Lösung zu keiner Rechtsschutzlücke. Einem Drittbetroffenen stehe zwar kein Anspruch auf Durchführung eines Planfeststellungsverfahrens zu. Er könne aber beanspruchen, daß ihm daraus, daß das Planfeststellungsverfahren rechtswidrig unterblieben ist, keine Beeinträchtigung seiner materiellen Rechtsposition erwächst. Eine derartige Beeinträchtigung liege vor, wenn einem Drittbetroffenen die planerische Abwägung seiner dem Vorhaben entgegenstehenden Belange wegen der fehlerhaften Wahl der Verfahrensart versagt geblieben ist. Dies könne ein Drittbetroffener mit seiner Klage gegen die Baugenehmigung geltend machen.

Jede Baugenehmigung setze die Feststellung voraus, daß das Vorhaben den öffentlich-rechtlichen Vorschriften entspreche. Diese Feststellung könne die Bauaufsichtsbehörde nur treffen, wenn einem Drittbetroffenen dadurch sein Anspruch auf planerische Abwägung nicht vorenthalten werde. Der Umstand, daß die Bauaufsichtsbehörde in dieser Beziehung keine eigene Entscheidungskompetenz besitze, ändere nichts daran, daß sie es nach außen hin zu verantworten habe, wenn die von der Planfeststellungsbehörde nach § 10 Abs. 1

[14] A.a.O. S. 260.

Satz 3 LuftVG getroffene Entscheidung Rechte Dritter verletzt. Die Anwendung von Normen, die Drittschutz vermitteln, führe nach Art. 19 Abs. 4 GG nämlich notwendig zu einer Klagebefugnis gegenüber derjenigen Behörde, die von Gesetzes wegen zu einem Verwaltungshandeln mit unmittelbarer Außenwirkung berufen ist.

§ 8 Abs. 3 Satz 2 Nr. 3 LuftVG sei eine drittschützende Norm. Wenn die Vorschrift es zur Voraussetzung für die Freistellungsentscheidung macht, daß Rechte anderer nicht beeinflußt werden, verweise sie damit auf den Drittschutz, den das Abwägungsgebot des § 8 Abs. 1 Satz 2 LuftVG vermittele. Dieses Abwägungsgebot solle nicht zu Lasten Dritter umgangen werden können, indem anstelle des an sich gebotenen Planfeststellungsverfahrens nur ein Baugenehmigungsverfahren durchgeführt wird, das eine abwägende Berücksichtigung der dem Vorhaben entgegenstehenden privaten Belange nicht vorsieht. Die gerichtliche Überprüfung der Baugenehmigung umfasse deshalb die Frage, ob das Vorhaben unter Beachtung von § 8 Abs. 3 Satz 2 Nr. 2 LuftVG als nicht planfeststellungsbedürftig eingestuft werden durfte.

Damit hat das Bundesverwaltungsgericht den Rechtsschutz gegen kapazitätserweiternde Flughafenhochbauten auf ein einfach zu handhabendes Verfahren konzentriert, ohne die Rechtspositionen der Flughafennachbarn inhaltlich zu beeinträchtigen.

b) Zivile Mitbenutzung von Militärflugplätzen: Rechtsprechung zwischen Investitionsförderung und Investitionsblockade

Während der Flughafen Tegel, ein früherer Militärflugplatz, nach Jahrzehnten des Nebeneinanders ziviler und militärischer Nutzung seit 1990 nur noch für den zivilen Flugverkehr genutzt wird, wird in anderen Regionen Deutschlands lebhaft um die Frage gestritten, ob Militärflugplätze, die für militärische Zwecke aktuell nur noch in geringem Umfang gebraucht werden, aber aus Gründen der Vorsorge noch nicht aus der militärischen Trägerschaft entlassen sind, zur zivilen Mitbenutzung freigegeben werden sollen. Das stößt verständlicherweise auf heftigen Widerstand von Wohnnachbarn, die jahrzehntelang starkem Lärm des militärischen Flugverkehrs ausgesetzt waren und jetzt endlich auf ländliche Ruhe hoffen.

Zwei solcher Nachbarn wandten sich deshalb in einem Klageverfahren gegen die einer Entwicklungs- und Betriebsgesellschaft erteilte Genehmigung zur zivilen Mitbenutzung des seit 1994 der Bundeswehr unterstehenden NATO-Reserveflugplatzes Bitburg, eines früheren amerikanischen Militärflugplatzes. Der benachbarte Militärflugplatz Spangdahlem wird von den amerikanischen Streitkräften weiterhin genutzt. Die beigeladene Entwicklungs- und Betriebsgesellschaft, die in der Nähe ein Gewerbe- und Dienstleistungszentrum plant, möchte eine Teilfläche des Flugplatzes Bitburg künftig möglichst uneingeschränkt als Verkehrslandeplatz nutzen. Auf ihren entsprechenden Antrag erteilte ihr 1998 die Bezirksregierung Trier eine luftverkehrsrechtliche Genehmigung zur zivilen Mitbenutzung des Flugplatzes, beschränkte diese Genehmigung allerdings zunächst auf den Sichtflugbetrieb mit Flugzeugen unter 14 t sowie Drehflüglern und Motorseglern und schränkte auch die Betriebspflicht auf die Zeit zwischen 6 und 22 Uhr ein. Als maßgeblichen Gesichtspunkt für die Genehmigungserteilung hob die Genehmigungsbehörde hervor, der zu erwartende Luftverkehr diene der Stärkung des Wirtschaftsstandorts Bitburg und damit der Sicherung und Schaffung von Arbeitsplätzen, auch wenn ein überregionaler Bedarf für den Verkehrslandeplatz erst schwach entwickelt sei.

Der gegen die Genehmigung erhobenen Klage der Nachbarn gab das Oberverwaltungsgericht Rheinland-Pfalz statt, indem es den Genehmigungsbescheid aufhob[15]. Zur Begründung führte es im Wesentlichen aus: Die Genehmigungsentscheidung entbehre bereits der erforderlichen planerischen Rechtfertigung; sie verletze in diesem Zusammenhang das zugunsten der Kläger eingreifende Abwägungsgebot. Insbesondere habe sich die Genehmigungsbehörde nicht mit dem Problem befasst, daß ziviler Flugverkehr auf dem Flugplatz Bitburg nur möglich sei, soweit dies mit dem militärischen Geschehen auf der benachbarten Airbase Spangdahlem vereinbar sei. Ferner fehle es an der gebotenen Ermittlung eines an den konkreten Marktchancen orientierten Bedarfsprofils, das es hätte rechtfertigen können, der von der Beigeladenen vorgestellten Angebotsplanung gegenüber den Lärmschutzbelangen der Anwohner Vorrang einzuräumen.

Auf die Revision des beklagten Landes und der Beigeladenen hat das Bundesverwaltungsgericht das Urteil des Oberverwaltungsgerichts aufgehoben und die Sache zurückverwiesen[16]. In diesem Zusammenhang hat es deutliche Kritik an den Anforderungen geübt, die das Oberverwaltungsgericht für die Rechtmäßigkeit einer derartigen Planung aufgestellt hatte, und den Maßstab hierfür großzügiger formuliert: Die Erteilung einer Änderungsgenehmigung nach § 6 Abs. 4 Satz 2 LuftVG stelle eine planerische Ermessensentscheidung dar. Dabei sei gemäß § 6 Abs. 2 Satz 1 LuftVG u.a. zu prüfen, ob das Vorhaben den Schutz vor Fluglärm angemessen berücksichtige. Unter Hinweis auf diese Vorschrift könnten die Anwohner des Flugplatzes verlangen, daß ihre Lärmschutzbelange mit dem ihnen zustehenden Gewicht in die planerische Abwägung der Genehmigungsbehörde eingestellt und mit den für das Vorhaben sprechenden öffentlichen und privaten Belangen zu einem Ausgleich gebracht werden, der zur objektiven Gewichtigkeit der einzelnen Belange nicht außer Verhältnis steht.

---

[15] Urt. vom 26.9.2000 – OVG 7 C 10088 / 99.

[16] Urt. vom 11.7.2001 – BVerwG 11 C 14.00 – DVBl 2001 S. 1848 ff.

Im Grundsatz griffen zugunsten der Lärmbetroffenen auch die sonstigen Anforderungen durch, die an eine fachplanerische Entscheidung zu stellen sind. Dazu gehöre, daß dann, wenn die planerische Problembewältigung *abschnittsweise* erfolgen soll – hier zunächst für den Sichtflugbetrieb und erst später für den Instrumentenflugbetrieb –, die Lärmbetroffenen die Zulassung eines Teilabschnitts nur hinzunehmen hätten, wenn im Zeitpunkt der Genehmigungserteilung der späteren Zulassung des Gesamtvorhabens nicht unüberwindbare Hindernisse entgegenstehen.

Mit Bundesrecht nicht vereinbar sei insoweit, wenn das Oberverwaltungsgericht darauf abstelle, ob die *Behörde* zum Zeitpunkt ihrer Entscheidung davon ausgehen konnte, daß dem Instrumentenflugbetrieb keine unüberwindbaren Hindernisse entgegenständen. Die Frage der Realisierungsfähigkeit des Gesamtvorhabens sei nämlich nicht aus der Sicht der Behörde zu beantworten, sondern anhand objektiver Gegebenheiten. Dies bedeute, daß insoweit eine volle gerichtliche Überprüfung Platz greife. Es sei nicht ausreichend, der Behörde bezüglich der Frage, ob dem Gesamtvorhaben unüberwindbare Hindernisse entgegenstehen, ein Ermittlungsdefizit vorzuhalten.

Sollte das Oberverwaltungsgericht aufgrund eigener Beurteilung zu dem Ergebnis gelangt sein, daß der Instrumentenflugbetrieb als noch ausstehender Abschnitt der Gesamtplanung ein nicht realisierbares Vorhaben darstelle, so wäre dies mit Bundesrecht ebenfalls nicht vereinbar. Die von ihm selbst getroffenen Tatsachenfeststellungen belegten nämlich das Gegenteil, so daß eine abweichende Einschätzung notwendig auf unzutreffenden rechtlichen Annahmen beruhe.

Ausgehend von der Feststellung, daß die Flugplätze Bitburg und Spangdahlem, was den Instrumentenflugbetrieb angeht, als *ein* Flugplatz anzusehen seien, habe das Oberverwaltungsgericht den Gedanken formuliert, die zivile Mitbenutzung eines unter fremder Oberhoheit stehenden Militärflugplatzes sei nur dann zu verwirklichen, „wenn der militärische Anspruch offenbar und erkennbar so gut wie keine praktische Bedeutung mehr hat". Dem sei nicht zu folgen. Es gebe keinen luftverkehrsrechtlichen Planungsleitsatz des Inhalts, daß ein Flugplatz nicht genehmigungsfähig ist, wenn seine „luftseitigen Kapazitäten" durch den Vorrang militärischen Flugbetriebs verbündeter Streitkräfte eingeschränkt seien. Ebenso wenig gelte ein Planungsleitsatz, wonach ein Flugplatz mit vorläufig eingeschränkter Betriebspflicht entgegenstehende Lärmschutzbelange von vornherein nicht überwinden könne.

Ebenso wenig liege hinsichtlich des noch zur Genehmigung anstehenden Instrumentenflugbetriebs ein Fall tatsächlicher Unmöglichkeit vor. Nach den Tatsachenfeststellungen des Oberverwaltungsgerichts sei mit gesteigerten Einschränkungen des zivilen Flugbetriebs nur „in militärischen Krisenlagen" zu rechnen, während im übrigen das Geschehen auf der Airbase Spangdahlem allenfalls dazu führen könne, daß „Instrumentenflug unter Umständen für mehrere Stunden für Bitburg nicht verfügbar ist". Wenn die Vorinstanz darüber hinaus in diesem Zusammenhang beanstande, es gebe „keine den Vorrang des Militärs beeinflussenden verbindlichen Absprachen", stelle sie überspannte Anforderungen an die Realisierbarkeit des Instrumentenflugbetriebs. Es reiche aus, wenn voraussehbar sei, daß die Flugkontrolle durch amerikanische Fluglotsen einer praktikablen Lösung zugeführt werden könne. Das sei im Zeitpunkt der Genehmigungserteilung hier gewährleistet gewesen.

Die Abschnittsbildung sei vorliegend auch im übrigen rechtlich nicht zu beanstanden. Sie beruhe auf sachlichen Erwägungen und schränke die Rechtsschutzmöglichkeiten Lärmbetroffener nicht unzumutbar ein. Im Falle einer späteren Erteilung der Genehmigung für den Instrumentenflugbetrieb sei gegen das Lärmschutzkonzept erneut der Rechtsweg eröffnet. Daß Lärmbetroffene eine doppelte Anfechtungslast treffe, wenn sie sich gegen die zivile Nutzung des Flugplatzes Bitburg zur Wehr setzen wollen, sei unschädlich. Dritte hätten grundsätzlich kein Recht, daß über eine Genehmigung insgesamt, vollständig und abschließend in einem einzigen Bescheid entschieden wird.

Die *Planrechtfertigung* des zur Genehmigung gestellten Vorhabens sei gegeben, und zwar auch dann, wenn man das Gesamtvorhaben der Beigeladenen in den Blick nehme. Die gegenteilige Auffassung der Vorinstanz beruhe darauf, daß die Prüfung der Planrechtfertigung mit der Abwägungskontrolle vermengt und die Genehmigungsvoraussetzungen dadurch unzulässig verschärft würden. Sie verwerfe zudem zu Unrecht die Möglichkeit einer Angebotsplanung aus Gründen der regionalen Strukturhilfe. Die Folge davon sei, daß sie die planerische Gestaltungsfreiheit durch Anforderungen an die Planrechtfertigung eingeschränkt habe, die dem Bundesrecht nicht zu entnehmen seien.

Eine planerische Ermessensentscheidung trage ihre Rechtfertigung nicht schon in sich selbst, sondern sei im Hinblick auf die von ihr ausgehenden Einwirkungen auf Rechte Dritter rechtfertigungsbedürftig. Das gelte auch für Planungsvorhaben im Bereich des Luftverkehrs, so daß sich im vorliegenden Fall die Frage stelle, ob das konkrete Vorhaben „vernünftigerweise geboten" sei. Diese in der Rechtsprechung des Bundesverwaltungsgerichts[17] entwickelte Voraussetzung betreffe eine Rechtsfrage, die der vollständigen gerichtlichen Überprüfung unterliege. Es verstoße deshalb gegen Bundesrecht, wenn die Vorinstanz in diesem Zusammenhang mehrfach Ermittlungsfehler der Genehmigungsbehörde rüge. Sie übersehe damit, daß die Prüfung der Planrechtfertigung der gerichtlichen Abwägungskontrolle vorgelagert ist und mit ihr nicht vermengt werden darf. Wie der vorliegende Fall zeige, greife anderenfalls die ge-

[17] Vgl. BVerwGE 56, 110 (118 f.).

richtliche Prüfung unzulässig in die planerische Gestaltungsfreiheit ein, die allein der Verwaltung zustehe.

Der Aspekt der Angebotsplanung sei im vorliegenden Fall entgegen der Ansicht der Vorinstanz geeignet, das Vorhaben der Beigeladenen planerisch zu rechtfertigen. Die Planrechtfertigung fordere eine Prüfung, ob das Vorhaben mit den Zielen des Gesetzes übereinstimme, so daß die Zulassung des Vorhabens im Allgemeinwohlinteresse erforderlich erscheine. Das gelte auch im Fall der Zulassung der zivilen Mitbenutzung eines Militärflugplatzes, über die nach § 6 Abs. 4 Satz 2 i.V.m. § 8 Abs. 5 Satz 1 und Abs. 7 LuftVG durch eine Änderungsgenehmigung zu entscheiden ist. Stehe diese Nutzungsänderung von vornherein nicht mit den Zielen des Luftverkehrsgesetzes im Einklang, sei sie nicht „vernünftigerweise geboten", so daß sie bereits auf der Stufe der Planrechtfertigung scheitern müsse.

Die Gründe, die nach dem Luftverkehrsrecht planungslegitimierend sein könnten, seien im Gesetz nicht abschließend benannt. So sei die zivile Mitbenutzung eines Militärflugplatzes auch dann „vernünftigerweise geboten", wenn diese Nutzungsänderung dazu diene, eine wirtschaftsschwache Region an den Luftverkehr anzuschließen. Regionale Strukturhilfe sei beim Verkehrswegebau als legitimes Planungsziel anerkannt. Für das Luftverkehrsrecht gelte zumindest im Anwendungsbereich des § 8 Abs. 5 Satz 1 und Abs. 7 LuftVG nichts anderes.

Insofern sei es auch nicht zu beanstanden, wenn vom Träger des Vorhabens nur eine – von einem konkret feststellbaren Bedarf losgelöste – Angebotsplanung entwickelt werde. Es liege in der Natur jeder Verkehrsplanung, die nicht auf eine bereits manifeste Nachfrage reagiert, daß sich die Marktchancen dieses Angebots nicht verläßlich voraussagen lassen. Die Ungewißheit, ob die Nachfrage nach Luftverkehr die Verwirklichung des unternehmerischen Konzepts der Beigeladenen sicherstellt, sei dennoch kein Grund, dem Vorhaben die Planrechtfertigung abzusprechen. Insofern sei in den Blick zu nehmen, daß es nicht um die Planung einer neuen Verkehrsinfrastruktur gehe. Der Bau eines Flughafens ohne gesicherte Nachfrage nach Luftverkehr möge ein planerischer Missgriff sein. Es bestünde nämlich die Gefahr, daß eine mit erheblichen Eingriffen in Natur und Landschaft verbundene Investitionsruine entsteht. Bei einem vorhandenen Flughafen, dessen bisherige Nutzung endet, stelle sich eine andere Frage: ob es sich vermeiden lasse, daß eine mit öffentlichen Mitteln geschaffene Infrastruktur brach liegt und verfällt. Oder: falls die bisherige Nutzung – wie hier – nur noch zeitweilig zum Zuge kommt, ob es sich vermeiden lasse, daß die laufenden Erhaltungs- und Unterhaltungskosten allein zu Lasten der öffentlichen Hand gehen.

Aus alledem ergebe sich, daß auch die von der Vorinstanz durchgeführte *Abwägungskontrolle* in verschiedener Hinsicht Bundesrecht verletze. Ergänzend sei klarzustellen, daß sich die behördliche Abwägung nicht auf die Verfügbarkeit des Luftraums erstrecke und dementsprechend auch eine gerichtliche Abwägungskontrolle in diese Richtung nicht Platz greife.

Mit dieser Entscheidung hat das Bundesverwaltungsgericht die von der Vorinstanz wohl zu eng gezogenen Grenzen fachplanerischer Investitionsförderung deutlich erweitert, ohne daß man ihm vorwerfen kann, die Rechte der Nachbarn seien unzumutbar vernachlässigt worden.

c) (Un-)Erheblichkeit von Abwägungsmängeln: Ein allgemeiner Grundsatz des Fachplanungsrechts?

Gegenstand eines brandneuen Beschlusses des Bundesverwaltungsgerichts[18] ist die vom Verwaltungsgerichtshof Baden-Württemberg[19] aufgeworfene und und bejahte Frage, ob die für das luftverkehrsrechtliche Planfeststellungs- und Plangenehmigungsverfahren geltende Regelung in § 10 Abs. 8 LuftVG, nach der Fehler im Abwägungsvorgang nur dann erheblich sind, wenn sie offensichtlich und auf das Abwägungsergebnis von Einfluss gewesen sind, auch auf die Genehmigung nach § 6 LuftVG entsprechend anzuwenden ist, sofern darin über die luftverkehrsrechtliche Zulassung eines Vorhabens abschließend entschieden wird.

Ausgangsfall war auch hier ein früherer Militärflugplatz, der allerdings schon aus der militärischen Trägerschaft entlassen und für dessen zivile Nutzung als Landeplatz des allgemeinen Verkehrs eine Änderungsgenehmigung erteilt worden war. Gegen eine weitere Änderungsgenehmigung, mit der auf Antrag des Flugplatzbetreibers die zugelassenen Flugbetriebszeiten in den Abend hinein verlängert worden waren, wandten sich Nachbarn der Anlage mit der Anfechtungsklage. Der Verwaltungsgerichtshof wies diese Klagen ab, obwohl er einen Fehler im Abwägungsvorgang für möglich hielt, weil die Genehmigungsbehörde die erforderliche Bewertung der mit der Ausdehnung der abendlichen Öffnungszeiten des Flugplatzes verbundenen zusätzlichen Lärmbelästigung der Kläger anhand der konkreten Umstände des Einzelfalles unterlassen hatte. Diesen Fehler hielt der Verwaltungsgerichtshof in entsprechender Anwendung des § 10 Abs. 8 Satz 1 LuftVG für unerheblich, weil er nicht im Sinne dieser Vorschrift auf das Abwägungsergebnis von Einfluß gewesen sei; es gebe nämlich keine Anhaltspunkte dafür, daß die Genehmigungsbehörde bei Vermeidung jenes Fehlers zu einer anderen Entscheidung über den Antrag des Flugplatzbetreibers gekommen wäre. Mit der Beschwerde gegen die Nichtzulassung der Revision machten die Kläger u.a. geltend, insoweit habe die

[18] Beschl. vom 20.2.2002 – BVerwG 9 B 63.01.

[19] Urt. vom 22.6.2001 – 8 S 2225 / 00.

Rechtssache grundsätzliche Bedeutung. Dies hat das Bundesverwaltungsgericht verneint. Denn die sich entscheidungserheblich allein stellende Frage, ob bei einer über die luftverkehrsrechtliche Zulassung eines Vorhabens abschließend entscheidenden Genehmigung nach § 6 LuftVG ein Fehler im Abwägungsvorgang unerheblich ist, wenn keine Anhaltspunkte dafür vorliegen, daß die Genehmigungsbehörde bei Vermeidung jenes Fehlers zu einer anderen Entscheidung über den Genehmigungsantrag gekommen wäre, sei auf der Grundlage der bisherigen Rechtsprechung des Bundesverwaltungsgerichts zu bejahen, ohne daß es hierfür der entsprechenden Anwendung des § 10 Abs. 8 Satz 1 LuftVG bedürfte.

Nach der Rechtsprechung des Bundesverwaltungsgerichts[20] handele es sich bei der Genehmigung nach § 6 LuftVG, sofern darin über die luftverkehrsrechtliche Zulassung eines Vorhabens abschließend entschieden wird, um eine Planungsentscheidung, bei der der Genehmigungsbehörde notwendigerweise ein mehr oder weniger ausgedehnter Spielraum an Gestaltungsfreiheit zustehe.

Die wichtigste materiellrechtliche Bindung, in deren Rahmen sich jede planende Verwaltung bei Ausübung jener Gestaltungsfreiheit und damit auch bei der abschließenden Zulassung eines Vorhabens nach § 6 LuftVG halten müsse, sei das sich unmittelbar aus dem Rechtsstaatsprinzip ergebende Gebot, alle von der Planung berührten öffentlichen und privaten Belange gegeneinander und untereinander gerecht abzuwägen[21]. Nach der Rechtsprechung des Bundesverwaltungsgerichts habe jedoch die verwaltungsgerichtliche Prüfung, ob sich die planerische Entscheidung innerhalb der insoweit gesetzten rechtlichen Grenzen hält, bereits vor Übernahme des in § 214 Abs. 3 Satz 2 BauGB enthaltenen Rechtsgedankens in die Fachplanungsgesetze durch das Planungsvereinfachungsgesetz von 1993 davon ausgehen müssen, daß Fehler im Abwägungsvorgang aus besonderen Gründen des Einzelfalles für den Rechtsschutz Betroffener unerheblich sein können[22]. Dazu gehörten insbesondere solche Fehler, bei deren Korrektur die Betroffenheit des jeweiligen Klägers unverändert bestehen bliebe[23]. Der Abwägungsvorgang sei nämlich nicht um seiner selbst willen rechtlich bedeutsam. Fehlerhafte Erwägungen bei einer Planungsentscheidung führten nur dann zu deren Rechtswidrigkeit, wenn die abwägungserhebliche Bedeutung der tatsächlich betroffenen öffentlichen oder privaten Belange verkannt worden sei *und sich dies auf das Abwägungsergebnis auch ausgewirkt*

---

[20] Vgl. BVerwGE 56, 110 (135 f.); 82, 246 (249).

[21] Vgl. BVerwGE 48, 56 (63); 56, 110 (116 f., 122 f.); 82, 246 (249). Allgemein dazu: *Storost*, Fachplanung und Wirtschaftsstandort Deutschland, in: NVwZ 1998, S. 797 (800 f.).

[22] Vgl. BVerwGE 67, 74 (77); 74, 109 (113).

[23] Vgl. BVerwGE 67, 74 (77 f.).

haben könne[24]. Ein Anspruch auf Planaufhebung bestehe zudem nur dann, wenn bei verständiger Würdigung der tatsächlichen Umstände eine konkrete Möglichkeit dafür erkennbar sei, dass sich die entscheidende Behörde von dem abwägungserheblichen, jedoch nicht berücksichtigten oder nicht angemessen gewichteten Belang bei ihrer planerischen Abwägung so hätte beeindrucken lassen, daß dadurch die Planung insgesamt infrage gestellt sei[25]. Auch ein Mangel in der Zusammenstellung des Abwägungsmaterials führe nur dann zur Aufhebung der planerischen Entscheidung, wenn er für diese habe ursächlich sein können. Das Gericht müsse deshalb prüfen, ob nach den Umständen des Falles die konkrete Möglichkeit bestehe, daß die angegriffene Entscheidung ohne diesen Mangel anders ausgefallen wäre[26].

Diese Rechtsprechung habe das Bundesverwaltungsgericht nach In-Kraft-Treten des Planungsvereinfachungsgesetzes unverändert fortgesetzt[27]. Es handele sich dabei mithin um einen für das Fachplanungsrecht allgemein geltenden Grundsatz, dessen Anwendung nicht von einer ausdrücklichen gesetzlichen Normierung oder ihrer entsprechenden Anwendung abhänge[28].

Auch mit dieser weitreichenden Aussage hat das Bundesverwaltungsgericht, wie ich meine, die Funktionsgrenzen der Verwaltungsgerichtsbarkeit in vernünftiger Weise gezogen, ohne die Rechte der Bürger in der Sache zu beeinträchtigen.

2. Schienenwege

Damit sind wir aus den Spezialitäten des Luftverkehrsrechts unversehens tatsächlich im allgemeinen Fachplanungsrecht angelangt. Insoweit stand bei den letzten Speyerer Planungsrechtstagen das Schienenwegerecht im Mittel-

---

[24] Vgl. BVerwGE 75, 214 (245, 251 f.).

[25] Vgl. BVerwGE 84, 31 (45 f., 48 f.); Beschl. vom 3.4.1990 – BVerwG 4 B 50.89 – Buchholz 407.4 § 17 FStrG Nr. 86 S. 71 und Urt. vom 16.12.1993 – BVerwG 4 C 11.93 – Buchholz 407.4 § 17 FStrG Nr. 96 S. 118 f.

[26] Vgl. BVerwG, Beschl. vom 26.6.1992 – BVerwG 4 B 1-11.92 – Buchholz 407.4 § 17 FStrG Nr. 89 S. 98.

[27] Vgl. BVerwGE 100, 370 (379 f.); BVerwG, Beschl. vom 21.2.1997 – BVerwG 4 B 177.96 – Buchholz 406.401 § 8 BNatSchG Nr. 20 S. 12.

[28] Vgl. dazu auch *Sendler* in: Aktuelle Fragen der Planfeststellung, 1994, S. 9 (35); *Hofmann / Grabherr*, LuftVG, § 10 Rn. 48; *Blümel*, Planung und Verwaltungsgerichtsbarkeit, 1997, S. 16; *Gaentzsch*, Aktuelle Fragen zur Planerhaltung bei Bauleitplänen und Planfeststellungen in der Rechtsprechung des Bundesverwaltungsgerichts, in: UPR 2001, S. 201 (208).

punkt meines Rechtsprechungsberichts[29]. Auch hier stellten sich vor allem Probleme des Lärmschutzes, die das Bundesverwaltungsgericht auch im seitdem vergangenen Zeitraum weiterhin beschäftigt haben. Die schwierige Grenzziehung zwischen dem Immissionsschutzinteresse der Nachbarn und dem Verkehrsinteresse der Bahn wirft immer wider Fragen auf, deren Lösung sich dem Wortlaut der einschlägigen Rechtsnormen nicht entnehmen läßt und tiefergehende Auslegungsbemühungen erfordert (a). Das gilt insbesondere dann, wenn ein Bahnbetreiber sich gegenüber jenem Immissionsschutzinteresse auf den Gesichtspunkt des Bestandsschutzes beruft (b).

a) Grenzen des Immissionsschutzes

Für die Zeit vor Inkrafttreten der Verkehrslärmschutzverordnung[30] kam nach den von der Rechtsprechung hierzu entwickelten Grundsätzen[31] der Schutz der Festsetzung einer Nutzungsart in einem Bebauungsplan den betroffenen Grundstückseigentümern gegenüber einer konkurrierenden Fachplanung nur zugute, wenn letztere sich nicht schon früher mit der Auslegung der Planunterlagen im Anhörungsverfahren verfestigt hatte. Nur unter dieser Voraussetzung erlangten die Betroffenen durch den Bebauungsplan eine Position, kraft derer sie darauf vertrauen konnten, daß eine nachfolgende Verkehrswegeplanung auf die nach dem Bebauungsplan gegebene Nutzbarkeit ihrer Grundstücke Rücksicht nahm. Hatte sich die Fachplanung dagegen schon vorher in der genannten Weise verfestigt, mußten sich die Betroffenen eine entsprechende plangegebene Vorbelastung entgegenhalten lassen. Die Auffassung des Oberverwaltungsgerichts für das Land Nordrhein-Westfalen[32], entsprechender Schutz werde einer verfestigten eisenbahnrechtlichen Fachplanung auch im Rahmen des § 2 Abs. 2 Satz 1 der 16. BImSchV zuteil, stellte ein Kläger im Nichtzulassungsbeschwerdeverfahren auf den Prüfstand des Bundesverwaltungsgerichts. Sein Grundstück lag in der Nähe einer Eisenbahn-Neubaustrecke, für die das Anhörungsverfahren bereits 1993 durchgeführt worden war, als der Bebauungsplan dort noch ein Mischgebiet auswies. Noch vor Erlaß des Planfeststellungsbeschlusses für die Bahnstrecke änderte die Gemeinde den Bebauungsplan so, daß das Grundstück des Klägers nun in einem allgemeinen Wohngebiet lag. § 2 Abs. 2 Satz 1 der 16. BImSchV verweist für die in Abs. 1 nach Anlagen und Gebieten gestaffel-

---

[29] *Storost*, Die neuere Rechtsprechung des Bundesverwaltungsgerichts zum Schienenwegerecht, in: Ziekow (Hrsg.), Flughafenplanung, Planfeststellungsverfahren, Anforderungen an die Planungsentscheidung, 2002, S. 117 ff.

[30] Sechzehnte Verordnung zur Durchführung des Bundes-Immissionsschutzgesetzes (16. BImSchV) vom 12. Juni 1990 (BGBl. I S. 1036).

[31] Vgl. BVerwGE 71, 150 (156); 77, 285 (292 f.).

[32] Urt. vom 18.1.2001 – OVG 20 D 74 / 98.AK.

ten Immissionsgrenzwerte auf den Bebauungsplan. Insoweit hielt der Kläger die Frage für grundsätzlich klärungsbedürftig, ob § 2 Abs. 2 Satz 1 der 16. BImSchV dahingehend ausgelegt werden kann, daß eine zugunsten der Anlieger des Verkehrsweges erfolgte Änderung eines Bebauungsplans unberücksichtigt bleibt, wenn sich zu diesem Zeitpunkt bereits die konkurrierende Fachplanung für den Verkehrsweg verfestigt hatte.

Das Bundesverwaltungsgericht[33] hat diese Frage unter Fortführung der früheren Rechtsprechung bejaht. Zwar treffe es zu, daß § 2 der 16. BImSchV das Maß an Lärmschutz, das der Planungsträger zu gewährleisten hat, grundsätzlich danach bestimme, welche bauliche Gebietsqualifizierung dem lärmbetroffenen Bereich im Zeitpunkt der Planfeststellung zukomme. Dies ändere aber nichts daran, daß eine kommunale Bauleitplanung auf hinreichend konkretisierte und verfestigte Planungsabsichten der konkurrierenden Fachplanung Rücksicht nehmen müsse, auch wenn diese noch nicht rechtsverbindlich seien. Gegen dieses Gebot habe der Bebauungsplan verstoßen, nachdem für die Gemeinde durch die Planauslegung im eisenbahnrechtlichen Planfeststellungsverfahren die hinreichende Verfestigung konkreter Planungsabsichten der Beigeladenen erkennbar geworden war. Denn ein Einverständnis der Beigeladenen mit einem durch den Bauleitplan bewirkten Problemtransfer habe nicht vorgelegen. Es fehle jeder Anhaltspunkt, daß der Verordnungsgeber mit der Regelung des § 2 der 16. BImSchV einen Problemtransfer auf konkurrierende Planungsträger habe zulassen wollen.

b) Grenzen des Bestandsschutzes

Hatten insoweit die Verfechter eines weitreichenden Immissionsschutzes gegen Schienenverkehrslärm keinen Erfolg vor dem Bundesverwaltungsgericht, so mußte in einer anderen Frage auch die Betreiberseite eine herbe Niederlage einstecken. In meinem Vortrag auf den letzten Speyerer Planungsrechtstagen[34] habe ich darauf hingewiesen, daß die Anerkennung des von der Deutschen Bahn AG gewünschten Gleispflegeabschlags von 3 dB(A)[35] der Höhe nach noch unsicher war. Daran hat sich bis heute nichts Durchgreifendes geändert. Zusätzlich verfiel man in einem Pilotverfahren nun auf die Idee, diesen Gleispflegeabschlag bei Ausbauvorhaben in der Weise einzusetzen, daß er von vornherein zum Ausschluß von Lärmschutzansprüchen nach der Verkehrslärmschutzverordnung führt.

---

[33] Beschl. vom 13.11.2001 – BVerwG 9 B 57.01 – DVBl. 2002, S. 276 f.

[34] Siehe Fn. 28.

[35] Vgl. Verfügung des Eisenbahn-Bundesamtes vom 16. März 1998 (VkBl. S. 262).

Hintergrund dieser Idee ist die folgende Rechtslage: § 41 Abs. 1 BImSchG schreibt vor, daß bei dem Bau oder der wesentlichen Änderung von Eisenbahnen sicherzustellen ist, daß durch diese keine schädlichen Umwelteinwirkungen durch Verkehrsgeräusche hervorgerufen werden können, die nach dem Stand der Technik vermeidbar sind. Zur Durchführung dieser Vorschrift enthält die Verkehrslärmschutzverordnung Bestimmungen über Grenzwerte, die zum Schutz der Nachbarschaft vor schädlichen Umwelteinwirkungen durch Geräusche nicht überschritten werden dürfen. Diese Verordnung gilt nach ihrem § 1 Abs. 1 jedoch nur für den Bau oder die *wesentliche* Änderung der darin bezeichneten Verkehrswege. Ihr § 1 Abs. 2 definiert, wann eine Änderung in diesem Sinne wesentlich ist. Liegt der in Satz 1 Nr. 1 dieser Vorschrift genannte Fall der baulichen Erweiterung eines Schienenweges um ein oder mehrere durchgehende Gleise nicht vor, hängt die Bejahung der Wesentlichkeit davon ab, ob durch einen erheblichen baulichen Eingriff der Beurteilungspegel des von dem zu ändernden Verkehrsweg ausgehenden Verkehrslärms um mindestens 3 dB(A) oder auf mindestens 70 dB(A) am Tage oder mindestens 60 dB(A) in der Nacht erhöht wird oder ob dieser Beurteilungspegel – außer in Gewerbegebieten – schon vor der Änderung eine dieser Schwellen erreichte und durch den Eingriff weiter erhöht wird. Beim Ausbau einer Bestandsstrecke in Berlin, bei dem die Zahl der Gleise nicht erhöht wurde, versuchte man nun, trotz eines erheblichen baulichen Eingriffs, durch den sich Erhöhungen der Beurteilungspegel auf oder im Bereich über mindestens 60 dB(A) in der Nacht errechneten, die Lärmsanierungspflicht nach der Verkehrslärmschutzverordnung dadurch zu vermeiden, daß in den entsprechenden Bereichen eine besondere Gleisüberwachung vorgesehen und diese von vornherein pegelmindernd in Ansatz gebracht wurde, so daß sich keine Erhöhung, sondern eine Absenkung des Beurteilungspegels ergab. Dadurch sollten die Anwohner statt der von ihnen zu beanspruchenden Lärmsanierung auf einen Grenzwert von 49 dB(A) nachts mit Lärm von knapp unter 60 dB(A) belastet bleiben.

Das Bundesverwaltungsgericht hat diesem juristischen Kunstgriff, mit dem der Schutzzweck der Verkehrslärmschutzverordnung in einer unübersehbaren Zahl von Fällen hätte ausgehebelt werden können, die rote Karte gezeigt. Es hat die Anspruchsvoraussetzungen für Lärmschutzvorkehrungen gemäß § 41 Abs. 1 BImSchG i.V.m. § 1 Abs. 2 Satz 1 Nr. 2 und § 2 Abs. 1 Nr. 2 der 16. BImSchV bei den betroffenen Anliegern als erfüllt angesehen und zur Begründung folgendes ausgeführt[36]:

Diese Vorschriften gestatteten es nicht, den Lärmreduzierungseffekt des Verfahrens „Besonders überwachtes Gleis“ bereits bei der Beurteilung der Frage einzubeziehen, ob die baulichen Maßnahmen zu einer Lärmerhöhung führen

---

[36] Urt. vom 14.11.2001 – BVerwG 11 A 31.00.

und deswegen als „wesentliche Änderung“ anzusehen sind. Das Verfahren „Besonders überwachtes Gleis“ sei seiner objektiven Funktion nach als Lärmschutzmaßnahme zu qualifizieren und deswegen allein der Rechtsfolgeseite des § 41 Abs. 1 BImSchG i.V.m. der Verkehrslärmschutzverordnung zuzuordnen.

Auf die objektive Funktion sei bei der Zuordnung lärmreduzierender Maßnahmen in das Regelungssystem der genannten Vorschriften abzustellen, weil es anderenfalls in das Belieben der Planfeststellungsbehörde gestellt wäre, über den Eintritt der Sanierungspflicht aus § 2 der 16. BImSchV zu entscheiden. Diene eine solche Maßnahme nach ihrer objektiven Funktion ausschließlich oder ganz überwiegend dem Lärmschutz, dürfe sie nicht in die vorhabenbedingte Lärmprognose einbezogen werden, sondern sei zwingend der Rechtsfolgeseite des Regelungssystems zuzuordnen. *Anderenfalls würde der Mechanismus dieses Regelungssystems umgangen.* Er ziele nicht in erster Linie darauf, vorhabenbedingte Erhöhungen des Beurteilungspegels von vornherein zu vermeiden, sondern sei vielmehr darauf gerichtet, aus Anlaß größerer Baumaßnahmen Lärmsanierung zu gewähren. Wenn dabei die wesentliche Änderung eines Verkehrsweges einem Neubau gleichgestellt werde, beruhe dies auf dem Gedanken, daß zum einen die Planfesstellungsbedürftigkeit des Vorhabens ohnehin dazu zwinge, bezüglich des Verkehrslärms – wenn dieser vorhabenbedingt ansteige – in eine neue planerische Abwägung einzutreten, und zum anderen sich – wie bei einem Neubau – aus Gründen der Kostenersparnis regelmäßig das Abwägungsergebnis aufdrängen wird, den gebotenen Lärmschutz von vornherein „mit einzubauen“. Dieser vom Gesetz- und Verordnungsgeber vorweggenommenen Abwägungsentscheidung würde es zuwiderlaufen, wenn Lärmschutzmaßnahmen, die gerade dazu dienen, die Einhaltung der Grenzwerte des § 2 der 16.BImSchV sicherzustellen, bereits auf der Tatbestandsseite berücksichtigt werden könnten, um den Mechanismus der Verkehrslärmschutzverordnung erst gar nicht in Gang zu setzen. Das liege beim Beispiel einer Lärmschutzwand auf der Hand, gelte aber auch für solche Lärmschutzmaßnahmen, die – wie das Verfahren „Besonders überwachtes Gleis“ – bereits die Entstehung von Lärm an der Quelle vermeiden. Dieses Verfahren erfülle keine andere Funktion als die der Lärmminderung.

III. Schluß: Zusammenfassende Würdigung

Gerade die beiden zuletzt behandelten Entscheidungen zeigen, daß im Interessenkonflikt zwischen den Betreibern lärmintensiver Verkehrsanlagen und den lärmbetroffenen Nachbarn das Bundesverwaltungsgericht von keiner der beiden Seiten für eine Rechtsauslegung gewonnen werden konnte, die die berechtigten Belange der jeweils anderen Seite mit juristischen Kunstgriffen[37] von vornherein ausklammert. Sicherlich wird es trotzdem aus Ihrer Sicht an den von mir referierten Entscheidungen manches auszusetzen geben. Aber die roten Roben sind keine Philosophenkönige. Sie können das auch nicht sein, weil sie Teil der Gesellschaft sind, die sie zu moderieren und zu begrenzen, aber nicht zu bevormunden haben. Gerichte sind keine Hilfstruppen in einem moralischen Bürgerkrieg an der Front des Fortschritts oder der Besitzstandswahrung, sondern bestenfalls Vermittler, die dafür Sorge tragen müssen, daß die Gesellschaft an ihren Konflikten nicht scheitert, sondern zwischen Scylla und Charybdis einen Weg findet, den mitzugehen grundsätzlich allen zumutbar bleiben muß.

[37] Damit wird die Legitimität des Versuchs, solche Kunstgriffe im Rahmen anwaltlicher Interessenwahrnehmung für einen Prozeßbeteiligten auch vor Gericht durchzusetzen, selbstverständlich nicht in Zweifel gezogen.

Die neueste Rechtsprechung des Bundesverwaltungsgerichts zum Straßenfachplanungsrecht (1999 bis 2002)*

Von Jörg Berkemann

I. Fachplanungsrecht – Abgrenzungen

1. Neuere Sonderform: Plangenehmigung

Das Planfeststellungsverfahren gilt als ein besonders aufwendiges Verwaltungsverfahren. Der Gesetzgeber hat in der Figur der „Plangenehmigung" zum Zwecke der Beschleunigung ein vereinfachtes Verfahren geschaffen (vgl. § 74 Abs. 6 VwVfG).[1] Die gesetzliche Ausgestaltung ist dabei unterschiedlich. Im allgemeinen entstehen Streitfragen über die tatbestandlichen Voraussetzungen, ob statt eines Planfeststellungsbeschlusses eine Plangenehmigung erteilt werden darf. Eine Plangenehmigung nach § 17 Abs. 1 a FStrG bedarf nicht der Einverständniserklärung des Eigentümers, wenn von der Straßenbaumaßnahme ein Grundstück betroffen ist, das unter dem Regime des DDR-Rechts einer öffentlichen Zweckbestimmung zugeführt worden ist und deshalb dem Moratoriumstatbestand des Art. 233 § 2a Abs. 9 EGBGB unterfällt.[2]

Hinsichtlich materiell-rechtlicher Bindungen bestehen zwischen Planfeststellungsbeschluß und Plangenehmigung keine erkennbaren Unterschiede.[3] So sind

---

* Stand: Juli 2002. Vgl. auch den vorherigen Bericht, *J. Berkemann*, Die neuere Rechtsprechung des Bundesverwaltungsgerichts zum Straßenplanungsrecht, in: Jan Ziekow (Hrsg.), Flughafenplanung, Planfeststellungsverfahren, Anforderungen an die Planungsentscheidung. Vorträge auf den Dritten Speyerer Planungsrechtstagen und dem Speyerer Luftverkehrsrechtstag vom 21. bis 23. März 2001 an der Deutschen Hochschule für Verwaltungswissenschaften Speyer, 2002, S.139-284.

[1] Vgl. dazu *P. Axer*, Die Konzentrationswirkung der Plangenehmigung, DÖV 1995, 495 ff.; *H.-J. Ringel*, Die Plangenehmigung im Fachplanungsrecht, 1996; *E. Gassner*, Zur Gleichstellung der Rechtswirkungen von Planfeststellung und Plangenehmigung, NuR 1996, 492.

[2] BVerwG, Beschl. vom 27.7.2001 – 4 VR 16.01 – Buchholz 407.4 § 17 FStrG Nr. 164.

[3] Vgl. BVerwG, Beschl. vom 31.10.2000 – 11 VR 12.00 – Buchholz 442.09 § 18 AEG Nr. 51 = NVwZ 2000, 90.

die zur Bildung von Teilabschnitten bei der Planfeststellung einer Bundesfernstraße entwickelten Grundsätze auf den Rechtsschutz gegen eine Plangenehmigung übertragbar.[4] Unterschiede bestehen vielmehr im Rechtsschutz. Nach der Rechtsprechung des BVerwG war die naturschutzrechtliche Verbandsklage (§ 29 Abs. 1 Nr. 4 BNatSchG a.F. [1976]) gegen eine Plangenehmigung ausgeschlossen.[5] Der novellierende Bundesgesetzgeber hat diese Auffassung in § 61 Abs. 1 BNatSchG n.F. modifiziert. Der Übergang zur „einfacheren" Plangenehmigung setzt dabei nicht voraus, daß durch das Vorhaben keine erheblichen Auswirkungen für die Umwelt zu besorgen sind.[6]

2. Planungsvorbehalt

Der Planfeststellungsbeschluß kann weitere Regelungen einer späteren Ergänzung vorbehalten (vgl. § 73 Abs. 3 VwVfG). Das steht in einem gewissen Widerspruch zu dem Gebot umfassender Konfliktbewältigung. Ein Auflagenvorbehalt ist im Planfeststellungsrecht nur zulässig, wenn er den Voraussetzungen des § 74 Abs. 3 VwVfG genügt. Wenn sich im Zeitpunkt des Planfeststellungsbeschlusses nachteilige Wirkungen weder mit der für eine Anordnung nach § 74 Abs. 2 Sätze 2 und 3 VwVfG hinreichenden Zuverlässigkeit voraussagen noch dem Bereich nicht voraussehbarer Wirkungen nach § 75 Abs. 2 Sätze 2 bis 4 VwVfG zuordnen lassen, kann gemäß § 74 Abs. 3 VwVfG die Frage eines Ausgleichs einer späteren abschließenden Prüfung und Entscheidung vorbehalten bleiben.[7] Diese Voraussetzungen liegen dann vor, wenn sich aufgrund besonderer Anhaltspunkte die konkrete Möglichkeit abzeichnet, daß nachteilige Wirkungen in absehbarer Zeit eintreten werden, ihr Ausmaß sich jedoch noch nicht abschätzen läßt.[8] Die jeder Prognose – etwa über die künftige Verkehrsentwicklung – anhaftende Unsicherheit (Prognoserisiko) kann allerdings nicht durch einen Auflagenvorbehalt aufgefangen werden.

---

[4] BVerwG, Beschl. vom 24.2.1998 – 4 VR 13.97 – Buchholz 407.4 § 17 FStrG Nr. 136 = NVwZ 1998, 1178 (Anschlußstelle einer Bundesautobahn mit Anbindung an das untergeordnete Straßennetz).

[5] BVerwG, Urt. vom 27.10.2000 – 4 A 18.99 – Buchholz 406.401 § 8 BNatSchG Nr. 29 = NVwZ 2001, 673 = DVBl 2001, 386; ebenso BVerwG, Urt. vom 22.3.1995 – 11 A 1.95 – BVerwGE 98, 100 = NVwZ-RR 1996, 237 = DVBl 1995, 1006 hinsichtlich des Ausbaus einer Bundeswasserstraße auf der Grundlage von § 14 Abs.1 a WaStrG.

[6] Vgl. BVerwG, Beschl. vom 15.12.1994 – 7 VR 17.94 – Buchholz 445.5 § 14 WaStrG Nr. 2 = UPR 1995, 229.

[7] BVerwG, Urt. vom 22.11.2000 – 11 C 2.00 – BVerwGE 112, 221 = NVwZ 2001, 429.

[8] BVerwG, Urt. vom 22.11.2000 – 11 C 2.00 – BVerwGE 112, 221 = NVwZ 2001, 429.

Die Planfeststellungsbehörde braucht dabei nicht jedes Detail späterer Plandurchführung bereits im Planfeststellungsbeschluß zu regeln. Das Fachplanungsrecht geht insgesamt davon aus, daß der staatliche Vorhabenträger die ihm im Planfeststellungsbeschluß gemachten Vorgaben der Durchführung in loyaler Art und Weise erfüllen wird. Das schließt nicht aus, daß die Planfeststellungsbehörde etwa bei unsicherer, in seinen Auswirkungen schwer zu beurteilender tatsächlicher Sachlage dem Vorhabenträger im Planfeststellungsbeschluß Auflagen zur Kontrolle bei der Durchführung des Vorhabens macht. Das kann auch zur Wahrung der Rechte der von der Planung Betroffenen geschehen. Dazu läßt sich nach Ansicht des BVerwG jedoch keine allgemeine Regel aufstellen. Vielmehr ist dies eine abwägungsbezogene Frage, deren Beantwortung sich nach den Umständen des Einzelfalles richtet.[9]

Gegen belastende Nebenbestimmungen eines Verwaltungsakts ist die Anfechtungsklage gegeben. Ob diese zur isolierten Aufhebung der Nebenbestimmung führen kann, ist eine Frage der Begründetheit und nicht der Zulässigkeit des Anfechtungsbegehrens, sofern nicht eine isolierte Aufhebbarkeit offenkundig von vornherein.[10]

3. Straßenplanung durch Bebauungsplan

Die Gemeinde kann gemäß § 9 Abs. 1 Nr. 11 BauGB im Wege verbindlicher Bauleitplanung eine „isolierte" Straßenplanung betreiben. § 17 Abs. 3 S. 1 FStrG bestätigt diese Möglichkeit. Unter näheren Voraussetzungen ist dennoch ein ergänzender Planfeststellungsbeschluß zu erlassen. Ein anstelle eines Planfeststellungsbeschlusses erlassener Bebauungsplan verstößt dabei nicht dadurch gegen den Erforderlichkeitsgrundsatz und das Abwägungsgebot, daß er eine Vielzahl von technischen Detailregelungen und -aussagen enthält, die ebensogut einem ergänzenden straßenrechtlichen Planfeststellungsverfahren vorbehalten werden könnten.[11] Eine derartige Notwendigkeit kann sich u.a. dann ergeben, um dem Vorhabenträger geeignete Schutzauflagen auferlegen zu können. Dazu werden häufig die Festsetzungsmöglichkeiten des § 9 Abs. 1 BauGB nicht ausreichen.

Planerische Zurückhaltung braucht die Gemeinde sich bei der Straßenplanung nicht bereits deshalb aufzuerlegen, weil § 38 Abs. 4 Satz 3 StrWG NW es nach der Darstellung des Normenkontrollgerichts zuläßt, im Wege der Planfest-

---

[9] BVerwG, Beschl. vom 3.5.2002 – 4 B 2.02 – juris.

[10] BVerwG, Urt. vom 22.11.2000 – 11 C 2.00 – BVerwGE 112, 221 = NVwZ 2001, 429.

[11] BVerwG, Beschl. vom 22.3.1999 – 4 BN 27.98 – Buchholz 406.11 § 1 BauGB Nr. 103 = NVwZ 1999, 989.

stellung die Festsetzungen eines planersetzenden Bebauungsplans zu ergänzen. Einer solchen Ergänzung bedarf es nur dann, wenn sich dies als notwendig erweist. Es versteht sich von selbst, daß es der Gemeinde unbenommen ist, mit ihrer Planung soweit wie möglich Vorsorge dafür zu treffen, daß dieser Fall erst gar nicht eintritt.[12]

Ein Bebauungsplan, der einen straßenrechtlichen Planfeststellungsbeschluß ersetzt, ist bei unterbliebener Umweltverträglichkeitsprüfung nach den gleichen Grundsätzen wie ein Planfeststellungsbeschluß auf seine materielle Wirksamkeit hin überprüfbar.[13]

II. Verfahren der Planfeststellung

1. Einwendung – § 73 Abs. 4, 5 VwVfG

Das Anhörungsverfahren der Planfeststellung zielt darauf, die Einwände gegen ein Vorhaben in einer Art und Weise in Erfahrung zu bringen, daß sie im Planfeststellungsbeschluß berücksichtigt werden können. Das setzt voraus, daß die Einwände substantiiert und vollständig benannt werden. Dazu gehört nicht nur die Bezeichnung des geschützten Interesses, in dem sich der Einwender beeinträchtigt sieht, sondern auch der konkreten Auswirkungen, durch die er tatsächliche oder rechtliche Nachteile für seine geschützten Interessen befürchtet.

Eine Einwendung im Sinne des § 17 Abs. 4 S.1 FStrG muß demgemäß so konkret sein, daß die Planfeststellungsbehörde in der Substanz erkennen kann, in welcher Weise sie bestimmte Belange einer näheren Betrachtung unterziehen soll. Wendet sich ein Eigentümer gegen jegliche Inanspruchnahme seines Grundstücks und macht deutlich, daß aus seiner Sicht alle Lösungen vorzuziehen sind, bei denen das Grundstück nicht oder weniger beeinträchtigt wird, ist es Aufgabe der Planfeststellungsbehörde, mögliche Alternativen zu prüfen.[14] Es ist allerdings grundsätzlich nicht zu beanstanden, wenn die Anhörungsbehörde Einwendungen nach § 73 Abs 4 VwVfG dem privaten Vorhabenträger gemäß § 73 Abs. 6 VwVfG in nicht anonymisierter Form zur Stellungnahme überläßt.[15]

---

[12] BVerwG, Beschl. vom 22.3.1999 – 4 BN 27.98 Buchholz 406.11 § 1 BauGB Nr. 103 = NVwZ 1999, 989.

[13] BVerwG, Beschl. vom 22.3.1999 – 4 BN 27.98 – Buchholz 406.11 § 1 BauGB Nr. 103 = NVwZ 1999, 989.

[14] BVerwG, Urt. vom 16.10.2001 – 4 A 42.01 – Buchholz 407.4 § 17 FStrG Nr. 165 = NVwZ 2002, 726 = DVBl 2002, 275.

[15] Vgl. BVerwG, Beschl. vom 14.8.2000 – 11 VR 10.00 – Buchholz 316 § 73 VwVfG Nr. 32 = NVwZ-RR 2000, 760.

2. Verwaltungsverfahrensrechtliche Präklusion – Ausschlußfrist

Die Präklusion nach § 17 Abs. 4 FStrG ist „striktes" Recht. Daher ist die Planfeststellungsbehörde nicht befugt, von einer bereits eingetretenen Präklusion abzusehen. Sie ist zwar nicht gehindert, verspätet vorgetragene Einwendungen von Amts wegen – insbesondere im Rahmen der ihr aufgetragenen Abwägung – zu berücksichtigen.[16] Verfährt sie in dieser Weise, eröffnet dies jedoch für den Bürger keine Möglichkeit, verspätet vorgetragene, erfolglos gebliebene Einwendungen gleichwohl mit einer Klage zu verfolgen. Ein Kläger bleibt materiell mit seinem Vorbringen präkludiert. Er kann also nicht geltend machen, die Planfeststellungsbehörde habe die ihr von Amts wegen obliegende Abwägungspflicht mißachtet.

Maßgebend für die Beurteilung einer rechtmäßig durchgeführten öffentlichen Auslegung der Planungsunterlagen ist die ortsübliche Bekanntmachung. Erfolgt diese durch den Abdruck im Amts- und Mitteilungsblatt (Stadtkurier), ist die vorgesehene „Zustellung" durch Einwurf in Briefkästen aller einzelnen Haushalte nicht konstitutiv für die Wirksamkeit der öffentlichen Bekanntmachung.[17] Für sehr kleine Gemeinden in den neuen Bundesländern – so hat sich in der Entscheidungspraxis des BVerwG gezeigt –, war es nicht immer einfach, den genauen Publikationsvorgang zu rekonstruieren. Die Gemeinden haben vielfach die „ortsübliche" Bekanntmachung gemäß § 74 Abs. 5 S. 1 VwVfG in ihren Hauptsatzungen gewissermaßen kodifiziert (vgl. auch § 41 Abs. 4 S. 1 VwVfG).

3. Mitwirkung des Naturschutzverbandes

Das neue Bundesnaturschutzrecht (BNatSchG) vom 25.März 2002 trat mit Wirkung vom 3. April 2002 in Kraft.[18] Das Gesetz löst das Bundesnaturschutzgesetz von 1976 ab, das bereits 1993 novelliert worden war. Damit gelten auch die bundesrechtlichen Mitwirkungsbefugnisse der Naturschutzverbände nach § 29 Abs. 1 BNatSchG a.F. [1976] nicht mehr. Das neue Bundesnaturschutzgesetz hat die Mitwirkungsbefugnisse der Verbände vielmehr neu gestaltet (§§ 58 ff. BNatSchG). Dazu sind wesentliche Erfahrungen derjenigen Bundesländer übernommen worden, die seit längerem ein gegenüber § 29 BNatSchG a.F.

[16] BVerwG, Gerichtsbescheid vom 30.7.1998 – 4 A 1.98 – Buchholz 407.4 § 17 FStrG Nr. 140 = NVwZ-RR 1999, 162.

[17] BVerwG, Beschl. vom 11.2.2000 – 4 VR 17.99 – juris.

[18] Gesetze zur Neuregelung des Rechts des Naturschutzes und der Landschaftspflege und zur Anpassung anderer Rechtsvorschriften (BNatSchGNeuregG) vom 25.3.2002 (BGBl. I S.1193).

[1976] differenziertes Mitwirkungsrecht der Verbände entwickelt hatten. In den Bundesländern Bayern, Baden-Württemberg und Mecklenburg-Vorpommern ändert sich die Rechtslage allerdings erheblich, da diese Länder kein eigenes Landesverbandsklagerecht kannten.

Eröffnete das bisherige Recht einem anerkannten Naturschutzverein die Möglichkeit der Verbandsklage, die nach Landesrecht eine materiellrechtliche Prüfung eines Planfeststellungsbeschlusses einschloß, so blieb eine Verletzung der vorprozessualen Mitwirkungsbefugnis im Regelfall folgenlos, wenn der Beteiligungsmangel die Entscheidung in der Sache nicht beeinflußt haben konnte.[19] § 61 BNatSchG n.F. vereinheitlicht die bestehenden landesrechtlichen Verbandsklagebestimmungen zugunsten einer bundesrechtlichen Verbandsklage. Das Gesetz ersetzt dazu die bisherige bundesrechtliche, in § 29 BNatSchG a.F. [1976] nicht einmal ausdrücklich vorgesehene verfahrensbezogene Klagebefugnis durch eine nunmehr materielle Klagebefugnis. Allerdings ist das Zusammenspiel von vorhandenen und wahrgenommenen Mitwirkungsbefugnissen und Klagebefugnissen komplizierter geworden (vgl. § 61 Abs. 2 und 3 BNatSchG n.F.). Der Bereich der Verbandsklagebefugnis ist allerdings nicht deckungsgleich mit den Fällen der nach Bundesrecht oder nach Landesrecht vorgesehenen oder doch möglichen Mitwirkungsbereiche.

Angriffsgegenstand kann jeder Planfeststellungsbeschluß sein. Es muß sich um einen Planfeststellungsbeschluß im technischen Sinne handeln, also ein vom Gesetzgeber ausdrücklich angeordnetes Verfahren in der Qualität der §§ 72 ff. VwVfG. Das kann auch landesrechtlich geschehen. Die landesrechtlichen Enteignungsgesetze enthalten in aller Regel die Möglichkeit der enteignungsrechtlichen Planfeststellung. Die Länder können im Rahmen ihrer Kompetenz den Kreis der Angriffsgegenstände also erweitern. Allerdings genügt es dazu nicht, wenn der Landesgesetzgeber nur einzelne Vorschriften des Planfeststellungsrechtes für anwendbar erklärt.[20] Angriffsgegenstand ist auch die Plangenehmigung, soweit eine Öffentlichkeitsbeteiligung vorgesehen ist. Ob eine Öffentlichkeitsbeteiligung tatsächlich vorgenommen wurde, ist für die Annahme der Klagebefugnis nicht unerheblich. Maßgebend ist die normative Betrachtung. Die jetzige Regelung stellt einen Kompromiß dar. Im Regierungsentwurf war die Plangenehmigung als Angriffsgegenstand nicht vorgesehen, wohl aber die Mitwirkungsbefugnis in allen Fällen der Plangenehmigung, also unabhängig von der Beteiligung der Öffentlichkeit. Demgegenüber hatte der Bundesrat im ersten Durchgang vorgeschlagen, die Plangenehmigung nicht als weiteren Fall der Mitwirkung sowohl in der Bundes- als auch in der Landesre-

[19] BVerwG, Urt. vom 31.1.2002 – 4 A 15.01 – DVBl 2002, 990 (Ostsee-Autobahn II) zu § 29 Abs.1 Nr. 4 BNatSchG a.F.

[20] BVerwG, Beschl. vom 28.2.1992 – 7 B 107.91 – juris – zu § 114 Abs.2 Nr. 1 WasG RP.

gelung vorzusehen.[21] Die jetzige Fassung ist die Fassung des Bundestagsausschusses. Als weitere eingrenzende Voraussetzung wird einerseits die Öffentlichkeitsbeteiligung gefordert, andererseits ist die so bestimmte Plangenehmigung als weiterer Angriffsgegenstand vorgesehen.

Auf die Auslegung des § 29 Abs. 1 Nr. 4 BNatSchG a.F. [1976] kann zur Handhabung des neuen Mitwirkungsrechtes durchaus zurückgegriffen werden. So setzte § 29 Abs. 1 Satz 1 Nr. 4 BNatSchG a.F. [1976] voraus, daß die Planfeststellungsbehörde selbst die erforderlichen Kenntnisse über das nach ihrer Auffassung maßgebliche Abwägungsmaterial besitzt. Das gilt für das neue Verbandsrecht in derselben Weise. Die Planfeststellungsbehörde soll sich in ihrer prüfenden Entscheidung gerade von den verständlichen „eigenen" Interessen eines Vorhabenträgers frei machen.[22] Dieses Ziel darf nicht dadurch in Zweifel gezogen werden, daß die Behörde bei dem antragstellenden Vorhabenträger oder anderen Stellen naturschutzfachliche Untersuchungen „anregt" und sich alsdann lediglich das positive oder negative Ergebnis dieser Untersuchungen mitteilen läßt. In einem derartigen Falle werden solche Untersuchungen anderer Stellen zwar nicht formal Bestandteil der Akten der Planfeststellungsbehörde. Darauf stellt § 29 Abs. 1 Satz 1 Nr. 4 BNatSchG a.F. [1976] indes weder nach seinem Wortlaut noch nach seinem Zweck ab. Vielmehr ist nach dem Zweck der Beteiligungsbefugnisse des anerkannten Naturschutzverbandes maßgebend, ob ein auf diese Weise der Planfeststellungsbehörde zur Kenntnis gebrachtes Gutachten für das konkrete Planfeststellungsverfahren zur Meinungsbildung dieser Behörde beigetragen hat oder bei realistischer Betrachtungsweise beitragen konnte. In welchen Akten sich ein derartiges Gutachten befindet, ist dafür nicht entscheidend.[23]

In seiner Funktion als „Verwaltungshelfer" der Planfeststellungsbehörde muß dem Naturschutzverband eine kritische Beurteilung von deren Meinungsbildung ermöglicht werden. Ist diese Meinungsbildung auch auf Ergebnisse der Ermittlungstätigkeit einer anderen Behörde zurückzuführen, für die ihrerseits „einschlägige" Gutachten bedeutsam sind, dann sind diese Gutachten jedenfalls mittelbar auch für das Ergebnis der planerischen Entscheidung der Planfeststellungsbehörde bedeutsam. Alsdann muß sich die Befugnis auf Einsicht auch auf diese Gutachten anderer Behörden beziehen, soweit die in § 29 Abs. 1 BNatSchG a.F. [1976] vorausgesetzte Sachkunde des Naturschutzverbandes berührt ist. Nur dann kann der vom Gesetz seiner Regelung zugrunde gelegten Annahme, der Sachverstand der anerkannten Naturschutzverbände sei für das Verfah-

---

[21] BRat, Drucks-Nr. 411 / 01 (Beschluß) vom 13.7.2001, S.28 zu § 57 Abs.1 Nr. 3 BNatSchG, S. 29 zu § 59 Abs.2 Satz 1 Nr. 7 BNatSchG.

[22] Vgl. BVerwG, Urt. vom 5.12.1986 – 4 C 13.85 – BVerwGE 75, 214 = NVwZ 1987, 578.

[23] BVerwG, Beschl. vom 3.12.2001 – 4 B 81.01 –, juris.

ren der Planfeststellung wirksam nutzbar zu machen, entsprochen werden.[24] Daher kann auch die in einem Planfeststellungsverfahren eingeholte Stellungnahme der EU-Kommission zu Fragen der Vogelschutzrichtlinie und der FFH-Richtlinie durchaus die Merkmale eines „einschlägigen Sachverständigengutachtens" im Sinne des § 29 Abs. 1 Satz 1 BNatSchG a.F. [1976] aufweisen.[25]

Der Bundesgesetzgeber hat die materiell-rechtlich ausgerichtete Verbandsklage in der Überleitungsvorschrift des § 69 Abs. 5 Nr. 2 BNatSchG n.F. rückwirkend für Planfeststellungsbeschlüsse vorgesehen, die nach dem 1. Juli 2000 erlassen wurden und nicht bestandskräftig geworden waren.[26]

4. Erneute Auslegung – § 73 Abs. 8 VwVfG

Es ergibt sich ohne weiteres aus der bisherigen Rechtsprechung, daß eine Änderung auf einer der der Planfeststellung für ein Straßenbauvorhaben vorgelagerten Planungsstufen nicht notwendig auch zu einer Änderung der Identität des planfestzustellenden Vorhabens führt.

Die Begriffe Gesamtkonzept bzw. Identität des Vorhabens beziehen sich auf das planfestzustellende Vorhaben und nicht auf die Bedarfsplanung des Bundes oder des betreffenden Landes. Dies ergibt sich schon daraus, daß § 73 VwVfG die Planfeststellung und nicht die Bedarfsplanung, Landesplanung oder Finanzplanung betrifft. Insbesondere in einem Fall, in dem der Straßenverkehr auf längere Zeit nicht auf einem weiteren Abschnitt einer Autobahn weitergeführt, sondern teilweise auf eine vorhandene und teilweise auf eine im selben Zeitpunkt planfestgestellte Bundesstraße geleitet wird, kann auch eine Planänderung gemäß § 73 Abs. 8 VwVfG in Betracht kommen, die durch ein entsprechendes Deckblatt dargestellt wird.[27]

5. Beteiligung der Gemeinde

Die Gemeinden haben gegenüber der Fachplanung materiell-rechtlich eine verhältnismäßig schwache Rechtsposition. Um so bedeutsamer ist es, daß kommunale Belange angemessen berücksichtigt werden.

---

[24] BVerwG, Beschl. vom 3.12.2001 – 4 B 81.01 –, juris.

[25] BVerwG, Urt. vom 31.1.2002 – 4 A 15.01 – DVBl 2002, 990 (Ost-See-Autobahn II).

[26] BVerwG, Urt. vom 28.6.2002 – 4 A 59.01 – juris.

[27] BVerwG, Beschl. vom 29.1.2001 – 4 B 87.00 – NVwZ-RR 2002, 2.

Eine Anhörung, die den Anforderungen des Art. 28 Abs. 2 Satz 1 GG genügt, setzt mehr voraus, als daß eine Gemeinde in beliebiger Weise über bestimmte Absichten informiert wird und Gelegenheit erhält, hierzu Erklärungen abzugeben. Erforderlich ist, daß der Gemeinde ein zeitlicher Rahmen zugebilligt wird, der es ihr ermöglicht, sich nach einer der Konfliktlage angemessenen Prüfung und Würdigung zu den aus ihrer Sicht maßgeblichen Punkten sachgemäß zu äußern. Erforderlich ist weiter, daß die eingeholte Stellungnahme zur Kenntnis genommen und bei der Entscheidung in Erwägung gezogen wird.[28] Das BVerwG hat diese Auffassung unmittelbar aus der grundgesetzlichen Vorgabe der kommunalen Selbstverwaltung entwickelt. Seine Überlegungen sind im Sinne verfassungskonformer Handhabung auf die Auslegung des kodifizierten Planfeststellungsrechtes übertragbar.

III. Materiell-rechtliche Anforderungen der Planfeststellung

1. Strikte (materiell-rechtliche) Rechtsbindungen

a) Gesetzliche Bedarfsfestsetzung

Mit dem Gebot in § 3 Fernstraßenausbaugesetz (FStrAbG), einzelne Verbesserungsmaßnahmen auf die Maßnahmen abzustimmen, die aufgrund des Bedarfsplans ausgeführt werden, soll vermieden werden, daß Verbesserungsmaßnahmen ohne Berücksichtigung eines in absehbarer Zeit geplanten vollen Ausbaus durchgeführt werden. Dieses gesetzgeberische Ziel kann je nach den besonderen Umständen des Einzelfalls auch dann beachtet worden sein, wenn eine Fahrbahnverbreiterung sowie die Schaffung eines kreuzungsfreien Anschlusses auf einer vorhandenen innerörtlich verlaufenden Trasse planfestgestellt werden, obwohl bei späterer Verwirklichung des Bedarfsplans eine Umfahrung dieser Ortschaft zu erwarten ist.[29]

In einer derartigen Situation bedarf es allerdings einer besonders eingehenden Überprüfung und Bewertung, ob auf die Verbesserungsmaßnahme nicht im Hinblick auf die weiträumige Planung im Bedarfsplan zu verzichten ist. Andererseits kann auch eine Entscheidung zugunsten einer derartigen Maßnahme rechtmäßig sein, wenn sie dem Ziel dient, den Verkehrsfluß zu verbessern und einen Unfallschwerpunkt zu beseitigen, und wenn mit der Verwirklichung des großräumigen Ausbaus erst nach längerer Zeit zu rechnen ist. Insoweit wird es

[28] BVerwG, Urt. vom 14.12.2000 – 4 C 13.99 – BVerwGE 112, 274 = NVwZ 2001, 1030 = DVBl 2001, 395 (Wittstocker Heide) mit Anm. *J. Gruber*, in: NJ 2001, 329.

[29] BVerwG, Beschl. vom 15.5.2001 – 4 B 32.01 – Buchholz 407.0 Allg Straßenrecht Nr. 24 = NVwZ 2001, 1163 = DVBl 2001, 1450 = UPR 2002, 68.

wie bei jeder anderen Überprüfung der Planrechtfertigung und einer konkreten Abwägungsentscheidung jeweils auf die Besonderheiten des Einzelfalls ankommen.

b) Strikte Rechtsbindungen

Die Planfeststellungsbehörde bleibt – unbeschadet der formellen Konzentrationswirkung – an alle Rechtsvorschriften, die außerhalb des engeren Fachplanungsrechts bestehen und einen materiellen Gehalt haben, gebunden. Materiellrechtliche Vorschriften, welche strikte Gebote oder Verbote enthalten, führen bei ihrer Mißachtung ohne weiteres zur Rechtswidrigkeit des Planfeststellungsbeschlusses. Die Verbotsvorschriften einer Wasserschutzgebietsverordnung haben nicht lediglich den Charakter öffentlicher Belange, die einem Vorhaben im Rahmen der allgemeinen Abwägung entgegenstehen können. Sie wirken als eigenständige normative Zulassungsschranke.[30] § 19 WHG bezeichnet zwar die materiellrechtlichen Voraussetzungen, unter denen eine Wasserschutzverordnung erlassen werden darf.[31] Zum Inhalt etwaiger Schutzanordnungen verhält sich diese Vorschrift aber nicht. Durch welche Verbote die in § 19 Abs. 1 WHG genannten Zwecke gesichert werden, richtet sich nach dem Schutzbedürfnis, das je nach den örtlichen Verhältnissen von unterschiedlichem Gewicht sein kann.

Der Entwurf einer Wasserschutzgebietsverordnung hat nicht dieselbe Bedeutung wie die Verordnung selbst. Ihm fehlt die normative Bindungswirkung. Er kann sich indes unter der Voraussetzung, daß die geologischen und die hydrologischen Verhältnisse entsprechende Schlüsse rechtfertigen, als Indiz dafür werten lassen, daß ein Bauvorhaben, das den künftigen Schutzzielen zuwiderläuft, die Wasserwirtschaft gefährdet.[32]

---

[30] Vgl. BVerwG, Urt. vom 12.4.2001 4 C 5.00 – Buchholz 406.11 § 35 BauGB Nr. 346 = NVwZ 2001, 1048 = DVBl 2001, 1446 zum Baurecht (hier: § 35 Abs.1 Nr. 1 BauGB).

[31] Vgl. BVerwG, Beschl. vom 30.9.1996 – 4 NB 31 und 32.96 – Buchholz 445.4 § 19 WHG Nr. 7.

[32] Vgl. BVerwG, Urt. vom 12.4.2001 – 4 C 5.00 – Buchholz 406.11 § 35 BauGB Nr. 346 = NVwZ 2001, 1048 = DVBl 2001, 1446 = UPR 2001, 441 zum Baurecht (hier: § 35 Abs.1 Nr. 1 BauGB).

c) Gebot der Realisierungsfähigkeit

Einer Planung, die nicht realisierbar ist, fehlt es an der erforderlichen Rechtfertigung; sie ist rechtswidrig.[33] Die damit aufgeworfene Frage der Realisierungsfähigkeit ist dabei nicht aus der subjektiven Sicht der Planfeststellungsbehörde, sondern anhand objektiver Gegebenheiten zu beantworten.[34]

Eine Frage der Realisierungsfähigkeit ist auch der Mangel der Finanzierbarkeit eines beabsichtigten Straßenbauvorhabens. Gleichwohl mag dieser Vorbehalt eher theoretischer Natur sein. Ein Vorhaben, das im Bedarfsplan für die Bundesfernstraßen als vordringlicher Bedarf ausgewiesen ist, muß jedenfalls nicht deshalb unrealisierbar sein, weil die bisher vorgesehene Privatfinanzierung möglicherweise scheitern könnte. Das BVerwG läßt die Frage der verfassungsrechtlichen Zulässigkeit der Privatfinanzierung von Straßenbauvorhaben offen.[35] Es sei schwer vorstellbar, daß für eine Straße, die im gesetzlichen Bedarfsplan als „vordringlich" ausgewiesen sei, keine staatliche Finanzierung erreichbar sei. § 17 Abs. 7 Satz 1 FStrG gibt einen Anhaltspunkt für die Dauer des Zeitraumes, in dem die Unsicherheiten einer Plandurchführung längstens als zumutbar erscheinen und von den Planbetroffenen hinzunehmen sind. Dieser Zeitrahmen kann auch auf das planungsrechtliche Vollzugshindernis der mangelnden Finanzierbarkeit des Vorhabens übertragen werden.[36]

2. Allgemeines Abwägungsmodell

a) Variantenabwägung (Trassenwahl)

Bei der Ermittlung und Würdigung vorhandener Planungsvarianten besteht keine Verpflichtung, alle denkbaren Möglichkeiten der Trassenführung einer gleich intensiven Prüfung zu unterziehen. Die Planfeststellungsbehörde darf Planungsalternativen, die nach einer Art Grobanalyse nicht in Betracht kommen, in einem frühen Verfahrensstadium nach Maßgabe sachgerechter Abwä-

---

[33] BVerwG, Urt. vom 20.5.1999 – 4 A 12.98 – Buchholz 407.4 § 17 FStrG Nr. 154 = NVwZ 2000, 555 = DVBl 1999, 1514 unter Bezug auf BVerwG, Urt. vom 24.11.1989 – 4 C 41.88 – BVerwGE 84, 123 [128] = NVwZ 1990, 860.

[34] BVerwG, Urt. vom 19.5.1998 – 4 A 9.97 – BVerwGE 107, 1 = NVwZ 1998, 961 = DVBl 1998, 900.

[35] BVerwG, Urt. vom 20.5.1999 – 4 A 12.98 – Buchholz 407.4 § 17 FStrG Nr. 154 = NVwZ 2000, 555 = UPR 1999, 355 = DVBl 1999, 1514.

[36] BVerwG, Urt. vom 20.5.1999 – 4 A 12.98 – Buchholz 407.4 § 17 FStrG Nr. 154 = NVwZ 2000, 555 = UPR 1999, 355 = DVBl 1999, 1514.

gung für die weitere Detailprüfung ausscheiden.[37] Gleichwohl zählt der Angriff des planbetroffenen Eigentümers gegen die letztlich gewählte Trassenführung im Straßenrecht zu den häufigsten Klagegründen. Das ist vielfach ohne Erfolg. Die Ermittlung des Abwägungsmaterials braucht jeweils nur so konkret zu sein, daß eine sachgerechte Entscheidung der „Abwahl" einer Variante möglich ist.[38] Das BVerwG räumt der Planfeststellungsbehörde einen erheblichen Abwägungsspielraum ein. So kann der Träger der Straßenbaulast bei der Errichtung von Bauten in Konkretisierung des § 4 FStrG eigenverantwortlich bestimmen, welcher Sicherheitsstandard angemessen ist, um im Einzelfall Sicherheitsrisiken auszuschließen.[39] Das kann alsdann seinerseits Einfluß auf die Trassenwahl haben, wenn neben Kosten auch Sicherheitsgesichtspunkte bei der Wahl zwischen Überführung oder Untertunnelung im Zuge der Querung einer Eisenbahnstrecke den Ausschlag geben.

b) Zwangspunkt – Rechtsschutz

Eine Planung in Abschnitten ist grundsätzlich zulässig.[40] Der Rechtsfigur der planungsrechtlichen Abschnittsbildung liegt die Erwägung zugrunde, daß angesichts vielfältiger Schwierigkeiten, die mit einer detaillierten Streckenplanung verbunden sind, ein planerisches Gesamtkonzept häufig nur in Teilabschnitten verwirklicht werden kann.[41]

Die Abschnittsbildung wirft Fragen des angemessenen Rechtsschutzes auf, deren Beantwortung im Detail schwierig sein können. Ein Dritter, der nicht

---

[37] BVerwG, Beschl. vom 16.8.1995 – 4 B 92.95 – Buchholz 407.4 § 17 FStrG Nr. 104 = NVwZ-RR 1996, 68; Beschl. vom 10.10.1995 – 11 B 100.95 – NVwZ-RR 1997, 336; Beschl. vom 30.12.1996 – 11 VR 25.95 – NVwZ-RR 1997, 525; Beschl. vom 24.9.1997 – 4 VR 21.96 – NVwZ-RR 1998, 297 – Neubau BAB 14 (Westumfahrung des Petersberges nördlich von Halle).

[38] BVerwG, Beschl. vom 26.6.1992 – 4 B 1-11.92 – Buchholz 407.4 § 17 FStrG Nr. 89 = NVwZ 1993, 572 = DVBl 1992, 1435 – Neubau B 31 – Ost zwischen Freiburg und Kirchzarten.

[39] BVerwG, Urt. vom 9.11.2000 – 4 A 51.98 – Buchholz 407.4 § 17 FStrG Nr. 159 = NVwZ 2001, 682 = DVBl 2001, 644.

[40] BVerwG, Beschl. vom 26.6.1992 – 4 B 1-11.92 – Buchholz 407.4 § 17 FStrG Nr. 89 = DVBl 1992, 1435; Beschl. vom 2.11.1992 – 4 B 205.92 – NVwZ 1993, 887 = DVBl 1993, 161l; Urt. vom 21.3.1996 – 4 C 19.94 – Buchholz 407.4 § 17 FStrG Nr. 113 = DVBl 1996, 907; Urt. vom 21.3.1996 – 4 C 26.94 – BVerwGE 100, 388 = NVwZ 1997, 169; Urt. vom 7.3.1997 – 4 C 10.96 – BVerwGE 104, 144 = NVwZ 1997, 914; Beschl. vom 24.4.1998 – 4 VR 13.97 – Buchholz 407.4 § 17 FStrG Nr. 136 = NVwZ 1998, 1178.

[41] BVerwG, Beschl. vom 5.6.1992 – 4 NB 21.92 – Buchholz 406.11 § 9 BbauG / BauGB Nr. 55 = NVwZ 1992, 1093; Beschl. vom 26.6.1992 – 4 B 1-11.92 – Buchholz 407.4 § 17 FStrG Nr. 89 = NVwZ 1993, 572 = DVBl 1992, 1435; Beschl. vom 29.11.1995 – 11 VR 15.95 – Buchholz 442.09 § 18 AEG Nr. 7 = NVwZ 1997, 165.

unmittelbar durch den planfestgestellten Abschnitt betroffen wird, kann durch die Abschnittsbildung in seinen Rechten bereits dann verletzt sein, wenn ein früherer Abschnitt für einen späteren Abschnitt einen „Zwangspunkt" setzt.[42] Die Annahme, daß die eine oder andere Variante wahrscheinlicher ist und daß der Dritte bei realistischer Einschätzung mit einer Variante rechnet, die ihn nach seiner Ansicht in seinen Rechten verletzen könnte, erlaubt es allerdings nicht, den von der Rechtsprechung entwickelten Grundsatz, daß die vorlaufende Planung – um Angriffsobjekt sein zu können – einen sog. Zwangspunkt gesetzt haben muß, aufzulösen.[43]

c) Belange und allgemeine Abwägungsgrundsätze

aa) Gesundheitsfragen

Unverändert stellt in den Klageverfahren der angemessene Verkehrslärmschutz eine zentrale Forderung sachgerechter Planung dar. Die Rechtsordnung verhält sich gegenüber den Belangen des Verkehrslärmschutzes und ihrer Relevanz für die Planfeststellung keineswegs neutral. Eine Rechtsverletzung kann sich vor allem daraus herleiten lassen, daß Grundstücke, die kraft planerischer Festsetzung dem Wohnen zu dienen bestimmt sind, durch die Planung Verkehrslärmbelastungen ausgesetzt werden, die das zumutbare Maß überschreiten. Dieses Maß näher zu bestimmen, ist im einzelnen schwierig. Daß der Gesetzgeber insoweit einen Schutzbedarf anerkennt, machen die §§ 3, 41 ff. und 50 BImSchG deutlich. Die Sicherung gesunder Wohnverhältnisse gehört zu den Belangen, denen bei der Planfeststellung Rechnung zu tragen ist. Schutzadressat sind alle Personen, die von der Zweckbestimmung eines Baugebietes etwa nach §§ 3 ff. BauNVO erfaßt werden, unabhängig davon, wer der Eigentümer der Wohngrundstücke ist.[44]

Allerdings fehlt es außerhalb der Regelungen der 16. BImSchV an näheren normativen Vorgaben. Die Rechtsprechung arbeitet daher notgedrungen mit recht allgemeinen Zumutbarkeitskriterien. Das hat im Hinblick auf die nach § 137 Abs. 2 VwGO bindenden Tatsachenfeststellungen auch revisionsprozessuale Konsequenzen. So meint der nunmehrige 9. (ehemals 11.) Senat des BVerwG, daß die Frage, ob eine zur Vermeidung von Gesundheitsgefährdungen bzw. erheblichen Belästigungen äußerstenfalls zumutbare Geräuscheinwirkung in einem bestimmten Geräuschpegel zutreffend ausgedrückt ist, eine außerrechtliche Fachfrage sei. Sie sei in der Tatsacheninstanz im Wege der Sach-

---

[42] BVerwG, Beschl. vom 10.11.2000 – 4 B 47.00 – NVwZ 2001, 800.

[43] BVerwG, Beschl. vom 10.11.2000 – 4 B 47.00 – NVwZ 2001, 800.

[44] BVerwG, Beschl. vom 25.1.2002 – 4 BN 2.02 – BauR 2002, 1199 = ZfBR 2002, 493 (zur Antragsbefugnis im Normenkontrollverfahren).

verhaltsermittlung – ggf. mit Hilfe Sachverständiger – zu klären.[45] Der Senat nimmt dazu Bezug auf das Urteil des 4. Senates vom 7. Juli 1978.[46] Man muß daran zweifeln, ob dieser Bezug gegenwärtig noch zutreffend ist. Der 4. Senat hat bereits 1987 nicht gezögert, im Rahmen einer gerichtlichen Notkompetenz für den Bereich der Straßenplanung selbst „Richtwerte" festzulegen.[47] Die revisionsgerichtliche Rechtsprechung steht hier vor der Frage, ob zuzugestehen ist, daß auch allgemeine Erfahrungswerte aus Gründen der einheitlichen Anwendung des Rechts revisionsgerichtlicher Erörterung bedürfen. Soweit das BVerwG für die Fachplanung als erstinstanzliches Gericht zuständig ist, gelingt es vielfach, die auftretenden Lärmschutzfragen im Wege des gerichtlichen Vergleichs auszugleichen.

Neben den Lärmschutzfragen stellen in der Entscheidungspraxis der Gerichte Abgasimmissionen eine zunehmend als kritisch angesehene Gefahrenlage dar. Hier macht sich der Mangel an normativ vorgegebenen Regelwerken besonders nachteilig für die gewünschte Rechtssicherheit bemerkbar. Grenzwerte für die Luftverschmutzung sind nicht für alle Schadstoffe durch Rechtsverordnungen des Bundes festgelegt. Die Richtlinie 1999 / 30 / EG vom 22. April 1999 ist auch nach Ablauf der Umsetzungsfrist (19. Juli 2001) bislang nicht umgesetzt worden. Zulässig und auch geboten ist es, die mit einem Straßenbauvorhaben verbundene Zunahme der Abgas- und Schadstoffbelastungen und die damit verbundenen gesundheitlichen Beeinträchtigungen in Ermangelung normierter Werte zunächst prognostisch zu beurteilen.[48].So ist es derzeit rechtlich unbedenklich, wenn die das Straßenbauvorhaben zulassende Behörde sich bei der Abschätzung gesundheitlicher Risiken und der damit verbundenen Toleranzgrenzen unter anderem an Werten orientiert, die unterhalb der Konzentrationswerte in § 2 der 23. BImSchV vom 16. Dezember 1996 (BGBl I S. 1962) liegen und den vom Länderausschuß für Immissionsschutz (LAI) entwickelten Beurteilungsmaßstäben für kanzerogene Luftverunreinigungen für Ruß und Benzol entsprechen.[49]

---

[45] BVerwG, Beschl. vom 29.4.2002 – 9 B 10.02 – juris (Zumutbarkeitsgrenze für Fluglärm).

[46] BVerwG, Urt. vom 7.7.1978 – BVerwG 4 C 79.76 – BVerwGE 56, 110 = DVBl 1978, 845 = DÖV 1978, 804 = NJW 1979, 64.

[47] BVerwG, Urt. 22.5.1987 – 3 C 33-35.83 – BVerwGE 77, 285 – DVBl 1987, 913 = NVwZ 1987, 1080 (L) = NJW 1987, 2886 = DÖV 1987, 913.

[48] BVerwG, Urt. vom 26.2.1999 – 4 A 47.96 – Buchholz 407.4 § 17 FStrG Nr. 148 = NVwZ 2000, 560 = UPR 1999, 271 = NuR 2000, 627.

[49] BVerwG, Urt. vom 26.2.1999 – 4 A 47.96 – Buchholz 407.4 § 17 FStrG Nr. 148 = NVwZ 2000, 560 = UPR 1999, 271 = NuR 2000, 627; vgl. allg. *J. Berkemann*, Immissionsschutz an der Quelle (motorisierter Verkehr), in: H.-J. Koch (Hrsg.), Rechtliche Instrumente einer dauerhaft umweltgerechten Verkehrspolitik, 2000, S. 175-224.

Es ist rechtlich ferner unbedenklich, wenn die Planfeststellungsbehörde sich bei der Abschätzung gesundheitlicher Risiken und der damit verbundenen Toleranzgrenzen an Werten orientiert, die deutlich unterhalb der Konzentrationswerte in § 2 der 23. BImSchV liegen. Sie ist nicht gehalten, eine Trasse zu wählen, bei der die Orientierungswerte des Länderausschusses für Immissionsschutz (LAI) auch bei trassennahe liegenden Grundstücken unterschritten werden.[50]

bb) Grundeigentum

Die Stellung des Grundeigentümers ist nicht so stark, wie viele von einer Planung Betroffene meinen. Art.14 Abs. 1 Satz 2 GG überträgt dem Gesetzgeber, Inhalt und Schranken des Eigentums zu bestimmen. So ist beispielsweise die den Eigentümern in § 16 a Abs. 1 FStrG auferlegte Verpflichtung, die zur Vorbereitung der Planung von Bundesautobahnen notwendigen Vermessungen, Boden- und Grundwasseruntersuchungen durch die Straßenbaubehörde oder von ihr Beauftragte zu dulden, eine verfassungsrechtlich unbedenkliche Inhaltsbestimmung des Eigentums im Sinne von Art. 14 Abs. 2 GG.[51]

Der Anliegergebrauch vermittelt nicht per se eine aus Art. 14 Abs. 1 Satz 1 GG ableitbare Rechtsposition. Wie weit er gewährleistet ist, richtet sich nach dem einschlägigen Straßenrecht, das insoweit im Sinne des Art. 14 Abs. 1 Satz 2 GG Inhalt und Schranken des Eigentums am „Anliegergrundstück" bestimmt.[52] Daher bietet auch § 8 a FStrG keine Gewähr dafür, daß ein Grundstück ohne jegliche Einschränkung angefahren werden kann. Der Schutzbereich der Norm ist beispielsweise nicht berührt, wenn infolge der Anlegung eines Mittelstreifens das Grundstück nunmehr nur noch im Richtungsverkehr angefahren werden kann und der sonstige Zu- und Abgangsverkehr Umwege in Kauf nehmen muß.[53] Anliegerinteressen unterhalb der in § 8 a FStrG bezeichneten Schwelle sind, sofern sie nicht als geringfügig ausnahmsweise außer Betracht zu bleiben haben, zwar im Rahmen der Planfeststellung in die Abwägung einzustellen; sie können jedoch durch überwiegende Gemeinwohlbelange zurückgedrängt werden.[54]

---

[50] BVerwG, Urt. vom 16.10.2001 – 4 A 42.01 – Buchholz 407.4 § 17 FStrG Nr. 165 = NVwZ 2002, 726 = DVBl 2002, 275.

[51] BVerwG, Beschl. vom 1.4.1999 – 4 VR 4.99 – juris.

[52] BVerwG, Beschl. vom 11.5.1999 – 4 VR 7.99 – Buchholz 407.4 § 8a FStrG Nr. 11 = NVwZ 1999, 1341 = UPR 1999, 354 = DVBl 1999, 1513 = DÖV 1999, 963.

[53] Vgl. bereits BVerwG, Urt. vom 8.10.1976 – 7 C 24.73 – Buchholz 442.01 § 28 PbefG Nr. 3 = NJW 1977, 2367.

[54] BVerwG, Beschl. vom 11.5.1999 – 4 VR 7.99 – Buchholz 407.4 § 8a FStrG Nr. 11 = NVwZ 1999, 1341 = DVBl 1999, 1513 = DÖV 1999, 963.

Das BVerwG hat seit längerem erwogen, dem Grundeigentümer einen Anspruch auf Übernahme seines Grundstücks zuzubilligen, wenn die weitere Nutzung des Grundstücks nicht mehr zumutbar ist.[55] Ein Übernahmeanspruch kommt nur in Betracht, wenn das Grundeigentum „schwer und unerträglich" betroffen wird und damit die sog. „enteignungsrechtliche" Zumutbarkeitsschwelle überschritten ist.[56] Die nur mittelbare Beeinträchtigung sind zwar keine Enteignungen im Sinne des Art.14 Abs. 3 Satz 1 GG. Das BVerwG hält es aber für möglich, einen Übernahmeanspruch einfachrechtlich auf die entsprechende Anwendung des § 74 Abs. 2 Satz 3 VwVfG zu stützen.[57] Im Ausgangsfall hat das Gericht die tatsächlichen Voraussetzungen eines Übernahmeanspruchs (Ablösung) nicht für gegeben angesehen.

cc) Gefährdung oder Vernichtung der betrieblichen Existenz

Vorhaben im Außenbereich müssen auf das Interesse eines Landwirts, seinen Betrieb in den Außenbereich hinein zu erweitern, jedenfalls dann keine Rücksicht nehmen, wenn das Erweiterungsinteresse vage und unrealistisch ist.[58] Auch ungesicherte künftige Markt- und Erwerbschancen fallen in aller Regel aus dem Kreis der abwägungsbeachtlichen privaten Belange heraus, z.B. die bei einem Neubau einer Kreuzung mögliche Verbesserung der Erreichbarkeit einer Tankstelle.[59]

Das Bereitstellen von Ersatzland als eine besondere Art der enteignungsrechtlichen Entschädigung muß in der Planfeststellung grundsätzlich nicht abschließend erörtert und beschieden werden.[60] Allerdings kann es nach Lage des Einzelfalles geboten sein, die Möglichkeit der Ersatzlandbeschaffung in die planerische Abwägung aufzunehmen, um die Folgen einer planerischen Entscheidung genauer berücksichtigen zu können.[61] Ist die Frage der Existenzvernichtung eines Betriebs für das Abwägungsergebnis der konkreten Planung ausschlaggebend, kann die Planfeststellungsbehörde sogar verpflichtet sein, er-

---

[55] Vgl. BVerwG, Urt. vom 30.5.1984 – 4 C 58.81 – BVerwGE 69, 256 [275]; Urt. vom 22.5.1987 – 4 C 17-19.84 – BVerwGE 77, 295 [297 f.].

[56] BVerwG, Urt. vom 29.1.1991 – 4 C 51.89 – BVerwGE 87, 332 [383].

[57] BVerwG, Urt. vom 6.6.2002 – 4 A 44.00 – juris.

[58] BVerwG, Beschl. vom 5.9.2000 – 4 B 56.00 – Buchholz 406.11 § 35 BauGB Nr. 344 = NVwZ-RR 2001, 82 = UPR 2001, 76 = DÖV 2001, 251 zum Bauplanungsrecht.

[59] BVerwG, Urt. vom 28.4.1999 – 4 A 24.98 – Buchholz 407.4 § 17 FStrG Nr. 152.

[60] BVerwG, Urt. vom 11.1.2001 – 4 A 13.99 – Buchholz 406.25 § 43 BImSchG Nr. 16 = NVwZ 2001, 1154.

[61] BVerwG, Urt. vom 18.3.1999 – 4 A 31.98 – Buchholz 407.4 § 17 FStrG Nr. 150.

mittelnd zu klären, ob tatsächlich eine Existenzvernichtung eintreten wird oder sich dies durch die Bereitstellung von Ersatzland vermeiden läßt.[62]

dd) Enteignungsnotwendigkeit als Belang

Außer Frage steht es, daß bei der Überprüfung fernstraßenrechtlicher Planfeststellungsbeschlüsse die Inanspruchnahme privaten Grundeigentums mit besonderem Gewicht in die Abwägung einzustellen ist. Dies gilt nicht nur, wenn der Vorhabenträger selbst bereits über die benötigten Flächen verfügt, sondern auch, wenn durch die Überplanung von Flächen einer anderen Gebietskörperschaft die Inanspruchnahme privaten Eigentums entbehrlich wird. Diese Überlegung entbindet jedoch nicht von der weiterhin gebotenen Abwägung aller in Betracht kommenden Belange. Dabei kann sich ergeben, daß die Planfeststellungsbehörde zu Recht eine Trasse ablehnen durfte, obwohl zu ihrer Verwirklichung im Grundsatz geeignete Grundstücke eines Landes vorhanden sind. Hierfür kommt es jeweils auf die Summe aller maßgeblichen Umstände des Einzelfalls an.[63]

Bei einer unvermeidbaren Konkurrenz mehrerer landwirtschaftlicher Betriebe stellt es eine zulässige Gewichtung der Belange dar, einen landwirtschaftlichen Nebenerwerbsbetrieb zugunsten der Existenzfähigkeit eines landwirtschaftlichen Vollerwerbsbetriebes gleichsam zu „opfern". Das gilt namentlich für eine Erwerbssituation, die nach den Vorstellungen der Kläger zu einem erheblichen Teil erst noch geschaffen werden soll.[64]

Der Planfeststellungsvorbehalt des § 17 Abs. 1 Satz 1 FStrG und die enteignungsrechtlichen Vorwirkungen des § 19 Abs. 1 FStrG erstrecken sich auch auf Bodenentnahmen aus Entnahmestellen im Sinne des § 1 Abs. 4 Nr. 4 FStrG, die in einem technisch-funktionalen Zusammenhang mit dem Straßenbauvorhaben stehen.[65]

d) Belange der Gemeinde (§ 38 BauGB)

Auch wenn sich das Grundeigentum in der Hand der planenden Gemeinde befindet, versteht es sich von selbst, daß der Gesichtspunkt, die Wohnbevölkerung vor schädlichen Verkehrslärmbeeinträchtigungen zu bewahren, Teil des

[62] BVerwG, Urt. vom 28.1.1999 – 4 A 18.98 – Buchholz 407.4 § 17 FStrG Nr. 146 = NVwZ-RR 1999, 629 = UPR 1999, 268.

[63] BVerwG, Beschl. vom 5.1.2001 – 4 B 57.00 – NVwZ-RR 2001, 422 = ZfBR 2002, 79.

[64] BVerwG, Urt. vom 18.3.1999 – 4 A 31.98 – Buchholz 407.4 § 17 FStrG Nr. 150.

[65] BVerwG, Urt. vom 11.4.2002 – 4 A 22.01 – juris.

Abwägungsmaterials ist.[66] Mit der Regelung des § 2 der 16. BImSchV hat der Verordnunggeber einen Problemtransfer auf konkurrierende Planungsträger nicht zulassen wollen. Einer durch Planauslegung bereits verfestigten Planungsabsicht der eisenbahnrechtlichen Fachplanung kann deswegen nicht durch einen Bebauungsplan entgegengewirkt werden, der in diesem Bereich die bauliche Gebietsqualifizierung zum Nachteil des Vorhabenträgers ändert, ohne Schutzvorkehrungen festzusetzen.[67]

Auch einer Gemeinde, deren Entwicklungsmöglichkeiten bereits durch andere Flächeninanspruchnahmen erheblich eingeschränkt sind, kann zugemutet werden, sich bei ihrer weiteren Planung auf eine wichtigen überörtlichen Belangen dienende Bundesautobahn einzustellen.[68] Die Rechtsprechung „arbeitet" hier unverändert mit einer Je-Desto-Formel: Je stärker eine Gemeinde schon von ihrer geographischen Lage oder ihrem sonstigen Ausstattungspotential her einer Situationsgebundenheit unterliegt, desto eher sind ihr Eingriffe, die an dieses Merkmal anknüpfen, zumutbar.[69] Eine Gemeinde in landschaftlich wertvollem Gebiet kann durch diese Lage ebenso an weiterer Planung gehindert sein, wie eine andere Kommune, die sich in der Nähe eines Flughafens oder eines großen Industriebetriebs befindet.[70] Dabei wird die gemeindliche Wirtschaftsstruktur von vielfältigen Faktoren bestimmt und beeinflußt, die nicht bereits jeder für sich als Ausfluß des Selbstverwaltungsrechts besonderen Schutz genießen. Das bloß allgemeine Interesse, vor Fachplanungen bewahrt zu bleiben, die der Förderung von Wirtschaft und Gewerbe in irgendeiner Weise abträglich sind, ist in der Abwägung regelmäßig überwindbar.[71] Auswirkungen eines Autobahnbaus können die Wirtschaftsstruktur und Leistungsfähigkeit einer durch Landwirtschaft und Fremdenverkehr geprägten Gemeinde allerdings so massiv und nachhaltig verschlechtern, daß die Verletzung des gemeindlichen Selbstverwaltungsrechts in Betracht zu ziehen ist.[72]

---

66 BVerwG, Beschl. vom 25.1.2002 – 4 BN 2.02 –, juris (zur Antragsbefugnis im Normenkontrollverfahren).

67 BVerwG, Beschl. vom 13.11.2001 – 9 B 57.01 – Buchholz 406.25 § 43 BImSchG Nr. 17 = NVwZ-RR 2002, 178 (Zumutbarkeit von Immissionen bei der Ermittlung des Schienenverkehrslärms).

68 BVerwG, Urt. vom 11.1.2001 – 4 A 12.99 – Buchholz 407.4 § 17 FStrG Nr. 161 = NVwZ 2001, 1160 = DÖV 2001, 692.

69 BVerwG, Urt. vom 14.12.2000 – 4 C 13.99 – BVerwGE 112, 274 – NVwZ 2001, 1030 = DVBl 2001, 395 (Wittstocker Heide) mit Anm. *J. Gruber*, in: NJ 2001, 329.

70 BVerwG, Urt. vom 11.1.2001 – 4 A 12.99 – Buchholz 407.4 § 17 FStrG Nr. 161 = NVwZ 2001, 1160 = DÖV 2001, 692.

71 BVerwG, Beschl. vom 26.1.2000 – 4 VR 19.99 – Buchholz 407.4 § 17 FStrG Nr. 156.

72 BVerwG, Urt. vom 26.2.1999 – 4 A 47.96 – Buchholz 407.4 § 17 FStrG Nr. 148 = NVwZ 2000, 560 = UPR 1999, 271.

Die Möglichkeit einer Entwicklung einer Gemeinde zu einem Ort der Naherholung und des Fremdenverkehrs stellt dann einen abwägungsbeachtlichen Belang der Gemeinde dar, wenn sich diese Entwicklungsmöglichkeit nach der Eigenart von Natur und Landschaft, dem Ortsbild oder sonstigen Faktoren abzeichnet oder ernsthaft in Betracht kommt.[73] Abwehransprüche können einer Gemeinde aus ihrem in den Schutzbereich der Selbstverwaltungsgarantie fallenden Selbstgestaltungsrecht dann erwachsen, wenn sie durch Maßnahmen betroffen wird, die das Ortsbild entscheidend prägen und hierdurch nachhaltig auf das Gemeindegebiet und die Entwicklung der Gemeinde einwirken. Gewisse ästhetische Einbußen als Folge für das Ortsbild nachteiliger, aber kostengünstigerer Planungsmaßnahmen hat die Gemeinde hinzunehmen.[74]

e) Weitere öffentliche Belange (Auswahl)

Eine strikte Rechtsbindung Privater an Zielaussagen eines Regionalplans kann nur dann in Betracht gezogen werden, wenn auf der Stufe der Regionalplanung verfahrensrechtlich sichergestellt ist, daß die betroffenen Privatpersonen ihre Eigentumsbelange geltend machen können. Ein derartiges Beteiligungserfordernis sahen (aber) weder das Raumordnungsgesetz a.F. noch das baden-württembergische Landesplanungsgesetz vom 10. Oktober 1983 (GVBl S. 621) vor.[75] Durch die Festlegung eines Vorrangbereiches wird die Privatnützigkeit eines betroffenen Grundstücks zwar eingeschränkt, aber in der Regel nicht beseitigt. Ein Eigentümer muß es grundsätzlich hinnehmen, daß ihm eine möglicherweise rentablere Nutzung des Grundstücks verwehrt wird. Art. 14 Abs. 1 GG schützt nicht die einträglichste Nutzung des Eigentums.[76]

Das Interesse, den finanziellen Aufwand für den Straßenbau gering zu halten, gehört zu den öffentlichen Belangen, denen in der planerischen Abwägung Rechnung zu tragen ist.[77] Allerdings unterliegt die Art der Finanzierung eines Straßenbauvorhabens nicht der fachplanerischen Abwägung gemäß § 17 Abs. 1 Satz 2 FStrG und ist damit zudem nicht Regelungsgegenstand des Planfeststel-

---

[73] BVerwG, Urt. vom 26.2.1999 – 4 A 47.96 – Buchholz 407.4 § 17 FStrG Nr. 148 = NVwZ 2000, 560 = UPR 1999, 271.

[74] BVerwG, Urt. vom 15.4.1999 – 4 VR 18.98 – Buchholz 407.4 § 17 FStrG Nr. 151 = NVwZ-RR 1999, 554.

[75] BVerwG, Urt. vom 19.7.2001 – 4 C 4.00 – DVBl 2001, 1855 = UPR 2002, 33 = BauR 2002, 41 = DÖV 2002, 76 zum Bauplanungsrecht [§ 35 Abs.1 BauGB].

[76] BVerwG, Urt. vom 19.7.2001 – 4 C 4.00 – DVBl 2001, 1855 = UPR 2002, 33 = BauR 2002, 41 = DÖV 2002, 76 zum Bauplanungsrecht [§ 35 Abs.1 BauGB].

[77] BVerwG, Urt. vom 9.11.2000 – 4 A 51.98 – Buchholz 407.4 § 17 FStrG Nr. 159 = NVwZ 2001, 682 = DVBl 2001, 644.

lungsbeschlusses.[78] Die Entscheidung des Bundes als Träger der Straßenbaulast für die Privatfinanzierung einer Bundesfernstraße ist ihrer Art nach eine finanz- und haushaltspolitische Entscheidung, die haushaltsrechtlichen Bindungen unterliegt. Sachlicher Geltungsbereich und Adressatenkreis der haushaltsrechtlichen Normen sind indes begrenzt. Das Haushaltsrecht begründet vornehmlich organschaftliche Bindungen für die mit der Haushalts- und Wirtschaftsführung sowie ihrer Kontrolle befaßten Organe und Behörden des Staates; es entfaltet grundsätzlich keine materiellrechtliche Außenwirksamkeit zwischen Verwaltung und Bürger. Das gilt auch für das Verhältnis zwischen Haushaltsrecht und (straßenrechtlicher) Fachplanung.[79]

3. Ermittlung der Belange – Zusammenstellung des Abwägungsmaterials

Die Frage, inwieweit es bei Straßenplanungen Sache der Planfeststellungsbehörde ist, bauliche Besonderheiten einzelner Gebäude und ihre Auswirkungen auf die voraussichtlichen Kosten für passiven Lärmschutz zu ermitteln oder inwieweit dies von den betroffenen Eigentümern vorzutragen ist, entzieht sich einer grundsätzlichen Klärung.[80]

Unabhängig von der Präklusionsregelung des § 17 Abs. 4 Satz 1 FStrG ist es nach allgemeinen verfahrensrechtlichen Grundsätzen zunächst Sache des Betroffenen, nicht offenkundige oder nahe liegende Tatsachen, die in seiner Sphäre liegen, vorzutragen. Eine genauere Umschreibung dieser Darlegungspflicht eines einzelnen Grundstückseigentümers einerseits und der Amtsermittlungspflicht der Behörde andererseits entzieht sich der grundsätzlichen Klärung.[81]

IV. Besondere Anforderungen: Verkehrslärmschutz

1. Anwendungsbereich (§ 41 BImSchG – 16. BImSchV)

Ein Anspruch auf Lärmschutzmaßnahmen an einer Umleitungsstrecke läßt sich nicht aus der Verkehrslärmschutzverordnung herleiten. § 41 BImSchG, zu dessen Ausfüllung diese Verordnung erlassen worden ist, beschränkt sich auf

---

[78] BVerwG, Urt. vom 20.5.1999 – 4 A 12.98 – Buchholz 407.4 § 17 FStrG Nr. 154 = NVwZ 2000, 555 = DVBl 1999, 1514.

[79] BVerwG, Urt. vom 20.5.1999 – 4 A 12.98 – Buchholz 407.4 § 17 FStrG Nr. 154 = NVwZ 2000, 555 = DVBl 1999, 1514.

[80] BVerwG, Beschl. vom 11.1.2001 – 4 B 37.00 – NVwZ 2001, 1398.

[81] BVerwG, Beschl. vom 11.1.2001 – 4 B 37.00 – NVwZ 2001, 1398.

Anforderungen zur Begrenzung der Verkehrsgeräusche, die durch die Nutzung der Straße entstehen, die gebaut oder geändert wird. Lärmimmissionen, die durch die baulichen Maßnahmen an anderen Verkehrswegen hervorgerufen werden, werden durch diese Vorschrift nicht erfaßt.[82]

Die Verkehrslärmschutzverordnung – 16. BImSchV – vom 12. Juni 1990 (BGBl I S. 1036) ist als Konkretisierung der Voraussetzungen der durch §§ 41 und 42 BImSchG begründeten Ansprüche auch dann anzuwenden, wenn über Lärmschutzansprüche erst nach ihrem Inkrafttreten zu entscheiden ist, obwohl die – zu errichtende oder wesentlich zu ändernde – Straße vor Inkrafttreten der Verordnung, aber bereits unter Geltung der §§ 41 und 42 BImSchG planfestgestellt worden ist.[83]

2. Berechnung des konkreten Grenzwertes

Zu den Vereinfachungen und Pauschalierungen, die durch den Gestaltungsspielraum des Verordnungsgebers gedeckt sind, gehört die in der 16. BImSchV durch Bezugnahme auf die in Schall 03 getroffene Regelung, daß die Emissionspegel von Zug- und Rangierfahrten in Personenbahnhöfen „wie für die freie Strecke" gerechnet werden. In diesem Fall kommt auch der sog. Schienenbonus zur Anwendung.[84]

a) Vorbelastung

Ein bereits vorhandener Verkehrslärm (Vorbelastung) und die durch den Bau oder durch die wesentliche Änderung einer öffentlichen Straße entstehende zusätzliche Lärmbeeinträchtigung dürfen zu keiner Gesamtbelastung führen, die eine Gesundheitsgefährdung darstellt.[85] Bei der für diesen Maßstab vorzunehmenden Gesamtbewertung darf eine künftig geringere Verkehrsbelastung auf einer vorhandenen Bundesstraße, zu deren Entlastung eine Autobahn errichtet wird, berücksichtigt werden.[86]

---

[82] BVerwG, Beschl. vom 26.1.2000 – 4 VR 19.99 – Buchholz 407.4 § 17 FStrG Nr. 156.

[83] BVerwG, Beschl. vom 22.9.1999 – 4 B 68.98 – Buchholz 406.25 § 41 BImSchG Nr 30 = NVwZ 2000, 565.

[84] BVerwG, Urt. vom 20.11.2000 – 11 A 7.00 – Buchholz 406.25 § 41 BImSchG Nr. 36 = NVwZ-RR 2001, 360.

[85] Vgl. BVerwG, Urt. vom 21.3. 1996 – 4 C 9.95 – BVerwGE 101, 1 = NVwZ 1996, 1003 = DVBl 1996, 916 = DÖV 1997, 72.

[86] BVerwG, Urt. vom 11.1.2001 – 4 A 13.99 – Buchholz 406.25 § 43 BImSchG Nr. 16 = NVwZ 2001, 1154 – Neubau A 71 bei Schweinfurt.

b) Die konkrete Berechnung der 16. BImSchV

aa) Verkehrsprognosen

Die behördliche Prognose der Verkehrsbelastung einer öffentlichen Straße genügt den sich aus § 41 Abs. 1 BImSchG in Verb. mit der 16. BImSchV für Immissionsprognosen ergebenden rechtlichen Anforderungen, wenn sie zum Teil auf ein projektbezogenes Verkehrsgutachten und zum anderen Teil auf eine allgemeine Trendprognose gestützt wird [87] Davon kann im Einzelfall für die Zusammensetzung des Verkehrs abgewichen werden. Die hierfür „geeigneten projektbezogenen Untersuchungsergebnisse" gemäß Anlage 1 zu § 3 der 16. BImSchV müssen selbstverständlich auf ausreichenden empirischen Erkenntnissen beruhen. Aus ihnen müssen in wissenschaftlich korrekter Weise Schlußfolgerungen für die zu beurteilende Situation gezogen werden können. Eine mathematisch „zwingende" Beweisführung ist dazu nicht erforderlich.[88]

bb) Straßenbelag

In der Entscheidungspraxis ist von erheblicher Bedeutung, ob die Immissionsgrenzwerte der 16. BImSchV auch in technischer Hinsicht eingehalten werden können. Das gilt insbesondere beim Einsatz lärmmindernder Straßenbeläge. Hier bedarf es in aller Regel der inhaltlichen Konkretisierung im Planfeststellungsbeschluß.

§ 3 Satz 1 16. BImSchV normiert dazu, wie die Immissionsgrenzwerte zu ermitteln sind. Er bestimmt, daß der maßgebliche Beurteilungspegel für Straßen nach der Anlage 1 der Verordnung zu berechnen ist. Zu den Faktoren, die den Verkehrslärm beeinflussen, gehört danach unter anderem die Beschaffenheit der Straßenoberfläche. Sie findet Eingang in die Berechnung, indem nach der Tabelle B zur Anlage 1 des § 3 der 16. BImSchV verschiedene Oberflächenarten mit bestimmten Korrekturwerten zu berücksichtigen sind. Bei den ausdrücklich in der Tabelle aufgeführten Straßenoberflächen handelt es sich um solche, die – auch in ihrer Lärmwirkung – dem Verordnungsgeber bekannt waren. Davon ist in der Rechtsanwendung auszugehen. Nach der Bewertung des Verordnungsgebers ergibt sich aus den unterschiedlichen Korrekturwerten für die verschiedenen Straßenoberflächen im Ergebnis eine einheitliche Lärmbelastung, die Grundlage für die Bestimmung der Immissionsgrenzwerte nach § 2

---

[87] BVerwG, Beschl. vom 1.4.1999 – 4 B 87.98 – Buchholz 406.25 § 43 BImSchG Nr 12 = NVwZ-RR 1999, 567.

[88] BVerwG, Urt. vom 11.1.2001 – 4 A 13.99 – Buchholz 406.25 § 43 BImSchG Nr. 16 = NVwZ 2001, 1154 – Neubau A 71 bei Schweinfurt.

der 16. BImSchV ist. Auf diese Bewertung greift die Planfeststellungsbehörde mit ihrer Entscheidung zur Aufbringung einer lärmmindernden Straßenoberfläche zurück.[89]

Die Fußnote zur Tabelle B der Anlage 1 zu § 3 16. BImSchV ist nach Ansicht des BVerwG eine ausreichend und zudem hinreichende bestimmte Rechtsgrundlage, um – hierauf gestützt – für die Verwendung des lärmmindernden Straßenbelags ‚Splittmastixasphalt, nicht abgesplittet' den Korrekturwert ‚D-StrO' von -2 dB(A) anzusetzen. Ob für einen bestimmten Straßenbelag ein Korrekturwert von minus 2 dB(A) tatsächlich angesetzt werden kann, ist nicht rechtsgrundsätzlich klärungsfähig. Denn ob der Straßenbelag aufgrund neuer bautechnischer Entwicklungen zu einer dauerhaften Lärmminderung von 2 dB(A) führt, ist keine Rechts- sondern eine Tatsachenfrage.[90] Die Berücksichtigung eines Korrekturwerts „DStrO" von -2 dB(A) nach der Fußnote zur Tabelle B der Anlage 1 zu § 3 der 16. BImSchV für die Verwendung des lärmmindernden Straßenbelags „Splittmastixasphalt, 0 / 8 und 0 / 10 ohne Absplittung" begegnet nach Ansicht des BVerwG keinen Bedenken.[91] Eine Entscheidung des BVerwG zum sog. Flüsterasphalt ist bislang nicht ergangen.

cc) Geschwindigkeitsannahmen

Die Regelung in der 16. BImSchV in Verbindung mit den Richtlinien für den Lärmschutz an Straßen (Ausgabe 1990) – RLS 90 – über die höchste zugrunde zu legende Geschwindigkeit (Pkw 130 km / h; Lkw 80 km / h) ist mit höherrangigem Recht vereinbar.[92] Maßgebend ist nach der Rechtsprechung des BVerwG allein die festgelegte, nicht die mutmaßlich tatsächlich gefahrene Geschwindigkeit.

3. Maßnahmen bei Überschreiten des Grenzwertes

Auch Gradientenabsenkungen, Tief- oder Troglagen sind neben dem aktiven Schallschutz Maßnahmen, mit denen vor allem der Abwägungsdirektive des

[89] BVerwG, Beschl. vom 3.5.2002 – 4 B 2.02 – juris.

[90] BVerwG, Beschl. vom 1.4.1999 – 4 B 87.98 – Buchholz 406.25 § 43 BImSchG Nr. 12 = NVwZ-RR 1999, 567.

[91] BVerwG, Urt. vom 11.1.2001 – 4 A 13.99 – Buchholz 406.25 § 43 BImSchG Nr. 16 = NVwZ 2001, 1154 – Neubau A 71 bei Schweinfurt.

[92] BVerwG, Urt. vom 11.1.2001 – 4 A 13.99 – Buchholz 406.25 § 43 BImSchG Nr. 16 = NVwZ 2001, 1154 – Neubau A 71 bei Schweinfurt.

§ 50 BImSchG Rechnung getragen werden kann.[93] Allerdings eröffnet § 41 BImSchG keinen planerischen Gestaltungsspielraum. Inwieweit Maßnahmen des aktiven Schallschutzes zu ergreifen sind, ist als das Ergebnis einer gebundenen Entscheidung deshalb davon abhängig, ob die in dieser Vorschrift genannten Tatbestandsmerkmale erfüllt sind. Das ist weitgehend der Standpunkt des 4. Senates des BVerwG. Er hat bislang offen gelassen, ob § 41 Abs. 2 BImSchG es zuläßt, in die Verhältnismäßigkeitsprüfung neben Kostengesichtspunkten auch sonstige öffentliche Belange unter Einschluß der Landschafts- und der Stadtbildpflege einzubeziehen.[94] Ob die Entscheidung, gemäß § 41 Abs. 2 BImSchG passiven anstelle aktiven Lärmschutzes festzusetzen, weil die Kosten aktiver Schallschutzmaßnahmen außer Verhältnis zu dem angestrebten Schutzzweck stehen würden, Bestandteil der planerischen Abwägung und nicht rechtlich (strikt) gebunden ist, unterliegt nach seiner Ansicht erheblichen Zweifeln.[95] Der jetzige 9., vormals 11. Senat des BVerwG vertritt demgegenüber die Ansicht, § 41 BImSchG ermächtige insgesamt zu einer Abwägungsentscheidung. Nach seiner Meinung vollzieht sich die Verhältnismäßigkeitsprüfung nach § 41 Abs. 2 BImSchG auf der Grundlage einer Abwägung. Etwaige Abwägungsfehler können alsdann nach seiner Meinung unter der Voraussetzung der „Heilungsvorschrift" des § 20 Abs. 7 AEG unschädlich sein.[96]

4. Verkehrslärm außerhalb des Anwendungsbereichs der 16. BImSchV

Abwägungsbezogen kann auch die Frage der Lärmsanierung sein. Überschreiten die Verkehrslärmimmissionen einer Bundesfernstraße, die vor Inkrafttreten des Zweiten Fernstraßenänderungsgesetzes am 7. Juli 1974 unanfechtbar planfestgestellt worden ist, die Grenzwerte der Verkehrslärmschutzverordnung (16. BImSchV), so besteht zwar auch dann kein Anspruch auf nachträgliche Anordnung von Lärmschutzmaßnahmen durch Planergänzung gemäß § 75 Abs. 2 Satz 2 VwVfG (vormals § 17 Abs. 6 Satz 2 FStrG 1974),

---

[93] BVerwG, Urt. vom 28.1.1999 – 4 CN 5.98 – BVerwGE 108, 248 = Buchholz 406.25 § 41 BImSchG Nr. 25 = NVwZ 1999, 1222 = DÖV 1999, 730 = DVBl 1999, 1288.

[94] BVerwG, Urt. vom 28.1.1999 – 4 CN 5.98 – BVerwGE 108, 248 = Buchholz 406.25 § 41 BImSchG Nr. 25 = NVwZ 1999, 1222 = DÖV 1999, 730 = DVBl 1999, 1288 mit Anm. *E. Hofmann*, in: ZUR 1999, 272-273.

[95] BVerwG, Beschl. vom 22.9.1999 – 4 B 68.98 – Buchholz 406.25 § 41 BImSchG Nr 30 = NVwZ 2000, 565 = UPR 2000, 71 im Anschluß an BVerwG, Urt. vom 28.1.1999 – 4 CN 5.98 – DVBl 1999, 1288 = UPR 1999, 268.

[96] BVerwG, Urt. vom 5.3.1997 – 11 A 25.95 – BVerwGE 104, 123 = DVBl 1997, 831 = Buchholz 442.09 § 18 AEG Nr. 25; Urt. vom 15.3.2000 – 11 A 42.97 – BVerwGE 110, 370 = NVwZ 2001, 71 = DVBl 2000, 1342.

wenn eine zur Überschreitung der Grenzwerte führende Verkehrsentwicklung seinerzeit nicht vorhersehbar war.[97] Es ist indes daran zu erinnern, daß ein Zustand der Gesundheitsgefährdung oder der Gesundheitsschädigung für den Betroffenen materiell-rechtliche Abwehransprüche begründen kann.

Der Planfeststellungsbehörde kann im Einzelfall aus dem Abwägungsgebot in § 17 Abs. 1 Satz 2 FStrG die Aufgabe erwachsen, naturschutzrechtliche Ausgleichsmaßnahmen und immissionsschutzrechtliche Schutzauflagen zu koordinieren und aufeinander abzustimmen.[98]

V. Besondere Anforderungen: EU-Habitatschutz

1. Schutzstatus – Geschützte Gebiete (Objekte des Schutzes)

Art. 4 Abs. 1 und 2 VRL verpflichtet die Mitgliedstaaten dazu, die dort behandelten besonderen Vogelschutzgebiete mit einem rechtlichen Schutzstatus auszustatten. Die Rechtsprechung hat wiederholt die Maßgeblichkeit auch faktischer Vogelschutzgebiete betont.[99] Der Schutzstandard, der in einem faktischen Vogelschutzgebiet zu wahren ist, beurteilt sich weiterhin nach Art. 4 Abs. 4 S.1 VRL. In den Anwendungsbereich dieser Vorschrift fallen auch Straßenbauvorhaben. Nach der Rechtsprechung des EuGH sind nur überragende Gemeinwohlbelange, wie etwa der Schutz des Lebens und der Gesundheit von Menschen oder der Schutz der öffentlichen Sicherheit, geeignet das Beeinträchtigungs- und das Störungsverbot des Art. 4 Abs. 4 S. 1 VRL zu überwinden.[100]

Als Voraussetzung für die Annahme eines „faktischen Vogelschutzgebietes" wird man daher annehmen müssen, daß in aller Regel nur ein größerer räumlich zusammenhängender Bereich einen Lebensraum oder ein Verbreitungsgebiet

[97] BVerwG, Beschl. vom 24.8.1999 – 4 B 58.99 – Buchholz 406.25 § 41 BImSchG Nr. 29 = NVwZ 2000, 70 unter Hinweis auf BVerwG, Urt. vom 12.9.1980 – 4 C 74.77 – BVerwGE 61, 1.

[98] BVerwG, Urt. vom 23.11.2001 – 4 A 46.99 – Buchholz 406.25 § 43 BImschG Nr. 19 = DVBl 2002, 565 = UPR 2002, 192 = NuR 2002, 353.

[99] BVerwG, Urt. vom 19.5.1998 – 4 C 11.96 – Buchholz 407.4 § 17 FStrG Nr. 138 = NVwZ 1999, 528 = UPR 1998, 388; vgl. auch EuGH, Urt. vom 2.8.1993 – Rs. C-355 / 90 – EuGHE I 1993, 4221-4286 = ZUR 1994, 305 = NuR 1994, 521; EUGH (5. Kammer), Urt. vom 18.3.1999 – Rs. C-166 / 97 – EuGHE I 1999, 1719-1747 = ZUR 1999, 148 = NuR 1999, 501 mit Anm. *Christian A. Maaß*, ZUR 1999, 150-153; ebenso EuGH, Urt. vom 7.12.2000 – C 374 / 98 – EUGHE I 2000, 10799 – 10860 = NVwZ 2001, 459 = DVBl 2001, 359 – Kommission / Frankreich (Basses Corbières).

[100] EuGH, Urt. vom 28.2.1991 – C-57 / 89 – EuGHE I S. 883-933 Rn. 22. = NVwZ 1991, 559 = NuR 1991, 249 mit Anm. *G. Winter*, in: NuR 1992, 21-23; *H. W. Louis*, in: UPR 1997, 301-303.

von einigem Gewicht für die in Anhang 1 der VRL genannten Arten darstellt. Ein gewichtiges Indiz für die Zuordnung ist nach Ansicht des EuGH die IBA-Liste (Inventory of Important Bird Areas in the European Community) des Internationalen Rats für Vogelschutz.[101] Nach der Rechtsprechung des EuGH ist die IBA-Liste von 1989 insofern rechtlich bedeutsam, als mit ihr eine Bezugsgrundlage geschaffen worden ist, mit deren Hilfe sich beurteilen läßt, ob ein Mitgliedstaat seiner Verpflichtung nachgekommen ist, Vogelschutzgebiete auszuweisen, die nach ihrer Zahl und Gesamtfläche den Anforderungen des Art.4 Abs. 1 S. 4 VRL genügen.[102] Der EuGH verwendet die IBA-Daten zwar nicht als eigenständige Rechtsquelle, er wertet sie aber als ein wissenschaftliches Erkenntnismittel, dem ein hoher Beweiswert zukommt. Entsprechendes dürfte für die IBA-Liste 2000 gelten.[103] Dieser Auffassung hat sich das BVerwG angeschlossen.[104]

Als faktisches Vogelschutzgebiet ist nach Auffassung des BVerwG ein Gebiet allerdings nur dann zu qualifizieren, wenn es aus ornithologischer Sicht für die Erhaltung der im Anhang I der VRL aufgeführten Vogelarten oder der in Art. 4 Abs. 2 VRL genannten Zugvogelarten von so hervorragender Bedeutung ist, daß es in dem Mitgliedstaat zu den zahlen- und flächenmäßig geeignetsten im Sinne des Art. 4 Abs. 1 Satz 4 VRL gehört.[105] Je mehr der im Anhang I aufgeführten oder in Art. 4 Abs. 2 VRL genannten Vogelarten in einem Gebiet in einer erheblichen Anzahl von Exemplaren vorkommen, desto höher ist der Wert als Lebensraum einzuschätzen. Je bedrohter, seltener oder empfindlicher die Arten sind, desto größere Bedeutung ist dem Gebiet beizumessen, das die für ihr Leben und ihre Fortpflanzung ausschlaggebenden physischen und biologischen Elemente aufweist. Nur Lebensräume und Habitate, die unter Berücksichtigung dieser Maßstäbe für sich betrachtet in signifikanter Weise zur Arter-

---

[101] EuGH, Urt. vom 19.5.1998 – Rs. C-3 / 96 – EuGHE I 1998, 3031-3074 Rn. 69, 79 = DVBl 1998, 888 = UPR 1998, 379 = NuR 1998, 538 = NordÖR 1998, 441 – Niederlande-Fall; erneut EuGH, Urt. vom 7.12.2000 – Rs. C-374 / 98 – EUGHE I 2000, 10799 –10860 = NVwZ 2001, 459 = DVBl 2001, 359 – Kommission / Frankreich (Basses Corbières).

[102] EuGH, Urt. vom 19.5.1998 – Rs. C-3 / 96 – EuGHE I 1998, 3031-3074 Rn. 68 ff. = DVBl 1998, 888 = UPR 1998, 379 = NuR 1998, 538 = NordÖR 1998, 441 (Niederlande-Fall).

[103] Vgl. auch EuGH, Urt. vom 7.12.2000 – C 374 / 98 – EUGHE I 2000, 10799 – 10860 = NVwZ 2001, 549 = DVBl 2001, 359 = NuR 2001, 210 [211].

[104] BVerwG, Beschl. vom 21.11.2001 – 4 VR 13.00 – Buchholz 451.91 Europ. UmweltR Nr. 5 = NuR 2002, 153 = ZUR 2002, 225; Urt. vom 17.5.2002 – 4 A 28.01 – juris (Bundesautobahn A 44).

[105] BVerwG, Urt. vom 31.1.2002 – 4 A 15.01 – DVBl 2002, 990 (Ost-See-Autobahn II).

haltung in dem betreffenden Mitgliedstaat beitragen, gehören zum Kreis der im Sinne des Art. 4 VRL geeignetsten Gebiete.[106]

Das BVerwG hat 1998 den Begriff des „potentiellen" FFH-Gebietes als eigenständigen Schutzstatus entwickelt.[107] Daran hält das Gericht fest. Das Schutzregime des „potentiellen" FFH-Gebietes wird grundsätzlich nicht durch Art.6 FFH-RL, sondern durch die gemeinschaftsrechtlichen Vorwirkungen bestimmt, durch die verhindert wird, daß Gebiete, deren Schutzwürdigkeit nach der FFH-Richtlinie auf der Hand liegt, zerstört oder so nachhaltig beeinträchtigt werden, daß sie für eine Meldung nicht mehr in Betracht kommen.[108] Ein Gebiet, das die Merkmale des Art. 4 Abs. 1 FFH-RL erfüllt und dessen Meldung sich für die Aufnahme in das kohärente Netz „Natura 2000" aufdrängt, ist vor vollständiger Umsetzung der Richtlinie als potentielles FFH-Gebiet zu behandeln. Berührt ein Straßenbauvorhaben ein derartiges Gebiet, ist seine Zulässigkeit (auch) an den Anforderungen des Art. 6 Abs. 3 und 4 FFH-RL zu messen.[109]

Einzelheiten der Schutzintensität sind unverändert umstritten. Zum Kreis der potentiellen FFH-Gebiete im Sinne der Rechtsprechung des BVerwG zählt ein Gebiet u.a. dann, wenn die in ihm vorhandenen Lebensraumtypen im Sinne des Anhangs I oder Arten im Sinne des Anhangs II der FFH-Richtlinie eindeutig den im Anhang III (Phase 1) genannten Merkmalen entsprechen. Eine Gebietsmeldung kann unterbleiben, wenn dies gemessen an den Kriterien des Anhangs III (Phase 1), die so formuliert sind, daß sie unterschiedliche Wertungen nicht ausschließen, fachwissenschaftlich vertretbar ist.[110]

---

[106] BVerwG, Urt. vom 31.1.2002 – 4 A 15.01 – DVBl 2002, 990 (Ost-See-Autobahn II).

[107] BVerwG, Urt. vom 19.5.1998 – 4 A 9.97 – BVerwGE 107, 1 = NVwZ 1998, 961 = DVBl 1998, 900.

[108] BVerwG, Urt. vom 27.10.2000 – 4 A 18.99 – BVerwGE 112, 140 = Buchholz 406.401 § 8 BNatSchG Nr. 29 = NVwZ 2001, 673 = DVBl 2001, 386 = DÖV 2001, 687 mit Anm. *F. Kirchhof*, in: NuR 2001, 666-670.

[109] BVerwG, Urt. vom 27.1.2000 – 4 C 2.99 – BVerwGE 110, 302 = Buchholz 407.4 § 17 FStrG Nr. 157 = NVwZ 2000, 1171 = DVBl 2000, 814 (B 1 – Hildesheim) im Anschluß an BVerwG, Urt. vom 19.5.1998 – 4 A 9.97 – BVerwGE 107, 1 [21 ff.] = NVwZ 1998, 961 = DVBl 1998, 900.

[110] BVerwG, Urt. vom 31.1.2002 – 4 A 15.01 – DVBl 2002, 990 (Ost-See-Autobahn II); vgl. auch BVerwG, Urt. vom 19.5.1998 – 4 A 9.97 – BVerwGE 107, 1 = NVwZ 1998, 961 = DVBl 1998, 900; Urt. vom 27.10.2000 – 4 A 18.99 – BVerwGE 112, 140 = NVwZ 2001, 673 = DVBl 2001, 386 = UPR 2001, 144.

2. Alternativlösung

Der Begriff der „Alternative“ im Sinne des Art. 6 Abs. 4 UAbs. 1 FFH-RL bereitet in seiner Auslegung und Anwendung nicht geringe Schwierigkeiten. Eine Alternative wird sowohl von der planerischen Zielsetzung als auch vom gemeinschaftsrechtlichen Projektbegriff geprägt. Danach ist eine Alternative im Sinne des Art. 6 Abs. 4 UAbs. 1 FFH-RL nur dann gegeben, wenn sich das Planungsziel trotz ggf. hinnehmbarer Abstriche auch mit ihr erreichen lässt.[111] Eine Alternativlösung im Sinne des Art. 6 Abs. 4 UAbs. 1 FFH-RL ist u.a.nicht vorhanden, wenn sich diese nur mit einem unverhältnismäßigen Kostenaufwand verwirklichen ließe. Diese Beurteilung unterliegt nicht der fachplanerischen Abwägung gemäß § 17 Abs. 1 Satz 2 FStrG oder einer anderweitigen Ermessensentscheidung der Planfeststellungsbehörde.[112] Daher haben Gesichtspunkte der Kostenhöhe einer Maßnahme bei der fachplanerischen Abwägung ein höheres Gewicht als im Rahmen des Art. 6 Abs. 4 Satz 3 FFH-RL.[113] Das BVerwG formuliert zwei naturfachliche Einschränkungen: Der Vorhabenträger braucht sich auf eine technisch möglich Alternativlösung nicht verweisen lassen, wenn sich Art. 6 Abs. 4 FFH-RL am Alternativstandort als ebenso wirksame Zulassungssperre erweist wie an dem von ihm gewählten Standort.[114] das bedeutet, dass auch der erwogene Alternativstandort den Voraussetzungen des Art. 6 Abs. 2 bis 4 FFH-RL genügen muß. Von einer Alternativlösung darf der Vorhabenträger ferner Abstand nehmen, wenn diese Lösung an sich technisch machbar und rechtlich zulässig ist, ihm aber Opfer abverlangt, die außer Verhältnis zudem mit ihr erreichbaren Gewinn für Natur und Umwelt stehen.[115]

3. Prioritäres Schutzgebiet (Art.6 Abs. 4 UAbs. 2 FFH-RL)

Sollen mit dem Bau einer Ortsumgehungsstraße innerörtliche Unfallschwerpunkte entschärft und weitere Verkehrsunfälle mit Todes- und Verletzungsfolgen vermieden werden, so können diesem Ziel „Erwägungen im Zusammen-

[111] BVerwG, Urt. vom 17.5.2002 – 4 A 28.01 – juris (Bundesautobahn A 44).

[112] BVerwG, Urt. vom 27.1.2000 – 4 C 2.99 – BVerwGE 110, 302 = Buchholz 407.4 § 17 FStrG Nr. 157 = NVwZ 2000, 1171 = DVBl 2000, 814 = DÖV 2000, 687 – Hildesheim.

[113] BVerwG, Urt. vom 31.1.2002 – 4 A 15.01 – DVBl 2002, 990 (Ost-See-Autobahn II) in Ergänzung zu BVerwG, Urt. vom 27.1.2000 – 4 C 2.99 – BVerwGE 110, 302 = Buchholz 407.4 § 17 FStrG Nr. 157 = NVwZ 2000, 1171 = DVBl 2000, 814 = DÖV 2000, 687 – Hildesheim.

[114] BVerwG, Urt. vom 17.5.2002 – 4 A 28.01 – juris (Bundesautobahn A 44).

[115] BVerwG, Urt. vom 17.5.2002 – 4 A 28.01 – juris (Bundesautobahn A 44).

hang mit der Gesundheit des Menschen" im Sinne des Art. 6 Abs. 4 FFH-RL zugrunde liegen. Gleiches gilt, wenn bestehende schädliche Umwelteinwirkungen durch Lärm und Autoabgase zugunsten der Anwohner der Ortsdurchfahrtsstraße vermieden oder erheblich verringert werden sollen.[116]

Sollen mit dem Bau einer Ortsumgehungsstraße innerörtliche Unfallschwerpunkte entschärft werden und führt dies zwangsläufig zu einer erheblichen Beeinträchtigung eines (hier: potentiellen) FFH-Gebiets, das einen prioritären natürlichen Lebensraumtyp und / oder eine prioritäre Art einschließt, erfordern „Erwägungen im Zusammenhang mit der Gesundheit des Menschen" (Art. 6 Abs. 4 UAbs. 2 FFH-RL) eine konkrete Ermittlung und Bewertung des bisherigen Unfallgeschehens im Vergleich zu dem Zustand nach Durchführung der Planung im Sinne einer Gesamtbilanzierung. Bei abschnittsweiser Planung hat sich die erforderliche Prognose auf die Gesamtplanung zu erstrecken.[117]

VI. Besondere Anforderungen: Naturschutz

1. Begriff des Eingriffs (§ 8 Abs. 1 BNatSchG a.F.)

Der bundesrechtliche Begriff des Eingriffs in Natur und Landschaft steht grundsätzlich nicht zur Disposition des rahmenrechtlich gebundenen Landesgesetzgebers.[118] Das BVerwG knüpft damit erneut an den dogmatisch schillernden Begriff der „Vollregelung" an.[119] Was als Eingriff in Natur und Landschaft zu gelten hat, kann nach seiner Ansicht im Interesse eines notwendigen Mindestmaßes an Rechtseinheit grundsätzlich nur einheitlich beantwortet werden. Entsprechend sieht das Gericht landesgesetzliche sog. Positiv- oder Negativlisten mit Skepsis.[120]

---

[116] BVerwG, Urt. vom 27.1.2000 – 4 C 2.99 – BVerwGE 110, 302 = Buchholz 407.4 § 17 FStrG Nr. 157 = NVwZ 2000, 1171 = DVBl 2000, 814 = DÖV 2000, 687 – Hildesheim.

[117] BVerwG, Urt. vom 27.1.2000 – 4 C 2.99 – BVerwGE 110, 302 = Buchholz 407.4 § 17 FStrG Nr. 157 = NVwZ 2000, 1171 = DVBl 2000, 814 = DÖV 2000, 687 – Hildesheim.

[118] BVerwG, Urt. vom 31.8.2000 – 4 CN 6.99 – BVerwGE 112, 41 = Buchholz 406.12 § 17 BauNVO Nr. 9 = NVwZ 2001, 560 = DVBl 2001, 377 = DÖV 2001, 250.

[119] Vgl. BVerwG, Urt. vom 27.9.1990 – 4 C 44.87 – BVerwGE 85, 348 [356 f.] = NVwZ 1991, 364 = DVBl 1991, 209 = DÖV 1991, 294.

[120] BVerwG, Urt. vom 31.8.2000 – 4 CN 6.99 – BVerwGE 112, 41 = Buchholz 406.12 § 17 BauNVO Nr. 9 = NVwZ 2001, 560 = DVBl 2001, 377 = DÖV 2001, 250 zu § 10 Abs.1 NatSchG Baden-Württemberg.

2. Ausgleichsmaßnahme

Die naturschutzrechtlich gebotene Pflicht zur Leistung von Ausgleich und Ersatz kann sich nicht nur an der Höhe der Investitionskosten orientieren. Denn vorrangiger Maßstab ist die Intensität des Eingriffs. Je stärker der Eingriff ist, desto höher sind die Anforderungen an Ausgleich und Ersatz. Auch dies entspricht dem Grundsatz der Verhältnismäßigkeit. Diesen Zusammenhang würde eine Betrachtung, die lediglich an die Höhe der Investitionskosten anknüpft, verfehlen. Auch mit Maßnahmen, die relativ geringe Kosten verursachen, kann ein sehr weitreichender Eingriff in Natur und Landschaft (§ 8 Abs. 1 BNatSchG a.F. = § 18 Abs. 1 BNatSchG n.F.) verbunden sein.[121]

Auch Gradientenabsenkungen, Tief- oder Troglagen können Mittel des Naturschutzes und der Landschaftspflege sein, um erhebliche Beeinträchtigungen des Landschaftsbildes durch ein Straßenbauvorhaben auszugleichen (§ 8 Abs. 1, 2 BNatSchG a.F. = § 18 Abs. 1, § 19 Abs. 2 BNatSchG n.F.).[122] Der Planfeststellungsbehörde kann dazu im Einzelfall aus dem allgemeinen Abwägungsgebot in § 17 Abs. 1 S.2 FStrG die Aufgabe erwachsen, naturschutzrechtliche Ausgleichsmaßnahmen und immissionsschutzrechtliche Schutzauflagen aufeinander abzustimmen. Gibt es beispielsweise für einen „Landschaftstunnel" („Grünbrücke") naturschutzfachlich und kostenmäßig gleichwertige Alternativen, kann es ein Abwägungsfehler sein, die Alternative zu verwerfen, die zugleich ein angrenzendes Wohngebiet vor Verkehrslärm und Luftverunreinigungen schützen würde.[123]

Zur Verwirklichung naturschutzrechtlich gebotener Ausgleichs- und Ersatzmaßnahmen darf grundsätzlich „von hoher Hand" enteignet werden.[124] Um als Grundlage für eine Enteignung dienen zu können, setzt die planfestgestellte Anordnung von Ersatzmaßnahmen voraus, daß sie zur Erreichung des mit ihr verfolgten Zwecks geeignet und erforderlich ist und keinen Nachteil herbeiführt, der erkennbar außer Verhältnis zu dem beabsichtigten Erfolg steht.[125] Die Festsetzung des Grundstücks eines Privaten als Ausgleichsfläche ist fehlerhaft,

---

[121] BVerwG, Beschl. vom 5.4.2002 – 4 B 15.02 – juris (Naturschutzrechtlichc Ausgleichszahlung für Errichtung von Stahlgittermasten für 110 kV-Freileitung).

[122] BVerwG, Urt. vom 23.11.2001 – 4 A 46.99 – Buchholz 406.25 § 43 BImSchG Nr. 19 = DVBl 2002, 565 = UPR 2002, 192 = NuR 2002, 353.

[123] BVerwG, Urt. vom 23.11.2001 – 4 A 46.99 – Buchholz 406.25 § 43 BImSchG Nr. 19 = DVBl 2002, 565 = UPR 2002, 192.

[124] BVerwG, Gerichtsbescheid vom 10.9.1998 – 4 A 35.97 – Buchholz 406.401 § 8 BNatSchG Nr. 25 = NVwZ 1999, 532; Urt. vom 23.8.1996 – 4 A 29.95 – Buchholz 407.4 § 19 FStrG Nr. 8 = NVwZ 1997, 486 = DVBl 1997, 68.

[125] BVerwG, Urt. vom 23.8.1996 – 4 A 29.95 – Buchholz 407.4 § 19 FStrG Nr. 8 = NVwZ 1997, 486 = DVBl 1997, 68.

wenn dafür im Rahmen der planerischen Konzeption gleich geeignete Grundstücke der öffentlichen Hand zur Verfügung stehen. Das BVerwG hat dies jüngst für die Bauleitplanung betont.[126] Diese Auffassung wird man indes grundsätzlich auch auf die fachplanerisch beabsichtigte Enteignung übertragen können.

Auch bei der Inanspruchnahme von Grundeigentum ist dem Grundsatz des geringstmöglichen Eingriffs als Element des Verhältnismäßigkeitsprinzips Geltung zu verschaffen. Es muß also stets geprüft werden, ob es ein milderes Mittel gibt, das zur Zweckerreichung gleich geeignet ist, den Eigentümer aber weniger belastet. Als milderes Mittel ist es anzusehen, wenn das Planvorhaben gleich gut auch auf Grundstücken der öffentlichen Hand verwirklicht werden kann. In der Abwägung hat das Eigentum der öffentlichen Hand nämlich ein geringeres Gewicht als das Eigentum Privater, weil Hoheitsträger angesichts des personalen Schutzzwecks der Eigentumsgarantie nicht Inhaber des Grundrechts aus Art. 14 Abs. 1 GG sind.[127] Mit dem stärkeren Schutz des Privateigentums im Rahmen der Abwägung wird auch der Gleichklang mit § 90 Abs. 1 Nr. 2 BauGB hergestellt, wonach Grundstücke Privater zur Beschaffung von Ersatzland nur enteignet werden dürfen, wenn die öffentliche Hand über geeignetes Ersatzland nicht verfügt. Ein Grundstück der öffentlichen Hand ist für Gemeinbedarfszwecke gleich geeignet wie ein Grundstück eines Privaten, wenn sich seine Inanspruchnahme mit dem städtebaulichen Konzept der Gemeinde verträgt und keine Gründe, etwa die Auswirkungen des Vorhabens auf die Umgebung, für die Ausweisung gerade auf dem Privatgrundstück sprechen.

Wenn ein die Planfeststellung ersetzender Bebauungsplan (§ 17 Abs. 3 Satz 1 FStrG) aufgestellt wird, kommt zur Sicherung und Durchführung von nach § 8 Abs. 2 BNatSchG a.F. (= § 19 Abs. 2 BNatSchG n.F.) erforderlichen Ausgleichs- und Ersatzmaßnahmen grundsätzlich ein öffentlich-rechtlicher Vertrag in Betracht. Dem Gebot des § 8 Abs. 4 BNatSchG a.F. (= § 20 Abs. 4 BNatSchG n.F.), die zum Ausgleich des Eingriffs erforderlichen Maßnahmen des Naturschutzes und der Landschaftspflege in einem landschaftspflegerischen Begleitplan darzustellen, ist (jedenfalls) in diesem Fall durch einen die Ausgleichsmaßnahmen darstellenden Grünordnungsplan entsprechend den Vorschriften des Landesnaturschutzrechts genügt.[128]

---

[126] BVerwG, Urt. vom 6.6.2002 – 4 CN 6.01 – juris.

[127] BVerwG, Urt. vom 6.6.2002 – 4 CN 6.01 – juris.

[128] BVerwG, Beschl. vom 5.1.1999 – 4 BN 28.97 – Buchholz 406.401 § 8 BNatSchG Nr. 26 = NVwZ-RR 1999, 426 = UPR 1999, 190 = DÖV 1999, 557 im Anschluß an BVerwG, Urt. vom 9.5.1997 – 4 N 1.96 – BVerwGE 104, 353 = NVwZ 1997, 1216 = DVBl 1997, 1121 = DÖV 1997, 829.

3. Naturschutzrechtliche „Abwägung" (§ 8 Abs. 3 BNatSchG a.F.)

Überwiegen bei der nach § 8 Abs. 3 BNatSchG a.F. (= § 19 Abs. 3 S. 1 BNatSchG n.F.) gebotenen Abwägung die Belange des Naturschutzes und der Landschaftspflege, so ist der Eingriff zwingend zu untersagen.[129] § 8 Abs. 3 BNatSchG a.F. (= § 19 Abs. 3 S. 1 BNatSchG n.F.) nimmt selbst schwere Beeinträchtigungen des Naturhaushalts und des Landschaftsbildes in Kauf, wenn den für den Eingriff sprechenden Gründen größeres Gewicht zukommt. Ein weitergehender Schutz von Natur und Landschaft läßt sich nur über Schutzgebietsausweisungen im Sinne der §§ 12 ff. BNatSchG a.F. (= §§ 22 ff. BNatSchG n.F.) erreichen.[130] Das Bundesnaturschutzrecht unterscheidet rahmenrechtlich zwischen Ausgleichs- und Ersatzmaßnahmen, überläßt aber die nähere Ausgestaltung der Landesgesetzgebung. Bei der Bilanzierung z.B. im Rahmen des Art.6 a Abs. 2 Satz 1 BayNatSchG dürfen nur Kompensationsmaßnahmen berücksichtigt werden, die den Charakter von Ausgleichsmaßnahmen im Sinne des Art. 6 a Abs. 1 Satz 1 BayNatSchG (= § 8 Abs. 2 Satz 1 BNatSchG a.F. [= § 19 Abs. 2 S. 1 BNatSchG n.F.]) haben. Ersatzmaßnahmen sind außer Acht zu lassen.[131]

Nicht nur dann, wenn der Behörde planerische Gestaltungsfreiheit eingeräumt ist, sondern auch dann, wenn eine bloß zweiseitige Interessenbewertung die Entscheidungsstruktur prägt, setzt eine ordnungsgemäße (hier: die gesetzliche Wertung nachvollziehende) Abwägung voraus, daß sich die Behörde mit dem Für und Wider auseinandersetzt. Kennzeichnend für jede Art von Abwägung ist eine bilanzierende Betrachtungsweise. Geht die Behörde dabei von unzutreffenden Annahmen aus, so führt dies zwangsläufig zu Verzerrungen, die Fehlbeurteilungen zur Folge haben können. So liegen die Dinge, wenn – wie hier – die Planungsbehörde sich den Zugang zu der nach Art. 6 a Abs. 2 Satz 1 BayNatSchG zentralen Frage nach dem Umfang des Ausgleichsdefizits von vornherein dadurch verstellt, daß sie in ihre Kompensationsbilanz Maßnahmen einbezieht, die nach ihrer eigenen Einschätzung zur Deckung des Ausgleichsbedarfs ungeeignet sind.[132]

---

[129] BVerwG, Urt. vom 27.10.2000 – 4 A 18.99 – BVerwGE 112, 140 = NVwZ 2001, 673 = DVBl 2001, 386 zu Art. 6 a Abs. 2 Satz 1 BayNatSchG mit Anm. F. Kirchhof, in: NuR 2001, 666.

[130] BVerwG, Urt. vom 31.1.2002 – 4 A 15.01 – DVBl 2002, 990 (Ost-See-Autobahn II).

[131] BVerwG, Urt. vom 27.10.2000 – 4 A 18.99 – BVerwGE 112, 140 = Buchholz 406.401 § 8 BNatSchG Nr. 29 = NVwZ 2001, 673 = DVBl 2001, 386 = DÖV 2001, 687 mit Anm. *F. Kirchhof*, in: NuR 2001, 666-670.

[132] BVerwG, Urt. vom 27.10.2000 – 4 A 18.99 – BVerwGE 112, 140 = Buchholz 406.401 § 8 BNatSchG Nr. 29 = NVwZ 2001, 673 = DVBl 2001, 386 = DÖV 2001, 687.

Genügt die Abwägung nicht den Anforderungen des Art. 6 a Abs. 2 Satz 1 BayNatSchG (entsprechend also § 19 Abs. 3 S. 1 BNatSchG n.F.), so kommt im Straßenplanungsrecht ein ergänzendes Verfahren im Sinne des § 17 Abs. 6 c Satz 2 FStrG in Betracht, wenn der Mangel nicht von solcher Art und Schwere ist, daß die Planung als Ganzes von vornherein in Frage gestellt erscheint.[133]

VII. Planfeststellungsbeschluß – Rechtswirkung

Der Planfeststellungsbeschluß entfaltet nach § 75 Abs. 1 VwVfG formelle Konzentrationswirkung.[134] Eine Behörde kann auch außerhalb des Anwendungsbereichs des § 38 VwVfG ein sonstiges künftiges Tun oder Unterlassen einseitig zusagen. Eine solche Zusage ist geeignet, Rechtswirkungen zu erzeugen, wenn sie mit Bindungswillen und mit Verbindlichkeitsanspruch ausgestattet ist. Davon ist auszugehen, wenn die Behörde gegenüber dem Adressaten unzweifelhaft den Willen zum Ausdruck bringt, eine bestimmte Handlung später vorzunehmen oder zu unterlassen. So kann der Vorhabenträger zusagen, mit den planfestgestellten Straßenbauarbeiten nicht vor Eintritt eines bestimmten Ereignisses zu beginnen.[135]

Im Planfeststellungsverfahren werden daher die Zuständigkeitsgrenzen zwischen Straßenbau- und Straßenverkehrsbehörden überbrückt. Im Wege der Planfeststellung kann daher je nach den Umständen des Einzelfalls auch über die Anordnung der zur Ausstattung der straßennotwendigen Verkehrszeichen und Verkehrseinrichtungen zu entscheiden sein; denn neben der Planfeststellung entfallen alle nach anderen Vorschriften erforderlichen öffentlich-rechtlichen Genehmigungen, Erlaubnisse oder sonstige Hoheitsakte und damit auch die Anordnung der Verkehrsbehörde hinsichtlich der Errichtung einer Lichtsignalanlage. Das gilt insbesondere dann, wenn das Straßenbauvorhaben nur zusammen mit einer entsprechenden Beschilderung oder einer Lichtsignalanlage ihrer baulichen Bestimmung gemäß sicher benutzt werden kann (z.B. bei Kreuzungen und Einmündungen in das über- oder untergeordnete Straßennetz, vgl. hierzu auch § 1 Abs. 4 Nr. 3, §§ 3 u. 4 FStrG). Die Planfeststellungsbehörde hat bei der Anordnung von Verkehrszeichen und Verkehrseinrichtungen die hinrei-

---

[133] BVerwG, Urt. vom 27.10.2000 – 4 A 18.99 – BVerwGE 112, 140 = Buchholz 406.401 § 8 BNatSchG Nr. 29 = NVwZ 2001, 673 = DVBl 2001, 386 = DÖV 2001, 687.

[134] BVerwG, Beschl. vom 7.7.2000 – 4 B 94.99 –, juris.

[135] BVerwG, Beschl. vom 6.8.2001 – 4 VR 23.01 – Buchholz 407.3 § 5 VerkPBG Nr. 14.

chend konkretisierten und individuell erfaßbaren schutzwürdigen Einzelinteressen der Planbetroffenen zu berücksichtigen.[136]

VIII. Rechtsschutz in der Straßenfachplanung

1. Erstinstanzliche Zuständigkeit des BVerwG (§ 5 Abs. 1 VerkPBG)

Das BVerwG ist unverändert gemäß § 5 Abs. 1 des Verkehrswegeplanungsbeschleunigungsgesetzes (VerkPBG) erstinstanzlich zuständig. Der Zweckrichtung dieser Vorschrift entspricht es, alle Rechtsstreitigkeiten um Maßnahmen, die der Durchführung eines der in § 1 VerkPBG aufgeführten Vorhaben dienen, beim Bundesverwaltungsgericht zu konzentrieren. Hierzu zählen jedenfalls Maßnahmen, die sich als erste Schritte zur Verwirklichung eines planfestgestellten Vorhabens qualifizieren lassen.[137] Das Bundesverwaltungsgericht ist als erstinstanzliches Gericht nach Maßgabe des § 5 Abs. 1 in Verb. mit § 1 VerkPBG nicht zuständig, über auf § 75 Abs. 2 Sätze 2 bis 4 VwVfG gestützte Ausgleichsansprüche zu entscheiden.[138]

Bei Straßen, für deren Planung das VerkPBG gilt, ist das gerichtliche Verfahren zur Überprüfung von Entscheidungen der Enteignungsbehörde über die vorzeitige Besitzeinweisung (§ 7 VerkPBG 1991, jetzt § 18 f FStrG) gemäß § 9 Abs. 3 VerkPBG in Verbindung mit § 217 BauGB den ordentlichen Gerichten (Baulandgerichten [Baulandkammern]) zugewiesen.[139] Es liegt nahe, daß das zuständige Gericht im Verfahren der vorzeitigen Besitzeinweisung bei Straßen, für deren Planung das Verkehrswegeplanungsbeschleunigungsgesetz (VerkPBG) gilt, die Zulässigkeit der Enteignung aus Gründen, die (noch) Gegenstand der gerichtlichen Überprüfung des Planfeststellungsbeschlusses und dessen enteignender Vorwirkung sind, nicht zu prüfen hat.[140]

---

[136] BVerwG, Beschl. vom 7.7.2000 – 4 B 94.99 –, juris.

[137] BVerwG, Beschl. vom 6.8.2001 – 4 VR 23.01 – Buchholz 407.3 § 5 VerkPBG Nr. 14.

[138] BVerwG, Urt. vom 10.8.2000 – 4 A 11.99 – Buchholz 407.4 § 17 FStrG Nr. 158 = NVwZ 2001, 206 = DVBl 2000, 1862; ebenso BVerwG, Beschl. vom 18.5.2000 – 11 A 6.99 – Buchholz 407.3 § 5 VerkPBG Nr. 11 = NVwZ 2000, 1168.

[139] BVerwG, Beschl. vom 1.4.1999 – 4 B 26.99 – Buchholz 407.3 § 9 VerkPBG Nr. 1 = NVwZ-RR 1999, 485; ebenso BVerwG, Beschl. vom 30.3.2000 – 4 B 23.00 – Buchholz 407.3 § 9 VerkPBG Nr. 2 = DVBl 2000, 1462.

[140] BVerwG, Beschl. vom 1.4.1999 - 4 B 26.99 – Buchholz 407.3 § 9 VerkPBG Nr. 1 = NVwZ-RR 1999, 485.

2. Allgemeines Rechtsschutzverfahren – Zulässigkeit

a) Klage- und Klagebegründungsfrist

Bei der Versäumung der Klagefrist gegen den Planfeststellungsbeschluß geltend die allgemeinen Vorschriften (vgl. §§ 74 Abs. 1, 58, 60 VwGO). Wird ein behördliches Schreiben förmlich zugestellt, ist für jedermann deutlich, daß mit der Zustellung fristgebundene eigene Entscheidungen verbunden sein können und auch zumeist sein werden. Hat der Postbote es versäumt, den Tag der Zustellung anzugeben, kann dieser Fehler des Postboten den Empfänger indes nicht dahingehend entlasten, nun seinerseits der Frage des Fristablaufes nicht die gebotene und mögliche Aufmerksamkeit zu widmen. Er hätte sich entweder selbst das Datum der Zustellung notieren können oder – sollte er dies nicht sofort getan haben – vorsichtshalber bei der absendenden Behörde nachfragen können.[141] Ein mit der Klageerhebung beauftragter Anwalt ist gehalten, das genaue Zustellungsdatum ggf. durch Rückfrage bei der zustellenden Behörde zu ermitteln.

Planfeststellungsbeschlüsse können unter näheren Voraussetzungen auch durch öffentliche Bekanntmachung zugestellt werden. Das wirft für den Betroffenen erhebliche Belastungen auf. § 3 Abs. 2 VerkPBG läßt eine gesonderte Benachrichtigungspflicht auch bei Ortsansässigen entfallen. Das Gesetz mutet diesen zu, sich selbst durch Kenntnisnahme öffentlicher Bekanntmachungen ihres Ortes über beabsichtigte staatliche Maßnahmen zu informieren. Für den Ortsansässigen nimmt das Gesetz sowohl in § 74 Abs. 5 VwVfG als auch in § 3 Abs. 2 VerkPBG mithin an, daß jeder sich durch öffentliche Bekanntmachungen informieren kann. Der Einwand, das Mitteilungsblatt werde nicht an alle Haushalte verteilt und damit sei eine Kenntnisnahme nicht möglich gewesen, kann nicht durchgreifen. Die Verteilung des Blattes ist nicht konstitutiv für die Wirksamkeit der ortsüblichen Bekanntmachung, sondern die im Blatt eingerückte Bekanntmachung. Einem ortsansässigen Betrieb mutet die Rechtsordnung zu, sich die erforderliche Kenntnis über eine ortsübliche Bekanntmachung zu verschaffen, soweit die eigenen Interessen berührt sein könnten.[142]

---

[141] BVerwG, Beschl. vom 31.1.2001 – 4 A 46.00 – NVwZ-RR 2001, 484.

[142] BVerwG, Gerichtsbescheid vom 7.12.2000 – 4 A 22.00 – juris.

b) Klagebefugnis (§ 42 Abs. 2 VwGO)

aa) Klagebefugnis des Eigentümers

Wendet sich der Grundeigentümer im Wege der Klage gegen den Planfeststellungsbeschluß, so ist es für die Klagebefugnis ohne Belang, ob er die Absicht hat, das Grundstück selbst zu nutzen, zu veräußern, zu vermieten oder zu verpachten.[143] Veräußert der Grundeigentümer, der sich klagebefugt mit einer verwaltungsgerichtlichen Klage gegen die Rechtmäßigkeit eines Planfeststellungsbeschlusses wendet, während des gerichtlichen Verfahrens sein Grundstück und führt der Erwerber den Rechtsstreit nicht in eigenem Namen fort, bleibt es gemäß § 173 VwGO, § 265 Abs. 2 ZPO bei der Prozeßführungsbefugnis des ursprünglichen Eigentümers.[144]

bb) Klagebefugnis der Gemeinde

Eine Gemeinde ist im Rahmen der verwaltungsgerichtlichen Normenkontrolle grundsätzlich antragsbefugt, sich gegen eine naturschutzrechtliche Verordnung zu wenden, welche Teile ihres Gemeindegebietes erfaßt.[145] Die von der Rechtsprechung beschriebenen Fallgruppen, in denen gemeindliche Belange nicht mehr als geringfügig anzusehen sind und daher jedenfalls nicht wegen angenommener Geringfügigkeit unbeachtet bleiben dürfen, betreffen nach Ansicht des BVerwG – in aller Regel – nicht die Zulässigkeit, sondern die Begründetheit eines Normenkontrollantrags.[146] Diese für ein verwaltungsgerichtliches Normenkontrollverfahren vertretene Auffassung zur Antragsbefugnis der Gemeinde könnte auch für Klagen gegen Planfeststellungsbeschlüsse im Sinne einer erweiterten Klagebefugnis bedeutsam sein.

Eine Gemeinde kann eine fernstraßenrechtliche Planfeststellung im Hinblick auf deren enteignende Vorwirkung nicht mit der Begründung angreifen, öffentliche, sie nicht in ihrer Planungshoheit schützende Belange, wie solche des Umweltschutzes, seien nicht oder nicht mit dem ihnen zukommenden Gewicht in die Abwägung eingestellt worden. Das die Rechtsverhältnisse der Gemein-

---

[143] BVerwG, Beschl. vom 25.1.2002 – 4 BN 2.02 –, juris (zur Antragsbefugnis im Normenkontrollverfahren).

[144] Vgl. BVerwG, Beschl. vom 1.8.2001 – 4 BN 43.01 – NVwZ 2001, 1282 = UPR 2002, 38 = BauR 2002, 64 = DÖV 2002, 128 (Normenkontrollverfahren).

[145] BVerwG, Urt. vom 7.6.2001 – 4 CN 1.01 – Buchholz 310 § 47 VwGO Nr. 147 = NVwZ 2001, 1280 = DVBl 2001, 1845 = DÖV 2002, 75.

[146] BVerwG, Urt. vom 7.6.2001 – 4 CN 1.01 – Buchholz 310 § 47 VwGO Nr. 147 = NVwZ 2001, 1280 = DVBl 2001, 1845 = DÖV 2002, 75 mit Anm. *Chr. Preschel*, in: NJ 2001, 607; *B. Stüer*, in: NuR 2002, 44-45.

den regelnde bayerische Landesrecht führt zu keinem anderen Ergebnis.[147] Eine Gemeinde kann sich ferner nicht, da sie nicht Grundrechtsträgerin ist, auf Art. 14 Abs. 3 Satz 1 GG berufen. Anderenfalls könnten die Gemeinden sich über die Anrufung der Verwaltungsgerichte zum Kontrolleur anderer staatlicher Behörden in bezug auf die Wahrung des objektiven öffentlichen Rechts aufschwingen, wenn sie mehr oder minder zufällig als Grundstückseigentümer von einem hoheitlichen Akt mit enteignender Vorwirkung betroffen sind. Die Gemeinden sind vielmehr Teil der öffentlichen Gewalt, auch soweit sie als Fiskus über Eigentum an Grundstücken verfügen.[148]

cc) Klagebefugnis des Naturschutzverbandes

Seit Jahren ist die Frage auch rechtspolitisch umstritten, in welcher prozessual geeigneten Weise den anerkannten Naturschutzverbänden eine Klagemöglichkeit einzuräumen ist. Das BVerwG hat es gebilligt, durch den Erwerb eines sog. Sperrgrundstücks zu Eigentum das Ziel zu verfolgen, planerische Defizite im Bereich abwägungsrelevanter öffentlicher Belange rügen zu können.[149] § 29 Abs. 1 BNatSchG a.F. [1976] hinderte einen anerkannten Naturschutzverband nicht daran, mit Hilfe eines derartigen Grundstücks geltend zu machen, der Planfeststellungsbeschluß verstoße durch seine enteignungsrechtliche Vorwirkung gegen Art.14 Abs. 3 S. 1 GG.[150]

Allerdings kann es Grenzen geben. Wie jede Rechtsposition kann auch eine Klagebefugnis dem Einwand der unzulässigen Rechtsausübung unterliegen.[151] Das ist etwa dann der Fall, wenn konkrete Umstände vorhanden sind, die ohne weiteres erkennen lassen, daß an der erworbenen Rechtsstellung, welche die Klagebefugnis vermitteln soll, kein über das Führen eines erwarteten Rechts-

---

[147] BVerwG, Urt. vom 11.1.2001 – 4 A 12.99 – Buchholz 407.4 § 17 FStrG Nr. 161 = NVwZ 2001, 1160 = DÖV 2001, 692; vgl. auch BVerwG, Urt. vom 21.3.1996 – 4 C 26.94 – BVerwGE 100, 388 = NVwZ 1997, 169 = DVBl 1996, 914.

[148] BVerwG, Urt. vom 11.1.2001 – 4 A 12.99 – Buchholz 407.4 § 17 FStrG Nr. 161 = NVwZ 2001, 1160 = UPR 2001, 189 = DÖV 2001, 692.

[149] BVerwG, Urt. vom 12.7.1985 – 4 C 40.83 – BVerwGE 72, 15 = NVwZ 1985, 736 = DVBl 1985, 373; Urt. vom 10.4.1997 – 4 C 5.96 – BVerwGE 104, 236 = NVwZ 1998, 508 = DVBl 1997, 1115 unter Bezug auf BVerwG, Urt. vom 12.7.1985 – 4 C 40.83 – BVerwGE 72, 15; Urt. vom 27.7.1990 – 4 C 26.87 – Buchholz 442.08 § 36 BBahnG Nr. 18; Urt. vom 27.8.1997 – 11 A 61.95 – Buchholz 442.09 § 18 AEG Nr. 30.

[150] BVerwG, Urt. vom 29.4.1993 – 7 A 3.92 – BVerwGE 92, 263 = NVwZ 1993, 891 = DVBl 1993, 888; Urt. vom 18.4.1996 – 11 A 86.95 – BVerwGE 101, 73 = NVwZ 1996, 901 = DVBl 1996, 921.

[151] Vgl. BVerwG, Urt. vom 24.9.1998 – 4 CN 2.98 – BVerwGE 107, 215 = NJW 1999, 592 = DVBl 1999, 100.

streits hinausgehendes Interesse gegeben ist.[152] Ein derartiger Fall ist nach Ansicht des BVerwG gegeben, wenn die Eigentümerstellung rechtsmißbräuchlich begründet worden ist. Dies ist dann anzunehmen, wenn das Eigentum nicht erworben worden ist, um die mit ihm verbundene Gebrauchsmöglichkeit zu nutzen, sondern als Mittel dafür dient, die formalen Voraussetzungen für eine Prozeßführung zu schaffen, die nach der Rechtsprechung dem Eigentümer vorbehalten ist.[153] Derartige Umstände können sich vor allem daraus ergeben, daß dem Kläger aufgrund der vertraglichen Gestaltung lediglich eine Rechtsstellung übertragen worden ist, die auf eine formale Hülle ohne substantiellen Inhalt hinausläuft. Ferner ist von Bedeutung, ob sich an der tatsächlichen Nutzung des Grundstücks etwas geändert hat und ob für die Eigentumsübertragung ein wirtschaftlicher Gegenwert geflossen ist. Ein weiteres Anzeichen kann sich aus den zeitlichen Abläufen ergeben.

Die Regelung der Klagebefugnis nach § 61 Abs. 1 BNatSchG n.F. wird für die Naturschutzverbände möglicherweise den „Umweg" der Klagebefugnis über den Erwerb eines Sperrgrundstückes entbehrlich machen können. § 69 Abs. 5 Nr. 2 BNatSchG n.F. eröffnet zudem rückwirkend die Klagebefugnis für solche anerkannten Naturschutzverbände, die eine im Übrigen zulässige Klage gegen einen Planfeststellungsbeschluß erhoben haben, der nach dem 1. Juli 2000 erlassen wurde.[154]

dd) Rechtsschutzinteresse – Verwirkung

Ein materielles Recht ist gegenüber einer Behörde verwirkt, wenn der Berechtigte über einen längeren Zeitraum untätig geblieben ist, obwohl ihm ein Geltendmachen seines Rechts ohne weiteres zumutbar gewesen wäre, die Behörde infolge dieses Verhaltens darauf vertrauen durfte, daß der Berechtigte das Recht nach so langer Zeit nicht mehr geltend machen werde, die Behörde hierauf tatsächlich vertraut und sich infolgedessen in ihren Vorkehrungen und Maßnahmen auf die tatsächlich entstandene Lage eingerichtet und deshalb Maßnahmen ergriffen hat, die sie anderenfalls nicht ergriffen hätte oder die sie nicht oder nur mit erheblichen Kosten rückgängig machen kann.[155] Auch das Klagerecht unterliegt – etwa bei einer gescheiterten Zustellung – der Verwir-

---

[152] BVerwG, Gerichtsbescheid vom 16.3.1998 – 4 A 31.97 – Buchholz 316 § 73 VwVfG Nr. 27 = NuR 1998, 64.

[153] BVerwG, Urt. vom 27.10.2000 – 4 A 10.99 – BVerwGE 112, 135-139 = Buchholz 310 § 42 Abs. 2 VwGO Nr. 10 = NVwZ 2001, 427 = DVBl 2001, 385 = DÖV 2001, 338.

[154] BVerwG, Gerichtsbescheid vom 28.6.2002 – 4 A 59.01 – juris.

[155] BVerwG, Urt. vom 4.12.2001 – 4 C 2.00 – Buchholz 406.27 § 31 BBergG Nr. 2 = NVwZ 2002, 718 = DVBl 2002, 624 ([Förderzins]).

kung. Die prozessuale Verwirkung beruht auf der unredlichen, Treu und Glauben zuwider laufenden Verzögerung der Klageerhebung.[156]

3. Allgemeines Rechtsschutzverfahren – Begründetheit

a) Eingeschränkte gerichtliche Prüfung

Die Planfeststellungsbehörde ist – wie erörtert – nicht befugt, von einer eingetretenen Präklusion abzusehen. Sie ist zwar nicht gehindert, verspätet vorgetragene Einwendungen von Amts wegen – insbesondere im Rahmen der ihr aufgetragenen Abwägung – zu berücksichtigen.[157] Verfährt sie in dieser Weise, eröffnet dies jedoch für den Bürger keine Möglichkeit, verspätet vorgetragene, erfolglos gebliebene Einwendungen gleichwohl mit einer Klage zu verfolgen. Ein Kläger bleibt materiell mit seinem Vorbringen präkludiert.[158]

b) Planergänzung und ergänzendes Verfahren

Genügt die Abwägung nicht den Anforderungen des Art. 6 a Abs. 2 Satz 1 BayNatSchG [Anforderungen an naturschutzrechtliche Ausgleichsbilanz], so kommt im Straßenplanungsrecht ein ergänzendes Verfahren im Sinne des § 17 Abs. 6 c Satz 2 FStrG in Betracht, wenn der Mangel nicht von solcher Art und Schwere ist, daß die Planung als Ganzes von vornherein in Frage gestellt erscheint.[159]

4. Vorläufiger Rechtsschutz

Das BVerwG versucht als erstinstanzliches Gericht, die Auswirkungen des vom Gesetzgeber zugunsten des Sofortvollzuges vielfach ausgeschlossenen Suspensiveffekts auf ein sinnvolles Maß zu mindern. Bei einem sofort vollziehbaren Verwaltungsakt, dem ein nicht bloß kurzzeitiges Vollzugshindernis entgegensteht, kann sich eine behördliche Aussetzung der Vollziehung nach § 80 Abs. 4 Satz 1 VwGO als geeignetes Mittel erweisen, um in den Fällen, in

---

[156] BVerwG, Urt. vom 10.8.2000 – 4 A 11.99 – Buchholz 407.4 § 17 FStrG Nr. 158 = NVwZ 2001, 206 = DVBl 2000, 1862.

[157] BVerwG, Gerichtsbescheid vom 30.7.1998 – 4 A 1.98 – Buchholz 407.4 § 17 FStrG Nr. 140 = NVwZ-RR 1999, 162.

[158] BVerwG, Beschl. vom 11.2.2000 – 4 VR 17.99 – juris.

[159] BVerwG, Urt. vom 27.10.2000 – 4 A 18.99 – BVerwGE 112, 140 = Buchholz 406.401 § 8 BNatSchG Nr. 29 = NVwZ 2001, 673 = DVBl 2001, 386 = DÖV 2001, 687 mit Anm. *F. Kirchhof*, in: NuR 2001, 666-670.

denen der Gesetzgeber den Antrag auf Gewährung vorläufigen Rechtsschutzes nur innerhalb einer bestimmten Frist zuläßt, unnötigen Rechtsschutzverfahren vorzubeugen.[160] Der Umstand, daß zur Behebung von Abwägungsmängeln möglicherweise eine Planergänzung in Betracht kommt, hat keine Auswirkungen auf die Gewährung vorläufigen Rechtsschutzes durch die Anordnung der aufschiebenden Wirkung der Klage.[161]

5. Streitwert

Das gerichtliche Verfahren erfordert gemäß § 13 Abs. 1 GKG in aller Regel die Festsetzung eines Streitwertes. Dabei ist maßgebend das Interesse des Klägers. Die Festsetzung des Streitwerts bestimmt sich in Verfahren betreffend eine straßenrechtliche Planfeststellung im Regelfall nach dem Verkehrswert als Ausgangswert, wenn der Planfeststellungsbeschluß für den klagenden Grundeigentümer enteignungsrechtliche Vorwirkung besitzt.[162] Liegen Besonderheiten in der einen oder anderen Richtung nicht vor, dann nimmt das BVerwG eine Streitwerthöhe von 30 bis maximal 50 % des Verkehrswerts als angemessen an.[163] Mögliche Gegenleistungen – wie etwa die zu beanspruchende Entschädigung – bleiben grundsätzlich außer Betracht.[164]

Die Festsetzung des vollen Verkehrswerts als Streitwert ist allerdings grundsätzlich nicht ausgeschlossen, wird aber die deutliche Ausnahme bilden. Etwaige Folgekosten – wie sie der betroffene Kläger etwa in entsprechender Anwendung des § 96 BauGB beziffert geltend macht – bleiben bei der Streitwertfestsetzung grundsätzlich unberücksichtigt. Es ist nicht Aufgabe der Streitwertfestsetzung, die mutmaßliche Entschädigungshöhe näher zu bestimmen.[165] Geht es dem Kläger erkennbar nur um die Abwehr von Beeinträchtigungen, so hat sich der Streitwert an dem Umfang und den Auswirkungen der jeweiligen Beein-

---

[160] BVerwG, Beschl. vom 17.9.2001 – 4 VR 19.01 – Buchholz 310 § 80 VwGO Nr. 66 = NVwZ-RR 2002, 153 = DVBl 2001, 1861; vgl. auch BVerwG, Beschl. vom 21.7.1994 – 4 VR 1.94 – BVerwGE 96, 239 = Buchholz 407.4 § 17 FStrG Nr. 98 = NVwZ 1995, 383 = DVBl 1994, 1197.

[161] BVerwG, Beschl. vom 21.11.2001 – 4 VR 13.00 – Buchholz 451.91 Europ. UmweltR Nr. 5 = NuR 2002, 153 = ZUR 2002, 225.

[162] BVerwG, Beschl. vom 1.3.1993 – 4 B 188.92 – Buchholz 360 § 13 GKG Nr. 73 = NVwZ-RR 1993, 331; Beschl. vom 26. 7.1990 – 4 B 23.89 – Buchholz 406.19 Nachbarschutz Nr. 99 = NVwZ 1991, 566.

[163] BVerwG, Beschl. vom 22.9.1999 – 11 B 48.99 – Buchholz 316 § 75 VwVfG Nr. 20 = NVwZ-RR 2000, 138; ebenso BVerwG, Beschl. vom 21.8.1998 – 11 A 47.97 – JurBüro 1999, 195.

[164] BVerwG, Beschl. vom 1.3.1993 – 4 B 188.92 – Buchholz 360 § 13 GKG Nr. 73 = NVwZ-RR 1993, 331.

[165] BVerwG, Beschl. vom 9.5.2002 – 4 VR 24.01 – juris.

trächtigung zu orientieren.[166] Im Einzelfall können auch die sog. Vermeidungskosten den Streitwert bestimmen. Der Streitwert eines mit der Verpflichtungsklage verfolgbaren Planergänzungsanspruches ist davon abhängig, ob Inhalt des Anspruches nur die Verpflichtung ist, Schutzauflagen gegenüber dem Vorhabenträger festzusetzen, oder ob ein Ausgleich in Geld verlangt wird (vgl. etwa § 74 Abs. 2 Satz 3 VwVfG). Im letzteren Falle bestimmt sich die Streitwerthöhe nach dem verlangten Zahlungsbetrag.[167]

---

[166] BVerwG, Beschl. vom 26. 7.1990 – 4 B 23.89 – Buchholz 406.19 Nachbarschutz Nr. 99 = NVwZ 1991, 566.

[167] BVerwG, Beschl. vom 1.3.1993 – 4 B 188.92 – Buchholz 360 § 13 GKG Nr. 73 = NVwZ-RR 1993, 331.

Privatnützige Planfeststellung und öffentliches Interesse

Von Ulrich Ramsauer

I. Problemstellung

1. Die Planfeststellung für privatnützige Vorhaben als unbewältigtes Phänomen

Die gesetzlichen Instrumentarien und die Dogmatik der Planfeststellung sind vornehmlich mit Blick auf typische gemeinnützige Planfeststellungen wie etwa für öffentliche Straßen und Schienenwege entwickelt worden[1]. Derartige Einrichtungen standen dem Gesetzgeber vor Augen, als die besondere Fähigkeit planfeststellungsbedürftiger Vorhaben geschaffen wurde, sich gegenüber entgegenstehenden Rechten und Belangen durchzusetzen und sogar die Enteignung zu rechtfertigen. Privatnützige Planfeststellungen dagegen kamen lange Zeit praktisch nur im Wasserrecht vor (Sand- und Kiesabbau) und nahmen dort eine Sonderstellung ein.[2] Wenn Planfeststellungen für privatnützige Vorhaben neuerdings stärker ins Blickfeld geraten,[3] so liegt dies zum einen am Trend zur Privatisierung ehemals allein staatlicher Aufgaben und zum anderen am wachsenden öffentlichen Interesse an einer Infrastrukturförderung (Schaffung von Arbeitsplätzen, Stärkung der Finanzkraft einer Region) durch Ansiedlung von Unternehmen (Standortpolitik).

2. Die Fragestellungen

Zunächst soll der Begriff der Privatnützigkeit von Vorhaben näher betrachtet werden. Da der Begriff in den Fachplanungsgesetzen nicht verwendet wird,

---

[1] *Bonk / Neumann*, in Stelkens / Bonk / Sachs, VwVfG, 6. Auflage 2001, § 75 Rn 25.

[2] BVerwGE 55, S. 220 ff.; 79, S. 318 ff; 85, S. 155 ff; *Kopp / Ramsauer*, VwVfG, 7. Auflage 2000, § 74 Rn 34.

[3] Vgl. *Herrmann*, Planfeststellung, Privatisierung und Gemeinwohl, NuR 2001, S. 551 ff.; *Prall*, Zur Abgrenzung von gemein- und privatnütziger Planfeststellung, NordÖR 2001, S. 187 ff.

kann es in diesem Zusammenhang nur um die Bestimmung eines Arbeitsbegriffs der Privatnützigkeit gehen, der die Bildung von Kategorien erlaubt und Unterschiede zum Begriff der Gemeinnützigkeit sichtbar werden lässt (II). Bereits hier kreisen die Überlegungen um die Abgrenzung zur Gemeinnützigkeit und damit um den Begriff des öffentlichen Interesses. In einem zweiten Schritt wird es um die Frage gehen, ob und weshalb Vorhaben, die aus privatnützigen Gründen ins Werk gesetzt werden sollen, überhaupt dem Regime der Fachplanungsgesetze unterfallen, also planfeststellungsbedürftig sind (III). Ist diese Frage bejaht, stellt sich das Problem der Planfeststellungsfähigkeit: Welche Anforderungen stellt das Fachplanungsrecht in Bezug auf die Planfeststellung privatnütziger Vorhaben? Diese Frage stellt sich in Bezug auf vier Komplexe, nämlich die Planrechtfertigung (IV), die Zulässigkeit von Enteignungen (V) und die Möglichkeit sonstiger Eingriffe in Rechte Dritter zugunsten privatnütziger Vorhaben (VI) und die planerische Abwägung (VII).

II. Der Begriff der privatnützigen Planfeststellung

1. Privatnützigkeit als heuristischer Begriff

Der Begriff der privatnützigen Planfeststellung wird in den Fachplanungsgesetzen nicht verwendet. Die Begriffsbestimmung kann also nicht ohne weiteres an einer einfachgesetzlichen Norm ansetzen und diese nach den allgemeinen Regeln der Methodik einer Auslegung unterziehen. Vielmehr geht es um eine Systematisierung bzw. eine Kategorisierung, also die Identifzierung von Fallgruppen, denen bestimmte normativ relevante Merkmale innewohnen oder fehlen. Ziel muss es sein, mit Blick auf das Fachplanungsrecht Kriterien zu finden, die eine klare Zuordnung der in der Praxis auftretenden Fallgestaltungen erlauben. Dabei ist es auch notwendig, das Verhältnis von Privatnützigkeit und Gemeinnützigkeit zu bestimmen.

Das Bundesverwaltungsgericht hat den Begriff der Privatnützigkeit zunächst im Rahmen der Kontrolle wasserrechtlicher Planfeststellungen für private Sand- und Kiesabbauvorhaben herangezogen und hier im wesentlichen die These verfochten, privatnützige Planfeststellungen bedürften keiner Planrechtfertigung, weil sie sich gegen entgegenstehende Rechte nicht durchsetzen könnten[4]. Später hat es im Rahmen einer abfallrechtlichen Planfeststellung für eine private Abfalldeponie ausgeführt, die ordnungsgemäße Entsorgung von Abfall

[4] BVerwGE 48, 56 (59); 56, 110; *Ibler*, Die Schranken planerischer Gestaltungsfreiheit im Planfeststellungsrecht, 1988, S. 130 ff., insbes. S. 141 und 170; *Wahl*, Entwicklung des Fachplanungsrechts, NVwZ 1990, S. 426 (434); *Kühling*, DVBl. 1989, S. 221 (223).

liege stets im öffentlichen Interesse, weshalb eine Abfalldeponie auch dann als gemeinnützig anzusehen sei, wenn sie der Öffentlichkeit nicht zur Verfügung stehe[5]. Soweit der Begriff „Privatnützigkeit“ sonst in der Rechtsprechung und der Literatur Verwendung findet, dient er zumeist der Kennzeichnung solcher Planfeststellungsverfahren, bei denen es um die Zulassung von Vorhaben geht, die vom Träger des Vorhabens im Privatinteresse, regelmäßig zum Zweck der Gewinnerzielung, ins Werk gesetzt werden sollen.[6] Unerheblich ist in diesem Zusammenhang, ob der Träger des Vorhabens ein Privatmann oder die öffentliche Hand ist.[7] Auch Rechtssubjekte des Privatrechts können nämlich gemeinnützige Vorhaben durchführen, man denke nur an die Deutsche Bahn AG als Eisenbahnverkehrsunternehmen und Eisenbahninfrastrukturunternehmen i.S.d. §§ 2 f. AEG. In der wissenschaftlichen Diskussion gibt es inzwischen die Stimmen, die den Begriff der privatnützigen Planfeststellung für entbehrlich halten, weil private und öffentliche Interessen an einer Planfeststellung nicht isoliert, sondern stets in einer Gemengelage aufträten.[8]

2. Privatnützigkeit und öffentliches Interesse

a) Motive des Vorhabenträgers

Zunächst scheint es nahezuliegen, zur Bestimmung der Privatnützigkeit auf die Zielsetzung des Vorhabenträgers abzustellen. Es liegt in der Natur privaten Verhaltens, dass es auf die Mehrung des privaten Nutzens ausgerichtet ist. Wenn ein Privater, der nicht aus besonderen Gründen dem Gemeinwohl verpflichtet ist, ein Vorhaben ins Werk setzt, dann verbindet er damit typischerweise Gewinnerwartungen. Das Vorhaben dient einem Unternehmen, dessen unmittelbarer oder auch mittelbarer Zweck die Erzielung bzw. Mehrung von Gewinn ist. Diese Feststellung könnte eine Definition rechtfertigen, wonach privatnützig alle Vorhaben sind, die von ihrem Träger zum Zwecke der Mehrung des privaten Nutzens ins Werk gesetzt werden sollen.

---

[5] BVerwGE 85, 44.

[6] *Bonk / Neumann* (Fn 1), § 72 Rn 25; *Kopp / Ramsauer* (Fn 2), § 74 Rn 34.

[7] BVerwGE 55, 220 (226 ff.); *Kühling / Herrmann*, Fachplanungsrecht, 2. Auflage 2000, Rn 285; *Achenbach*, Zur Frage der selbständigen rechtlichen Bedeutung der privatnützigen Planfeststellung, 1992, S. 30.

[8] Vgl. nur *Breuer*, Die wasserrechtliche Planfeststellung, in: Planung, Festschrift für Werner Hoppe, 2000, S. 667 (681 f.); *Steinberg / Berg / Wickel*, Fachplanung, 3. Auflage 2000, S. 39; *Bamberger*, Privat- und gemeinnützige Planfeststellung im Wasser- und Abfallrecht, BayVBl 1999, S. 622 ff; *Achenbach* (Fn 7), S. 25 f; *Kühling*, Die privatnützige Planfeststellung, in: Bürger – Richter – Staat, Festschrift für Horst Sendler, 1991, 391 (393).

b) Das Interesse an der Durchführung des Vorhabens

Eine Definition, die allein auf die subjektive Zielsetzung des Vorhabenträgers abstellte, also auf sein Motiv dafür, dass er sich zur Durchführung des Vorhabens entschließt, hätte den Nachteil, dass sie die sonst mit dem Vorhaben verbundenen Interessen, insbesondere öffentliche Interessen, unberücksichtigt ließe. Eine allein an den Motiven des Vorhabenträgers ansetzende Definition wäre deshalb als Grundlage für eine Systematisierung wenig geeignet. Ein im öffentlichen Interesse liegendes Vorhaben würde schon deshalb als privatnützig eingestuft werden, weil der Träger des Vorhabens damit privatnützige Zwecke verfolgt. Private und öffentliche Interessen an der Durchführung eines Vorhabens schließen sich aber nicht aus. Es liegt vielmehr auf der Hand, dass die Durchführung bestimmter Vorhaben im öffentlichen Interesse liegen kann, obwohl sie von Privaten allein im subjektiven Interesse der Gewinnerzielung ins Werk gesetzt werden sollen.[9] Hierfür lässt sich eine Vielzahl von Beispielsfällen aus den unterschiedlichsten Bereichen anführen: Flughäfen, die von privaten Unternehmen errichtet und betrieben werden, Eisenbahn- und Straßenbahnlinien privater Unternehmen, die dem öffentlichen Verkehr dienen, Abfallentsorgungsanlagen, Anlagen der atomaren Entsorgung. Die Liste ließe sich beliebig verlängern. Diesen Fallgestaltungen ist gemeinsam, dass neben die private Absicht der Gewinnerzielung, die die Privatnützigkeit des Vorhabens kennzeichnet, ein gemeinnütziger Effekt tritt, der unmittelbar mit der Zweckbestimmung des Vorhabens verbunden ist. Für die hier angesprochenen Konstellationen ist kennzeichnend, dass die positiven Auswirkungen des Vorhabens etwa für das öffentliche Verkehrsnetz, die Abfallentsorgung, den öffentlichen Luftverkehr usw. unabhängig von der privaten Gewinnerzielungsabsicht des Trägers bzw. Betreibers eintreten können. Es ist eben kein Kennzeichen der Gemeinnützigkeit, das Vorhaben defizitär oder jedenfalls kostenneutral durchgeführt und betrieben werden.

c) Das Vorhaben als interessenpluralistisches Gebilde

Nimmt man das Vorhaben als solches in den Blick, so kann man leicht feststellen, dass hier neben dem Interesse des Vorhabenträgers ganz unterschiedliche Interessen eine Rolle spielen können. Da sind etwa die zumeist gegenläufigen privaten Interessen der Nachbarschaft, da sind wirtschaftliche Interessen z.B. der Bauwirtschaft, die sich von der Durchführung Aufträge verspricht, Interessen der späteren Nutzer der projektierten Anlage, fiskalische Interessen

---

[9] *Prall* (Fn 3), S. 188; *Kopp / Ramsauer* (Fn 2), § 74 Rn 34; *Kühling* (Fn 8), S. 395; *Kühling / Herrmann* (Fn 7) Rn 290 f.

usw. Und da sind schließlich öffentliche Interessen, Interessen der Allgemeinheit also, welche sowohl für als auch gegen das projektierte Vorhaben streiten können. Zugunsten eines Vorhabens lassen sich seine positiven Auswirkungen auf die Infrastruktur eines Gebiets, auf den „Standort" ins Feld führen, zu Lasten desselben Vorhabens müssen seine Auswirkungen auf Natur und Landschaft, auf reproduktive Möglichkeiten wie Freizeit, Erholung usw. in die Wagschale geworfen werden. Es greift also zu kurz, wenn man Vorhaben allein deshalb schon als privatnützig einstuft, weil der Träger des Vorhabens damit privatnützige Zwecke verfolgt. Abzustellen ist nicht allein auf die subjektive Zielsetzung des Vorhabenträger, sondern auch auf andere beteiligte Interessen, insbesondere auch auf etwa bestehende öffentliche Interessen. Die projektierte Anlage, ihre Zweckbestimmung und konkrete Funktionalität, ihre unmittelbaren und mittelbaren Auswirkungen auf Nachbarschaft, Umgebung und Infrastruktur eines Raumes sind insoweit maßgeblich.[10]

d) Das Problem der Definitionsmacht für öffentliche Interessen

Die Frage, ob ein Vorhaben seinen privaten Interessen dient, muss jeder Private für sich selbst entscheiden. Der Vorhabenträger etwa entscheidet sich für sein Vorhaben unter Kontingenzbedingungen; es ist keineswegs sicher, ob sich seine Gewinnerwartungen erfüllen werden. Gleichwohl wird ihm niemand die Berechtigung streitig machen dürfen, ein derartiges Risiko einzugehen und trotz mancher Unsicherheiten seinen Investitionseinsatz „aufs Spiel zu setzen". Gleiches gilt für die anderen Akteure, deren Interessen von dem Vorhaben berührt werden. Sie können die Planungen unterstützen oder bekämpfen unabhängig davon, ob die Vor- und Nachteile, die sie befürchten bzw. erwarten, realistisch sind oder nicht. Während die betroffenen Privatinteressen den privaten Akteuren eindeutig zugeordnet sind, gilt dies für die öffentlichen Interessen nicht in gleicher Weise. Hier stellt sich die Frage, wer das Bestehen von öffentlichen Interessen an der projektierten Anlage definieren und darüber entscheiden darf, welche der für und gegen die Anlage sprechenden öffentlichen Interessen per Saldo überwiegen. Es ist nämlich keineswegs so, dass insoweit keine unterschiedlichen Ansichten bestehen könnten. Vielmehr ist das Gegenteil der Fall. Bei sämtlichen raumbedeutsamen Vorhaben, die ins Werk gesetzt werden sollen, lässt sich über die Vor- und Nachteile für die Allgemeinheit trefflich streiten. Selbst dann, wenn es für bestimmte Projekte einen geradezu unabweisbaren Bedarf zu geben scheint, ist die Zustimmung angesichts der mit dem Vorhaben ebenso unabweisbar verbundenen Nachteile selten einhellig. Hier

---

[10] *Prall* (Fn 3), S. 187; *Breuer* (Fn 8), S. 667 (680); *Kühling / Herrmann* (Fn 7), Rn 285; *Hartung*, Die privatnützige Planfeststellung, 1996.

stellt sich deshalb beim öffentlichen Interesse die Frage des „quis judicabit“, also die Frage nach der Kompetenz.

e) Entscheidungsteilung zwischen Legislative und Exekutive

Ein Blick auf die klassischen gemeinnützigen Vorhaben macht deutlich, dass die Kompetenz zur Entscheidung über die öffentlichen Interessen an Vorhaben in diesen Fällen aufgeteilt ist. Der Gesetzgeber bestimmt zunächst im jeweiligen Fachplanungsgesetz allgemein diejenigen Vorhaben, die nach ihrer fachplanerischen Zielsetzung potentiell, also ohne Rücksicht auf die konkreten Umstände des Einzelfalls, im öffentlichen Interesse liegen; die zuständigen Behörden entscheiden sodann im Rahmen einer fachplanerischen Abwägung im Einzelfall, ob die für ein konkretes Vorhaben tatsächlich bestehenden öffentlichen Interessen derart gewichtig sind, dass sie sich gegenüber den gegenläufigen Interessen durchsetzen. Der Gesetzgeber definiert also gewissermaßen einen Rahmen für die Abwägung der beteiligten öffentlichen Interessen im Einzelfall durch die zuständigen Behörden. Dieser Rahmen wird bestimmt durch die fachplanerischen Zielsetzungen. Innerhalb dieses Rahmens ist es sodann Sache der zuständigen Behörden, die Vor- und Nachteile eines konkreten Vorhabens abzuwägen und über die Planfeststellung durch Betätigung des planerischen Gestaltungsspielraums zu entscheiden. Das damit beschriebene Prinzip der Entscheidungsteilung in Bezug auf die Bestimmung des öffentlichen Interesses ist für den Umgang mit den Begriffen „Privatnützigkeit“ und „Gemeinnützigkeit“ essentiell: Nur wenn ein Vorhaben nach dem jeweiligen Fachplanungsgesetz den fachplanungsspezifischen Zielsetzungen entspricht, kann es als gemeinnützig eingestuft werden. Und umgekehrt gilt: Vorhaben, die diesen Zielsetzungen nicht entsprechen, sind im engeren Sinn privatnützig. Damit ergibt sich die Abgrenzung zwischen den Begriffen „privatnützig“ und „gemeinnützig“ nicht schon aus der Motivationslage des Vorhabenträgers, aber auch nicht aus dem Ergebnis der behördlichen Abwägung der beteiligten Interessen, sondern aus der Zielkonformität des Vorhabens selbst. Die Definitionsmacht über den Begriff der Privatnützigkeit kommt also allein dem Gesetzgeber, nicht der Exekutive zu.

3. Planfeststellungsbedürftigkeit und fachplanerische Zielsetzungen

Wie lässt sich nun die fachplanerische Zielsetzung ermitteln, die den Rahmen für die Entscheidung der Behörden über die Zulassung bilden soll? Eine Möglichkeit könnte darin bestehen, aus den Regelungen über die Planfeststellungsbedürftigkeit zugleich auch auf die fachplanerische Zielkonformität eines jeden planfeststellungspflichtigen Vorhabens zu schließen. Jedes Vorhaben, welches nach einem Fachplanungsgesetz planfeststellungsbedürftig ist, würde danach auch den fachplanerischen Zielsetzungen des Gesetzgebers entsprechen. Konsequenz dieser Auffassung wäre allerdings, dass es keine privatnützigen Vorhaben im engeren Sinn gäbe, weil mit der Feststellung der Planfeststellungsbedürftigkeit zugleich auch über die Zielkonformität des Vorhabens entschieden wäre. Alle planfeststellungsbedürftigen Vorhaben wären – nach der oben entwickelten Definition – gemeinnützig.

Der Schluss von der Planfeststellungsbedürftigkeit eines Vorhabens auf seine Vereinbarkeit mit den Zielen des Fachplanungsgesetzes erscheint indessen gewagt. Er würde voraussetzen, dass der Gesetzgeber mit der Planfeststellungsbedürftigkeit zugleich eine Aussage über das jedenfalls grundsätzliche Bestehen eines öffentlichen Interesses an Vorhaben der planfeststellungsbedürftigen Art getroffen hätte. Mit der Anordnung einer Planfeststellungsbedürftigkeit ist aber zunächst einmal lediglich festgelegt, dass Vorhaben der planfeststellungsbedürftigen Art einem in vielerlei Hinsicht besonders qualifizierten Genehmigungsverfahren unterworfen werden sollen, einem Verfahren, welches sich durch eine ganze Reihe von Besonderheiten von normalen Genehmigungsverfahren unterscheidet. Das Planfeststellungsverfahren zeichnet sich vor allem durch drei Besonderheiten aus: Die Konzentrationswirkung, den planerischen Gestaltungsspielraum und die Stabilität des Planfeststellungsbeschlusses. Die in § 75 Abs. 1 VwVfG allgemein für Planfeststellungsbeschlüsse vorgesehene Konzentrationswirkung bedeutet, dass die Zulässigkeit des Vorhabens im Hinblick auf sämtliche von ihm berührten öffentlichen Belange festgestellt wird und daneben keine anderen Zulassungen, Genehmigungen usw. erforderlich sind.[11] Eine derartige Konzentrationswirkung weist das Baugenehmigungsverfahren gar nicht und die Anlagengenehmigung nach § 13 BImSchG nur in eingeschränktem Umfang auf. Der planerische Gestaltungsspielraum, der mit jedem Planfeststellungsverfahren zwingend verbunden ist, bedeutet, dass es – wiederum anders als bei der Bau- und Anlagengenehmigung – bei planfeststellungsbedürftigen Vorhaben grundsätzlich keinen Anspruch auf die Zulassung gibt, sondern die zuständige Behörde über die Planfeststellung im Rahmen ihres Planungsermessens entscheidet.[12] Und die hohe Stabilität des Planfeststellungsbeschlusses, wie sie in §§ 72 Abs. 1, 75 Abs. 2 VwVfG zum Ausdruck gelangt, bedeutet, dass planfestgestellte Vorhaben in aller Regel auch gegenüber späteren Änderungen der Sach- und Rechtslage Bestand haben.[13] Auch insoweit

---

[11] *Kopp / Ramsauer* (Fn 2), § 75 Rn 7 ff.

[12] *Bonk / Neumann* (Fn 1), § 72 Rn 10 und § 74 Rn 30; *Kopp / Ramsauer* (Fn 2), § 72 Rn 11.

[13] *Bonk / Neumann* (Fn 1), § 75 Rn 1 und 44 ff.; *Kopp / Ramsauer* (Fn 2), § 75 Rn 1 und 8 ff.

gehen die Rechtswirkungen der Planfeststellung über diejenigen von Bau- und Anlagengenehmigung hinaus.

Über ein für Vorhaben der planfeststellungsbedürftigen Art allgemein bestehendes öffentliches Interesse ist damit nichts gesagt. Dies folgt auch daraus, dass einige Fachplanungsgesetze selbst für rein privatnützige Vorhaben, mit denen offensichtlich keinerlei öffentliche Interessen verfolgt werden, eine Planfeststellungsbedürftigkeit vorsehen. Als klassisches Beispiel mag insoweit die Planfeststellungsbedürftigkeit von Sand- und Kiesabbauvorhaben nach § 31 WHG dienen. Es liegt auf der Hand, dass der Gesetzgeber des WHG, der die Umgestaltung von Gewässern einer Planfeststellungspflicht unterworfen hat, damit nicht etwa ein öffentliches Interesse an derartigen Gewässerveränderungen definieren wollte. Die Planfeststellungspflicht hat hier vielmehr den Zweck, für bestimmte Vorhaben ein qualifiziertes Genehmigungsverfahren festzulegen, in welchem die maßgeblichen Gesichtspunkte unter Beteiligung der Öffentlichkeit zusammengetragen und bewertet werden können. Dies schließt umgekehrt nicht aus, dass sich Planfeststellungspflicht und fachplanungsspezifisches öffentliches Interesse entsprechen. Dies ist etwa beim FStrG der Fall, mit dem nur die dem öffentlichen Verkehr dienenden Straßen der Planfeststellungspflicht unterworfen werden. Gleichwohl erscheint es notwendig, jedem Fachplanungsgesetz die fachplanungsspezifischen öffentlichen Interessen, die ein Vorhaben zu einem gemeinnützigen werden lassen, unabhängig von der Planfeststellungsbedürftigkeit zu entnehmen.

4. Fachplanungsspezifische Ziele

Ob die spezifische Zweckbestimmung eines Vorhabens eine gemeinnützige ist, lässt sich nicht vom Standpunkt allgemeiner Vorstellungen über die Nützlichkeit für die Allgemeinheit beurteilen. Versuche, insoweit allgemeine, normunabhängige Kriterien zu entwickeln, müssen scheitern. Die Vorstellungen darüber, was dem öffentlichen Interesse nützlich ist, können weit auseinandergehen; sie sind zudem ständigem Wandel unterworfen. In einem demokratisch verfassten Gemeinwesen obliegt es dem Parlament, innerhalb der verfassungsmäßigen Ordnung zu regeln, welche öffentlichen Interessen durch welche Maßnahmen verfolgt werden sollen.[14] Maßgebend kann deshalb nur sein, ob der Gesetzgeber einer Zweckbestimmung gewissermaßen die „Weihen der Gemeinnützigkeit" verliehen hat.

Ein Blick auf verschiedene Beispielsfälle mag das verdeutlichen: Soweit es um den Bau und den Betrieb von Straßen geht, hat der Gesetzgeber z.B. in § 1

[14] BVerwGE 56, 249 (261); 74, 264 (280); *Kühling / Herrmann* (Fn 7), Rn 275; *Herrmann* (Fn 3), S. 555; *Prall* (Fn 3), S. 189; *Achenbach* (Fn 7), S. 38.

FStrG die Verfügbarkeit der Straße für die Allgemeinheit zum Kriterium ihrer Gemeinnützigkeit gemacht; Privatstraßen sind danach nicht gemeinnützig, auch wenn sie einen privaten Verkehrsbedarf befriedigen. Soweit es dagegen um die Aufsuchung und die Gewinnung von Bodenschätzen geht, besteht hieran entsprechend der Rohstoffsicherungsklausel in § 1 Nr. 1 BBergG stets ein öffentliches Interesse. Folglich kommt es für die Gemeinnützigkeit nicht allein darauf an, ob und in welchem Umfang die Vorteile eines hierauf gerichteten Vorhabens der Allgemeinheit zugute kommen.[15] Gleiches gilt nach der neueren Rechtsprechung für die Errichtung von Abfallentsorgungsanlagen, die regelmäßig auch dem öffentlichen Interesse an einer geordneten Abfallentsorgung dienen.[16] Allerdings muss dem jeweiligen Fachplanungsgesetz selbst die Regelung über die maßgeblichen Zielsetzungen entnommen werden. Anhaltspunkte lassen sich aus der Eigenart des Vorhabens gewinnen, wie dies bei der Planung öffentlicher Straßen oder bei der Planung von Abfallentsorgungsanlagen als Beitrag zur Erfüllung der öffentlichen Entsorgungsaufgaben der Fall ist. Mittelbare öffentliche Interessen, die sich mit einem Vorhaben verbinden, kommen ersichtlich nicht in Betracht, weil ihre Relevanz nicht im Fachplanungsgesetz selbst angelegt ist.[17] Die Schaffung von Arbeitsplätzen oder die Verbesserung der wirtschaftlichen Infrastruktur können einem Vorhaben deshalb nicht die Weihen der Gemeinnützigkeit verleihen.

Sie können als *privatnützige Vorhaben im engeren Sinne* oder als mittelbar gemeinnützige[18] Vorhaben bezeichnet werden. Dabei handelt es sich typischerweise um Produktionsanlagen, die im Privatinteresse errichtet werden sollen, zugleich aber infrastrukturpolitische Auswirkungen haben, die von den zuständigen Behörden als positiv eingestuft werden. Letzteres ist in Zeiten hoher Arbeitslosigkeit bei nahezu allen größeren Ansiedlungsvorhaben der Fall. Geht es um Vorhaben einer gewissen Größenordnung, kommt es nicht selten zu einem erbitterten Ringen der Kommunen und sogar der betroffenen Bundesländer um den Zuschlag.[19] Hier zeigt sich, dass auf Seiten der öffentlichen Hand bei derartigen Bemühungen regelmäßig ein massives öffentliches Interesse an der Ansiedlung eines Betriebes gesehen wird.[20] Dieses öffentliche Interesse unter-

---

[15] *Herrmann* (Fn 3), S. 555; *Kühling* (Fn 8), S. 395.

[16] BVerwGE 85, 44; 97, 143 (149); zustimmend *Achenbach* (Fn 7), S. 62 ff. Kritisch *Herrmann* (Fn 3), S. 556 und *Murswieck*, Privater Nutzen und Gemeinwohl im Umweltrecht, DVBl. 1989, S. 77 ff.

[17] Es sei denn, es handelte sich um ein spezielles Infrastrurförderungsgesetz.

[18] So *Prall* (Fn 3), S. 187 f.

[19] Um den Standort für die Airbus-Endmontage hatte sich neben Hamburg auch Rostock beworben.

[20] Beim Airbus-Projekt wird dies nicht zuletzt daran deutlich, dass die Stadt Hamburg die für die Werkserweiterung benötigten zusätzlichen Flächen im Mühlenberger Loch auf eigene Kosten aufschütten lässt und als Bauland herrichtet.

scheidet sich aber deutlich von demjenigen, welches bei den oben dargestellten Fallkonstellationen festzustellen war. Zunächst: Es ist nicht Ausfluss der spezifischen Zweck- oder Funktionsbestimmung der Anlage, sondern das insoweit unspezifische mittelbare Ergebnis eines Produktionsprozesses, für den es als solchen normalerweise gerade keine gesetzliche Gemeinnützigkeitsbestimmung gibt, und das grundsätzlich jedem Industrievorhaben innewohnen kann.[21] Das bedeutet weiter: Die Definition eines solchen Vorhabens als im öffentlichen Interesse befindlich wird in diesen Fällen regelmäßig von der Exekutive vorgenommen. Dabei ist die Interessenlage komplex: Ob mit einer Unternehmensansiedlung und der damit verbundenen Schaffung von Arbeitsplätzen und Stärkung der regionalen Finanzkraft öffentliche Interessen gefördert werden, hängt von einer Vielzahl von Faktoren ab, die bilanziert werden müssen. Hierzu zählen die Rahmenbedingungen, die planerischen Vorstellungen für eine Region, die Wirkungen auf die Umwelt und ähnliches. Mit der spezifischen Zweckbestimmung der Anlage, etwa die Herstellung von Gütern oder Bereitstellung von Dienstleistungen, ist dieses öffentliche Interesse noch nicht unmittelbar verbunden. Deshalb fehlt derartigen Anlagen die Gemeinnützigkeit, auch wenn für ihre Verwirklichung öffentliche Interessen sprechen mögen.[22]

III. Die Bestimmung der Planfeststellungsbedürftigkeit

Bei der Bestimmung der Planfeststellungsbedürftigkeit von Vorhaben bedienen sich die Fachplanungsgesetze unterschiedlicher Methoden. Teilweise werden die Vorhaben gegenständlich beschrieben, teilweise unter Heranziehung der Zwecke einer Anlage, teilweise werden sie nur im Hinblick auf ihre Auswirkungen beschrieben. Die Festlegung der Planfeststellungsbedürftigkeit stellt zumeist nicht auf die Frage der Privat- oder Gemeinnützigkeit des Vorhabens ab. Letzteres ist aber etwa der Fall bei der Regelung der § 17 FStrG, wonach Bundesfernstraßen planfeststellungsbedürftig sind. Bundesfernstraßen sind nach § 1 FStrG öffentliche Straßen , also solche, die der Allgemeinheit zur Verfügung stehen. Straßen zur bloß privaten Benutzung, z.B. Werksstraßen usw., werden nicht erfasst.[23] Gleiches dürfte auch für § 28 Abs. 1 PBefG gelten, wo-

---

[21] So auch *Herrmann* (Fn 3), S. 557; *Prall* (Fn 3), S. 188; *Achenbach* (Fn 7), S. 38 ff.

[22] Das BVerwG hat dementsprechend ausdrücklich festgestellt, dass das unspezifische Interessen wie das an der Schaffung von Arbeitsplätzen oder Prestigebedürfnisse nicht für eine Planrechtfertigung ausreichen, BVerwGE 71, 166 (168); ähnlich hat BVerfGE 74, 264 (287) klar gestellt, dass das Interesse an Arbeitsbeschaffung alleine eine Enteignung nicht rechtfertigen kann; ebenso auch noch OVG Hamburg, Bf III 41 / 96. So auch *Prall* (Fn 3), S. 188 und *Herrmann* (Fn 3), S. 557.

[23] *Steinberg / Berg / Wickel* (Fn 8), S. 61.

nach der Bau von Betriebsanlagen für Straßenbahnen planfeststellungsbedürftig ist. Da nach § 1 Abs. 1 PBefG nur die entgeltliche oder geschäftsmäßige Beförderung von Personen mit Straßenbahnen erfasst wird, muss man hieraus ähnlich wie bei § 1 FStrG den Schluss ziehen, dass Schienenanlagen zum bloß privaten Gebrauch, etwa Werksbahnen usw., nicht erfasst werden.[24] Die Regelungen gelten also nur für gemeinnützige Vorhaben und privatnützige Vorhaben im weiteren Sinne, die zugleich auch gemeinnützig sind.

Während § 17 FStrG und § 28 PBefG also praktisch keine privatnützigen Vorhaben im engeren Sinne erfassen können, gilt für eine Reihe sonstiger Fachplanungsgesetze etwas anderes. Zu nennen ist zunächst einmal die Regelung über die Planfeststellung von Eisenbahnanlagen. Wie sich aus §§ 2, 3 AEG ergibt, werden von § 18 AEG auch solche Anlagen und Vorhaben erfasst, die keine öffentlichen Eisenbahnverkehrsleistungen für jedermann erbringen, also auch etwa Werkseisenbahnen und ähnliche Beförderungseinrichtungen. Auch § 31 WHG und § 31 KrW / AbfG differenzieren hinsichtlich der Planfeststellungspflicht nicht zwischen privatnützigen und gemeinnützigen Vorhaben. Für die Planfeststellungspflicht nach § 31 WHG kommt es allein darauf an, dass es um die Herstellung, Beseitigung oder wesentliche Umgestaltung eines (nicht gänzlich unbedeutenden)[25] Gewässers geht; die Gründe für die beabsichtigte Umgestaltung des Gewässers spielen keine Rolle.[26] Deshalb ist es auch unerheblich, ob das Vorhaben, welches die Veränderung des Gewässers erforderlich macht, privat- oder gemeinnützig ist. § 31 Abs. 2 KrW / AbfG stellt hinsichtlich der Planfeststellungsbedürfigkeit dagegen allein auf die Funktion bzw. die Eigenschaft der Anlage als Deponie, also einer Anlage zur Endablagerung von Abfällen (vgl. § 29 Abs. 1 Satz 2 Nr. 2 KrW / AbfG) ab.[27] Andere Anlagen bzw. Vorhaben sind auch dann nach dem KrW / AbfG nicht planfeststellungsbedürftig, wenn die Auswirkungen auf den Boden und die Umwelt im übrigen denen einer Abfalldeponie vergleichbar sind. Für die Planfeststellungsbedürftigkeit spielt es keine Rolle, ob die Deponie nur Abfälle des Vorhabenträgers aufnehmen oder auch für sonstige Abfälle zur Verfügung stehen soll. Das LuftVG bestimmt die Planfeststellungsbedürftigkeit ähnlich wie FStrG, PBefG und AEG durch die Beschreibung der erfassten Anlagen. Anders

---

[24] So auch *Bidinger*, Personenbeförderungsrecht, § 1 PBefG, Anm. 3 b).

[25] Nach § 1 Abs. 2 S. 1 können die Länder kleine Gewässer von wasserwirtschaftlich untergeordneter Bedeutung aus dem Geltungsbereich des Gesetzes und damit der Planfeststellungsbedürftigkeit ausnehmen. Hiervon haben die Länder überwiegend Gebrauch gemacht.

[26] *Czychowski*, Wasserhaushaltsgesetz, Kommentar, 7. Auflage 1998, § 31 Rn 1b und 1c; *Zeitler* in: Sieder / Zeitler / Dahme, Wasserhaushaltsgesetz, Kommentar, § 31 Rn 1 und 12 f.

[27] *Paetow* in: Kunig / Paetow / Versteyl, Kreislaufwirtschafts- und Abfallgesetz, Kommentar, 1998, § 31 Rn 98 f.

als das FStrG und das PBefG, aber ähnlich wie das AEG und das KrW / AbfG differenziert das LuftVG bei der Festlegung der Planfeststellungsbedürftigkeit nicht zwischen öffentlichen Flughäfen und privaten Landeplätzen, die nur dem Vorhabenträger offenstehen, § 8 LuftVG.[28]

IV. Planrechtfertigung von privatnützigen Vorhaben

1. Das Institut der Planrechtfertigung

Die Rechtsprechung hat die Rechtsfigur der Planrechtfertigung zunächst für die Bauleitplanung entwickelt.[29] Normative Grundlage war § 1 Abs. 3 BBauG, wonach die Gemeinden Bebauungspläne aufzustellen haben, sobald dies für die städtebauliche Entwicklung erforderlich ist. Negativ gewendet bedeutet dies, dass Bauleitpläne nur aufgestellt werden dürfen, wenn sie im Hinblick auf die städtebauliche Entwicklung auch erforderlich sind.[30] Dementsprechend formulierte das BVerwG in seiner Grundentscheidung, die Planung trage ihre Rechtfertigung nicht in sich selbst, sondern bedürfe der Rechtfertigung durch den Zweck der Bauleitplanung.[31] Ob die jeweilige Planung hiernach gerechtfertigt sei, unterliege anders als die planerische Abwägung der vollen gerichtlichen Kontrolle. Damit war das Rechtsinstitut der Planrechtfertigung gefunden, welches durch BVerwGE 48, 56, 59 dann auf die Fachplanung übertragen wurde und seither neben dem Abwägungsgebot zu den wichtigsten Prüfsteinen jeder Planfeststellung gehört.[32]

In der Literatur wird teilweise der Standpunkt vertreten, eine Prüfung der Planrechtfertigung sei neben dem Abwägungsgebot entbehrlich, und zwar im wesentlichen mit der Begründung, aus dem Gebot der Planrechtfertigung ergäben sich materiell keine über das Abwägungsgebot hinausgehenden Anforderungen an die Planung.[33] Allerdings hat das BVerwG an der Rechtsfigur der Planrechtfertigung stets festgehalten und dabei stets die vollständige gerichtli-

---

[28] *Giemulla* in: Frankfurter Kommentar zum Luftverkehrsrecht, § 6 LuftVG Rn 3 f.

[29] BVerwGE 34, 301 (305); 45, 309 (312).

[30] *Krautzberger* in: Battis / Krautzberger, Baugesetzbuch, Kommentar, 7. Auflage 1999, § 1 Rn 25 f.

[31] BVerwGE 34, 301 (305).

[32] Vgl. nur BVerwGE 55, 220 (wasserrechtliche Planfeststellung) und BVerwGE 56, 110 (luftverkehrsrechtliche Planfeststellung).

[33] *Schmidt-Preuss*, Fachplanung und subjektiv-rechtliche Konfliktschlichtung, in: Planung, Festschrift für Werner Hoppe, 2000, S. 1071 (1082); *Jarass*, Die materiellen Voraussetzungen der Planfeststellung in neuerer Sicht, DVBl. 1998, S. 1202 (1205); *Wahl* (Fn 4), S. 434.

che Kontrolle betont.[34] Nach den oben (II) angestellten Überlegungen zur Kompetenzteilung bei der Entscheidung über das öffentliche Interesse fügt sich die Planrechtfertigung im übrigen nahtlos in die Struktur der Fachplanungsgesetze ein. Sie ist der Ort, an dem das Vorhaben im Hinblich auf die spezifischen Zielvorgaben des Fachplanungsgesetzes, nicht dagegen im Hinblick auf die administrative Abwägung der beteiligten Interessen gerichtlich kontrolliert wird.

Trotz der vielen Judikate zur Planrechtfertigung ist deren Funktion allerdings unscharf geblieben.[35] Die meisten Entscheidungen, in denen die Planrechtfertigung näher untersucht wurde, betreffen Planfeststellungen nach dem FStrG. Hier hat das BVerwG die Anforderungen an die Planrechtfertigung auch näher entwickelt. Danach muss ein Vorhaben zur Erreichung der spezifischen Zielsetzungen des jeweiligen Fachplanungsgesetzes erforderlich, d.h. „vernünftigerweise geboten" sein.[36] Aus dieser Formel ergeben sich für die Planrechtfertigung zwei Komponenten: die der Zielkonformität und die des Bedarfs.[37] Im Zentrum stehen die Ziele des jeweiligen Fachplanungsgesetzes. Sie bilden den Maßstab für die Frage, ob es für ein Vorhaben einen vernünftigen Bedarf gibt, was auf einer empirisch hinreichend abgesicherten Grundlage zu entscheiden ist. Das BVerwG hat sich in seiner Bitburg-Entscheidung einer bereits früher gelegentlich verwendeten Formel erinnert, wonach es an einer Planrechtfertigung „nur bei groben und einigermaßen offensichtlichen Missgriffen" fehlen soll.[38] Diese Formulierung ist unglücklich. Sie suggeriert zunächst eine Fehlerprüfung, obwohl das Gericht die Letztentscheidungskompetenz für diese Frage selbst für sich in Anspruch nimmt.[39] Sie suggeriert weiter eine Unbestimmtheit, die es in Wahrheit nicht gibt. Ob ein Vorhaben „vernünftigerweise geboten" ist, muss auf der Grundlage der fachplanerischen Zielsetzungen beurteilt werden, deren Identifizierung keine summarische Vorgehensweise erlaubt. Lediglich bei der empirischen Frage, ob – gemessen an den fachplanerischen Zielen – ein „Bedarf" für das Vorhaben prognostiziert werden kann, könnte eine Beschränkung auf eine Grobkontrolle in Betracht kommen, die allerdings dem Anspruch

---

[34] BVerwGE 71, 166 (168); 72, 282 (283 f.); 84, 123 (130). In einer neueren Entscheidung hat das BVerwG allerdings offengelassen, „ob es einer besonderen Prüfung der Planrechtfertigung überhaupt bedarf oder ob die dabei anzustellenden Überlegungen im Rahmen der Abwägung berücksichtigt werden können", BVerwGE 85, 44 ff.

[35] *Wahl* (Fn 4), S. 434; *Ibler* (Fn 4), S. 132.

[36] So die ständige Rechtsprechung des BVerwG, vgl. BVerwGE 56, 110 (118); 69, 256 (271); 71, 166 (168); 72, 282 (283).

[37] *Kopp / Ramsauer* (Fn 2), § 74 Rn 33; *Steinberg / Berg / Wickel* (Fn 8), S. 198; *Kühling / Herrmann* (Fn 7), Rn 271.

[38] BVerwG, Urt. vom 11.7.2001, NVwZ 2002, 350.

[39] BVerwGE 84, 123 (131); NVwZ 1991, 781 (783).

an eine Rechtfertigung der Planung nicht gerecht würde, sondern diesem Prüfungsschritt nur noch den Status einer „Planungsgrobkontrolle" zuwiese.[40]

2. Planrechtfertigung bei der privatnützigen Planfeststellung

Es liegt auf der Hand, dass sich Probleme ergeben, wenn privatnützige Vorhaben auf diese Weise daraufhin untersucht werden, ob sie dem Institut der Planrechtfertigung genügen. Privatnützige Vorhaben im oben beschriebenen engeren Sinn lassen sich nämlich mit den Zielen des Fachplanungsgesetzes gerade nicht rechtfertigen. Das BVerwG hat bereits frühzeitig hieraus die Konsequenz gezogen. In einer wasserrechtlichen Planfeststellung, in der es um die Zulässigkeit eines privaten Kiesabbaus ging, verzichtete das BVerwG auf eine Prüfung der Planrechtfertigung.[41] Diese sei bei privatnützigen Vorhaben, von denen keine Eingriffe in Rechte Dritter ausgehen dürften, entbehrlich. In einer späteren Entscheidung, in der es um eine abfallrechtliche Planfeststellung für ein Vorhaben der privaten Abfallentsorgung ging, hat das Gericht diesen Gedanken indessen nicht wieder aufgegriffen[42]. Konsequenterweise hätte es auch hier auf die Prüfung der Planrechtfertigung verzichten müssen, solange nicht in Rechte Dritter eingegriffen wird. Für den Bereich des Abfallrechts wurde stattdessen festgestellt, dass es keine rein privatnützige Planfeststellung privater Abfallentsorgungsanlagen gebe, weil die ordnungsgemäße Abfallentsorgung schlechthin eine öffentliche Aufgabe sei und deshalb auch die Errichtung einer privaten Abfallentsorgungsanlage nach den Zielen des (seinerzeit noch maßgeblichen) AbfG vernünftigerweise geboten sein könne. Damit hat sich das Gericht auf den Standpunkt gestellt, dass es im Abfallrecht keine planfeststellungsbedürftigen privatnützigen Vorhaben im engeren Sinne gebe, weil mit jedem Deponievorhaben jedenfalls auch die fachplanerischen Zielsetzungen verfolgt würden.[43] Für den Umgang mit privatnützigen Vorhaben ergeben sich danach zwei mögliche Varianten:

a) Die erste Variante hat das BVerwG mit seiner Entscheidung zum Wasserrecht vorgezeichnet. Sie läuft darauf hinaus, die Anwendbarkeit des Instituts der Planrechtfertigung generell auf solche Planfeststellungen zu beschränken, die Eingriffscharakter haben, mit denen also in Rechte Dritter eingegriffen werden soll.[44] Wo kein Eingriff notwendig wird, um ein Vorhaben zu verwirk-

---

[40] Näher hierzu *Ibler* (Fn 4), S. 132.

[41] BVerwGE 55, 220.

[42] BVerwGE 85, 44.

[43] BVerwGE 85, 44 (46 ff.); 97, 143 (149). Zur Kritik an dieser Rechtsprechung siehe Fn 14.

[44] BVerwGE 48, 56 (59); 56, 110; *Ibler* (Fn 4), S. 130 ff., insbes. S. 141 und 170; *Wahl* (Fn 4), S. 434; *Kühling*, DVBl. 1989, S. 221 (223).

lichen, da müsste hiernach auch keine Planrechtfertigung vorliegen. Planrechtfertigung wäre danach Eingriffsrechtfertigung. Dabei käme es nicht darauf an, ob es um eine enteignungsrechtliche Vorwirkung oder nur um einen sonstigen Eingriff in Rechte Dritter geht, wie er nach § 74 Abs. 2 S. 3 VwVfG zulässig sein soll, wenn die nachteiligen Wirkungen des Vorhabens durch Vorkehrungen nicht verhindert werden können.[45] Entscheidend wäre allein, ob es über die bloße Berührung abwägungserheblicher Interessen hinaus zu einem echten Eingriff in Rechte Dritter kommen soll oder nicht. Nach dieser Variante wäre eine private Werkslandebahn nach dem LuftVG jedenfalls dann planfeststellungsfähig, wenn Rechte Dritter nicht betroffen werden, anderenfalls nur, wenn sie den Zielen des LuftVG entspräche.

b) Die zweite Variante ergibt sich aus einer Fortentwicklung der erwähnten abfallrechtlichen Entscheidung des BVerwG, wie sie insbesondere auch der Bitburg-Entscheidung des BVerwG zu entnehmen ist.[46] Wenn man den Ansatzpunkt dieser Entscheidungen aufgreift und die Feststellung des BVerwG, dass alle abfallrechtlichen Planfeststellungen zumindest auch gemeinnützig sind, außer Betracht lässt wäre zu postulieren, dass eine Planrechtfertigung für sämtliche planfeststellungsbedürftigen Vorhaben erforderlich ist, unabhängig von ihrer Gemeinnützigkeit oder Privatnützigkeit.[47] Diese Variante muss allerdings der drohenden Konsequenz entgehen, dass privatnützige Vorhaben im engeren Sinne zwar als planfeststellungsbedürftig, aber generell nicht planfeststellungsfähig anzusehen sein könnten. Das Beispiel der Entscheidung des OVG Hamburg zum Mühlenberger Loch[48] macht diese Konsequenz deutlich: Wenn das LuftVG private Werkslandebahnen dem Planfeststellungsrecht unterwirft, muss es auch eine Möglichkeit geben, derartige Einrichtungen tatsächlich planfestzustellen. Verlangt das Gesetz für diese Fälle eine Planrechtfertigung unabhängig von einer Eingriffswirkung der Planfeststellung, dann müssten die Anforderungen an die Planrechtfertigung so formuliert werden, dass einzelne privatnützige Vorhaben sie auch erfüllen könnten. Ein hoher Preis: Entweder wird die Koppelung der Planrechtfertigung an die jeweiligen fachplanungsrechtlichen Zielsetzungen aufgegeben oder es werden diese Zielsetzungen in wenig systemgerechter Weise um die Förderung bestimmter privater Interessen erweitert. Wenig systemgerecht deshalb, weil sich für die Qualifizierung privater Interessen, die eine Planung ohne Bezug auf fachplanungsspezifische Interessen (nach ihrem bisherigen Verständnis) rechtfertigen können, nur schwer plausible Kriterien werden finden lassen. Auf allgemeine öffentliche Interessen, die mit einem

[45] So auch BVerwGE 48, 56 (59); OVG Hamburg, Urt. vom 2.3.1998, Az Bf III 41 / 96 (juris); *Wahl* (Fn 4), S. 434.

[46] BVerwG (Fn 38).

[47] So auch noch das OVG Hamburg Urt. vom 2.3.1998, Az Bf III 41 / 96 (juris).

[48] OVG Hamburg, NordÖR 2001, 135.

privatnützigen Vorhaben im engeren Sinne möglicherweise auch erreicht werden können (z.B. Interessen an der Schaffung von Arbeitsplätzen usw.), wird man nicht ohne weiteres abstellen dürfen.[49] Dies würde nämlich eine Bilanzierung der für und gegen das Vorhaben sprechenden öffentlichen Interessen erfordern, die an sich gerade Gegenstand der planerischen Abwägung sein soll.[50]

c) Es zeigt sich, dass die erste Variante, wonach eine Planrechtfertigung nur für Planungen mit Eingriffswirkung verlangt wird, jedenfalls aus rechtsdogmatischer Sicht vorzugswürdig ist. Weshalb sollte eine Planung der Rechtfertigung bedürfen, die in keinerlei fremde Rechte eingreift, deren Gestaltungswirkung (§ 75 Abs. 1 VwVfG) also tatsächlich nicht zu Rechtsverlusten führt? Reicht hier nicht das Abwägungsgebot, um eine angemessene Berücksichtigung der (unterhalb der Ebene der Rechtsverletzung) betroffenen Interessen sicherzustellen? Dementsprechend hat die Rechtsprechung bisher die Planrechtfertigung jedenfalls ausdrücklich vor allem im Hinblick auf die enteignungsrechtliche Vorwirkung einer Planung verlangt.[51] Auch die Entwicklung des Instituts aus der Bauleitplanung legt dies nahe: Bauleitpläne haben mit ihren vielfältigen Festsetzungen typischerweise auch rechtsbeeinträchtigende Wirkungen, weshalb das Gesetz hier die Rechtfertigung ausdrücklich verlangt.[52] Für privatnützige Planfeststellungen bedeutet die hier entwickelte Position, dass auf eine besondere Planrechtfertigung nach Maßgabe der Ziele des Fachplanungsgesetzes verzichtet werden kann, wenn das Vorhaben auf Eingriffe in Rechte Dritter nicht angewiesen ist.

---

[49] So auch *Ibler* (Fn 4), S. 176. Unklar *Kühling / Herrmann* (Fn 7), Rn 274 f., die einerseits ausführen, die Planrechtfertigung erschöpfe sich in der Frage, ob für ein Vorhaben überhaupt vernünftige Gründe angeführt werden können, andererseits aber feststellen, es dürften keinen Ziele verfolgt werden, die außerhalb der gesetzlichen Ermächtigungsgrundlage liegen.

[50] Das BVerfG hat in der Boxberg-Entscheidung auch Zweifel daran geäußert, ob eine gesetzliche Bestimmung, die derart allgemeine öffentliche Interessen als Vorhabenzweck zulässt, mit dem verfassungsrechtlichen Bestimmtheitsgebot vereinbar wäre, BVerfGE 74, 264 (287).

[51] BVerwGE 55, 220; 56, 110.

[52] Vgl. *Krautzberger*, in: Battis / Krautzberger / Löhr, BauGB, Kommentar, 7. Auflage, § 1 Rn 11.

V. Privatnützige Planfeststellungen und enteignungsrechtliche Vorwirkung

1. Begriff und Bedeutung der enteignungsrechtlichen Vorwirkung

Als enteignungsrechtliche Vorwirkung bezeichnet man die Bindungswirkung eines Planfeststellungsbeschlusses für ein nachfolgendes Enteignungsverfahren.[53] Sie tritt nicht für jede Planfeststellung gleichsam wesensmäßig ein, sondern bedarf einer besonderen spezialgesetzlichen Anordnung. Entsprechende Regelungen finden sich in § 19 FStrG, § 22 AEG, § 30 PBefG, § 28 LuftVG. Wenn sich ein Vorhaben nur durch hoheitliche Inanspruchnahme von Grund und Boden Dritter verwirklichen lässt, wird mit der Planfeststellung zugleich über die Zulässigkeit der Enteignung zugunsten dieses Vorhabens entschieden, weshalb es dann im nachfolgenden Enteignungsverfahren regelmäßig nur noch um die Höhe der Entschädigung geht.[54] Da mit dem Planfeststellungsbeschluss in diesen Fällen die Entscheidung über die Zulässigkeit einer Enteignung vorweggenommen wird, müssen die Anforderungen, die Art. 14 Abs. 3 GG an jede Enteignung stellt, bereits durch den Planfeststellungsbeschluss erfüllt werden. Das gilt insbesondere für die Erforderlichkeit für das Wohl der Allgemeinheit.[55]

2. Privatnützigkeit und Wohl der Allgemeinheit i.S. des Art. 14 Abs. 3 GG

Es fragt sich, unter welchen Bedingungen ein privatnütziges Vorhaben zugleich dem Wohl der Allgemeinheit in der durch Art. 14 Abs. 3 GG geforderten Weise dienen kann. Hier gilt es zu differenzieren: Vorhaben, die neben ihrer Privatnützigkeit zugleich Gemeinnützigkeit aufweisen, also den Zielen des jeweiligen Fachplanungsgesetzes dienen, können grundsätzlich auch eine Enteignung rechtfertigen, wenn das mit ihnen verfolgte öffentliche Interesse ein hinreichendes Gewicht hat.[56] Die zusätzlich zur Gemeinnützigkeit bestehende Privatnützigkeit im weiteren Sinne schließt eine Enteignung nicht aus. Anders sieht es bei den privatnützigen Vorhaben im engeren Sinne aus, mit denen bestimmte öffentliche Interessen nur mittelbar verbunden sind, die also etwa aus strukturpolitischen, arbeitsmarktpolitischen oder fiskalpolitischen Gesichts-

---

[53] *Dürr*, in Knack, VwVfG, Kommentar, § 75 Rn 18; *Kopp / Ramsauer* (Fn 2), § 75 Rn 12 f.

[54] *Dürr* (Fn 53), § 75 Rn 100 ff.; *Kopp / Ramsauer* (Fn 2), § 75 Rn 13.

[55] *Bonk / Neumann* (Fn 1), § 74 Rn 33; *Kopp / Ramsauer* (Fn 2), § 74 Rn 32 f.

[56] *Herrmann* (Fn 3), S. 557; *Kühling* (Fn 8), S. 397.

punkten im öffentlichen Interesse liegen. Für sie hat das BVerfG in seiner bekannten Boxberg-Entscheidung Maßstäbe formuliert, die zur Rechtfertigung einer Enteignung erfüllt sein müssen. Dort heisst es wörtlich: „*Eine Enteignung zugunsten eines privatwirtschaftlich organisierten Unternehmens ist nicht schon deswegen unzulässig, weil sich der Nutzen für das allgemeine Wohl nicht aus dem Unternehmenszweck selbst ergibt, sondern nur mittelbare Folge der Unternehmenstätigkeit ist. Erforderlich ist jedoch nach Art. 14 Abs. 3 Satz 2 GG ein Gesetz, das den nur mittelbar verwirklichten Enteignungszweck deutlich umschreibt, die grundlegenden Enteignungsvoraussetzungen und das Verfahren zu ihrer Ermittlung festlegt sowie Vorkehrungen zur Sicherung des verfolgten Gemeinwohlziels regelt.*“[57] Damit sind Anforderungen formuliert, die privatnützige Vorhaben im engeren Sinne nach der gegenwärtigen Rechtslage praktisch nicht erfüllen können.[58] Weder leisten die Fachplanungsgesetze die insoweit verlangte Konkretisierung des Gemeinwohls, noch regeln sie Vorkehrungen zur langfristigen Sicherung der Gemeinwohlziele. Ob die hiernach erforderlichen Sicherungen überhaupt auf einem sinnvollen Weg erreicht werden können, bleibt offen. Dies insbesondere, als das BVerfG im Boxberg-Urteil ausdrücklich Zweifel daran geäußert hat, ob eine gesetzliche Regelung, die die Enteignung zugunsten eines so allgemeinen Zweckes wie die Verbesserung der regionalen Wirtschaftsstruktur und der Schaffung von Arbeitsplätzen ermöglicht, überhaupt dem verfassungsrechtlichen Bestimmtheitsgebot entspräche. [59]

VI. Überwindbarkeit sonstiger entgegenstehender Rechte

1. Die Regelung des § 74 Abs. 2 VwVfG

Das Planfeststellungsrecht unterscheidet zwischen Rechten und Interessen. Während Interessen in der planerischen Abwägung überwunden werden können, ist die Beeinträchtigung von Rechten Dritter durch ein planfestgestelltes Vorhaben grundsätzlich durch geeignete Vorkehrungen zu vermeiden.[60] Diese Vorkehrungen sind erforderlichenfalls dem Träger des Vorhabens nach § 74 Abs. 2 S. 2 VwVfG aufzuerlegen. Diese Pflicht ist strikter Natur und der planerischen Abwägung vorgeschaltet.[61] Gedacht wird dabei vor allem an Immissionen, die das nach § 22 BImSchG bzw. nach § 906 BGB zulässige Maß über-

---

[57] BVerfGE 74, 264, Leitsatz 2. Diese Anforderungen hat das BVerwG aufgegriffen, vgl. z.B. UPR 1997, S. 106 (107).

[58] Ähnlich *Prall* (Fn 3), S. 190; *Hartung* (Fn 10), S. 122.

[59] BVerfGE 74, 264 (287).

[60] *Kopp / Ramsauer* (Fn 2), § 74 Rn 105.

[61] BVerwG NVwZ 1989, S. 255 (256); *Dürr* (Fn 53), § 75 Rn 46.

schreiten.[62] Insoweit unterscheidet sich die Regelung des § 74 Abs. 2 VwVfG nicht wesentlich von der nach §§ 6, 12 BImSchG für die Anlagengenehmigung geltenden Rechtslage. Anders als nach dem BImSchG besteht aber bei planfeststellungsbedürftigen Vorhaben nach § 74 Abs. 2 Satz 3 VwVfG die Möglichkeit, an die Stelle der an sich erforderlichen Vorkehrungen eine bloße Geldentschädigung zu setzen, wenn die „Vorkehrungen oder Anlagen untunlich oder mit dem Vorhaben unvereinbar“ sind. Hierin liegt die Fähigkeit planfestgestellter Vorhaben beschlossen, sich im Kollisionsfalle auch gegenüber entgegenstehenden Rechten Dritter durchzusetzen und deren Rechte gegen eine Entschädigung zu überwinden. Für die betroffenen Dritten wandelt sich ähnlich wie bei der Enteignung ihre Bestandsgarantie in eine bloße Vermögensgarantie.[63]

2. Geltung des § 74 Abs. 2 Satz 3 VwVfG für privatnützige Vorhaben?

Ein Kernproblem der Planfeststellung privatnütziger Vorhaben besteht in der Frage, ob und ggfs. unter welchen Voraussetzungen sie sich gegen Rechte Dritter durchsetzen können[64]. Die Frage ist aufgrund der Auslegung der Vorschrift zu entscheiden.

a) Der Normtext des § 74 Abs. 2 Satz 3 VwVfG lässt eine ausdrückliche Differenzierung zwischen solchen planfeststellungsbedürftigen Vorhaben, die sich auf die spezifischen Fachplanungsziele stützen können, und solchen Vorhaben, die privatnützig im engeren Sinne sind, nicht erkennen. Die fehlende Beschränkung in § 74 Abs. 2 Satz 3 VwVfG erlaubt indessen noch keine weiterreichenden Schlüsse. Die Bestimmung besagt ja vom Wortlaut her nicht, dass für sämtliche planfeststellungsbedürftige Vorhaben nachteilige Wirkungen auf Rechte Dritter zulässig sind, wenn die zur Vermeidung an sich erforderlichen Vorkehrungen untunlich oder mit dem Vorhaben nicht vereinbar sind. Sie besagt nach ihrem Wortlaut zunächst einmal nur, dass untunliche oder mit dem Vorhaben nicht zu vereinbarende Auflagen und Vorkehrungen dem Vorhabenträger nicht auferlegt werden können. Es könnten deshalb nur systematische und teleologische Überlegungen zu dem Ergebnis führen, dass privatnützige Vorhaben im engeren Sinne auch dann zugelassen werden dürfen, wenn sie

---

[62] *Dürr* (Fn 53), § 75 Rn 46; *Kopp / Ramsauer* (Fn 2), § 74 Rn 116.

[63] Dennoch handelt es sich bei der Regelung in § 74 Abs. 2 S. 3 VwVfG nicht um eine Enteignungentschädigung, sondern um eine Inhalts- und Schrankenbestimmung, für die zur Wahrung der Verhältnismäßigkeit ein finanzieller Ausgleich gewährt wird, vgl. BVerwGE 77, 295 (297); *Dürr* (Fn 53) § 74 Rn 73; *Kopp / Ramsauer* (Fn 2), § 74 Rn 126.

[64] Diese Frage wurde vom VG Hamburg in der Entscheidung zum Mühlenberger Loch verneint, vgl. NordÖR 2001, S. 38; vom OVG Hamburg in der Beschwerdeinstanz dagegen anders beurteilt, vgl. NordÖR 2001, S. 137 f.

nachteilige Wirkungen auf Rechte Dritter haben, die sich nicht durch tunliche und mit dem Vorhaben zu vereinbarende Vorkehrungen vermeiden lassen. Es ist deshalb erforderlich, systematische, teleologische und in diesem Rahmen auch verfassungsrechtliche Überlegungen anzustellen.

b) Den Vorschriften des Wasserrechts und des Kreislaufwirtschafts- und Abfallrechts lassen sich spezielle Aussagen über die Zulässigkeit von Eingriffen bei der Planfeststellung privatnütziger Vorhaben entnehmen. Aus § 32 Abs. 1 Nr. 3 KrW / AbfG folgt, dass die Planfeststellung einer Abfalldeponie nach § 31 Abs. 2 KrW / AbfG zu unterbleiben hat, wenn nachteilige Wirkungen auf Rechte anderer zu erwarten sind. Von diesem Verbot erlaubt § 32 Abs. 2 Satz 2 KrW / AbfG eine Ausnahme ausdrücklich nur dann, „wenn das Vorhaben dem Wohl der Allgemeinheit dient". Anders als der Wortlaut des § 74 Abs. 2 Satz 3 VwVfG setzt danach die Überwindung von Rechten Dritter mehr voraus als die bloße Untunlichkeit oder Unmöglichkeit von Vorkehrungen, die entsprechende Eingriffe verhindern. Die Regelung bringt zum Ausdruck, dass Privatinteressen die Überwindung von Rechten Dritter auch im Planfeststellungsverfahren nicht ohne weiteres rechtfertigen können.[65]

Der Begriff „Wohl der Allgemeinheit" ist hier nach allgemeiner Auffassung nicht mit dem „öffentlichen Interesse" gleichzusetzen. Vielmehr wird hier an das fachplanungsspezifische öffentliche Interesse angeknüpft.[66] Diese Regelung bedeutet für privatnützige Vorhaben, dass für sie Eingriffe in Rechte Dritter nur dann gerechtfertigt werden können, wenn sie zugleich gemeinnützig sind, also nur in den Fällen der Privatnützigkeit im weiteren Sinne. Derselbe Befund ergibt sich für die wasserrechtliche Planfeststellung nach § 31 Abs. 2 WHG. Für sie ist allgemein anerkannt, dass die Voraussetzungen, unter denen hier Rechte Dritter überwunden werden können, mit denen des § 8 Abs. 3 WHG identisch sind.[67] Diese Vorschrift trifft eine dem § 32 KrW / AbfG vergleichbare Regelung: *„Ist zu erwarten, dass die Benutzung auf das Recht eines anderen nachteilig einwirkt und erhebt der Betroffene Einwendungen, so darf die Bewilligung nur erteilt werden, wenn die nachteiligen Wirkungen durch Auflagen verhütet oder ausgeglichen werden können. Ist dies nicht möglich, so darf die Bewilligung gleichwohl aus Gründen des Wohls der Allgemeinheit erteilt werden..."*. Auch hier kommt ein Eingriff in Rechte Dritter nur in Betracht, wenn das Vorhaben den fachplanungsrechtlichen Zielen entspricht.[68] Dies ist bei den privatnützigen Vorhaben im engeren Sinne nicht der Fall.

---

[65] Hierzu *Paetow* (Fn 27), § 32 Rn 51 f.

[66] *Paetow* (Fn 27), § 32 Rn 52.

[67] *Kühling* (Fn 8), S. 398; *Czychowski* (Fn 26), § 31 Rn 39.

[68] Anderer Ansicht *Zeitler* (Fn 25), § 31 WHG Rn 304, wonach alle öffentlichen Interessen Eingriffe rechtfertigen können. Diese Ansicht ist jedoch aus den oben genannten Gründen abzulehnen.

Es fragt sich, ob eine Übertragung der beiden speziellen fachplanungsrechtlichen Regelungen auf alle übrigen Planfeststellungsverfahren im Wege der Analogie gerechtfertigt ist oder ob etwa umgekehrt im Wege des Gegenschlusses aus dem Fehlen entsprechender Regelungen in den übrigen Fachplanungsgesetzen gefolgert werden muss, dass bei ihnen auch solche Vorhaben Rechte Dritter überwinden können, die nicht dem Wohl der Allgemeinheit dienen.[69] Weder für den Analogieschluss noch für den Gegenschluss lassen sich hinreichend überzeugende Gründe anführen. Bereits das Fehlen einer planwidrigen Lücke erscheint zweifelhaft. Zwar ist es zutreffend, dass der Gesetzgeber mit privatnützigen Vorhaben am ehesten im Bereich des Wasserrechts und des Kreislaufwirtschafts- und Abfallrechts gerechnet hat; aber auch etwa beim LuftVG und beim AEG liegen derartige Fallgestaltungen nicht fern. Auch bei der Vergleichbarkeit der Interessenlage lassen sich zwar Gesichtspunkte anführen, die eine Übertragbarkeit der oben beschriebenen Regeln zulassen könnten; derartige Gesichtspunkte sind aber weit davon entfernt, zwingende Argumente zu sein.

c) In systematischer Hinsicht ist weiter festzustellen, dass privatnützige Vorhaben im engeren Sinn ohnehin nur dann in den Genuss der Privilegierung durch § 74 Abs. 2 Satz 3 VwVfG gelangen könnten, wenn sie nicht bereits an einer fehlenden Planrechtfertigung scheitern müssten. Geht man mit der hier vertretenen Meinung davon aus, dass die Planrechtfertigung strikt an die Ziele der Fachplanung gebunden ist, dann würde sich für die privatnützigen Vorhaben im engeren Sinne, die nicht zugleich den fachplanerischen Zielen dienen, jede Eingriffswirkung verbieten, weil ihnen die dann erforderliche Rechtfertigung fehlen würde. Die Anwendung des § 74 Abs. 2 Satz 3 VwVfG wäre dann aus systematischen Gründen ausgeschlossen. Wie oben dargestellt besteht aber über den Bedeutungsgehalt des Instituts der Planrechtfertigung keine Klarheit. Wird die Planrechtfertigung auch auf Vorhaben bezogen, die keine Eingriffe in Rechte Dritter bewirken, dann stellt sich die bisher nicht befriedigend beantwortete Frage, ob es für privatnützige Vorhaben im engeren Sinne überhaupt eine Planrechtfertigung geben kann bzw. muss und wie sich solche Vorhaben überhaupt rechtfertigen lassen. Wegen dieser Unsicherheiten erlaubt das systematische Verhältnis zwischen § 74 Abs. 2 VwVfG und dem Institut der Planrechtfertigung hier keine eindeutigen Aussagen.

d) Auch teleologische Überlegungen führen nicht zu eindeutigen Ergebnissen. Die Regelung des § 74 Abs. 2 VwVfG dient zunächst einmal der Klarstel-

---

[69] Für einen Analogieschluss sprach sich zunächst das OVG Hamburg aus, vgl. den Beschluss vom 13.12.1994, DVBl. 1995, 1026 und Entscheidung vom 2.3.1998, Az. Bf II 41 / 96 (juris). In der Entscheidung zum Airbus-Projekt wird diese Frage dann ausdrücklich offen gelassen, NordÖR 2001, 135 ff. Ebenfalls für einen Analogieschluss *Kühling* (Fn 8), S. 398.

lung, dass nachteilige Auswirkungen der Vorhabens auf Rechte Dritter zu vermeiden sind. Ferner stellt die Norm klar, dass dem Vorhabenträger keine untunlichen und mit dem Vorhaben nicht zu vereinbarenden Auflagen gemacht werden sollen. Dies ergibt sich eigentlich schon aus dem Grundsatz des § 36 Abs. 3 VwVfG.[70] Es erscheint höchst zweifelhaft, ob mit der Regelung in § 74 Abs. 2 VwVfG darüber hinaus eine grundsätzliche Aussage über die Zulässigkeit von Eingriffen in Rechte Dritter bei Untunlichkeit von Vorkehrungen getroffen werden sollte. Dies folgt im Grunde auch aus dem primär verfahrensrechtlichen Charakter der Regelungen in den §§ 72 ff. VwVfG. Eine derart weitreichende Aussage dahin, dass sich privatnützige Vorhaben im engeren Sinne gegen entgegenstehende Rechte Dritter sollen durchsetzen können, lässt sich als Ziel der Regelungen des § 74 Abs. 2 VwVfG nicht identifizieren. Weshalb sollte der Gesetzgeber planfeststellungsbedürftige privatnützige Vorhaben im engeren Sinne in dieser Weise gegenüber sonst etwa nach dem BImSchG oder dem Bauordnungsrecht genehmigungsbedürftigen Vorhaben privilegieren? Allein der Umstand, dass diese dem Abwägungsgebot unterliegen, kann diese Besserstellung kaum rechtfertigen, zumal die Frage, ob in Rechte Dritter eingegriffen werden darf, der Abwägung vorgelagert ist.[71]

e) Es bleibt zu untersuchen, welche Auswirkungen das Verfassungsrecht auf die Auslegung der Vorschrift hat, inwieweit § 74 Abs. 2 VwVfG also verfassungskonform ausgelegt werden muss. Insoweit ist zunächst festzustellen, dass die Regelungen über das Planfeststellungsverfahren ebenso wie diejenigen des einschlägigen Fachplanungsgesetzes als Bestimmung von Inhalt und Schranken des Eigentums i.S. des Art. 14 Abs. 1 Satz 2 GG zu qualifizieren sind.[72] Dies gilt sowohl für die Eigentumsposition des Vorhabenträgers als auch für diejenigen von Drittbetroffenen. Die Regelung des § 74 Abs. 2 Satz 3 VwVfG, wonach Betroffene bei untunlichen oder mit dem Vorhaben nicht zu vereinbarenden Schutzvorkehrungen zu entschädigen sind, stellt eine erhebliche Einschränkung des Eigentumsschutzes dar: Ähnlich wie bei einer Enteignung wird hier der Bestandsschutz in einen bloßen Vermögensschutz umgewandelt. Eine derartige Einschränkung des Eigentumsschutzes zugunsten eines planfeststellungsbedürftigen Vorhabens bedarf der verfassungsrechtlichen Rechtfertigung.[73] Es stellt sich die Frage, ob die Erstreckung der Regelung des § 74 Abs. 2 Satz 3 VwVfG auf privatnützige Vorhaben im engeren Sinn als verfassungsrechtlich gerechtfertigt anzusehen wäre, mit anderen Worten: ob § 74 Abs. 2

---

70 Hierzu *Kopp / Ramsauer* (Fn 2), § 36 Rn 50 ff.

71 *Kopp / Ramsauer* (Fn 2), § 74 Rn 20.

72 BVerwGE 77, 295 (297); *Kopp / Ramsauer* (Fn 2), § 74, Rn 126; *Kühling / Herrmann* (Fn 7), Rn 463.

73 *Papier* in Maunz / Herzog / Dürig, GG, Kommentar, Art. 14 Rn 299; *Kimminich*, in Bonner Kommentar, GG, Art. 14 Rn 133, 145.

Satz 3 VwVfG mit dieser Auslegung eine zulässige Inhalts- und Schrankenbestimmung des Eigentums sein könnte. Diese Fragestellung hat eine materielle und eine formelle Komponente.

aa) Materiell ist festzustellen, dass sich Einschränkungen des Bestandsschutzes von Eigentumspositionen nur durch öffentliche Interessen rechtfertigen lassen.[74] Dieser Satz folgt im Grunde schon aus der Eigentumsgarantie selbst, findet seinen Ausdruck aber auch in Art. 14 Abs. 2 GG, der als Richtschnur für die Ausgestaltung von Inhalt und Schranken des Eigentums zu gelten hat. Privatnützige Vorhaben können sich deshalb zulässigerweise gegen Eigentumspositionen Dritter nur dann durchsetzen, wenn dies durch öffentliche Interessen gerechtfertigt ist. Für die privatnützigen Vorhaben im weiteren Sinne, die zugleich den fachplanungsspezifischen öffentlichen Interessen dienen, ergeben sich gegenüber den rein gemeinnützigen Vorhaben keine Besonderheiten. Wie bereits oben dargelegt, steht der Verfolgung der spezifischen Interessen eines Fachplanungsgesetzes der Umstand, dass das Vorhaben zugleich privaten Interessen an einer Gewinnerzielung dient, nicht im Wege. Etwas anderes könnte aber für die privatnützigen Vorhaben im engeren Sinne gelten, also für diejenigen Vorhaben, mit denen öffentliche Interessen nur mittelbar verfolgt werden können. Hier stellt sich die Frage, von welcher Art und von welchem Gewicht die öffentlichen Interessen sein müssen, damit sie den von § 74 Abs. 2 Satz 3 VwVfG vorgesehenen Eingriff in Rechte Dritter rechtfertigen können. Von Bedeutung ist in diesem Zusammenhang, dass die von privatnützigen Vorhaben im engeren Sinne erwartete Förderung öffentlicher Interessen qualitativ und quantitativ schwer einschätzbar ist. Der Beispielsfall Mühlenberger Loch lässt die Probleme deutlich hervortreten: Es ist durchaus zweifelhaft, ob und in welchem Umfang die erhofften Vorteile für die Allgemeinheit eintreten werden. Weder lassen sich Zahl und Qualität der Arbeitsplätze sicher vorhersagen, noch die anderen erhofften Infrastruktureffekte, wie die Stärkung des Technologiestandorts, der Wirtschaftskraft usw. der Region. Es ist weiter zweifelhaft, ob diese Vorteile, sollten sie tatsächlich eintreten, dauerhaft und nachhaltig erhalten bleiben. Gerade auch die Flüchtigkeit wirtschaftlicher Erfolge lässt sich an der Luftfahrtindustrie beispielhaft beobachten.

Ein weiteres Problem in materieller Hinsicht ergibt sich beim Umgang mit möglichen Alternativkonzepten: Infrastrukturförderung lässt sich mit den unterschiedlichsten Mitteln betreiben. Die erhofften positiven Arbeitsmarkteffekte und Standortvorteile lassen sich auch mit anderen Vorhaben erreichen; es ist nicht notwendig die Zulassung des in Rede stehende planfeststellungsbedürftige Vorhaben, auch die Ansiedlung anderer Unternehmen kann hier zielführend

[74] BVerfGE 100, 226 (241); *Papier* (Fn 73), Art. 14, Rn 299; *Kimminich* (Fn 73), Art. 14 Rn 165.

sein.[75] Auch dies lässt sich mit dem Blick auf das Verfahren Mühlenberger Loch illustrieren: Mit den voraussichtlich 1,3 Mrd. DM, mit denen die öffentliche Hand das Vorhaben fördert, ließen sich erhebliche infrastrukturelle Effekte erzielen, ohne dass es zu einer Beeinträchtigung Dritter kommen müsste. Bei einer gerichtlichen Kontrolle des Planfeststellungsbeschlusses sind die möglichen Alternativen aber kaum berücksichtigungsfähig, weil sie nicht in Form schlüssiger Konzepte vorliegen und deshalb spekulativen Charakter haben.[76]

bb) Zu den Problemen der materiellen Rechtfertigung der in Rede stehenden Inhalts- und Schrankenbestimmung treten weitere verfassungsrechtliche Fragen eher formeller Natur. Es geht dabei vor allem um die Frage, ob der Gesetzgeber es der Exekutive überlassen darf, über Art und Maß der eine Eingriffsmaßnahme rechtfertigenden öffentlichen Interessen selbständig und letztlich eigenverantwortlich im Rahmen der planungsrechtlichen Abwägung zu entscheiden. Würden privatnützige Vorhaben im engeren Sinne nach Maßgabe des § 74 Abs. 2 Satz 3 VwVfG Rechte Dritter überwinden können, dann läge die Definitionsmacht für die Rechtfertigung bei der Exekutive, praktisch bei der zuständige Planfeststellungsbehörde. Dann hätte der Gesetzgeber seine Verpflichtung verfehlt, die wesentlichen Voraussetzungen von Eingriffen in Grundrechtspositionen der Bürger selbst festzulegen.[77] Die betroffenen Grundrechte stünden in einer ganz wesentlichen Hinsicht zur Disposition administrativer Planfeststellungsentscheidungen. Das Gesetz legt weder fest, unter welchen Voraussetzungen im Rahmen von Planfeststellungsverfahren Infrastrukturpolitik betrieben werden kann, noch welche Maßstäbe insoweit für die Eingriffsrechtfertigung gelten sollen. Es enthält auch keinerlei Aussagen darüber, welche Anforderungen im Hinblick auf eine nachhaltige Sicherung der Infrastrukturwirkungen zu stellen sind. Es erscheint aber gerade im Hinblick auf den hohen Grad an Beliebigkeit, den Einschätzungen von Art und Gewicht infrastrukturpolitischer Effekte durch Ansiedlungsprojekte typischerweise haben, geboten, dass hier der Gesetzgeber selbst wesentliche Fragen vorentscheidet und den Rahmen festlegt, in dem sich derartige öffentliche Interessen gegenüber betroffenen Rechten Dritter durchsetzen können. Die bloße Steuerung der administrativen Entscheidung durch das Abwägungsgebot reicht hierfür nicht aus. Sie würde letztlich darauf hinauslaufen, dass grundrechtliche Positionen im Bereich des Planfeststellungsrechts unter einem Abwägungsvorbehalt stünden. Dies würde der Bedeutung des grundrechtlichen Gewährleistungsgehalts des Art. 14 Abs. 1 GG

---

[75] Vgl. *Herrmann* (Fn 3), S. 557.

[76] Grundsätzlich zur Problematik der Berücksichtigung von Planungsalternativen *Kopp / Ramsauer* (Fn 2), § 74 Rn 71.

[77] Zu dieser Pflicht BVerfGE 37, 132 (140); 100, 226 (245); *Papier* (Fn 73), Art. 14 Rn 299; *Kimminich* (Fn 73) Art. 14 Rn 133; *Prall* (Fn 3) S. 189.

nicht gerecht werden.[78] Die verfassungskonforme Auslegung gelangt deshalb zu dem Ergebnis, dass die Regelung des § 74 Abs. 2 Satz 3 VwVfG auf privatnützige Vorhaben im engeren Sinne nicht anwendbar ist, solange und soweit der Gesetzgeber die durch derartige Vorhaben geförderten Interessen nicht fachplanungsrechtlich qualifiziert hat.[79]

VII. Privatnützige Vorhaben in der Abwägung

1. Die umfassende Interessenberücksichtigung in der Abwägung

Während die nicht fachplanungsspezifischen öffentlichen Interessen nach dem unter VI. gefundenen Ergebnis eine Einschränkung von Rechten Dritter nicht rechtfertigen können, gilt für ihre Rolle in der fachplanerischen Abwägung etwas anderes. Das planungsrechtliche Abwägungsgebot verlangt nämlich, dass sämtliche Belange in die Abwägung einzustellen sind, die nach Lage der Dinge von der Planung berührt werden.[80] Eine grundsätzliche Differenzierung in fachplanungsspezifische und fachplanungsunspezifische Belange findet im Abwägungsgebot nicht statt. Insoweit unterscheidet sich das fachplanungsrechtliche Abwägungsgebot von den der Abwägung vorgelagerten Planungsleitsätzen. Diese Unterscheidung ist dadurch gerechtfertigt, dass in der fachplanungsrechtlichen Abwägung grundsätzlich nur Interessen überwunden werden können, nicht aber Rechte, bzw Rechte nur unter der Voraussetzung, dass das Vorhaben gemeinnützig ist.[81] Ein Blick auf den Fall Mühlenberger Loch mag diese Unterscheidung illustrieren: Solange sich die Lärmbelastung durch das in Rede stehende Vorhaben im Rahmen desjenigen Bereichs bewegt, in dem Lärm nach § 906 BGB bzw. § 22 BImSchG ohnehin hingenommen werden muss, werden keine Rechte Dritter beeinträchtigt, sondern nur Interessen Dritter berührt.[82] Die betroffenen Dritten haben im Rahmen des Abwägungsgebots einen Anspruch darauf, dass ihre Belange im Hinblick auf die Zunahme von Lärm berücksichtigt werden. Dieses Interesse kann aber durch gegenläufige öffentliche oder private Interessen überwunden werden, und zwar unabhängig davon, ob die öffentlichen Interessen fachplanungsspezifischer Natur sind oder nicht. Hier

---

[78] Das BVerfG hat in E 56, 249 (260) und E 58, 137 (146) ausgeführt, dass der Gesetzgeber Inhalts- und Schrankenbestimmungen des Eigentums nicht der Exekutive überlassen darf; vgl. auch *Kimminich* (Fn 73), Art. 14, Rn 145 und 175.

[79] So auch *Herrmann* (Fn 3), S. 557 und *Prall* (Fn 3), S. 189 f.

[80] BVerwGE 59, 87 (101 ff.); 90, 96 (101); *Kopp / Ramsauer* (Fn 2), § 74 Rn 57.

[81] *Steinberg / Berg / Wickel* (Fn 8), S. 54 f.

[82] *Steinberg / Berg / Wickel* (Fn 8), S. 58; *Kühling* (Fn 8), S. 399; *Hartung* (Fn 10), S. 130.

zählen alle Interessen, auch etwa diejenigen an einer Verbesserung der Infrastruktur einer Region, an der Schaffung von Arbeitsplätzen usw.[83] Es zeigt sich hieran, dass die Interessen Dritter in der Planfeststellung einen deutlich geringeren Schutz geniessen als die betroffenen grundrechtlichen Posititonen.[84]

2. Probleme der Alternativenprüfung in der Abwägung

Während sich bei der Einstellung öffentlicher und private Belange in die Abwägung bei privatnützigen Vorhaben im engeren Sinne keine wesentlichen Besonderheiten ergeben, gilt für die Gewichtung und die Alternativenprüfung etwas anderes. Hier stellen sich schwierige Fragen, die im Rahmen dieses Beitrags nur angedeutet werden können. Es ist bereits erwähnt worden, dass Alternativpojekte zu einem planfeststellungsbedürftigen privatnützigen Vorhaben im engeren Sinne nahezu unbeschränkt denkbar sind, weil die Alternativen ebensowenig wie das in Rede stehende Vorhaben durch die fachplanerischen Zielsetzungen beschränkt werden. Der prinzipiellen Uferlosigkeit denkbarer Alternativen steht aber regelmäßig die praktische Alternativlosigkeit im konkreten Einzelfall gegenüber. Es bieten sich nämlich typischerweise keine privaten Investoren an, die die erstrebten Infrastrukturvorteile auf eine andere, möglicherweise günstigere Weise zu erbringen versprechen. Vielmehr ist der private Vorhabenträger, um dessen planfeststellungsbedürftiges Projekt es geht, typischerweise in der konkreten historischen Situation konkurrenzlos, und zwar schon deshalb, weil kein Konkurrenzprojekt in eine Planungsreife gebracht worden sein dürfte. Es stellt sich die Frage, ob bei privatnützigen Vorhaben im engeren Sinne auf eine Alternativenprüfung verzichtet werden kann oder sogar verzichtet werden muss, was u.U. im Hinblick auf die fehlende Eingriffswirkung vielleicht hinnehmbar sein kann, oder ob andere Anforderungen an eine Altenativenprüfung gestellt werden müssen als bei gemeinnützigen Vorhaben, bei denen sich die Alternative den Umständen nach objektiv anbieten muss.

VIII. Fazit

Für die Abgrenzung von Privatnützigkeit und Gemeinnützigkeit kommt es nicht auf die Absichten des Vorhabenträgers an, sondern auf die mit dem Vorhaben selbst objektiv verbundenen Interessen. Die entscheidende Definitionsmacht für das die Gemeinnützigkeit begründende öffentliche Interesse kommt

---

[83] *Kühling* (Fn 8), S. 399; *Kopp / Ramsauer* (Fn 2), § 74 Rn 64; *Zeitler* (Fn 26), § 31 WHG RN 244.

[84] Siehe hierzu *Kopp / Ramsauer* (Fn 2), § 74 Rn 67; *Kühling* (Fn 8), S. 399.

dem Gesetzgeber zu. Die zuständige Behörde ist zwar berechtigt, die beteiligten öffentlichen und privaten Interessen gegeneinander und untereinander abzuwägen, aber nicht über die Frage der Gemeinnützigkeit bzw. Privatnützigkeit zu entscheiden. Ob privatnützige Vorhaben im engeren Sinne einer Planrechtfertigung bedürfen, hängt davon ab, welche Funktion der Planrechtfertigung im Fachplanungsrecht zugewiesen ist. Nach der hier vertretenen Auffassung ist eine Planrechtfertigung immer dann entbehrlich, wenn die konkrete Fachplanung nicht in Rechte Dritter eingreift. Unabhängig davon ergibt sich, dass zugunsten von privatnützigen Vorhaben im engeren Sinne weder enteignet noch in sonstige Rechte Dritter eingegriffen werden kann. Interessen Dritter können dagegen in der Abwägung auch zugunsten privatnütziger Vorhaben im engeren Sinne überwunden werden.

Konkurrenz von Planfeststellungsbehörden?

Von Bertram Walter

„Konkurrenz belebt das Geschäft" sagt man gemeinhin. Dies in unserem Zusammenhang anzunehmen, fällt schwer, zumal nach allgemeiner Ansicht das Geschäft der Planfeststellung nicht gerade von der belebenden Wirkung der Behörden getragen ist. Es empfiehlt sich vielmehr nachzusehen, ob es tatsächlich – wie bisweilen in Planfeststellungsverfahren behauptet – zu (zeitraubenden) Konflikten kommt, weil sich beim Zusammentreffen mehrerer Vorhaben oder gar bei nur einem einzigen Vorhaben mehrere Planfeststellungsbehörden für zuständig halten könnten. Es soll im Folgenden aus dem Blickwinkel praktischer Erfahrung die Anwendung von im Wesentlichen drei Normen des Verwaltungsverfahrensrechts in der (eigenen wie fremden) Verwaltungspraxis untersucht werden.

Betrachtet man sich die Fallkonstellationen, in denen es zur Konkurrenz mehrerer Planfeststellungsbehörden (die so genannte Flächenkonkurrenz mehrerer Vorhabenträger sei nicht unser Thema) kommen kann, so stößt man schnell auf die notwendigen Folgemaßnahmen eines planfestzustellenden Vorhabens, die nach § 75 VwVfG von einer quasi fremden Planfeststellungsbehörde zu bewältigen sind, und die gemeinsame Planfeststellung für mehrere Vorhaben nach § 78 VwVfG, bei der es auch regelmäßig hinsichtlich mindestens eines Vorhabens zu einer Zuständigkeitsverlagerung an eine andere Planfeststellungsbehörde kommt. Etwas schwerer und wohl nur vor dem bisweilen desillusionierenden Erfahrungshorizont des Alltags zu entdecken sind hingegen Kompetenzkonflikte bei der nachträglichen Änderung eines Planes gemäß § 76 VwVfG. Gerade im letztgenannten Fall geht es mir sowohl um die räumlichen als auch um die zeitlichen Grenzen der Anwendung dieser Norm.

Konsequenzen dieser potentiellen Zuständigkeitskonflikte könnten die Vorhabenträger und die beteiligten Planfeststellungsbehörden, aber auch die von einem Vorhaben betroffenen Bürger und die von ihm berührten öffentlichen Belange (Naturschutz etwa) und damit nicht zuletzt Staat und Gesellschaft insgesamt zu tragen haben, wenn dadurch die Realisierung dringend benötigter Vorhaben unnötig verzögert würde oder es infolge der zumindest für einige Beteiligte nicht immer leicht zu durchschauenden Behördenzuständigkeit zu Akzeptanzdefiziten käme.

Während sich das nachfolgende Referat insbesondere mit der Bürgerbetroffenheit des Zusammentreffens von Vorhaben beschäftigt, handelt es sich bei meinem Referat um einen Bericht aus der Verwaltungspraxis (in meinem Fall mit eisenbahn-fachplanungsrechtlichem Schwerpunkt). Die Beispiele sind darüber hinaus zum Teil der Rechtsprechung entnommen. Diese auch nur im Überblick zu referieren wird jedoch der Versuch nicht unternommen. Naturgemäß ergeben sich bei einem solchen Praktikerreferat mehr Fragen und Zweifel als Antworten und Gewissheit.

Thematisch beschränke ich mich auf den Bau und die Änderung von Verkehrswegen. Sonstige Planfeststellungen bleiben außer Betracht. Einzig der auch planfestzustellende Wege- und Gewässerplan des Flurbereinigungsrechts wird kurz anzusprechen sein.

Es dürfte deutlich geworden sein, dass der Begriff „Konkurrenz" hier nicht so sehr den Wettlauf bezeichnet, der sich ohnehin nur schwer mit der Vorstellung vom Verhältnis zweier Behörden verbindet, als vielmehr – jenseits dieser etymologischen Wurzel des Wortes Konkurrenz – sich mit der These beschäftigt, daß in bestimmten Fallkonstellationen sich zwei Behörden für zuständig halten könnten. Notabene steht ein schamhaftes Fragezeichen im Titel. Es wird also zu fragen sein, ob es solche Zuständigkeitskonflikte tatsächlich gibt und wie sie gegebenenfalls zu lösen sind.

I. Das Zusammentreffen von Planungen

Die Konkurrenz von Planfeststellungsbehörden setzt begrifflich das Zusammentreffen von (selbständigen) Planungen oder wenigstens das Betroffensein einer weiteren Fachplanung durch ein geplantes Vorhaben voraus. Im Folgenden möchte ich deshalb kurz darstellen, welche Planungen im Verkehrssektor betroffen sein können. Im Hinblick auf die zu untersuchende Konkurrenzsituation habe ich versucht, dazu Standardkonstellationen zu abstrahieren und einige typische Beispiele vorbereitet.

1. Planungen im Verkehrssektor

Neben verschiedenen Planfeststellungen für Verkehrswege untereinander können auch Planfeststellungen für Verkehrswege mit Bebauungsplänen zusammentreffen, welche für ein anderes Vorhaben die Planfeststellung ersetzen. Schließlich können Verkehrswegeplanungen mit anderen planfeststellungsbedürftigen Vorhaben, zum Beispiel Stauseen, räumlich zusammentreffen.

a) Verkehrswegeplanung

An Verkehrwegen, deren Bau und Änderung unter dem Vorbehalt der Planfeststellung stehen, sind zu nennen: die Fernstraßen (§ 17 FStrG), die Eisenbahnen (§ 18 AEG), die Wasserstraßen (§14 WStrG), Straßenbahnen (§ 28 PBefG), ggfls. Magnetschwebebahnen (§ 2 MBPlG) und sonstige Straßen nach den Landesstraßengesetzen.

Obgleich am Rande des Themas stehend möchte ich an dieser Stelle auf die Besonderheit der planfeststellungsersetzenden Bebauungspläne nach § 17 Abs. 3 FStrG oder § 28 Abs. 3 PBefG hinweisen. Werden danach Straßen oder Straßenbahnstrecken gebaut oder geändert, kommt es naturgemäß nicht eigentlich zur Konkurrenz zweier Planfeststellungen. Löst ein solches Vorhaben jedoch Änderungsbedarf an einer bestehenden Eisenbahnbetriebsanlage im tatsächlichen Sinne einer Folgemaßnahme (also quasi analog zu § 75 Abs. 1 Satz 1 VwVfG) aus, entstehen wegen der fehlenden Konzentrationswirkung des Bebauungsplans und dem Fehlen einer Parallelvorschrift zu §§ 17 Abs. 3 FStrG bzw. 28 Abs. 3 PBefG im Eisenbahn-Fachplanungsrecht so eigenartige Vorhaben der eisenbahnrechtlichen Plangenehmigung (bzw. der Entscheidung nach § 18 Abs. 3 AEG) wie „Bahnseitige Anpassungsmaßnahmen an das Vorhaben der Stadt X". Ein häufiger Fall ist die Planung einer Straßenbrücke zum Ersatz eines künftig wegfallenden höhengleichen Bahnübergangs durch die Gemeinde als Bebauungsplan. Die genannten bahnseitigen Anpassungsmaßnahmen bestehen dann im Wesentlichen aus dem Abbau der vorhandenen Bahnübergangstechnik, etwa dem Entfernen der Schrankenbäume und dem Herausnehmen der zwischen den Gleisen liegenden Betonplatten der bisherigen Straße. Aus Sicht des Bearbeiters im Eisenbahn-Bundesamt sind dies natürlich lediglich noch „Rumpfvorhaben", die „eigentliche" Planung ist eine straßenrechtliche, die Baurechtsentscheidung nach dem Recht der Bauleitplanung ist getroffen und das noch ausstehende Eisenbahn-Fachplanungsrecht erscheint manchem nur noch als Formalie.

Man wird die Frage stellen dürfen, ob dieses meines Erachtens de lege lata zwingende Ergebnis wirklich wünschenswert ist. Dabei soll keineswegs einer umfassenden Gesetzesänderung zum Ersatz der Planfeststellung durch Bebauungspläne auch im Eisenbahnrecht das Wort geredet werden. Soweit allerdings nur bahnseitige Anpassungsmaßnahmen in Rede stehen, die im Falle eines straßenrechtlichen Planfeststellungsverfahrens von der Straßenplanfeststellungsbehörde als notwendige Folgemaßnahme der Straßenplanung an der Bahnanlage „miterledigt" würden, ist es meines Erachtens nahe liegend, de lege ferenda diese Aufgabe der bahnseitigen Anpassung im Bebauungsplan ähnlich wie durch § 75 VwVfG mit zu erfüllen. Nachdem im Bebauungsplanverfahren das Eisenbahninfrastrukturunternehmen, zumeist also die DB Netz AG, beteiligt wurde, in Kenntnis seiner Betreiberverantwortung nach § 4 Abs. 1 AEG das

Vorhaben gebilligt hat und die Ausführungspläne dem Eisenbahn-Bundesamt zur so genannten Eisenbahntechnischen Prüfung zugeleitet wurden, hielte ich persönlich den Wegfall einer regelmäßig nur formellen Baurechtsentscheidung durch das Eisenbahn-Bundesamt für einen Beitrag zur Verwaltungsvereinfachung. Zugleich würde die Konkurrenz von straßenrechtlicher Fachplanung (mit der Möglichkeit der Bewältigung eisenbahnrechtlicher Folgemaßnahmen nach § 75 VwVfG in einem Verfahren) einerseits und der Bauleitplanung (mit der Folge des gerade beschriebenen eisenbahnrechtlichen Rumpfverfahrens) andererseits vermieden.

b) Sonstige Fachplanungen

Zum Kreis planfeststellungsbedürftiger Vorhaben sind jüngst durch den neuen § 11a EWiG Hochspannungsfreileitungen, ausgenommen Bahnstromfernleitungen, mit einer Nennspannung von 110 kV oder mehr und Gasversorgungsleitungen mit einem Durchmesser von mehr als 300 mm hinzugekommen. Diese Leitungen bieten sich aus Gründen der Raumordnung und der Umweltverträglichkeit besonders zur Paralleltrassierung zu Verkehrswegen oder den bereits nach bisheriger Rechtslage gemäß § 18 AEG planfestzustellenden Bahnstromleitungen an.

Weitere planfeststellungsbedürftige Anlagen können im Einzelfall durch Verkehrswegeplanungen passiv betroffen sein: Stauseen bzw. Nassauskiesungen nach § 31 WHG, Erddeponien nach § 31 KrW-/AbfG oder etwa landwirtschaftliche Wege und Gewässer nach § 41 FlurbG. Da § 72 VwVfG für die Anwendbarkeit der Vorschriften über das Planfeststellungsverfahren (§§ 72 – 78 VwVfG) lediglich voraussetzt, daß die Planfeststellung durch (irgendeine) Rechtsvorschrift angeordnet ist, ist der Kreis potentieller planfestzustellender Vorhaben auch außerhalb des Verkehrswege-Fachplanungsrechts groß und vielgestaltig.

2. Standardkonstellationen

Ich habe versucht aus der Mannigfaltigkeit der auftretenden Fälle ein paar Standardkonstellationen zu beschreiben. Wenn auch mit unterschiedlicher Wahrscheinlichkeit können alle drei genannten Konstellationen sowohl beim Neubau von Verkehrswegen als auch bei deren Änderung auftreten. Besonders häufig ergibt sich, insbesondere aus Gründen der Raumordnung und des sparsamen Landschaftsverbrauchs, dass ein Verkehrsweg zu einem bestehenden hinzukommt. Obgleich in diesem Fall, dem so genannten unechten Zusammentreffen mehrerer Vorhaben, sich die Frage der Konkurrenz von Planfeststellungsbehörden letztlich nicht stellen dürfte, führt auch dieser Fall gelegentlich zur kontroversen Beurteilung durch die beteiligten Behörden.

a) Näherung und Verdrängung

Näherung eines Verkehrwegs an einen anderen, schließlich möglicherweise dessen Verdrängung, betrifft im Normalfall auf der Passivseite eine bestehende Anlage. Dabei ist freilich ein planfestgestelltes, aber noch nicht realisiertes Vorhaben, auf das die neue Planung trifft, der real existierenden Anlage rechtlich gleichzustellen.

Häufig besteht im Bereich der Eisenbahnanlagen folgende Situation: Bahn und Straße verlaufen parallel im Bogen, die Bahn zur Vermeidung höhengleicher Bahnübergänge (an einmündenden Straßen) in Dammlage. Vergleichbar ist im Übrigen die Parallellage von Eisenbahn und Flusslauf. Soll nun der Bogen aufgeweitet werden, um beispielsweise bahnseitig höhere Geschwindigkeiten zu erzielen, handelt es sich zweifelsfrei um ein eisenbahnrechtliches Planfeststellungsverfahren, das dann neben der Veränderung der Gleislage auch die Neutrassierung der aus ihrer bisherigen Lage verdrängten Straße als Folgemaßnahme umfasst. Denn schließlich hat erst der Änderungswunsch der Eisenbahn zur Baumaßnahme an der Straße Veranlassung gegeben.

Der umgekehrte Fall einer Verlegung einer Eisenbahnstrecke infolge der Änderung der Straßentrassierung ist wegen der die Planer sehr viel stärker beschränkenden Trassierungsparameter der Eisenbahn schwer vorstellbar. Soll es aus der genannten Parallellage beider Verkehrsträger heraus etwa zu einer Verbreiterung der Straße kommen, so wird man, wenn die räumliche Enge es erfordert, regelmäßig erwägen, den Bahndamm „anzuschneiden“ und zum Teil durch eine Stützmauer zu ersetzen, um auf dem gewonnenen Terrain die zusätzliche Fahrbahn zu platzieren. Nach dem oben genannten Grundsatz ist dieses Vorhaben ein rein straßenrechtliches, die Änderung der Bahnanlage (Bahndamm) deren Folgemaßnahme. Obgleich von Bahnseite häufig argwöhnisch betrachtet, zeitigt eine solche straßenrechtliche Planfeststellung regelmäßig keinen Kompetenzkonfikt zwischen beiden (straßenrechtlichen und eisenbahnrechtlichen) Planfeststellungsbehörden. Dass es nicht zu einem den Eisenbahnverkehr gefährdenden Eingriff in die bestehende Betriebsanlage einer Eisenbahn kommt, ist Aufgabe der so genannten eisenbahntechnischen Prüfung der Pläne (Genehmigungs- und Ausführungspläne der Straßenbauverwaltung) durch das Eisenbahn-Bundesamt (falls passiv eine Eisenbahn des Bundes betroffen ist).

Ähnliches wird für den Eingriff in eine Bundeswasserstraße durch Anlage einer Stützmauer an Stelle einer Böschung zur Verbreiterung einer Straße gelten. Die Wasser- und Schifffahrtsverwaltung wäre demnach als Träger öffentlicher Belange im straßenrechtlichen Planfeststellungsverfahren (oder gegebenenfalls als in ihren Aufgaben berührte Behörde zur Benehmensherstellung im Rahmen eines straßenrechtlichen Plangenehmigungsverfahrens) zu beteiligen.

Als Zwischenergebnis bleibt festzuhalten: Eine Konkurrenz von Planfeststellungsbehörden sollte in den Fällen der Näherung und Verdrängung zweier Verkehrswege nicht auftreten.

b) Kreuzung

Die Fälle der Kreuzung zweier Verkehrswege sind sehr vielgestaltig. Sie betreffen sowohl die Änderung bestehender als auch den Neubau von Trassen. So kann es durch eine neue Straße zu einer neuen Kreuzung mit der Eisenbahn kommen, regelmäßig als Über- oder Unterführung. Am bestehenden Verkehrsweg beschränken sich die Arbeiten dann auf dessen Anpassung an den neuen. Eigentlich ist dies hinsichtlich der Zuständigkeit ein unproblematischer Fall. Eines der sogleich folgenden Beispiele wird jedoch zeigen, dass, wenn auch rechtsfehlerhaft, gerade hier in der Praxis die konkurrierende Zuständigkeit zweier Behörden angenommen wurde.

Häufig ist der Fall der Beseitigung eines höhengleichen Bahnübergangs und dessen Ersatz durch eine Straßen- oder Eisenbahnüberführung. Rechtlich ist die Zuständigkeitsfrage auch hier leicht zu lösen. Tatsächlich ergibt sich jedoch bisweilen eine Kontroverse zwischen den beteiligten Verkehrsträgern. Hierauf wird sogleich in einem der Beispiele einzugehen sein.

c) Parallelität

Unter dem Standardfall der Parallelität möchte ich insbesondere die Parallelführung neuer Verkehrswege, aber auch das Hinzufügen eines neuen Verkehrsweges parallel zu einem bestehenden, verstehen. Am Rande sei erwähnt, dass sich dabei aus technischer Sicht bisweilen Kontroversen um die hierbei einzuhaltenden Abstandsflächen ergeben.

Die Frage der richtigen Zuständigkeit kann sich nur stellen, wenn entweder beide Verkehrswege neu gebaut werden sollen oder neben dem Neubau eines Verkehrswegs auch am bestehenden eine Änderung vorgenommen werden soll. Von geringfügigen Anpassungen des bestehenden Verkehrsweges abgesehen, die als Folgemaßnahmen des neuen Verkehrsweges bei dessen Planfeststellung gelöst werden können, wird es sich regelmäßig um eine gemeinsame Planfeststellung nach § 78 VwVvG handeln.

Beim Zusammentreffen mehrerer Vorhaben und der gemeinsamen Planfeststellung nach § 78 VwVfG stellt sich zentral die Aufgabe, die letztlich allein zuständige Planfeststellungsbehörde für beide Vorhaben richtig zu bestimmen. Neben Irrtümern treten dabei von einzelnen Beteiligten durchaus sachwidrige Überlegungen auf, die in eine Konkurrenz der Planfeststellungsbehörden münden können. Auch dieser Fall wird deshalb weiter zu untersuchen sein.

3. Beispiele

1. Beispiel: Schaffung einer neuen Kreuzung

In der Ausgangslage möge eine Eisenbahntrasse im Bahnhofsbereich in Dammlage verlaufen. Es sei weiterhin vorgesehen, eine neue Straßenbahntrasse durch diesen Damm hindurchzuführen. Damit entsteht eine neue Eisenbahnüberführung. In der Praxis häufiger sind freilich die analogen Fälle einer neuen Eisenbahnüberführung durch Anlage einer Straße durch einen bestehenden Eisenbahndamm. Beide sind hinsichtlich des anzuwendenden Fachplanungsrechts und damit der Zuständigkeit der Planfeststellungsbehörde problemlos: Nach § 28 PBefG dürfen Betriebsanlagen von Straßenbahnen, nach § 17 FStrG dürfen Fernstraßen nur gebaut werden, wenn der Plan vorher festgestellt ist. In unserem Fall hat der Neubau der Straßenbahntrasse zur Änderung der Betriebsanlage der Eisenbahn (Einbau einer Eisenbahnüberführung in einen bestehenden Bahndamm) Veranlassung gegeben. Das Vorhaben ist insgesamt von der dafür zuständigen Landesbehörde zu genehmigen (d.h. der Plan dafür festzustellen). Für eine Anwendung des § 18 AEG und damit (im Falle einer Eisenbahn des Bundes) für ein Tätigwerden des Eisenbahn-Bundesamtes als zuständige Planfeststellungsbehörde gemäß § 3 des Gesetzes über die Eisenbahnverkehrsverwaltung des Bundes bleibt kein Raum.

Gleiches gilt in unserem abgewandelten Beispiel gemäß § 17 FStrG für die neue Straßentrasse durch den Bahndamm, wenn es sich um eine Fernstraße handelt, gegebenenfalls nach verschiedenen landesrechtlichen Vorschriften für Staats-, Landes- oder Kreisstraßen, sofern dort die Planfeststellung vorgesehen ist. Bei innerörtlichen Straßen fehlt hingegen die Konzentrationswirkung des Bebauungsplans.

Zurück zu unserem Straßenbahnbeispiel: da die neue Eisenüberführung im Bahnhofsbereich liegen soll, bietet sich eine Verknüpfung beider öffentlicher Verkehrsmittel an. Zu diesem Zwecke sollen Zugänge (Treppen und Aufzüge) zu den oben liegenden Bahnsteigen von der unter der Eisenbahnüberführung liegenden neu zu schaffenden Straßenbahnhaltestelle gebaut werden. Diese Bahnsteigzugänge gehören zu einer Betriebsanlage der Eisenbahn, denn sie ermöglichen den Zugang zu den Zügen. Plötzlich entsteht der Eindruck, an dieser Stelle jedenfalls sei der Planungsaufwand für die Änderung der Bahnanlage

(Einbau der Eisenbahnüberführung, Anlage von Bahnsteigtreppen, Anlage von Aufzügen, Anpassung der Bahnsteige, möglicherweise Veränderung der Gleislage zur Schaffung entsprechender Bahnsteigbreiten) größer als der Planungsaufwand für die neue Straßenbahn.

Einige Beteiligte kommen deshalb auf die Idee, insoweit sei § 18 AEG anzuwenden, das Eisenbahn-Bundesamt für diese Planfeststellung zuständig. Es kann dahinstehen, ob eine entsprechende Bildung von Planfeststellungsabschnitten für den Neubau der Straßenbahnstrecke überhaupt den dazu entwickelten Grundsätzen entspräche, es ist sicher falsch, hinsichtlich der Teilbaumaßnahme „Errichtung einer Eisenbahnunterführung für die neue Straßenbahnstrecke, Schaffung von Bahnsteigzugängen und Korrektur der bestehenden Gleislage der Bahngleise" zu einer quasi punktuellen Zuständigkeit des Eisenbahn-Bundesamtes zu kommen. Es sind wohl archaische Rechtsgedanken, die in einem vergleichbaren Fall zur schriftlichen Stellungnahme der betroffenen Landesbehörde im Land der real existierenden Planfeststellung geführt haben, die Zuständigkeit richte sich immer nach dem „oben liegenden Verkehrsweg". Richtig ist vielmehr, dass auch diese Folgemaßnahme von der für das Straßenbahnvorhaben originär zuständigen Planfeststellungsbehörde zu bewältigen ist, ungeachtet des punktuell vielleicht das Straßenbahnvorhaben überwiegenden Umfangs von Problemen.

Ganz so einfach ist es offensichtlich nicht, wie die Rechtsansicht der Landesbehörde zeigt, in diesen Fällen eines negativen Zuständigkeitskonflikts zur richtigen Behördenzuständigkeit zu finden.

2. Beispiel: Beseitigung eines Bahnüberganges

Häufig sind Fälle eines bestehenden höhengleichen Bahnübergangs, der im Grunde beide Verkehrsträger stört. Der Straßenverkehr ist durch häufig geschlossene Schranken in der Leichtigkeit behindert, der Schienenverkehr mit Personalkosten für die Bedienung der Schranken belastet. Auch stehen höhengleiche Bahnübergänge nach § 11 EBO einer Erhöhung der Streckengeschwindigkeit über 160 km/h entgegen. Nach dem Gesagten ist für die Zuständigkeit zur Feststellung des Planes, mit dem der Bahnübergang beseitigt und eine neue Über- oder Unterführung der Straße geschaffen werden soll, diejenige Behörde zuständig, „deren Vorhabenträger" die Änderung veranlasst. Hier kann es sehr leicht zu einem Wettlauf in der Langsamkeit kommen. Jeder Vorhabenträger wartet, bis der andere aktiv wird. Dabei mögen die Beteiligten, vielleicht zu Recht, unterschiedliche Vorstellungen zur Anwendung der relevanten Normen, etwa der naturschutzrechtlichen Eingriffsregelung, durch die einzelnen Planfeststellungsbehörden verbinden. Tatsächlich entsteht dadurch ein Zeitverlust bei der Schaffung einer insgesamt leistungsfähigen Verkehrsinfrastruktur vor dem Hintergrund unterschiedlicher Zuständigkeit. Allerdings handelt es sich um einen Konflikt der Vorhabenträger, nicht um die Konkurrenz der Planfeststellungsbehörden.

Auch sind, allerdings nur für den Fall der Plangenehmigung, feine Unterschiede in der fachplanungsrechtlichen Regelung (§ 17 Abs. 1a FStrG bzw. § 18 Abs. 2 AEG) zu beachten. Nach der straßenrechtlichen Vorschrift ist die Erteilung einer Plangenehmigung an Stelle eines Planfeststellungsbeschlusses bei ansonsten gleichen Voraussetzungen wie im Eisenbahnrecht dann möglich, wenn „Rechte anderer nicht oder nicht wesentlich beeinträchtigt werden ...“ (§ 17 Abs. 1a Nr. 3 FStrG), während § 18 Abs. 2 AEG insoweit keinerlei Beeinträchtigung privater Rechte zulässt. Auch dies mag in Fällen marginaler Betroffenheit privater Rechte gelegentlich dazu führen, durch geschickte Aussagen zur Veranlassung der BÜ-Beseitigungsmaßnahme die Zuständigkeit derjenigen Planfeststellungsbehörde herbeizuführen, die das für den Träger des Vorhabens bequemere Fachplanungsrecht anwendet.

3. Beispiel: Parallelführung von Eisenbahn und Bundesautobahn

Klassische Fälle sind unter eisenbahnrechtlichem Blickwinkel der Neubau einer so genannten ICE-Strecke parallel zu einer bestehenden vierspurigen Autobahn, wobei diese gleichzeitig auf sechs Spuren erweitert wird oder die gleichzeitige Planung einer Eisenbahnschnellstrecke und einer neuen Autobahn. Beide Fälle finden sich zum Beispiel im Zuge der als Verkehrsprojekt Deutsche Einheit Nr. 8 bezeichneten Neubaustrecke Nürnberg – Erfurt – Halle/Leipzig.

II. Das Planfeststellungsverfahren

1. Folgemaßnahmen nach § 75 VwVfG

Häufig trifft die Planung eines Verkehrswegs auf bereits bestehende planfestgestellte Anlagen. Hier sollten sich Zuständigkeitsfragen eigentlich nicht stellen, denn es wird im Grunde nur ein planfeststellungsbedürftiges Vorhaben betrieben. Die unter Umständen notwendige Anpassung vorhandener Anlagen ist Aufgabe der Planfeststellungsbehörde im Rahmen der Folgenbewältigung. § 75 Abs. 1 VwVfG erstreckt die Konzentrationswirkung auf Planfeststellungen, deren Notwendigkeit sich aus dem anhängigen Verfahren ergibt. Damit ist die Notwendigkeit der „anderen“ Planfeststellung das entscheidende Kriterium. Nur sofern und soweit sich diese aus dem geplanten Vorhaben ergibt, kommt es zu einer Zuständigkeitsverlagerung auf eine andere Planfeststellungsbehörde.

So mögen durch eine Änderung einer Eisenbahnanlage, zum Beispiel die oben genannte Bogenaufweitung zur Geschwindigkeitserhöhung, allerlei bislang benachbarte Wege betroffen sein. Nur falls vorhandene Wegebeziehungen unterbrochen werden besteht jedoch die Pflicht, diese wiederherzustellen und damit das Recht der Planfeststellungsbehörde zum kompetenzerweiternden Übergriff auf die originäre Planungskompetenz anderer Planungsträger.

Folgemaßnahmen liegen dann nicht mehr vor, wenn die Auswirkungen eines Planfeststellungsvorhabens nur durch eine umfassende eigene Konzeption des anderen Planungsträgers bewältigt werden können. Damit verbietet es sich etwa, aus Anlass einer Beseitigung eines höhengleichen Bahnübergangs gemäß § 18 Abs. 1 AEG den Plan für eine großräumige Ortsumgehung festzustellen. Nur soweit die neu zu schaffende Straße dem Anschluss des durch die Beseitigung des Bahnübergangs unterbrochenen Straßennetzes dient, ist sie der eisenbahnrechtlichen Planfeststellung zugänglich. Damit beschränken sich Zuständigkeitsverschiebungen und damit eventuelle Konkurrenzsituationen zweier Planfeststellungsbehörden infolge der Vorschrift des § 75 VwVfG auf Anpassungsmaßnahmen an bestehenden Verkehrswegen.

Dabei kann allerdings eine grundlegend andere, von der juristischen Lehre abweichende Sicht der Ingenieure und Techniker verhängnisvoll wirken. Ich nenne das umgekehrte Normenhierarchie. Für Ingenieure ist das Wichtigste die technische Vorschrift, am besten ein allgemeines Rundschreiben des Bundesverkehrsministeriums, allenfalls eine DIN-Norm. Erst danach sind Verordnungen zu beachten, dann mag ein Gesetz kommen, vielleicht auch ein Grundrecht. Das wirkt sich in unserem Zusammenhang gelegentlich so aus, dass der kürzeste Anschluss der durch die Bahnübergangsbeseitigung unterbrochenen Straße von den Straßenbauingenieuren unter Hinweis auf fehlende Konformität mit allerlei technischen Normen strikt abgelehnt wird. Nach ihrer Auffassung unbedingt einzuhaltende Parameter für Radien, Gradienten, die Gestaltung des Straßenquerschnitts und ähnliches seien auf dem von den Juristen geforderten kürzesten Weg nicht einzuhalten. Folgt man dem, läuft man als Planfeststeller Gefahr, sich die Klage eines von der aufwendigeren Planung vermeintlich unnötig betroffenen Grundeigentümers einzuhandeln. In einem von mir vor Gericht vertretenen Fall kam es schließlich zu einem Sinneswandel des Straßenbauamtes, das plötzlich mit der Anbindung über eine bereits vorhandene Erschließungsstraße einverstanden war. Damit ist die Prozesslage hoffnungslos.

Doch auch die Rechtsprechung ist für die Praxis nicht unproblematisch. Das Bundesverwaltungsgericht verpflichtet, wenn ich es richtig verstehe, die Planfeststellungsbehörde, in den Fällen, in denen das Maß einer notwendigen Folgemaßnahme überschritten ist, den „anderen" Planungsträger zu einer eigenständigen Planung „anzustoßen". Im Erfolgsfalle könnten dann beide Pläne gemäß § 78 VwVfG gemeinsam festgestellt werden. Dies setzt jedoch die Existenz dieses „anderen" Planes voraus. Wenn dieser „Anstoß" jedoch nicht gelingt, haben wir, wie ich befürchte, eine Hängepartie. Ein Problem sehe ich einfach darin, dass gegebenenfalls „meine" Vorhabenträgerin, die DB Netz AG, einen Anspruch gegen mich als Planfeststeller auf „Anstoß" des anderen Vorhabenträgers geltend machen kann, ich aber keinerlei Möglichkeiten habe, diesen „in die Gänge zu bringen". Oder, um es einfach zu sagen, wer sich schlafend stellt, den kann ich nicht wecken.

2. Gemeinsame Planfeststellung nach § 78 VwVfG

Wegen des nachfolgenden Referats möchte ich meine Ausführungen zu § 78 VwVfG auf die Zuständigkeitsfrage beschränken. Soweit ersichtlich führt in der Praxis eine falsch bestimmte Zuständigkeit der gemeinsamen Planfeststellungsbehörde höchst selten zur Rechtswidrigkeit eines Planfeststellungsbeschlusses. Das mag zum einen an der relativen Seltenheit der gemeinsamen Planfeststellungsverfahren liegen, zum anderen hängt es sicherlich auch mit der offenen Formulierung in § 78 Abs. 2 VwVfG zusammen und wohl auch mit der Entscheidung von Zweifelsfällen durch die in Satz 2 des § 78 Abs. 2 VwVfG bestimmten Behörden. Dies obgleich Kläger in den bekannten Fällen sachfremde Motive bei der Bestimmung der zuständigen Behörde eingewandt haben. Dort heißt es in Satz 1: „Zuständigkeiten und Verfahren richten sich nach den Rechtsvorschriften über das Planfeststellungsverfahren, das für diejenige Anlage vorgeschrieben ist, die einen größeren Kreis öffentlich-rechtlicher Beziehungen berührt." Was bedeutet dies?

Für welches Verfahren der größere Kreis öffentlich-rechtlicher Beziehungen berührt ist, beurteilt sich jedenfalls nicht allein quantitativ nach der Zahl der Personen, deren Belange möglicherweise durch das Vorhaben berührt werden, sondern verlangt die Berücksichtigung qualitativer Momente. Das liegt auf der Hand, denn zahlreiche Betroffene werden bei zu Recht bejahtem Erfordernis gemeinsamer Planfeststellung von beiden Vorhaben betroffen sein, wenn auch vielleicht in unterschiedlicher Weise. Die Entscheidung an Hand der Zahl Betroffener würde im Übrigen das Ergebnis des Anhörungsverfahrens von Beginn an voraussetzen. Das wäre in jedem Falle unpraktikabel und rechtlich gar unmöglich in den Fällen, in denen auch die Anhörungsbehörden verschiedene sind. Anhaltspunkte dafür, welches Verfahren danach maßgeblich ist, sind die Bedeutung, Größe, Gefährlichkeit, Auswirkungen, Kapazität usw. des Vorhabens, auch die Zahl der von den Auswirkungen des Vorhabens betroffenen bzw. am Verfahren zu beteiligenden Personen.

Sachfremde Motive sind hingegen die personelle oder sachliche Nähe eines Vorhabenträgers zu einer Planfeststellungsbehörde oder die bislang fehlende

Möglichkeit der naturschutzrechtlichen Verbandsklage bei Planfeststellungsbeschlüssen von Bundesbehörden.

III. Die Nach-Beschluss-Phase

Die häufig wenig beachtete Phase der Realisierung des Vorhabens nach der Rechtskraft des Beschlusses möchte ich dringend Ihrer Aufmerksamkeit anempfehlen.

1. Ausführungsplanung

Im Bereich der Eisenbahnen des Bundes gibt es auf Grund eines in der Planfeststellung enthaltenen Vorbehalts, die Ausführungsplanung für jedes Bauwerk dem Eisenbahn-Bundsamt zur Freigabe vorzulegen, eine eigenständige behördliche Entscheidung in der Nach-Beschluss-Phase. Die Ausführungsplanung wird technisch geprüft, von einem anderen Sachbereich des Hauses, der nicht für Planfeststellung zuständig war. Dabei treten regelmäßig Abweichungen von den festgestellten Plänen auf. Dann stellt sich die Frage, ob daraus jeweils für die Planfeststellungsbehörde Handlungsbedarf erwächst, also etwa eine nachträgliche Änderung des Planes nach § 76 VwVfG.

Diese Frage stellt sich besonders, wenn die Abweichungen ein anderes (nicht Eisenbahn-) Bauwerk betreffen, das als notwendige Folgemaßnahme oder gar nur im Rahmen eines Verfahrens nach § 78 VwVfG vom Eisenbahn-Bundesamt als Planfeststellungsbehörde mit planfestgestellt wurde, und Bürger diese Abweichung monieren. Welche Planfeststellungsbehörde hat die Aufgabe der Kontrolle von Abweichungen, welche Planfeststellungsbehörde, die originäre oder die zuständig gewordene, muß gegebenenfalls den Plan ändern? Welche Planfeststellungsbehörde hat dem Träger des Vorhabens gegebenenfalls nachträgliche Schutzauflagen gemäß § 75 Abs. 2 Sätze 2 und 3 VwVfG aufzuerlegen?

Meines Erachtens besteht insoweit bereits nicht die Möglichkeit eines entsprechenden Vorbehalts in der Planfeststellung, denn nur die Vorlage der Ausführungsplanung für Bauwerke der Eisenbahn dient dem Amt zur Kontrolle, daß von diesen neuen Bauwerken in ihrer konkreten Art der Errichtung keine Gefahr für den Eisenbahnbetrieb ausgeht. Dies gehört zu den Aufgaben des Eisenbahn-Bundesamtes nach § 3 des Gesetzes über die Eisenbahnverkehrsverwaltung des Bundes. Anders bei den Straßenbauwerken. Dort mag es im Einzelfall dazu kommen, dass das Eisenbahn-Bundesamt für die Planfeststellung einzelner Straßenbauwerke zuständig wird, nicht jedoch für den sicheren Straßenverkehr.

Damit sind die Informationsmöglichkeiten des Eisenbahn-Bundesamtes über planfeststellungsrelevante, für den betroffenen Bürger nachteilige Abweichungen der Bauausführung von der Planfeststellung hinsichtlich der Bauwerke beschränkt, die nicht Bahnanlagen sind.

2. Vollzugskontrolle

Der Vollzug der eigenen Verwaltungsentscheidung ist grundsätzlich Aufgabe jeder Behörde. Vollzogen wird ein Planfeststellungsbeschluss jedoch durch die Realisierung des Vorhabens, dessen Plan festgestellt wurde. Der Träger des Vorhabens muss, wenn er sich zum Bau entscheidet, den Plan so umsetzen, wie er festgestellt wurde. Es bedarf, wie erwähnt, der Kontrolle über das Baugeschehen, um Abweichungen der Bauausführung vom festgestellten Plan zum Nachteil der Bürger zu vermeiden. Das sei unter Vollzugskontrolle verstanden. Diese Kontrolle der plankonformen Umsetzung ist damit Aufgabe der Planfeststellungsbehörde. Schwierig wird diese Aufgabe für diejenige Planfeststellungsbehörde, die infolge der §§ 75 oder 78 VwVfG für eine Anlage zuständig geworden ist, die von einem anderen Hoheitsträger errichtet wird. Beispiel: Nach der gemeinsamen Planfeststellung einer ICE-Strecke und eines Abschnitts einer Autobahn wird diese realisiert. Die betroffenen Bürger wenden ein, das Autobahnamt als Träger des einen Vorhabens habe abweichend von den Auflagen der Planfeststellung statt des zugesagten so genannten Flüsterasphalts eine Betondecke eingebaut. Sie verlangen ein „Einschreiten" des Eisenbahn-Bundesamtes als damaliger gemeinsamer Planfeststellungsbehörde. Zu Recht?

Später werden Qualitätsmängel der Bauausführung beim Autobahnbau und damit nicht etwa eine Abweichung der Ausführungsplanung von der Planfeststellung geltend gemacht. Kommt eine Zuständigkeit der ursprünglichen, originär nicht zuständigen Planfeststellungsbehörde immer noch in Betracht?

Schließlich verlangen die Bürger die nachträgliche Anordnung zusätzlicher Lärmschutzwände, da auf Grund mehrerer Faktoren die Lärmentwicklung stärker sei als prognostiziert. Unabhängig von Zweifeln an der Begründetheit der Ansprüche, erhebt sich bereits die Frage nach der zu solchen nachträglichen Schutzanordnungen berufenen Planfeststellungsbehörde.

In diesem Bereich kann es nach meinen Beobachtungen der Praxis durchaus zur (negativen) Konkurrenz der Planfeststellungsbehörden kommen. Vieles ist jedenfalls in der Praxis unklar.

3. Nachträgliche Änderung nach § 76 VwVfG

Kommt man nach Prüfung der Ausführungsplanung oder durch Beobachtung des Baugeschehens zur Erkenntnis, dass die Abweichung nicht ein unbedeutendes Detail betrifft, sondern für die Planfeststellung relevant ist, weil die Veränderungen Rechte Dritter oder öffentliche Belange betreffen, über die in der Planfeststellung entschieden worden ist, so löst dies grundsätzlich ein Planänderungsverfahren nach § 76 VwVfG aus, also eine nachträgliche, das heißt nach Planfeststellungsbeschluss erfolgende Planänderung vor Fertigstellung des Vorhabens. Diese Vorschrift stellt in ihren Absätzen 1 bis 3 ein gestuftes Instrumentarium dazu bereit, worauf hier nicht näher einzugehen ist. Wichtig ist in unserem Zusammenhang, dass § 76 Abs. 1 und 2 VwVfG lapidar von der Planfeststellungsbehörde sprechen, ohne jedoch in den hier interessierenden Fällen zu konkretisieren, welche Planfeststellungsbehörde gemeint ist: die originär für das Teilvorhaben zuständige oder die zuständig gewordene.

Dies betrifft zum einen erforderlich werdende Änderungen an den technischen Plänen, zum anderen nachträgliche Änderungen am Landschaftspflegerischen Begleitplan. Bei Änderungen an technischen Plänen ist der Fall besonders interessant, dass eine gemeinsame Folgemaßnahme, etwa eine Brücke über die Bündelungsstrecke von ICE-Strecke und Autobahn durch die Autobahnverwaltung als Bauherr abweichend von den Plänen errichtet wird, etwa weil die zu überführende Straße herabklassifiziert wurde und die technischen Normen hierfür einen anderen Querschnitt vorsehen. Im konkreten Fall führte dies zum Entfall des in der Planfeststellung noch vorgesehenen Radwegs auf der Brücke. In diesem Fall habe ich die Zuständigkeit des Eisenbahn-Bundesamtes zur Planänderung bejaht. Häufig wird es jedoch auf die Umstände des Einzelfalls ankommen, wer Planfeststellungsbehörde im Sinne des § 76 VwVfG ist. Für den Fall der nachträglichen Änderung technischer Pläne ist abschließend zu erwähnen, dass die Planfeststellungsrichtlinien für die Fernstraße und für die Eisenbahn unterschiedliche Regelungen treffen.

Klar scheint mir hingegen die Zuständigkeit derjenigen Planfeststellungsbehörde, die den Landschaftspflegerischen Begleitplan festgestellt hat, für dessen Änderung. Dies insbesondere deshalb, weil der Landschaftspflegerische Begleitplan immer Resultat einer Gesamtbilanzierung von Eingriff und Ausgleich ist und Veränderungen von Art und Lage einzelner Kompensationsmaßnahmen, die, würde man die gegenteilige Ansicht vertreten, von anderen Planfeststellungsbehörden oder der Flurbereinigungsverwaltung im Rahmen des ebenfalls planfestzustellenden Wege- und Gewässerplans verändert werden könnten, diese Bilanz aus dem Gleichgewicht bringen könnten. Hinzu kommt, dass im Hinblick auf die auch insoweit von der Planfeststellungsbehörde zu leistende Vollzugskontrolle (Kontrolle der Erstellung und Wirksamkeit der landschaftspflegerischen Kompensationsmaßnahmen) sichergestellt sein muss, dass diese jederzeit Kenntnis über Art und Lage der derzeit geplanten Landschaftspflegerischen Maßnahmen hat. Schließlich ist dabei zu berücksichtigen, dass die Lageveränderung einer naturschutzrechtlichen Ausgleichsmaßnahme durch Dritte aus dieser leicht eine Ersatzmaßnahme macht. Hier kommt es in der Praxis durchaus zur Konkurrenz zweier Planfeststellungsbehörden.

Abschließend bleibt damit festzustellen, dass die Konkurrenz zweier Planfeststellungsbehörden lediglich in der wenig beachteten Nach-Beschluß-Phase häufiger auftritt, ansonsten aber bei genauer Beachtung der Rechtslage weitgehend vermieden werden kann und deshalb in allen Fällen nicht zu einer Verzögerung der Planungsprozesse führt. Noch am problematischsten insoweit sind die Anwendungsfälle des § 78 VwVfG, die aus diesem, wie aus anderen Gründen eng begrenzt sein sollten.

Zusammentreffen mehrerer Vorhaben – juristische Aspekte unter Beachtung des § 78 VwVfG

Von Alexandra Fridrich

I. Historische Entwicklung

Die sich aus dem Zusammentreffen mehrerer Planfeststellungen ergebenden Rechtsprobleme wurden bereits in den frühen 60er Jahren erkannt und im wissenschaftlichen Schrifttum thematisiert. *Blümel*[1] bezeichnete die Frage, ob die Konzentrationswirkung von Planfeststellungsbeschlüssen auch anderweitig planfeststellungsbedürftige Folgemaßnahmen erfasse und wie das räumliche Zusammentreffen mehrerer, von einander unabhängiger planfeststellungsbedürftiger Vorhaben zu behandeln sei, als „Kardinalfrage des Rechts der Planfeststellung". In der Praxis wurde die Ansicht vertreten, jede Planfeststellung könne grundsätzlich jede andere Planfeststellung ersetzen[2]. Im Schrifttum vertrat vor allem *Blümel* die Auffassung, die Durchführung mehrerer Planfeststellungsverfahren sei erforderlich[3]. Gleichwohl räumte er ein, dass dieses Ergebnis wegen der Schwierigkeiten, die verschiedenen Planungsträger „unter einen Hut zu bringen" unpraktikabel sei[4].

Diesem konfliktträchtigen Spannungsfeld wurde im Vorfeld des Erlasses des Verwaltungsverfahrensgesetzes (VwVfG) große Aufmerksamkeit geschenkt. Die Gründe für diese Diskussion lagen insbesondere in der Ausdehnung des Instituts der Planfeststellung auf neue Rechtsgebiete und in dem Fehlen einer überbrückenden verfahrensrechtlichen Klammer[5]. Darüber hinaus war bis zu dieser Zeit das Institut der Planfeststellung im Bundesrecht noch nicht in seiner

---

1 *Blümel*, Die Bauleitplanung, Erster Teil, 1961, S. 221; zum Weiteren auch *Blümel*, Das Zusammentreffen von Planfeststellungen, DVBl. 1960, S. 697 ff.; Die Planfeststellung, 2. Teil, 1967 (Maschinenschrift), S. 228 ff.

2 Z. B. *Kodal*, Straßenrecht, 2. Aufl. 1964, S. 481 ff.

3 *Blümel*, Das Zusammentreffen von Planfeststellungen, DVBl. 1960, S. 697 ff.

4 *Blümel*, Das Zusammentreffen von Planfeststellungen, DVBl. 1960, S. 711.

5 *Knöpfle*, Das Zusammentreffen planfeststellungsbedürftiger Vorhaben, in: Maunz-FS, 1981, S. 187.

heutigen Dichte verankert.[6] Fragen der Planungszuständigkeit und des anzuwendenden Verfahrensrechts wurden zunächst in den Fachplanungsgesetzen geregelt[7], die sich aber als spezialgesetzliche Kollisionsregeln mit wachsender Zahl der planfeststellungsbedürftigen Vorhaben in den 60er und 70er Jahren zunehmend als lückenhaft erwiesen.[8]

Es wundert also nicht, dass auch der Gesetzgeber in der Entstehungsgeschichte des VwVfG die Notwendigkeit einer allgemein gültigen Kollisionsregel früh erkannte.[9] Mit § 63 EVwVfG wurde bereits 1963 eine umfassende Regelung für die verschiedenen Fälle der sogenannten Planungskonkurrenz geschaffen. Die heutige Kollisionsregel des § 78 VwVfG beschränkt sich auf die Fälle der echten Planungskonkurrenz und geht im wesentlichen auf § 65 RegE von 1970 zurück. Fast unverändert beschlossen wurde diese Regelung drei Jahre später.[10] Somit liegt die bereits in den 60er Jahren vermisste, für alle Rechtsgebiete geltende einheitliche Normierung der Planfeststellung nunmehr in Gestalt der §§ 72 – 78 VwVfG des Bundes vor, welches am 1. Januar 1977 in Kraft trat.[11]

II. Regelungszweck

§ 78 VwVfG regelt das „Zusammentreffen mehrerer Vorhaben". Damit gemeint ist die sogenannte echte Planungskonkurrenz, die typischerweise dann vorliegt, wenn unterschiedliche Fachbehörden unabhängig voneinander Projekte planen und entwerfen, die einander überschneiden oder derart berühren, dass ein einheitliches Planfeststellungsverfahren notwendig wird.[12] Charakteristisch ist dabei, dass es sich bei § 78 Abs. 1 VwVfG um das Zusammentreffen mehrerer selbständiger Vorhaben handeln muss. Es bedarf insoweit einer Abgrenzung zum Fall der sogenannten unechten Planungskonkurrenz (s.u. III.1.). Für die echte Planungskonkurrenz regelt § 78 Abs. 1 VwVfG im Sinne einer Zustän-

---

[6] Nachweis bei *Knöpfle*, Das Zusammentreffen planfeststellungsbedürftiger Vorhaben, in: Maunz-FS, 1981, S. 187, Rn. 1.

[7] So etwa § 9 EkrG Fassung 1963, § 18e FStrG Fassung 1974; Nachweis bei *Obermayer*, Kommentar zum Verwaltungsverfahrensgesetz, 2. Aufl. 1990, § 78 VwVfG Rn. 1.

[8] *Obermayer*, a.a.O. § 78 VwVfG Rn. 1.

[9] *Obermayer*, a.a.O. § 78 VwVfG Rn. 2.

[10] *Obermayer*, a.a.O. § 78 VwVfG Rn. 2 aE.

[11] *Knöpfle*, Das Zusammentreffen planfeststellungsbedürftiger Vorhaben, in: Maunz-FS, a.a.O.

[12] *Obermayer*, a.a.O. § 78 VwVfG Rn. 3.

digkeits- und Verfahrenskonzentration[13] die Frage der Zuständigkeit der Behörden und des anzuwendenden Verfahrensrechts dergestalt, dass der in dem nach § 78 VwVfG allein anzuwendenden Verfahren ergehende Planfeststellungsbeschluß dann entsprechend § 75 Abs. 1 VwVfG die nach den anderen Verfahren notwendigen Planfeststellungsbeschlüsse ersetzt.[14]

Der Hauptzweck der Regelung liegt in der Koordinierung und Effektivierung des Verwaltungshandelns, insbesondere in der Sicherung der notwendigen Einheitlichkeit der den Überschneidungsbereich betreffenden Verwaltungsentscheidung.[15] Zum einen soll damit das Risiko inhaltlich divergierender Sachentscheidungen ausgeschlossen und eine koordinierte Planung sichergestellt werden.[16] Zum anderen wird vermieden, dass mehrere Behörden neben- oder nacheinander Planfeststellungsverfahren durchführen[17]. Es geht also in erster Linie um Verwaltungsökonomie, Verfahrensbeschleunigung und um das nötiges Maß an Rechtssicherheit.

III. Anwendungsbereich

Damit der Anwendungsbereich des § 78 VwVfG eröffnet ist, müssen mehrere selbständige, d.h. voneinander unabhängige Vorhaben dergestalt zusammentreffen, dass zwischen ihnen ein enger zeitlicher, räumlicher und funktionaler Zusammenhang[18] besteht (III. 1). Bei gleichzeitiger Verwirklichung muss sich hieraus die Notwendigkeit einer einheitlichen Entscheidung ergeben (III. 2). Mindestens eines dieser Vorhaben muss einem bundesrechtlichen Planfeststellungsverfahren unterworfen sein (III. 3).

1. Mehrere selbständige Vorhaben

Erste Voraussetzung für die Anwendbarkeit des § 78 VwVfG sind somit mehrere selbständige planfeststellungsbedürftige Vorhaben. Für das Vorliegen eines Vorhabens bedarf es einer hinreichend konkreten Planung und eines um-

---

[13] *Obermayer*, a.a.O. § 78 VwVfG Rn. 5 aE.

[14] *Kopp / Ramsauer*, Kommentar zum Verwaltungsverfahrensgesetz, 7. Aufl. 2000, § 78 VwVfG Rn. 1.

[15] *Knöpfle*, Das zusammentreffen planfeststellungsbedürftiger Vorhaben, in: Maunz-FS, a.a.O., S. 194.

[16] *Obermayer*, a.a.O. § 78 VwVfG Rn. 6.

[17] *Obermayer*, a.a.O. § 78 VwVfG Rn. 6.

[18] BVerwG NVwZ 1993, 565, 566.

fassenden Planungskonzepts des Planungsträgers[19]. Vage Planungsentwürfe genügen ebenso wenig wie reine Schubladenentwürfe.[20]

Darüber hinaus muss nach dem Wortlaut der Vorschrift jedes Vorhaben für sich gesehen planfeststellungsbedürftig sein. Maßgeblich hierfür ist eine „ex-ante" Betrachtung[21] der konkreten Pläne und die Beantwortung der Frage nach dem Bedürfnis eines Planfeststellungsverfahren. Probleme können sich hierbei aber ergeben, wenn ein Vorhaben nicht zwingend einem Planfeststellungsverfahren unterworfen ist, jedoch auf Antrag einem solchen unterzogen werden kann.

Der VGH Baden-Württemberg sah in einem solchen Fall eine entsprechende Anwendung des § 78 Abs. 1 VwVfG bedenkenlos für möglich an[22]. Gegenstand in dem vom VGH Baden-Württemberg zu entscheidenden Fall war ein Planfeststellungsbeschluß nach dem Luftverkehrsgesetz, der die Errichtung eines Luftfrachtzentrums sowie den Bau einer Umgehungsstraße betraf. Die zuständige Planfeststellungsbehörde ging in diesem Verfahren von der Anwendbarkeit des § 78 VwVfG aus. Das Verfahren wurde auf Grundlage des Luftverkehrsgesetzes durchgeführt. Dabei ist zu erwähnen, dass für die Errichtung besagter Umgehungsstraße, einer Gemeindestraße, nach § 37 Abs. 1 Satz 2 Straßengesetz (StrG) des Landes Baden-Württemberg ein Planfeststellungsverfahren nicht erforderlich war. Es bestand aber die Möglichkeit, dass auf entsprechenden Antrag des Vorhabensträgers ein Planfeststellungsverfahren durchgeführt wird. Der VGH Baden-Württemberg ging aufgrund einer vergleichbaren Interessenlage zu dem Fall des Aufeinandertreffens zweier planfeststellungsbedürftiger Vorhaben vorliegend von der Möglichkeit einer entsprechenden Anwendung des § 78 Abs. 1 VwVfG aus. Ob diese entsprechenden Anwendung zwingend aus dem Sinn und Zweck des § 78 VwVfG, also insbesondere der Gefahr divergierender Sachentscheidungen und der Verwaltungsökonomie, folgt – so die Begründung des VGH –, sei an dieser Stelle bezweifelt. Zumindest bedarf es in einem solchen Fall einer strengen Untersuchung des weiter zu prüfenden Tatbestandmerkmals der „Notwendigkeit einer einheitlichen Entscheidung", um den Anwendungsbereich des § 78 VwVfG nicht unnötig, insbesondere auch im Interesse der Rechtssicherheit und -klarheit, auszudehnen.

Ferner muss es sich um selbständige, d.h. voneinander unabhängige Vorhaben handeln. Aus diesem Erfordernis ergibt sich gleichzeitig die Notwendigkeit einer Abgrenzung zur sogenannten unechten Planungskonkurrenz. Diese liegt vor, wenn im Grunde das eine Vorhaben lediglich durch das andere Vorhaben

---

[19] BVerwG DVBl 1988, 843.

[20] *Obermayer*, a.a.O. § 78 VwVfG Rn. 16.

[21] *Obermayer*, a.a.O. § 78 VwVfG Rn. 17.

[22] VGH BW, Az. 8 S 2852 / 99, Entscheidungsgründe, Nr. 1 aa).

veranlasst wurde. Dabei handelt es sich regelmäßig nicht um ein selbständiges Vorhaben, sondern vielmehr um eine reine Folgenmaßnahme. Damit werden vom Anwendungsbereich des § 78 VwVfG diejenigen Vorhaben ausgeklammert, deren Entwicklung die Notwendigkeit weiterer Planfeststellungsverfahren auslösen (sog. veranlassende Vorhaben)[23]. Solche Vorhaben werden vielmehr von § 75 VwVfG erfasst. Auch diese Abgrenzung bereitet mitunter Schwierigkeiten und lässt sich nicht in jedem Fall eindeutig vornehmen. Die Abgrenzung der erweiterten Zuständigkeit gemäß § 78 VwVfG von der Zuständigkeit nach § 75 Abs. 1 Satz 2 VwVfG zur Entscheidung über notwendige Folgemaßnahmen in der Planfeststellung hängt mithin nach der insoweit eindeutigen Regelung des § 75 Abs. 1 VwVfG vom Begriff der Folgemaßnahme ab.[24] Entscheidend ist dabei, dass die Folgemaßnahmen im Sinne dieser Vorschrift von der Planung *eines* Vorhabensträgers veranlasst sein müssen. Planen dagegen mehrere Vorhabensträger gleichzeitig planfeststellungsbedürftige Baumaßnahmen, liegen selbständige Vorhaben vor, die eine Anwendung des § 78 VwVfG fordern.[25]

Schließlich müssen sich alle Projekte zur selben Zeit in der Vorhabensphase befinden, also in etwa zeitgleich vorliegen, damit eine Zusammenführung zu einem Planfeststellungsverfahren möglich ist.[26]

2. Notwendigkeit einer einheitlichen Entscheidung

Die Vorhaben müssen außerdem derart aufeinander treffen, dass für sie oder für Teile von ihnen nur eine einheitliche Entscheidung möglich ist.[27] Die Koordinierungsmöglichkeit der verschiedenen Vorhaben vorausgesetzt, muss das einheitliche Planfeststellungsverfahren erforderlich sein. Um die gesetzliche Verfahrenszuständigkeit zu ändern, genügt die bloße Zweckmäßigkeit genauso wenig wie ein bloßes Interesse an planerischer Koordinierung[28]. Minimale Berührungen unterschiedlicher Vorhaben, die ohne weiteres durch Verfahrensbeteiligung und planerische Berücksichtigung bewältigt werden können, rechtfertigen eine Zusammenführung der Planfeststellung ebenso wenig nicht.[29] Vor-

---

[23] *Knack* u.a., Kommentar zum Verwaltungsverfahrensgesetz, 6. Aufl. 1998, § 78 VwVfG Rn. 8.

[24] *Kopp / Ramsauer*, a.a.O. § 78 VwVfG Rn. 7.

[25] BVerwG LKV 1997, 213 – 216.

[26] *Obermayer*, a.a.O. § 78 VwVfG Rn. 19.

[27] *Obermayer*, a.a.O. § 78 VwVfG Rn. 20.

[28] *Kopp / Ramsauer*, a.a.O. § 78 VwVfG Rn. 5.

[29] BVerwG NVwZ 1993, 980 ff.

aussetzung ist demnach ein gesteigerter Koordinierungsbedarf[30], der sich beispielsweise dann ergibt, wenn die unterschiedlichen Projekte jeweils denselben Raum in Anspruch nehmen und eine einheitliche Entscheidung über Unter- oder Überführungen gefunden werden muss.[31]

Mithin als Musterbeispiel dafür, dass durch eine Häufung von Verflechtungen auf verhältnismäßig engem Raum zwecks Bewältigung der vielfältigen Konflikte eine Koordinierung der Vorhaben erforderlich wird, die nicht mehr durch bloße gegenseitige Rücksichtnahme und Abstimmung der Vorhabensträger geleistet werden kann[32], gilt beispielsweise die Tiergarten-Entscheidung des Bundesverwaltungsgerichts[33]. Hierbei ging es um die planerische Bewältigung eines Vorhabens, welches Tunnelbauten für die Fernbahn, eine Bundesstraße und eine U-Bahn miteinander verband, die den Berliner Tiergarten unterqueren und darüber hinaus im Bereich eines Bahnhofs die dort verlaufenden Verkehrslinien der Stadtbahn kreuzen sollten.[34] Vorhabensträger für die Bahnstrecke war die Deutsche Bahn AG. Vorhabensträgerin für die Errichtung der Bundesstraße und der U-Bahn war das Land Berlin. Beide Vorhabensträgerinnen beantragten unter Hinweis auf § 78 VwVfG die Planfeststellung durch das Eisenbahnbundesamt. Die Anwendbarkeit des § 78 VwVfG war im Vorfeld heftig umstritten. Sogar das Bundesministerium für Verkehr vertrat über längere Zeit die Auffassung, für die Verkehrsanlagen im zentralen Bereich von Berlin müssten jeweils eigenständige Planfeststellungsverfahren durchgeführt werden. Das Bundesministerium für Verkehr schloss sich später jedoch der Auffassung der Senatsverwaltung für Verkehr und Betriebe des Landes Berlin hinsichtlich eines gemeinsamen Planfeststellungsverfahrens nach § 78 VwVfG an[35]. Gegen ein gemeinsames Planfeststellungsverfahren und damit gegen Vorliegen der Voraussetzungen des § 78 VwVfG sprach sich auch der BUND aus[36]. In einem hierzu erstellten Gutachten des BUND wurde insbesondere bestritten, dass die weite Auslegung des Begriffs des Zusammentreffens nicht im Einklang mit der überwiegenden in der Rechtsliteratur vertretenen Auffassung stehe. Die Kriterien der Gleichzeitigkeit, der räumlichen Nähe und des Koordinierungsbedarfs

---

30 *Kopp / Ramsauer*, a.a.O. § 78 VwVfG Rn. 5.

31 BVerwG NVwZ 1996, 389, 390.

32 BVerwG NVwZ 1996, 901 ff.

33 BVerwG 101, 73 ff.

34 BVerwG NVwZ 1996, 901, Beschreibung des Tatbestands.

35 *Ronellenfitsch*, Stellungnahme zur planungsrechtlichen Situation der Verkehrsanlagen im zentralen Bereich Berlin vom 25.1.1993; *Ronellenfitsch*, Die Koordination der verkehrlichen Fachplanungen im zentralen Bereich Berlins in: J. Ibsen u.a., Verfassungsrecht im Wandel, 1995, S. 167 ff.

36 Rechtsanwälte *Gassner*, *Grod* und *Siederer*, Rechtsgutachterliche Stellungnahme zur Frage der Zulässigkeit eines einheitlichen Planfeststellungsverfahrens für sämtliche Tunnelbauten im zentralen Bereich Berlin vom 2.9.1993, erstellt im Auftrag des BUND.

seien zwar wichtig, nicht aber für sich gesehen ausreichend. Entscheidend sei vielmehr, ob sich die Vorhaben überschneiden und im Überschneidungsbereich denselben Raum einnehmen. Aus dem Wortlaut der Vorschrift ergebe sich auch das Erfordernis einer engen Auslegung. Ein Eingriff in die grundgesetzlich festgelegte Kompetenzordnung könne nur zulässig sein, wenn dafür zwingende Gründe vorlägen.

Das Eisenbahnbundesamt hatte in dem angefochtenen Planfeststellungsbeschluß das Vorliegen der Voraussetzung einer Zuständigkeitskonzentration nach dieser Vorschrift bejaht. Der 11. Senat des Bundesverwaltungsgerichts folgte der Auffassung des Eisenbahnbundesamts zu § 78 VwVfG.

Nicht notwendigerweise müssen sich allerdings die aufeinandertreffenden Vorhaben wie in eben genannter Entscheidung kreuzen oder überschneiden. Ein einheitliches Verfahren kommt nämlich nicht nur dann in Betracht, wenn gemeinsame Einrichtungen wie Kreuzungsbauwerke Gegenstand der Planung sind.[37] Vielmehr genügen dem Erfordernis des gesteigerten Koordinierungsbedarfs auch topographische Gründe, wie die Entscheidung des Bundesverwaltungsgerichts zu der Bündelungstrasse der Bundesautobahn A 71 und der Eisenbahn-Neubaustrecke Ebensfeld-Erfurt deutlich macht.[38] Hierbei war eine Überschneidung oder Kreuzung der Trassen nicht vorgesehen. Vielmehr galt es, durch eine aufeinander abgestimmte Planung Schwierigkeiten der Geländetopographie im Bereich der nördlichen Ausläufer des Thüringer Waldes bei paralleler Trassenführung effektiv zu bewältigen. Hinzu kam, dass aus Lärmschutzgesichtspunkten in einzelnen Abschnitten der an sich einzuhaltende Regelabstand von 40 m zwischen Eisenbahntrasse und Autobahn unterschritten wurde. Darüber war eine Bundesautobahn und eine Eisenbahntrasse mit unterschiedlichen Gradienten (Steigungswinkeln) zu planen. Während eine Bundesautobahn der Topographie der Landschaft relativ weitgehend angepasst werden kann, ist bei der Planung einer Eisenbahnhochgeschwindigkeitstrasse eine maximale Steigung von 1,25% möglich. In einem topographisch bewegten Gebiet wie dem Thüringer Wald waren aufgrund der einzuhaltenden Trassierungsparameter teilweise Dammbauten bis zu 15,40 m erforderlich. Eine sachgerechte Lösung für die zahlreich erforderlichen technischen Bauwerke wie Tunnel, Brücken und Dämme konnte in diesem Fall nach Ansicht des Bundesverwaltungsgerichts nur durch ein einheitliches Verfahren herbeigeführt werden[39]. Die Anwendung des § 78 Abs. 2 Satz 1 VwVfG hatte im vorliegenden Falle zur Folge, dass das Eisenbahnbundesamt den erforderlichen Planfeststellungsbeschluß für den Bündelungsabschnitt der Eisenbahnneubaustrecke Ebensfeld-

---

[37] BVerwG LKV 1997, 213 ff.

[38] BVerwG LKV 1997, 213 ff.

[39] BVerwG LKV 1997, 213 ff.

Erfurt einschließlich der Bahnstromleitung mit 110 KV sowie der Bundesautobahn A 71 Erfurt-Schweinfurt im fraglichen Abschnitt erlassen hat.

Das Tatbestandsmerkmal der Notwendigkeit ist restriktiv auszulegen. Verschiebungen und Änderungen der gesetzlichen Verfahrenszuständigkeiten, wie sie die Anwendung des § 78 VwVfG zur Folge hat, müssen wegen der Bedeutung der Zuständigkeitsordnung für die Effizienz staatlichen Handelns und für den Rechtschutz des Bürgers die Ausnahme sein[40].

3. Mindestens ein bundesrechtliches Planfeststellungsverfahren

Die dritte Voraussetzung für die Anwendung der Kollisionsregel des § 78 VwVfG ist, dass mindestens ein Planfeststellungsverfahren bundesrechtlich geregelt ist, Anknüpfungspunkt hierfür ist das für die Planfeststellung geltende Verfahrensrecht der unterschiedlichen Vorhabensträger.[41] Da das Planfeststellungsverfahren nicht notwendig zur Gänze entweder bundes- oder landesrechtlich geregelt ist, ist das Schwergewicht entscheidend. Handeln Landesbehörden – selbst im Rahmen der Bundesauftragsverwaltung – gelten die in den Landesverwaltungsgesetzen vorgeschriebenen Planfeststellungsregeln.[42]

IV. Rechtsfolgen, Zuständigkeit und Verfahren

Bei Erfüllung der Tatbestandsvoraussetzungen des § 78 VwVfG ersetzt der nach dieser Vorschrift ergehende Planfeststellungsbeschluß entsprechend § 75 Abs. 1 VwVfG die nach den anderen Verfahren sonst notwendigen Planfeststellungsbeschlüsse[43]. Liegen die Tatbestandsvoraussetzungen des § 78 VwVfG vor, findet nur ein Planfeststellungsverfahren statt. In diesem Verfahren werden alle Fachplanungen integriert und harmonisiert. Damit tritt eine Zuständigkeits- und Verfahrenskonzentration bei einem Vorhabensträger ein, während alle übrigen Vorhabensträger ihre Zuständigkeit verlieren[44].

Für das Gesamtprojekt ist nach § 78 Abs. 2 Satz 1 VwVfG nur noch die Behörde allein zuständig, die ursprünglich für das Vorhaben mit dem größeren Kreis öffentlich-rechtlicher Beziehungen zuständig war. Bei der Ermittlung der zuständigen Behörde ist zunächst zu prüfen, welche Auswirkungen jedes Vor-

---

40 *Kopp / Ramsauer*, a.a.O. § 78 VwVfG Rn. 5.

41 *Obermayer*, a.a.O. § 78 VwVfG Rn. 23.

42 *Obermayer*, a.a.O. § 78 VwVfG Rn. 23.

43 *Kopp / Ramsauer*, a.a.O. § 78 VwVfG Rn. 1.

44 *Obermayer*, a.a.O. § 78 VwVfG Rn. 24.

haben für sich genommen in öffentlich-rechtlicher Hinsicht hätte. Bei der Ermittlung öffentlich-rechtlicher Auswirkungen der einzelnen Vorhaben sind alle Faktoren zu berücksichtigen, die sich auf den Umfang der Planungsaufgabe auswirken. Neben den quantitativen Auswirkungen wie z.B. Größe, Flächenumgriff sind auch die qualitativen Auswirkungen des jeweiligen Vorhabens, beispielsweise durch Lärmimmissionen, zu berücksichtigen. Das Vorhaben, das mehr von dem Vorhaben berührte öffentliche Interessen berührt, bestimmt die Zuständigkeit der Behörde sowie das anzuwendende Verfahrensrecht. Die Rechtsfrage, welches Vorhaben den größeren Kreis öffentlich-rechtlicher Beziehungen berührt, ist von den beteiligten Behörden aufgrund eines wertenden Vergleichs anhand objektiver Kriterien zu prüfen. In Zweifelsfällen greift die Regelung des § 78 Abs. 2 Satz 2 und Abs. 3 VwVfG. Mit der Bestimmung der zuständigen Behörde tritt zugleich eine Verfahrenskonzentration ein. Für das durchzuführende Planfeststellungsverfahren ist das Planfeststellungsrecht der zuständigen Behörde anzuwenden.

Weitergehende Auswirkungen, insbesondere auf den materiell-rechtlichen Prüfungsumfang, hat die Anwendung des § 78 VwVfG nicht. Die aufgrund der Verfahrenskonzentration allein zuständige Behörde hat alle materiell-rechtlichen Fragen abzuarbeiten, die sich bei getrennter Betrachtung der jeweiligen Verfahren gestellt hätten.

V. Bewertung

Die sich aus § 78 VwVfG ergebenden Rechtsfolgen untermauern das Gebot restriktiver Auslegung dieser Vorschrift. Verschiebungen und Veränderungen der gesetzlichen Verfahrenszuständigkeiten können die Effizienz staatlichen Handelns und den Rechtschutz des Bürgers beeinflussen. Die Konzentration auf ein Planfeststellungsverfahren nach § 78 VwVfG hat unter Umständen Einfluss auf die Zuständigkeit der Gerichte. Dies kann eventuell eine Verkürzung des Rechtsweges des Betroffenen bedeuten und diesen möglicherweise in seinem subjektiven Recht aus Art. 101 Abs. 1 Satz 2 GG, § 16 Abs. 2 GVG verletzen.[45] Eine Einschränkung der Klagemöglichkeit von anerkannten Naturschutzverbänden nach § 29 BNatSchG bestand bis zur Neufassung des BNatSchG mangels bundesrechtlich existierendem Verbandsklagerecht dann, wenn das Zusammentreffen mehrerer Vorhaben zur Verfahrenskonzentration bei einer Bundesbehörde führt. Nach der Neufassung dieses Gesetzes steht den Verbänden nunmehr ein Verbandsklagerecht auch in solchen Fällen zu[46].

---

[45] VG Würzburg, ZUR 1997, 213, 216.

[46] BGBl. 2002 Teil I Nr. 22.

Von der Planfeststellung betroffene Bürger, Gemeinden und Verbände können die nach § 78 VwVfG zu treffende Entscheidung über die Zuständigkeit der Behörde und das anzuwendende Verfahren nicht isoliert anfechten. Sie können nur den Planfeststellungsbeschluß insgesamt angreifen.[47]

Probleme ergeben sich für betroffene Bürger dadurch insbesondere dann, wenn ihre Haupteinwände nicht das nach Bundesrecht geregelte Verfahren betreffen, sich das anzuwendende Verfahrens- und Prozessrecht aber nach dem bundesrechtlich geregelten Verfahren richtet. Vor allem die bei bundesrechtlich geregelten Planfeststellungsverfahren in der Regel angeordnete Frist zum Vortrag der die Klage begründenden Tatsachen und Beweismittel sowie die Fristen für ein gerichtliches Eilverfahren gereichen häufig zum Nachteil potentieller Kläger. Hinzu kommt, dass bei bundesrechtlich geregelten Planfeststellungsverfahren die Oberwaltungsgerichte im ersten Rechtszug über sämtliche Streitigkeiten entscheiden. Dies gilt beispielsweise für Planfeststellungsverfahren für den Bau oder die Änderung von Bundesfernstraßen nach § 48 Abs. 1 Nr. 8 VwGO. Wird das Oberwaltungsgericht bzw. der Verwaltungsgerichtshof im Eilverfahren zur Anordnung der aufschiebenden Wirkung der Klage angerufen, steht den Beteiligten eine Beschwerde nach § 146 VwGO gegen die gerichtliche Entscheidung nicht zu. Gegen eine Entscheidung des Verwaltungsgerichts stünde den Beteiligten prinzipiell die Möglichkeit der Beschwerde nach § 146 VwGO zu.

Aber auch im gerichtlichen Hauptsacheverfahren ist es den Klägern verwehrt, das erstinstanzliche Urteil im Wege der Berufung überprüfen zu lassen. Eine Überprüfung des erstinstanzlichen Urteils kommt allerhöchstens in einem Revisionsverfahren in Betracht. Dies hat ggf. zur Folge, dass den Beteiligten in der Regel nur noch die Möglichkeit verbleibt, die Verletzung von Bundesrecht geltend zu machen. Eine Überprüfung der tatrichterlichen Feststellungen findet – zumindest im Umfang vergleichbar mit dem Berufungsverfahren – nicht statt.

VI. Darstellung am Verfahren VGH Baden-Württemberg 8 S 2852 / 99

Auf das Verfahren vor dem VGH Baden-Württemberg[48] wurde bereits eingegangen. Zwei wesentliche Punkte der Urteilsbegründung sind es, die hier nochmals einer kritischen Betrachtung unterzogen werden sollen.

---

[47] *Obermayer*, a.a.O. § 78 VwVfG, Rn. 39.

[48] VGH BW, Az. 8 S 2852 / 99.

Zum einen betrifft dies die entsprechende Anwendung des § 78 VwVfG auf den zu entscheidenden Sachverhalt, obwohl nicht beide der aufeinandertreffenden Vorhaben zwingend einem Planfeststellungsvorhaben unterworfen waren und der Wortlaut des § 78 VwVfG insofern eindeutig ist. Für den Bau der Umgehungsstraße war vielmehr nach § 37 Abs. 1 Satz 2 Straßengesetz des Landes Baden-Württemberg gerade kein Planfeststellungsverfahren vorgeschrieben. Begründet wurde die entsprechende Anwendung mit der vergleichbaren Interessenlage für den Fall zweier planfeststellungsbedürftiger Vorhaben. Ob sich daraus eine entsprechende Anwendung gebietet, um dem Zwecke der Verfahrensbeschleunigung und -ökonomie gerecht zu werden, darf bezweifelt werden. Insbesondere die erwähnten Rechtsfolgen einer Anwendung des § 78 VwVfG, die sich maßgeblich auf das anzuwendende Verfahrensrecht und die Zuständigkeit der Behörden auswirken, gebieten eine restriktive Anwendung der Vorschrift, nicht zuletzt im Interesse der betroffenen Bürger und Verbände an Rechtssicherheit und -klarheit.

Vielmehr als das muss aber hinterfragt werden, ob die geplanten Vorhaben im vorliegenden Fall dergestalt aufeinander bezogen waren, dass eine einheitliche Entscheidung notwendig war. Begründet wurde dies vom VGH Baden-Württemberg mit der Verzahnung der beiden Vorhaben im Hinblick auf ihre Flächenabhängigkeiten und ihren Flächenbedarf.[49] Insbesondere ergebe sich die wechselseitige Abhängigkeit der beiden Vorhaben aus der doppelten Funktion der geplanten Straße, zum einen als Entlastung der Ortsdurchfahrt von Bernhausen, zum anderen als Erschließung des südlichen Bereichs des geplanten Luftfrachtzentrums. Besonders letztere führe zu einem erhöhten Abstimmungsbedarf. Man muss sich hier fragen, ob dies nicht auch durch eine gegenseitige Rücksichtnahme und Abstimmung der Vorhabensträger geleistet werden konnte und ob zur Bewältigung dieser Konflikte wirklich eine Anwendung des § 78 VwVfG notwendig war.

Die heutige Situation lässt eine derartige Würdigung des Sachverhalts, insbesondere bei Beachtung der nicht unerheblichen Rechtsfolgen des § 78 VwVfG, und eine entsprechende Anwendung dieser Vorschrift auf den vorliegenden Fall unter Annahme der Notwendigkeit einer einheitlichen Entscheidung zumindest in einem zweifelhaften Licht erscheinen.

---

[49] VGH BW, Az. 8 S 2852 / 99.

Zusammentreffen mehrerer Vorhaben – planerische Aspekte

Von Hans-Peter Kleemann

Die planerischen Aspekte beim Zusammentreffen mehrerer Vorhaben werden am Beispiel des Verfahrens zum südlichen Ausbau des Flughafens Stuttgart und der Nordwestumfahrung Filderstadt-Bernhausen dargestellt. Das Verfahren war Gegenstand des Beschlusses des Verwaltungsgerichtshofs Baden-Württemberg, das unter dem Az. 8 S 2852 / 99 geführt und bereits bei im Rahmen der juristischen Aspekten des Zusammentreffens mehrerer Vorhaben dargestellt wurde[1]. Im Folgenden werden aus planerischer Sicht die Ausgangslage, der Planungsauftrag, der Verfahrensablauf, die inzwischen heute eingetretene Entwicklung sowie die hieraus gezogene Bilanz dargestellt.

I. Ausgangslage

Die Bundesautobahn A 8, Stuttgart – München bildet auch die Südgrenze der Stuttgarter Gemarkung. An den östlichen Quadranten des südlichen Stadtbereichs grenzt die Filderebene, ein ehemals überwiegend landwirtschaftlich genutzter Bereich mit höchster Bodenbonität. Seit Jahrzehnten findet hier zu Lasten der Landwirtschaft ein erbitterter Verteilungskampf zwischen Wohnsiedlungen, Gewerbearealen und der Landwirtschaft statt. Neben der Bundesautobahn stellt der Stuttgarter Flughafen, der komplett auf der Gemarkung der Stadt Leinfelden-Echterdingen liegt, einen Großemittenten dar. Im Jahr 1939 eröffnet, wird seit Mitte der 60er-Jahre der Ausbau dieser Luftverkehrsanlage betrieben.

---

[1] S. den Beitrag von Alexandra *Fridrich*, Zusammentreffen mehrerer Vorhaben – juristische Aspekte unter Beachtung des § 78 VwVfG –, in diesem Band S. 207 ff.

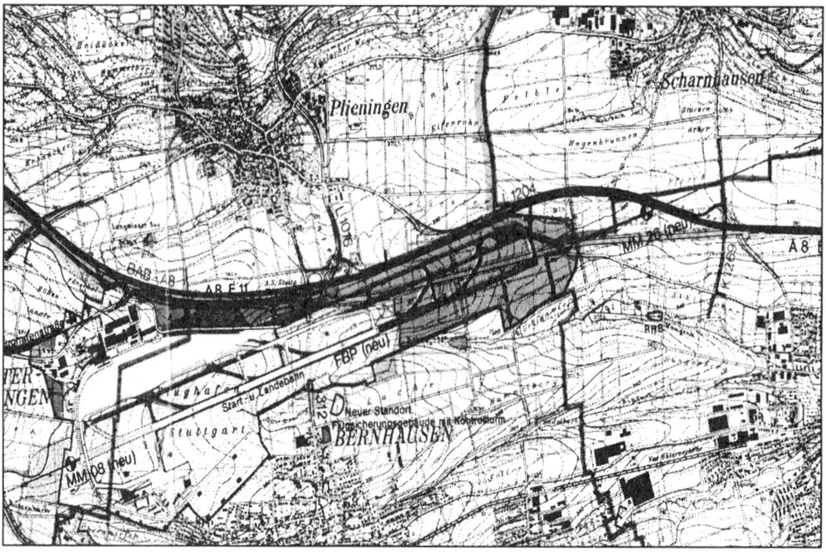

Ausbau Flughafen Stuttgart 1987

Die letzte luftseitige Erweiterung erfolgte ab dem Jahr 1987 und sollte die im Flächenumgriff und dem luftseitigen Ausbauumfang maximal zumutbare Flughafendimensionierung darstellen. Der entsprechende Planfeststellungsbeschluss erging im September 1986. Ihm folgte eine ca. 5-jährige, luftseitige Ausbauphase. Die landseitige Entwicklung des Flughafens ist bis heute nicht abgeschlossen, übersteigt die ursprünglichen Planungen aber bereits wesentlich. Durch den Rückzug der amerikanischen Luftstreitkräfte und der Räumung von erheblichen Teilen des von ihnen beanspruchten Areals im Süden des Flughafengeländes, standen der Betreibergesellschaft ab dem Jahr 1999 weitere, umfangreiche Flächen innerhalb des Flughafengeländes für eine zivile Nutzung zur Verfügung.

II. Der Planungsauftrag

Infolgedessen erteilte die Flughafen Stuttgart GmbH den Auftrag, den Bau eines neuen Luftfrachtzentrums sowie von Flugzeugwartungs- und Unterstellhallen auf den freigegebenen Flughafenflächen zu planen und so das bisher im Nordbereich des Flughafens, inmitten des Fluggast-Abfertigungsbereichs liegende Luftfrachtgebäude zu ersetzen. Im Zuge der Neuplanung sollten umfangreiche Zusatzkapazitäten geschaffen werden, da entsprechende Untersuchungen dem Flughafen erhebliche Frachtzuwächse prognostizierten. Luftseitig sollte die Anbindung des Frachtzentrums sowie der Fluggeräte- und Flugfeldanlagen mit der Erweiterung von Vorfeldflächen verbunden sein. Die luftseitige Grenze verläuft nördlich der Hochbauten. Die Fluggerätewartungs- und -unterstellhallen waren in den luftseitigen Bereich integriert.

Die landseitige Erschließung erfolgte durch eine kommunale Planung der Stadt Filderstadt, welche hierzu eine Nordwestumfahrung des Gemeindeteils Bernhausen, in unmittelbarer Nachbarschaft zum Flughafen, projektierte. Zur planerischen Rechtfertigung dieses Straßenverkehrsbauwerks legte die Stadt Gutachten vor, welche eine erhebliche Entlastung der stark frequentierten Ortsdurchfahrt von Bernhausen nachwiesen. Die Erschließung des geplanten Luftfrachtzentrums war somit ein erwünschter Nebeneffekt. Die Finanzierung des Straßenbauwerks konnte im Wesentlichen aus Mitteln des Gemeindeverkehrsfinanzierungshaushalts (GVFG) erfolgen.

III. Verfahren

1. Erstes Verfahren

Da sowohl dieses Straßenbauwerk als auch der Ausbau von Vorfeldflächen des Flughafens an das geplante Luftverkehrszentrum anschlossen und zumindest der Straßenbau auch Voraussetzung zur baulichen Umsetzung der Hochbauplanung war, sahen die Antragsteller (Flughafen GmbH und Stadt Filderstadt) und die Planfeststellungsbehörde, das Regierungspräsidium Stuttgart, die Voraussetzungen des § 78 VwVfG durch die räumliche und zeitliche Zusammengehörigkeit als gegeben an.

Seitens enteignungsbetroffener Grundbesitzer und lärmbetroffener Anlieger wurde demgegenüber darauf verwiesen, dass die geplante Straße aufgrund der örtlichen Verkehrslage keine spürbare Entlastung der innerörtlichen Verkehrswege bewirken könne und somit ein kommunales Interesse sowie ein Bedarf für den Bau der Nordwest-Umfahrung nicht gegeben sei. Die Straße diene vielmehr weit überwiegend der Erschließung des Luftfrachtzentrums, welches darüber hinaus wegen fehlender Anbindung an Schienenverkehrsanlagen falsch platziert sei. Auch die luftseitige Erweiterung um mehrere Flugzeug-Abstellpositionen sei nicht unmittelbar projektbedingt, da ca. 75 % der sog. Luftfracht (d.h. derjenigen Fracht welche über das Luftfrachtgelände ein- und ausgeliefert wird) getruckt werden und nur ca. 25 % „echte Luftfracht" darstellten, welche weit überwiegend als Zuladung in Passagiermaschinen befördert werden. Die Einwender sahen deshalb den eindeutigen, ja nahezu alleinigen Schwerpunkt des Projektes im gewerblichen Hochbau sowie in einer verdeckten Flughafenerweiterung. Die rechtlichen Voraussetzungen nach § 78 VwVfG waren nach Überzeugung der Betroffenen nicht gegeben.

Die Planfeststellungsbehörde verschloss sich der Sichtweise der Einwender und begründete die Zusammenfassung der gesamten Planungsmaßnahmen (Straße, Hochbauflächen und luftseitiger Ausbau) unter dem Luftverkehrsrecht mit dem ihres Erachtens eindeutigen Maßnahmenzusammenhang sowie mit Hinweis auf den luftseitigen Wartungs- und Unterstellbereich. Auf dieser Grundlage erging auch der Planfeststellungsbeschluss.

Gegen diesen Beschluss klagte letztendlich neben einigen Lärmbetroffenen eine Grundstücksbesitzerin. Das Gros der Bernhäuser Bürger bekundete zwar auf den vielfältigen Versammlungen und Kundgebungen seine Betroffenheit über die zusätzlichen Belastungen ihres Lebensumfelds, sie waren jedoch nicht bereit gegen die Koalition aus Flughafen und ihrer Heimatgemeinde zu klagen. Diese Haltung wurde durch großzügige Zusagen der Stadt Filderstadt hinsichtlich des Lärmschutzes zwischen der Nordwestumfahrung und den Siedlungsbereichen begünstigt.

2. Zweites Verfahren

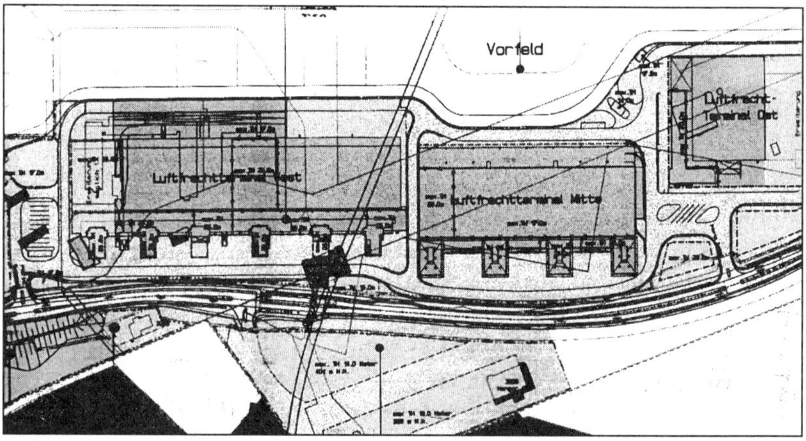

Ergänzungsverfahren

Aufgrund des relativ geringen Widerstandes sah sich die Flughafenseite offenbar darin bestärkt, die wirklich vorgesehene Projektausgestaltung zu präsentieren. In einem nunmehr ausschließlich von der Flughafen Stuttgart GmbH beantragten Ergänzungsverfahren wurden im Wesentlichen folgende Veränderungen beantragt und planfestgestellt:

- Streichung der luftseitigen Wartungs- und Unterstellhallen,
- Ausweitung des Luftfrachtbereichs (unter weit-gehender Einbeziehung der entfallenen, luftseitigen Flächen),

- Umplanung des Luftfrachtzentrums zu einem Logistik- und Dienstleistungszentrum mit Luftfrachtanteil und umfangreichen Parkierungsanlagen sowie
- Überbauung der planfestgestellten Gewerbeflächen durch mehrere private Investoren (Erbpacht).

IV. Aktueller Stand

Zwischenzeitlich ist das Logistik- und Dienstleistungszentrum teilweise erstellt und in Betrieb. Die Stadt Filderstadt weist entlang der Nordwestumfahrung Gewerbeflächen aus, welche durch die neue Straße erschlossen werden. Eine Entlastung der Ortsdurchfahrt ist nicht eingetreten. Vielmehr hat sich wegen der neuen, ampelgeregelten Straßenanbindung die Verkehrslage nachteilig verschärft. Der Luftfrachtumfang ging weiter zurück, ebenso wie das Luftverkehrsaufkommen. Die Flughafen Stuttgart GmbH sieht aufgrund prognostizierter Kapazitätszuwächse im Luftverkehrsbereich und der erzielten, landseitigen Leistungsfähigkeit die Erfordernis, den Bau einer weiteren Start- und Landebahn zu fordern.

V. Fazit

Das Großunternehmen „Flughafen“ hat seine Ziele mit rechtsstaatlicher Hilfe verwirklicht:

- Neue, umfangreiche Büro- und Gewerbeflächen erhöhen und stabilisieren luftverkehrsunabhängig den Betriebsumsatz.
- Das Luftfrachtzentrum wurde verlagert und damit Flächen im Nordteil des Flughafens gewonnen.
- Die landseitige Anbindung des Dienstleistungs- und Logistikzentrums (Luftfracht Süd) wurde in erheblichem Umfang aus öffentlichen Mitteln (GVFG) finanziert.
- Neue Rollwege und Vorfeldflächen für den Flugverkehr stärken die luftseitige Infrastruktur.

Die betroffenen Bürgerinnen und Bürger hatten mit ihren Belangen das Nachsehen:

- Der im Planfeststellungsverfahren 1987 zugesagte endgültige Ausbauumfang des Flughafens Stuttgart wurde erstmals überschritten.
- Die letzten Freiflächen mit Durchlüftungsfunktion im Norden von Bernhausen wurden zur Bebauung vorgesehen.

- Der wesentlich bessere Lärmschutz nach TA-Lärm für das Gesamtvorhaben „Luftfrachtzentrum *mit* Betriebszufahrt“ wurde bezüglich der Betriebszufahrt (Nordwestumfahrung) nach der 16. BImSchV bemessen, allerdings mit gemeindeseitig verbessertem Lärmschutz.
- Die innerörtliche Verkehrslage hat sich verschlechtert anstatt wie vorhergesagt wesentlich verbessert.

All diese Nachteile waren bereits im Verfahren deutlich geworden.

Raumordnung und Fachplanung im Widerstreit

Von Bernhard Stüer und Dietmar Hönig

Das Verhältnis der Raumordnung zur Fachplanung[1] ist von dem Aspekt der infrastrukturellen Erschließung einer Region und in diesem Zusammenhang von der Entwicklung und Sicherung von Flächen geprägt. Die Raumordnung hat bei Verkehrsvorhaben vielleicht nicht nur die Aufgabe der bloßen Sicherung von Verkehrstrassen und -standorten, sondern kann in einem gewissen Umfang eigenverantwortlich an der Planung mitwirken[2]. So ist es üblich, dass landesplanerische Pläne planerische Vorgaben für die Fachplanung enthalten.

Die Raumordnung wählt natürlich nicht die Neubaustrecke als solche oder die schon vorhandene Strecke, die auszubauen ist, aus und bestimmt diese völlig neu. Der Landesplanung könnte aber daran gelegen sein, ein in seiner Verortung im Raum feststehenden Projekt mit zusätzlichen Vorgaben zu versehen. Diese könnten unterschiedlichster Art sein und vor allem Vorgaben der Dringlichkeit, der zeitlichen Abfolge, der Anbindung von Ortschaften, der Ausfahrten bei Bundesautobahnen, des Ausbauumfangs oder des Nutzungsumfanges enthalten[3].

Da aber insoweit Überschneidungsbereiche zwischen der Raumplanung und der Fachplanung auftreten, bedarf es der Erörterung, welche Vorgaben für die Fachplanung in einem landesplanerischen Plan als Ziele, Grundsätze oder als sonstige Erfordernisse der Raumordnung festgelegt werden können und daran anknüpfend, in welcher „Sprache" solche Vorgaben formuliert werden müssten (§§ 3, 4 ROG).

---

[1] In diesen Beitrag ist die Fachplanung begrifflich begrenzt auf Infrastrukturvorhaben.

[2] *Goppel*, DVBl. 2000, 86 ff. Unter dem Entwicklungsaspekt wird von ihm die Frage erörtert, ob die vom Land vorzunehmende Raumordnung im Wege projektbezogener Ziele den Bund bei der Verkehrswegeausbauplanung binden kann.

[3] Gegen jegliche Art von Vorgaben für die Fachplanung spricht sich *Schulte* aus, dessen Ansicht aber stark von den Konflikten im Rahmen der Rohstoffsicherung durch die Raumplanung geprägt ist, *Schulte,* Raumplanung und Genehmigung bei der Bodenschätzegewinnung, 1996; *ders.*, NVwZ 1999, 942, 943. Diese Auffassung wird von *Ronellenfitsch* als nicht realitätsnah bezeichnet, *Ronellenfitsch*, in Festschrift für Hoppe, S. 355, 361.

I. Überblick

Als Ausgangspunkt für die Abgrenzung von Raumordnung und Fachplanung dienen zunächst die gesetzlichen Begriffsfestlegungen. Insoweit ist für die Differenz zwischen Raumordnung und Fachplanung das Merkmal der Übergeordnetheit oder Überfachlichkeit, das in den Gesetzestexten vorkommt, einschlägig. Die Abgrenzung kann sich aber nicht nur an den begrifflichen Festlegungen in den Raumordnungs- und Landesplanungsgesetzen festmachen, sie muss auch die generelle Kompetenzfrage einbeziehen. Die Kompetenzordnung hat nämlich den einzelnen Fachplanungen jeweils eine relative Eigenständigkeit eingeräumt. Für die Straßenplanungen folgt daraus, dass die Fachaufgabe Straßenverkehr und die Planung des dazu benötigten Straßenverkehrsnetzes zum Kerngeschäft der Fachplanung gehören. Auf der anderen Seite bedarf die Raumordnung eines notwendigen Kompetenzraumes, um ihre Aufgabe, eine übergeordnete Planung vorzunehmen, erfüllen zu können. Der Gesetzgeber hat die Raumordnung auch mit einer solchen Kompetenz zur überfachlichen Planung ausgestattet. Die Abgrenzung, was schon überfachlich und was noch ausschließlich fachlich ist, stellt sich vielfach als nicht einfach dar, weil hier Grenz- und Übergangszonen bestehen[4]. Deshalb ist es um so wichtiger, den spezifischen Ansatz und damit den spezifischen Kompetenzraum der Raumordnung zu bestimmen. Vergleichbare Abgrenzungsprobleme können sich dementsprechend auch im Bereich der Fachplanung ergeben.

II. Gesetzliche Grundlagen

Die gesetzlichen Regelungen im Raumordnungsgesetz und den Fachplanungsgesetzen, die den Inhalten der Raumordnung im Rahmen der Fachplanung Geltung verschaffen sollen, werden als Raumordnungsklauseln bezeichnet[5]. Dabei wird zwischen allgemeinen Raumordnungsklausel des Raumordnungsgesetzes und spezifischen Raumordungsklauseln in den Fachgesetzen unterschieden[6].

Die Bindungen an die Vorgaben der Raumordnung ist vom Grundsatz her in § 4 ROG geregelt. Für besondere Bundesmaßnahmen gelten Sonderregelungen

---

[4] *Bielenberg / Erbguth / Söfker*, Raumordnungs- und Landesplanungsrecht des Bundes und der Länder, Stand 2001, J 610, Rn. 24.

[5] *Forsthoff / Blümel*, Raumordnungsrecht und Fachplanungsrecht, 1970; *Schmidt-Aßmann*, Die Bedeutung von Raumordnungsklauseln für die Verwirklichung raumordnerischer Ziele, in: Verwirklichung der Raumordnung, Forschungs- und Sitzungsberichte der Akademie für Raumforschung und Landesplanung, 1982, S. 27 ff.

[6] *Wagner*, DVBl. 1990, 1024, 1025.

in § 5 ROG, die teilweise an die Regelungen des Verhältnisses von Flächennutzungsplan und Fachplanung in § 7 BauGB angelehnt sind.

Ziele der Raumordnung sind von öffentlichen Stellen bei ihren raumbedeutsamen Planungen und Maßnahmen zu beachten, § 4 I 1 ROG. Dies gilt auch bei (1) Genehmigungen, Planfeststellungen und sonstigen behördlichen Entscheidungen über die Zulässigkeit raumbedeutsamer Maßnahmen öffentlicher Stellen sowie (2) Planfeststellungen und Genehmigungen mit der Rechtswirkung der Planfeststellung über die Zulässigkeit raumbedeutsamer Maßnahmen von Personen des Privatrechts, § 4 I ROG. Während die Ziele der Raumordnung auch für die Planfeststellung verbindliche Wirkungen haben, sind die Grundsätze und sonstigen Erfordernisse der Raumordnung von öffentlichen Stellen bei raumbedeutsamen Planungen und Maßnahmen in der Abwägung zu berücksichtigen. Für Private kann sich unter den Voraussetzungen des § 4 III und IV ROG eine entsprechende Bindung ergeben.

Für besondere Bundesmaßnahmen schwächt § 5 ROG die Bindungswirkung des § 4 I ROG an die Ziele der Raumordnung durch ein Beteiligungs-, Konsultations- und Widerspruchsverfahren ab. Namentlich für Infrastrukturmaßnahmen wie den Fernstraßen- und Eisenbahnbau, aber auch Vorhaben nach dem Magnetschwebebahnplanungsgesetz, dem WaStrG, dem LuftVG oder dem Personenbeförderungsgesetz gilt die Bindungswirkung nur unter drei Voraussetzungen: Die zuständige Stelle oder Person muss im Verfahren beteiligt worden sein. Das bei Meinungsverschiedenheiten sich anschließende Konsultationsverfahren darf zu keiner Einigung geführt und die Stelle oder Person der Zielvorgabe nicht innerhalb von zwei Monaten widersprochen haben. Der Widerspruch kann mit einer fehlerhaften Abwägung oder damit begründet werden, dass das Ziel mit die Zweckbestimmung des Fachplanungsvorhabens nicht im Einklang steht und das Vorhaben nicht auf einer anderen Fläche durchgeführt werden kann. Bei einer Veränderung der Sachlage kann die zuständige Stelle oder Person auch im Nachhinein innerhalb von 6 Monaten ab Kenntnis widersprechen. Für diesen Fall sind die dadurch entstehenden Kosten zu ersetzen.

Weitere Regelungen enthalten einige Fachplanungsgesetze. Für die Verkehrswegeplanung treffen § 16 FStrG und § 13 WaStrG eine spezielle Regelung. Danach bestimmt der Bundesminister für Verkehr im Benehmen mit den Landesplanungsbehörden der beteiligten Länder die Planung und Linienführung von Bundesfernstraßen und Bundeswasserstraßen, § 16 I 1 FStrG, § 13 II WaStrG. Die Bundesplanung hat dabei zumindest nach dem Wortlaut des § 16 III 3 FStrG grundsätzlich Vorrang vor Orts- und Landesplanungen[7]. Auch das

[7] Entgegen den Wortlaut einen grundsätzlichen Vorrang der Raumplanung nehmen an: *Blümel*, in: Bartelsberger / Blümel / Schroeter, Ein Vierteljahrhundert Straßengesetzgebung, 1980, S. 309, 335; *Wagner*, Die Harmonisierung der Raumordnungsklau-

Luftverkehrkehrsgesetz enthält spezielle Regelungen in § 6 II 1 u. § 30 III 1 LuftVG, die eine Berücksichtigung der Erfordernisse der Raumordnung vorsehen, wobei allerdings die §§ 4 I-IV u. 5 ROG unberührt bleiben.

Damit sind die rechtlichen Ausgangspunkte scheinbar klar. Grundsätzlich haben die Ziele der Raumordnung und Landesplanung Vorrang vor der Fachplanung, § 4 I ROG[8]. Die Grundsätze und sonstigen Erfordernisse sind zu berücksichtigen, § 4 II ROG. Bei Verkehrsvorhaben des Bundes wird der Vorrang der Raumordnung durch das Beteiligungs-, Konsultations- und Widerspruchsrecht eingeschränkt, § 5 ROG, so dass über die verfahrensrechtliche Komponente der Eindruck eines Vorranges der Bundesplanung entsteht. Also doch kein Vorrang der Raumordnung oder doch kein Vorrang der Verkehrswegeplanung? Die verschiedenen Vorschriften stehen in einem Gefüge, das durch einen materiellen Vorrang der Raumordnung gekennzeichnet ist, aber der Fachplanung im Rahmen des Raumplanungsverfahrens die Möglichkeit eröffnet, ihre Positionen darzulegen und durchzusetzen. Was nach § 4 ROG zunächst wie ein Vorrang der Raumordnung aussieht, wird durch die Vorschrift des § 5 ROG weitgehend relativiert und mutiert im Wechselspiel der einzelnen Kräfte zu einem Vorrang der Fachplanung[9].

III. Raumordnung als überfachlicher Ausgleich konkurrierender Raumnutzungen

Vielleicht lassen sich weitere Erkenntnisse zu diesem Spannungsfeld aus den jeweiligen Funktionen von Raumordnung und Fachplanung gewinnen. Raumordnung ist auf die Ordnung und Entwicklung des größeren Raumes angelegt. Für sie ist ein Leitbild der Region entscheidend. Von diesem Ordnungs- und Entwicklungsbild der Region her will Raumordnung unterschiedliche, ja konkurrierende Raumnutzungsansprüche gegeneinander abwägen und zu einer Gesamtnutzung vereinen, die für den Raum und die dort lebenden Menschen verträglich ist. Raumordnung beurteilt nicht nur die Berechtigung einzelner Raumnutzungsansprüche, sondern ist auf eine Bilanz der verschiedenen Nut-

---

seln in den Gesetzen der Fachplanung, 1990, S. 63; *ders.*, DVBl. 1990, 1024, 1027; *Gruber*, DÖV 1995, 488, 492.

[8] BVerwG, Beschl. vom 20.8.1992 – 4 NB 20.91 – BVerwGE 90, 329, 332.

[9] Die Fachplanung unterliegt zumeist der Bundeskompetenz, während die Raumplanung Landessache ist. In die Planung seiner Vorhaben lässt sich niemand gerne hineinreden. So ist es nicht verwunderlich, dass die Fachplanung immer ein Schritt voraus zu sein scheint, *Wahl*, in Festschrift für Hoppe, S. 913 ff.; *Hönig*, Fachplanung und Enteignung, 2001, S. 52.

zungen ausgerichtet[10]. In der Raumordnung gibt es Grenzen der Nutzungen in einem Raum (Obermaß der Raumverträglichkeit) und Grenzen der Belastbarkeit der dort lebenden Menschen (Obergrenze der Sozialverträglichkeit). Ausgehend von dem Vorhandensein solcher Grenzen ist es Aufgabe der Raumordnung, die einzelnen Raumnutzungsansprüche so zu lenken, dass möglichst viele Ansprüche innerhalb der vorgenannten Grenzen möglich sind.

Die Raumordnung soll ausgehend von dieser Zielstellung nicht die Fachplanung ersetzen, sondern als eine zusammenfassende, also eine überfachliche Planung, über konkurrierende Raumansprüche verschiedener Planungen entscheiden. Als eine solche überfachliche Planung hat die Raumordnung einen eigenen Kompetenzbereich. Sie ist auch auf diesen Kompetenzbereich des Überfachlichen begrenzt. Die Raumordnung darf nicht das spezifisch Fachliche des jeweiligen Fachplanungsträgers an sich ziehen. Sie würde dann kompetenzwidrig handeln. Es bedarf also der Abgrenzung zwischen dem Aufgaben- und Kompetenzbereich der überfachlichen Raumordnung und Landesplanung und der jeweiligen Fachplanung.

IV. Fachplanung als gestufte Planungsentscheidung

Die Fachplanung ist demgegenüber vor allem von dem jeweiligen Fachinteresse geprägt, allerdings zugleich über das Abwägungsgebot auf einen sachgerechten Ausgleich mit anderen Belangen verpflichtet. Diese Ausgleichsentscheidung kennzeichnet nicht nur die Planfeststellung oder Plangenehmigung, sondern ist auch für die vorgelagerten Verfahrensstufen verbindlich. Denn Planung ohne Abwägung wäre rechtsstaatlich nicht in Ordnung.

Zu den vorgelagerten Entscheidungen zählen die europäischen Leitlinien, die Bedarfsplanung, die Linienbestimmung, im Abfallrecht die Abfallwirtschaftspläne und nicht zuletzt das Raumordnungsverfahren, welches gerade vorhandene Spannungen zwischen Raumplanung und Fachplanung auflösen soll. All diese Planungsentscheidungen haben gemeinsam, dass sie ebenso wie die Raumplanung nur die Grobplanung beinhalten, also die Verortung und Einbettung des Vorhabens in einen größeren Raum vornehmen, dabei jedoch allein an den fachspezifischen Zielen ausgerichtet sind[11].

So ist die Bundesfernstraßenplanung dadurch gekennzeichnet, dass ihr Bedarf im Fernstraßenausbaugesetz verbindlich festgelegt. Die Vorgaben des Be-

---

[10] *Runkel*, in: Bielenberg / Erbguth / Söfker, Raumordnungs- und Landesplanungsrecht des Bundes und der Länder, Stand 2001, K § 3 Rn. 105; *Stüer*, Bau- und Fachplanungsrecht, 1998, Rn. 140 ff.

[11] *Hönig*, Fachplanung und Enteignung, 2001, S. 46 ff.

darfsplans sind für die nachfolgenden Planungsentscheidungen verbindlich, § 1 II 2 FStrAbG. Die Planrechtfertigung kann nur mit einer Verfassungswidrigkeit des Bedarfsplans in Zweifel gezogen werden[12]. Auf der Grundlage der Bedarfsplanung erfolgt die Linienbestimmung, § 16 FStrG, ggf. ein Raumordnungsverfahren, § 15 ROG, und die Planfeststellung, § 17 FStrG. In diesen Verfahrensschritten wird die Planung weiter konkretisiert.

V. Abgrenzung der Raumordnung und Fachplanung

Das Planungsrecht ist durch eine Mehrzahl von Planungen gekennzeichnet. Für jede Planung gilt als rechtlicher Kern das Gebot der allseitigen Abwägung aller betroffenen Belange. Auch in der Abfolge von Landesplanung, Regionalplanung und kommunaler Bauleitplanung sind auf jeder Planungsstufe alle beteiligten und betroffenen Belange abzuwägen. Gleichwohl unterscheiden sich die drei Planungen. Sie unterscheiden sich nämlich darin, dass der Abwägungsraum jeweils anders zugeschnitten ist. Denn jede Planung hat eine eigene Planungsaufgabe bzw. einen eigenen Planungsauftrag. In die Abwägung sind die Belange in einer spezifischen Form, in einer besonderen Art oder einer besonderen Gestalt einzustellen. Zu unterscheiden sind etwa großräumig relevante Belange, regional bedeutsame Belange und städtebaulich relevante Belange mit einem spezifischen Ortsbezug. So nimmt der gleiche generelle Belang der Sicherung des Wohnens auf der hochstufigen Ebene eine ganz andere Gestalt an, als auf der grundstücksnahen Ebene der konkreten Bauleitplanung. Die konstruktive Aufgabe und die eigentlich rechtliche Aufgabe des Planungsrechts und der Abgrenzung von Planungen besteht nun darin, diesen Abwägungsraum und die Art des rechtlichen Ausdrucks der Belange zu bestimmen. Insofern ist auch der in § 38 BauGB angeordnete Vorrang der Raumordnung gegenüber der Bauleitplanung nur relativ. Die materielle Konzentrationswirkung der Fachplanung wird nur dann gewährt, wenn die Gemeinden entsprechend beteiligt und städtebauliche Belange mit ihrem Gewicht in die Entscheidung der Fachplanung eingegangen sind. Die strikte Beachtung der Bauleitplanung wird daher in der privilegierten Fachplanung in ein Beteiligungs- und Berücksichtigungsgebot umgewandelt.

Es ist allerdings ein Grundproblem der Planung, dass irgendwie alles mit allem zusammen hängen kann. Planung ist Bearbeitung und Reduzierung von Komplexität, Planen deckt Zusammenhänge auf und verarbeitet sie zu einer am

---

[12] BVerwG, Urt. vom 8.6.1995 – 4 C 4.94 – BVerwGE 98, 339 – Aumühle; Urt. vom 21.3.1996 – 4 C 26.94 – BVerwGE 100, 388 – Münchener Ring; *Hönig*, Fachplanung und Enteignung, 2001, S. 207 f.

Abwägungsgebot orientierten Ausgleichsentscheidung. Und dennoch müssen diese „natürlichen“ Zusammenhänge mit Barrieren versehen werden, muss sich die hochstufige Landesplanung von der Regionalplanung unterscheiden, muss Raumplanung von der Fachplanung abgegrenzt werden.

Die Abgrenzungsproblematik zwischen den beiden Planungsarten ergibt sich zumeist aus dem Projektbezug, der beide Planungsarten zusammenführt. Die Raumordnung kann dabei nicht ohne weiteres an die Stelle der Fachplanung treten, ebenso wie aber auch die Fachplanung nicht einen prinzipiellen Vorrang für sich beanspruchen kann. Den Fachplanungsträgern muss aber zur Erfüllung der ihnen eingeräumten Planungsbefugnis grundsätzlich ein ausreichender Planungsspielraum verbleiben[13]. Dabei besteht eine Parallele zum Verhältnis zwischen Landesplanung und gemeindlicher Bauleitplanung. Die Entwicklung, Ordnung und Sicherung der Teilräume soll sich in die Gegebenheiten und Erfordernisse der Gesamtplanung einfügen; die Entwicklung, Ordnung und Sicherung des Gesamtraumes soll die Gegebenheiten und Erfordernisse seiner Teilräume berücksichtigen. Gegenstromprinzip wird das vom Gesetz genannt, § 1 III ROG.

So wie dort die Raumordnung im Allgemeinen nicht auf eine konkrete Grundstücksnutzung innerhalb einer Gemeinde durchgreifen darf, dies aber in gewissen Ausnahmefällen zulässig ist, stellt sich auch das Verhältnis zwischen Raumordnung und Fachplanung dar. Danach können Ziele der Raumordnung im Einzelfall, insbesondere bei zwingenden landesplanerischen Notwendigkeiten, den Planungsspielraum über das normale Maß hinaus einschränken.

Der Raumordnung ist ohne Ermächtigung lediglich das Ersetzen der Fachplanung versagt, nicht jedoch die Festlegung von Erfordernissen der Raumordnung, die sich vor allem aus der Sicht eines raumordnerischen Gesamtkonzepts ergeben. Die Definition der Raumordnung schließt es nicht aus, dass die Landesplanung sich auch mit einzelnen Planungen befasst, die später durch die Fachplanung förmlich festgestellt wird. Die Raumordnung darf dabei die Fachplanung nicht ersetzt, sondern sich lediglich mit deren Einordnung in das Gesamtkonzept der Landesplanung befassen[14]. Die Grenze ist somit dort zu ziehen, wo bei objektiver Betrachtung das fachliche Problem keiner Einordnung in ein raumordnerisches Gesamtkonzept bedarf[15].

Dabei kann es durchaus handfeste Interessengegensätze geben. So könnte die Raumordnung etwa ein Interesse daran haben, Maßnahmen wie den Ausbau

---

13 *Gruber*, DÖV 1995, 488, 490.

14 *Ernst*, Anmerkung zum HessStGH, Beschl. vom 14. / 15.1.1982 – – DVBl. 1982, 491, 495 – Startbahn West.

15 *Goppel*, DVBl. 2000, 86, 88.

auf sechs Fahrstreifen[16], die unterschiedlichen Dringlichkeiten der Projektverwirklichung, die Haltepunkte für einen ICE[17] oder ein Nachtflugverbot[18] etwa in der Gebietsentwicklungsplanung festzuschreiben. Dann würde es aber um mehr gehen, als nur die räumlichen Voraussetzungen für die fachplanerischen Maßnahmen zu schaffen und zu sichern und die landesplanerischen Pläne würden sich zu einem Instrument übergreifender Politik entwickeln, vor dem auch die Fachverwaltung nicht mehr sicher wäre.

Zunächst mag es fern liegen, dass die Raumordnung, die vor allem für die räumliche Ordnung zuständig ist, sich zu einem Kern der Straßenplanung äußert und etwa zu Prioritäten der Bedarfsplanung Stellung nimmt. Auf der anderen Seite liegt eine spezifisch raumordnerische Begründung durchaus nahe. Unter dem Entwicklungsaspekt spielt es natürlich auch für die Landesentwicklung eine Rolle, ob etwa ein großes Straßen- oder Schienenbauprojekt fünf Jahre früher oder später verwirklicht wird[19]. Genauso mag es fern liegen, ein Nachtflugverbot im Rahmen der Raumplanung zu verhängen. Wenn aber die Gesamtbelastung mit Lärm in einer Region sehr hoch ist, muss diese im Auge behalten werden, damit die noch vorhandenen Spielräume nicht zu sehr nur von einem Nutzer bzw. Sektor ausgeschöpft werden.

Diese Fragen haben auf den ersten Blick zwar einen recht weiten Abstand zu räumlichen Fragen. Bei näherer Betrachtung ist ein Zusammenhang zur räumlichen Entwicklung aber nicht von der Hand zu weisen. So könnte man sagen, dass die Raumplanung hier nur ihren Koordinierungs- und Abstimmungsauftrag wahrnimmt und auch im Interesse anderer Nutzer bzw. Sektoren für verbleibende Entwicklungsmöglichkeiten sorgt. Letztlich muss dann aber immer mit einem solchen „Umschlag" von zunächst nicht räumlich formulierten Überlegungen zu einem Raumbezug gerechnet werden.

VI. Konsens statt Vorrang

Vielleicht liegt der Schlüssel in einem Stufen- und Abwägungsmodell, das auch das Verhältnis von Raumordnung und Bauleitplanung kennzeichnet[20]. Vordergründig hat die Raumordnung gegenüber der Bauleitplanung feste Bin-

[16] Beispiel in *Schulte*, Raumplanung und Genehmigung bei der Bodenschätzegewinnung, 1996, S. 220.

[17] Beispiel in *Schulte*, NVwZ 1999, 942, 943.

[18] Problematik im Bezug auf den Ausbau des Frankfurter Flughafens.

[19] Dazu *Goppel*, DVBl. 2000, 86 ff.

[20] *Stüer*, Bau- und Fachplanungsrecht, 1998, Rn. 176; *Brohm*, DVBl. 1980, 653; *Wahl*, DÖV 1981, 597.

dungswirkungen, wenn sie als Ziel formuliert ist und sich einen entsprechenden Vorrang zuordnet, § 1 IV BauGB. In Wahrheit besteht diese Bindungswirkung aber nicht grenzenlos[21]. Auch die Raumordnung muss sich legitimieren. Ein vorsichtiger Gebrauch von Zielen erscheint daher angebracht. Und der Rechtsfertigungszwang wird umso größer, je konkreter und verbindlicher die Vorgaben der Raumordnung sind und je mehr sie sich in das Kerngeschäft der kommunalen Selbstverwaltung vorwagt. Vergleichbares dürfte auch für das Verhältnis zwischen Fachplanung und Raumordnung gelten, unabhängig davon, wer in dem komplizierten Ränkespiel formal die Oberhand behält. In ihren jeweiligen Kernaufgaben muss den beteiligten Stellen ein materieller Vorrang zukommen, der durch wechselseitige Abwägung einer ausgleichenden Abstimmung bedarf. Nur der verbleibende Rest nicht ausgleichbarer Interessenwidersprüche ist dann nach den formalen Kriterien der gesetzlichen Regelungen zu entscheiden. Dabei hat bisher die Fachplanungen am Ende zumeist die Oberhand behalten, wenn sie von den in § 5 ROG eingeräumten Möglichkeiten Gebrauch macht.

VII. Genauigkeit der Vorgaben durch die Raumordnung

Bei Vorgaben die zum Aufgaben- und Kompetenzbereich der Raumordnung gehören, stellt sich die weitere Frage, in welcher "Sprache" die Raumordnung die Vorgaben formulieren könnte. Denn zwischen der überfachlichen Raumordnung und der Fachplanung besteht eine Distanz in der Genauigkeit und Abstraktion der Aussagen. Dies ist wiederum eine Folge der Kompetenzzuweisung. Ein wichtiger Teil der notwendigen Distanz zwischen Raumordnung und Fachplanung drückt sich darin aus, dass die Raumordnung abstrakter formuliert und formulieren muss, um der Fachplanung oder aber der Bauleitplanung noch genügend Gestaltungsmöglichkeiten zu belassen. Das Wesentliche des Verhältnisses zwischen Raumplanung und Fachplanung liegt darin, dass der Fachplanung durch die raumordnerischen Ziele und Grundsätze noch genügend eigenverantwortlichen Gestaltungsspielraum geben muss. Regelmäßig äußert sich diese Distanz darin, dass die Planungselemente, also die zugelassenen Planungsbausteine und Planungskategorien sich bei der Raumordnung und Fachplanung unterscheiden. Die Aussagen beider Planungen ähneln sich zwar im Hinblick auf den gemeinsamen Gegenstand. Aber beide Planungen regeln den gemeinsamen Gegenstand unter einem spezifischen Gesichtspunkt. Und genau dies äußert sich auch in der Sprache und dem Gehalt der Festlegung. Die Vorgaben werden daher regelmäßig nicht in einem Ziel der Raumordnung detail-

[21] BVerfG, Beschl. vom 23.6.1987 – 2 BvR 826 / 83 – BVerfGE 76, 107; BayVerfG, Entscheidung vom 14.8.1987 – Vf. 55 – IX.87 – NVwZ 1988, 242, 244.

genau beschrieben werden können, denn diese setzt eine fachspezifische Bestimmtheit voraus[22]. Damit würde die Landesplanung eine Konkretheit für sich in Anspruch nehmen, die ihr gegenüber der Fachplanung regelmäßig nicht zukommt[23].

Dieses Problem der eigenen Aussageweise und der eigenen Sprache der Raumordnung haben Literatur[24] und Rechtsprechung[25] für das Verhältnis zwischen Raumordnung als der überörtlichen Gesamtplanung und der Bauleitplanung als der örtlichen Gesamtplanung herausgearbeitet. Es drückt sich in einem unterschiedlichen Regelungsniveau und in einem unterschiedlichen Konkretisierungsgrad zwischen der überörtlichen Raumordnung und der örtlichen Bauleitplanung aus[26]. Vergleichbar kann auch zwischen der überfachlichen und zusammenfassenden Querschnittsaufgabe der Raumordnung einerseits und der fachbezogenen Aufgabe der räumlichen Fachplanung andererseits unterschieden werden.

VIII. Raumordnung oder Fachplanung – wer regiert wen?

Das Spannungsfeld zwischen Raumordnung und Fachplanung ist komplizierter als das zur Bauleitplanung. Gegenüber der Bauleitplanung nehmen beide Partner einen (formalen) Vorrang für sich in Anspruch. An die Ziele der Raumordnung hat die Gemeinde ihre Bauleitpläne anzupassen, § 1 IV BauGB. Die privilegierte Fachplanung kann unter den Voraussetzungen des § 38 BauGB die gemeindliche Bauleitplanung überwinden. Wenn zwei Planungsträger mit derartigen Vorrangerfahrungen aufeinander stoßen, wird es schwierig. Nicht ohne Grund führen die gesetzlichen Regeln daher zu einer Art Zirkelschluss. Raum-

---

[22] Zur Zielbestimmung *Hoppe*, in Festschrift für Strehle und Wessels, 1993, S. 1153; *ders.*, DVBl. 1993, 681; *ders.*, DVBl. 1998, 462; *ders.*, DVBl. 1999, 1459; *ders.*, DVBl. 2001, 81.

[23] Nur wenn eine Festlegung im überörtlichen Interesse erforderlich ist, kann diese getroffen werden, BVerwG, Urt. vom 19.7.2001 – 4 C 4.00 – DVBl. 2001, 1855, 1857 bezugnehmend auf *Paßlick*, Die Ziele der Raumordnung und Landesplanung, 1986, S. 287; *Wahl*, in Hoppe / Kauch, Raumordnungsziele nach Privatisierung öffentlicher Aufgaben, 1996, S. 29.

[24] *Brohm*, in Festschrift für Blümel, S. 79; *Halama*, in Festschrift für Schlichter, S. 201; *Spoerr*, in Festschrift für Hoppe, S. 343 ff.; *Schmidt-Aßmann*, VerwArch 71 (1980), 117; *ders.*, DÖV 1981, 237.

[25] BVerwG, Beschl. vom 20.8.1992 – 4 NB 20.91 – BVerwGE 90, 329, 332; Urt. vom 19.7.2001 – 4 C 4.00 – DVBl. 2001, 1855, 1856.

[26] *Wahl*, DÖV 1981, 597, 604 der treffend formulierte, „Das konkretisierende Anpassen und das Verknüpfen mit eigenen autonomen Planbestandteilen ist eigenverantwortlich wahrzunehmende Sache der Gemeinde".

ordnung und Fachplanung sind daher auf ein Miteinander angewiesen, wobei sich beide Beteiligte in Streitfällen vor allem auf ihr Kerngeschäft konzentrieren müssen.

Wer regiert wen? Die Gretchenfrage nach dem Vorrang von Raumordnung oder Fachplanung beantwortet sich daher etwas nach dem Prinzip, nach dem sich vielfach auch die Verantwortung in Staat und Gesellschaft und vor allem auch in Kollegialorganen verteilt: Jeder entscheidet ein bisschen, aber keiner so richtig.

Sicherung der Rohstoffgewinnung in der Regionalplanung am Beispiel Nordrhein-Westfalens

Von Klaus Jankowski und Dieter R. Anders

Rohstoffabbauvorhaben sind, sofern damit gleichzeitig abbaubedingt die Herstellung eines Gewässers nach § 31 WHG verbunden ist (Baggersee), die klassischen Fälle so genannter privatnütziger Planfeststellungen. Wegen Ihres vermeintlich reinen privaten Charakters werden sie trotz der rechtlich überaus bedeutsamen Fragestellungen im Rahmen des Fachplanungsrechts zu Unrecht oftmals eher an der Peripherie als im Zentrum des fachlichen Interesses stehend wahrgenommen. Derartige Vorhaben werden auch nach den Vorschriften des Bundesberggesetzes und bei Steinbrüchen mit Sprengbetrieb gegebenenfalls nach dem Bundesimmissionsschutzgesetz genehmigt. In Nordrhein-Westfalen ist der „trockene" Abbau der nicht unter das Bergrecht fallenden Bodenschätze, beispielsweise Sand und Kies, Kalkmergel und Ton, nach dem Landesabgrabungsgesetz zu genehmigen. Die nachfolgenden Ausführungen beschäftigen sich nur mit dem Abbau nichtenergetischer oberflächennaher Rohstoffe. Die raumordnerische Sicherung von Braunkohlelagerstätten für den Abbau im Tagebaubetrieb unterliegt gesonderten, hier nicht dargestellten Regelungen. Allen Vorhaben ist gemeinsam, dass es sich üblicherweise um privilegierte ortsgebundene Betriebe im Sinne des § 35 Abs. 1 BauGB handelt.

I. Einleitung

Der Regierungsbezirk Düsseldorf in Nordrhein-Westfalen verfügt über bedeutende Vorkommen von oberflächennahen Rohstoffen. Insbesondere der Abbau von Kies, Sand und Tonen, der unentbehrliche Grundlage des Baugeschehens ist, stellt einen wichtigen Wirtschaftsfaktor im Regierungsbezirk dar. Anders als der Abbau von Kohle wird die Kies- und Sandgewinnung vorwiegend von Abgrabungsunternehmen des Mittelstandes betrieben. Sie beliefern die lokalen bzw. regionalen Märkte. Abgrabungen sind wegen des damit verbundenen – temporären – Landschaftsverbrauchs vielfach politisch umstritten. Die zuständigen staatlichen Stellen sehen sich gerade in jüngerer Zeit immer stärker motiviert, Abgrabungen einer stärkeren (hoheitlichen) Steuerung zu unterwerfen. Den Abgrabungsunternehmen ist es auf Grund der nur noch schwer überschaubaren Rechtslage vielfach kaum noch möglich, sich auf behördliche Entscheidungen einzustellen oder sie und die ihnen zugrunde liegenden Planungen nachzuvollziehen.

Der Regionalplanung kommt in diesem Zusammenhang aber nicht nur die Aufgabe zu, einen angemessenen Ausgleich aller widerstreitenden Belange, insbesondere denen des Umweltschutzes, zu erzielen, sondern sie hat auch die ausreichende Versorgung der heimischen Bau- und Baustoffindustrie mit Kies und Sand in den Blick zu nehmen und sicherzustellen.

In welcher Weise die Rohstoffsicherung gegenwärtig durch die behördliche Planungs- und Vollzugspraxis geprägt ist, soll anhand des Gebietsentwicklungsplans für den Regierungsbezirk Düsseldorf gezeigt werden. Die Bezirksregierung Düsseldorf versucht in extremer Weise, Abgrabungen über das Instrument des Gebietsentwicklungsplans zu steuern, erklärtermaßen im Wesentlichen mit dem Ziel, ansonsten genehmigungsfähige Abgrabungen zu verhindern.

II. Der normative Rahmen für die Rohstoffsicherung

Bevor jedoch die einzelnen Rechtsprobleme im Zusammenhang mit der Rohstoffsicherung aufgezeigt werden können, sind die normativen Grundlagen zu skizzieren, denen die Rohstoffsicherung unterworfen ist. Das Raumordnungsgesetz des Bundes verlangt bereits in den Grundsätzen der Raumordnung, die räumlichen Voraussetzungen für die vorsorgende Sicherung und die geordnete Aufsuchung und Gewinnung standortgebundener Rohstoffe zu schaffen (§ 2 Abs. 2 Nr. 9 Satz 3 ROG). In den allgemeinen Vorschriften über Raumordnungspläne (§ 7 Abs. 2 Satz 1 Nr. 2 lit. b) ROG) fordert das Raumordnungsgesetz seit 1998 Festlegungen zur Raum-, und dabei insbesondere eine anzustrebende Freiraumstruktur. Zu ihr können insbesondere Nutzungen gehören, die der vorsorgenden Sicherung sowie der geordneten Aufsuchung und Gewinnung von standortgebundenen Rohstoffen dienen.

Das mehrstufige System räumlicher Gesamtplanung, das die Landes-, Regional- und Bauleitplanung erfasst, soll tendenziell eine weitere Konkretisierung auf der jeweils nachgeordneten Planungsebene herbeiführen. § 25 Abs. 4 des Landesentwicklungsprogramms Nordrhein-Westfalen – nach § 12 Satz 1 Landesplanungsgesetz handelt es sich dabei übrigens um ein Parlamentsgesetz – bestimmt folgerichtig, dass den vom Raumordnungsgesetz aufgestellten Erfordernissen einer vorsorgenden Sicherung sowie einer geordneten Aufsuchung und Gewinnung mineralischer Rohstoffe im Interesse einer ausreichenden Versorgung der gewerblichen Wirtschaft (und Energiewirtschaft) Rechnung zu tragen ist.

Die nächste Stufe auf der Landesebene bildet der Landesentwicklungsplan Nordrhein-Westfalen (LEP NW) nach § 13 LPlG NW. Er legt auf der Grundlage des Landesentwicklungsprogramms die Ziele der Raumordnung und Landesplanung für die Gesamtentwicklung des Landes fest und enthält für die Erfüllung der Planungsaufgabe einige Maßgaben.

Zeitlich ist die Versorgung mit heimischen Rohstoffen zunächst langfristig zu sichern (Plansatz C. IV. 2 Ziel 2.1 LEP NW). Unter dem Begriff der Langfristigkeit versteht der LEP NW erläuternd einen Zeitraum von 25 Jahren (Plansatz C. IV. 3 Erläuterung 3.6 LEP NW). Am Anfang der Planung muss die Ermittlung der Flächen stehen, die überhaupt abbauwürdig sind. Die Ermittlung erfolgt unter technischen und wirtschaftlichen Gesichtspunkten sowie unter Berücksichtigung anderer Planungen (vergleiche Plansatz C. IV. 3 Erläuterung 3.2 LEP NW).

Das Ermittlungsergebnis ist zusammenzufassen, denn die Sicherung von Lagerstätten hat der Rohstoffbedarfsentwicklung Rechnung zu tragen. Deswegen bestimmt der LEP NW, dass auf der nächsten Planungsebene, dem Gebietsentwicklungsplan, den dort zu erstellenden Erläuterungsberichten Karten beizufügen sind, die „Reservegebiete für den oberirdischen Abbau nicht energetischer Bodenschätze“ darstellen (Plansatz C. IV. 2 Ziel 2.2.3 LEP NW). Diese Karten sind unter Abwägung anderer Planungsbelange fortzuschreiben (Plansatz C. IV. 3 Erläuterung 3.2 letzter Satz LEP NW).

Die Notwendigkeit der Sicherung der Lagerstätten wird auch dadurch unterstrichen, dass etwa die Inanspruchnahme von Reservegebieten für andere Nutzungen nur dann in Betracht kommt, so weit sie vorübergehender Art ist und die Nutzung der Lagerstätten langfristig nicht in Frage gestellt wird (Plansatz C. IV. 2 Ziel 2.2.3 letzter Satz LEP NW).

Dass letztlich aber der Regionalplanung zukommt, die oftmals erforderliche kleinräumige Abwägung zwischen einer Vielzahl konkurrierender Interessen unter Berücksichtigung der Notwendigkeit einer Lagerstättensicherung zu leisten, stellt der LEP NW deutlich heraus (Plansatz C. IV. 1 LEP NW, dort der vorletzte Absatz). Denn wegen der Vielschichtigkeit der Problematik könne er die Lagerstättensicherung auf der Ebene des LEP NW nicht angemessen betreiben. Deswegen ist die verbindliche Konkretisierung der Sicherung abbauwürdiger Bodenschätze Aufgabe der Regionalplanung. Insgesamt handelt es sich ausdrücklich um eine Angebotsplanung an Wirtschaft und Verbraucher (Plansatz C. IV. 3 Erläuterung 3.1 LEP NW).

III. Behördliche Rohstoffsicherungspraxis im GEP Düsseldorf

Seit Mitte der 80er Jahre entwickelte sich die Verwaltungspraxis im Regierungsbezirk Düsseldorf zu einer Vorgehensweise, nach der Abgrabungsvorhaben zur Gewinnung von Kies und Sand nur noch innerhalb der im jeweils geltenden Gebietsentwicklungsplan von 1986 und 1999 zeichnerisch dargestellten Bereiche für die Gewinnung oberirdischer Rohstoffe zugelassen werden. Die Entwicklung vollzog sich langsam, seit etwa 1997 wird sie jedoch ohne Ausnahme verfolgt.

Nach Auffassung der Bezirksregierung Düsseldorf kommt den Abgrabungsbereichen im Gebietsentwicklungsplan 1999 generell die Wirkung so genannter „Abgrabungskonzentrationszonen" zu. Danach sollen Abgrabungen in Abgrabungsbereichen vor allem im Hinterland räumlich konzentriert werden, dies mit der Folge, dass sie an anderer Stelle – vor allem in Rheinnähe – raumordnungsrechtlich unzulässig sind. Schrifttum und Rechtsprechung sprechen in diesem Zusammenhang auch von einer „außergebietlichen Ausschluss-" oder „strikten Sperrwirkung".

Konkret sollte sich die Sperr- oder Ausschlusswirkung für den Regierungsbezirk Düsseldorf aus Plansatz B. IV. 2 bis 3 Ziel 3 des Gebietsentwicklungsplans 1986 (GEP 1986) und aus Plansatz 3.12 Ziel 1 des Gebietsentwicklungsplans 1999 (GEP 1999) ergeben. Nach dem zitierten Plansatz des Gebietsentwicklungsplans 1986 (B. VI. 2.3 Ziel 3 GEP 1986) sind Abgrabungen „grundsätzlich nur" innerhalb der Bereiche für die oberirdische Gewinnung von Bodenschätzen vorzunehmen. Ausnahmen hiervon können im Einzelfall gegeben sein, wobei der Gebietsentwicklungsplan 1986 im Einzelnen vier Fallgruppen erwähnt, die in der Praxis jedoch nie eine Rolle gespielt haben. In der Erläuterung findet sich sodann der Hinweis darauf, dass der mittelfristige Bedarf, ausgehend vom Erhebungsjahr 1981, für einen Zeitraum von 15 Jahren berücksichtigt worden sei.

Unter der Geltung des Gebietsentwicklungsplans 1986 wurden Abgrabungen zunächst auch in großem Maßstab außerhalb der Konzentrationszonen durch die Bezirksregierung Düsseldorf zugelassen. Dann bildete sich die bereits geschilderte neue Auffassung heraus, der zufolge Abgrabungen prinzipiell zu verhindern sind. Nachdem das Gesetz zur Änderung des Landschaftsgesetzes vom 19.6.1994 die Zuständigkeit für die Zulassung solcher Vorhaben von der Bezirksregierung Düsseldorf auf die Kreise und kreisfreien Städte übertragen hatte, setzte die Bezirksregierung Düsseldorf ihre Auffassung im Wege der Weisung durch. Seither lehnen die für die Zulassung zuständigen Behörden Abgrabungen grundsätzlich ab.

Die Bezirksregierung flankierte diese gesteuerte Zulassungspraxis seit Mitte der 90er Jahre mit ihren Bemühungen als Bezirksplanungsbehörde, im neuen

Gebietsentwicklungsplan 1999 Abgrabungskonzentrationszonen mit direkter außergebietlicher Ausschlusswirkung verbindlich darzustellen. Seit Veröffentlichung und Inkrafttreten des Gebietsentwicklungsplans 1999 lehnen die Behörden die Zulassung von Abgrabungen außerhalb der Abgrabungsbereiche generell aus raumordnungsrechtlichen Gründen ab.

Das entsprechende Ziel im Gebietsentwicklungsplan 1999 (Plansatz 3.12 Ziel 1 Abs. 4) bestimmt, dass Abgrabungen „nur" innerhalb der Abgrabungsbereiche „vorzunehmen sind"; dies gelte auch für Vorhaben, deren Größe weniger als 10 ha beträgt. Denn auch Abgrabungen geringer Größe führten zu einer planlosen Inanspruchnahme von Landschaft, wenn sie außerhalb der Abgrabungskonzentrationszonen erfolgen (Plansatz 3.12 Ziel 1 Abs. 4 Satz 1 bis 3 GEP 1999). Für Abgrabungsvorhaben, die im Zusammenhang mit standortgebundenen Maßnahmen (zum Beispiel Straßenbau) erfolgen sollen, kann die Bezirksplanungsbehörde hiervon im Einzelfall Ausnahmen zulassen, wenn das Abgrabungsvorhaben unterhalb der Darstellungsgrenze von 10 ha bleibt (Plansatz 3.12 Ziel 1 Abs. 5 GEP 1999).

Von den vielfältigen Rechtsproblemen, die im Zusammenhang mit der Rohstoffsicherung durch den Gebietsentwicklungsplan auftreten, lassen sich hier nur einige exemplarisch aufzeigen.

1. Keine Befugnisgrundlage für Abgrabungskonzentrationszonen

Zunächst fehlte bei der Aufstellung des Gebietsentwicklungsplans 1999 im Landesrecht Nordrhein-Westfalens bzw. im Landesentwicklungsplan eine Befugnisgrundlage für die Ausweisung von Abgrabungskonzentrationszonen. Die Erforderlichkeit für eine gesetzliche Befugnisnorm folgt aus den Eingriffswirkungen, die mit der Schaffung eines zwingenden Versagungsgrundes einhergehen. Der Verfassungsgerichtshof Nordrhein-Westfalens stützt die hier vertretene Auffassung mit seiner Entscheidung vom 29.4.1997[1], wenn er die Aufstellung und Genehmigung von Braunkohleplänen zu den wegen ihrer Grundrechtsrelevanz wesentlichen und deshalb vom Gesetzgeber zu entscheidenden Fragen zählt.

Hinsichtlich der Abgrabungskonzentrationszonen folgt diese Grundrechtsrelevanz nicht zuletzt aus § 35 Abs. 3 Satz 3 BauGB. Nach dieser Vorschrift stehen einem gemäß § 35 Abs. 1 Nr. 2 bis 6 BauGB privilegierten Vorhaben in der Regel öffentliche Belange auch dann entgegen, soweit hierfür durch Darstellungen im Flächennutzungsplan oder als Ziel der Raumordnung eine Ausweisung an anderer Stelle erfolgt ist. Ist also über die Zulassung eines Abgra-

[1] DVBl 1997, 824.

bungsvorhabens etwa zur Gewinnung von Kies zu entscheiden, käme einer Abgrabungskonzentrationszone die Bedeutung einer so genannten „Vornorm“ für den anschließenden Grundrechtseingriff in Form der ablehnenden Entscheidung zu. Dem steht auch die Rechtsprechung des Bundesverwaltungsgerichts[2] zur Zulässigkeit von Abgrabungskonzentrationszonen in Flächennutzungsplänen nicht entgegen. Sie hatte das Vorliegen einer Befugnisgrundlage im Recht der gemeindlichen Flächennutzungsplanung unter Hinweis auf Normen des Bauplanungsrechts (§ 1 Abs. 1, 2, 6 und 7 BauGB sowie § 8 Abs. 2 und § 7 BauGB) bejahen können und ihre Ergebnisse lassen sich deshalb nicht auf die Fragestellung der Raum- bzw. Regionalplanung übertragen. Überdies sah das BVerwG im entschiedenen Fall umso weniger Bedenken gegenüber einer solchermaßen nach den Gegebenheiten des Einzelfalls zu beurteilenden negativen Wirkung des Flächennutzungsplans, als er Abgrabungen im Außenbereich nicht schlechthin sperren, sondern sie mit der Darstellung einer Abgrabungsfläche als Konzentrationszone gleichsam „kanalisieren“ will. Davon unterscheidet sich die von der Bezirksregierung Düsseldorf verfolgte Intention, die Abgrabungen so weit als möglich verhindern will.

Die erforderliche Befugnisgrundlage ergibt sich auch nicht aus § 35 Abs. 3 Satz 3 BauGB, denn der Tatbestand der Vorschrift setzt die Ausweisung einer Konzentrationszone in der Form eines raumordnerischen Ziels voraus. Infolgedessen kann § 35 Abs. 3 BauGB nicht zur Begründung oder Rechtfertigung solcher Konzentrationszonen herangezogen werden. So sieht es das einschlägige Schrifttum[3]. Jede andere Interpretation muss fehlgehen, weil es sich bei Konzentrationsfestlegungen auf der Ebene der Raumordnung materiell um Raumordnungsrecht und nicht um Bauplanungsrecht handelt.

Und auch auf das Raumordnungsgesetz selbst lässt sich die Ausweisung von Konzentrationszonen in Nordrhein-Westfalen gegenwärtig nicht stützen. Zum einen ist § 7 Abs. 4 Satz 2 ROG, dem zufolge Vorranggebiete mit den Wirkungen von Eignungsgebieten – also Ausschluss- bzw. Sperrwirkung – festgesetzt werden können, schon zeitlich nicht auf bereits vor Inkrafttreten des Raumordnungsgesetzes in Aufstellung befindliche Gebietsentwicklungspläne anwendbar. Zum anderen gehört § 7 Abs. 4 ROG dem Abschnitt 2 über die Rahmengesetzgebung an. Die Vorschrift entfaltet also selbst keine unmittelbare Außenwirkung, sondern verweist in das den Rahmen ausfüllende Landesrecht. Aufgabe des Landesgesetzgebers ist es, die rechtlichen Grundlagen für die Auswei-

---

[2] BVerwGE 77, 300.

[3] *Spiecker*, Raumordnung und Private, 1999, S. 377 – dort m.w.N.; *Schmidt*, DVBl 1998, 669 (676); *Runkel*, Symposium ZIR 1998, S. 10 (zustimmend zitiert bei *Hoppe / Spoerr*, Bergrecht und Raumordnung, S. 76).

sung von Raumordnungsgebieten nach dem neuen ROG zu schaffen. Auch dies ist gesicherter Erkenntnisstand der Rechtswissenschaft[4].

Im Landesrecht findet sich bisher jedoch keine Befugnisgrundlage. In seiner geltenden Fassung ist das LPlG allgemein formuliert und gilt für positive Festlegungen, nicht aber für die Schaffung negativer Sperrwirkungen im Sinne des § 7 Abs. 4 ROG, denen das Gewicht zwingender Versagungsgründe bei der konkreten Vorhabenszulassung zukommt. Dies entspricht im Übrigen auch der Auffassung der Landesregierung von Nordrhein-Westfalen[5]. Es fehlt für die Ausweisung von Abgrabungskonzentrationszonen also derzeit die verfassungsrechtlich zu fordernde Befugnisgrundlage.

2. Fehlender verfahrensrechtlicher (Grundrechts-) Schutz

Selbst wenn in den erwähnten Vorschriften eine ausreichende Befugnisgrundlage zur Ausweisung von Abgrabungskonzentrationszonen mit Sperrwirkung liegen sollte, so genügte sie doch nicht den Anforderungen, die das Verfassungsrecht in verfahrensrechtlicher Hinsicht an ein Instrument zur Schaffung von Abgrabungskonzentrationszonen mit (negativer) Sperrwirkung stellt.

Hierfür ist nämlich eine den konkreten Interessen der unmittelbar von der Ausschuss- bzw. Sperrwirkung betroffenen Grundrechtsträgern hinreichend Rechnung tragende Verfahrensgestaltung zu fordern. Das ergibt sich bereits aus der – hier nicht anwendbaren – Rahmenvorschrift des § 7 Abs. 6 ROG, nach der die Öffentlichkeit bei der Aufstellung von Raumordnungsplänen einzubeziehen oder zu beteiligen ist. Für die Aufstellung von Zielen der Raumordnung ist die Beteiligung von Personen des Privatrechts gemäß § 7 Abs. 5 ROG sogar vom Landesgesetzgeber vorzusehen. Weder aber wurden im Landesplanungsrecht solche verfahrensrechtlichen Vorkehrungen bisher aufgenommen, noch hat sie die Bezirksplanungsbehörde von sich aus im Aufstellungsverfahren zum Gebietsentwicklungsplan 1999 durchgeführt. Dem bereits angesprochenen Landesplanungsbericht 2001 für NRW ist zu entnehmen, dass wegen des befürchteten Aufwandes einer umfassenden Beteiligung der Öffentlichkeit hinsichtlich der vorgesehenen Novellierung des Landesplanungsgesetzes durchaus offen ist, ob die Beteiligung Privater bei der Aufstellung von Zielen der Raumordnung in Nordrhein-Westfalen gesetzlich eingeführt wird.[6]

---

[4] Siehe erneut *Spiecker*, Raumordnung und Private, 1999, S. 377 – dort m.w.N.; *Runkel*, Symposium ZIR 1998, S. 10, hier zitiert nach *Hoppe / Spoerr*, Bergrecht und Raumordnung, S. 76, dort bei Fn. 107.

[5] Vgl. Landesplanungsbericht 2001, November 2001, herausgegeben vom Chef der Staatskanzlei des Landes Nordrhein-Westfalen, Landesplanungsbehörde NRW, S. 40 ff.

[6] A.a.O., S. 38 f.

Dass im Rahmen der raumordnungsrechtlichen Zielfestlegung mit Ausschuss- bzw. Sperrwirkung grundrechtsschutzeffektuierende verfahrensrechtliche Sicherungen vorzusehen bzw. zu beachten sind, erweist sich auch anhand der neuen Rechtsprechung des Bundesverwaltungsgerichts. So hat der 4. Senat in seiner Entscheidung vom 19. Juli 2001[7] ausgesprochen, dass[8]

> eine strikte Rechtsbindung Privater an Zielaussagen eines Regionalplans nur dann in Betracht gezogen werden kann, wenn auf der Stufe der Regionalplanung verfahrensrechtlich sichergestellt ist, dass die betroffenen Privatpersonen ihre Eigentumsbelange geltend machen können.

Das Gericht bezog sich für diese Auffassung darauf, dass landesplanerische Ziele ohne konkretisierenden Zwischenschritt in den Tatbestand der Zulassungsregelung des § 35 Abs. 3 Satz 3 BauGB in der Fassung von 1987 inkorporiert würden und damit unmittelbar auf die Vorhabenszulassung im Einzelfall ‚durchschlügen'[9]. Daraus folgen im Hinblick auf die Eigentumsfreiheit des Art. 14 Abs. 1 GG nicht nur spezielle Anforderungen an die sachliche, räumliche und zeitliche Konkret- und Bestimmtheit, sondern auch, dass die berührten privaten Belange bereits bei der Zielfestlegung auf der Ebene der raumplanerischen Abwägung ausreichende Berücksichtigung finden können.

Soll ein Ziel der Raumordnung und Landesplanung unmittelbar und unabdingbar (strikt) auf die Zulässigkeit eines Vorhabens „durchschlagen", wären verfahrensrechtliche Vorkehrungen erforderlich, die gewährleisten, dass eine Abwägung der Grundsätze der Raumordnung mit den betroffenen privaten Eigentumsbelangen stattfand[10]. Hierzu hätte es auf der Stufe der Landes- und Regionalplanung eines Verfahrens bedurft, in welchem die betroffenen Privatpersonen informiert und beteiligt werden konnten.

Solche Beteiligungserfordernisse allein auf der untersten Planungsstufe vorzusehen, kann nur unter der Voraussetzung erfolgen,

> dass von den vorgelagerten Planungsstufen keine irreversiblen, nachteiligen Rechtswirkungen für den Einzelnen ausgehen[11].

In seiner Entscheidung stellte das BVerwG für das Land Baden-Württemberg fest, dass weder das Raumordnungsgesetz in seiner Fassung vor dem BauROG 1998, noch das Landesplanungsgesetz Baden-Württembergs von 1983 die gebotenen Beteiligungserfordernisse enthielten. Dies gilt ohne weite-

---

[7] Az.: 4 C 4 / 00, DVBl 2001, 1855 = UPR 2002, 33.

[8] A.a.O., S. 1856 [Leitsatz 1], 1860.

[9] BVerwG, DVBl 2001, 1855 (856).

[10] BVerwG, DVBl 2001, 1855 (1860).

[11] BVerwG, DVBl 2001, 1855 (1860).

res auch für das Recht, das bei der Aufstellung des Gebietsentwicklungsplans 1999 für den Raum Düsseldorf anzuwenden war.

Mit seinen Ausführungen trifft der 4. Senat des BVerwG den Kern des Problems der Regionalplanungspraxis im Regierungsbezirk Düsseldorf: Sofern sich die Bezirksregierung Düsseldorf als Bezirksplanungsbehörde nämlich für die Aufnahme unmittelbar geltender Ausschussregelungen meint entscheiden zu müssen, setzt sie sich zugleich den Rechtfertigungsanforderungen aus, die für Bodennutzungsregelungen gelten. Solchen gesteigerten Rechtfertigungsanforderungen war die Regionalplanung

> in ihrem primären und eigenständigen Regelungsbereich typischerweise bisher gerade nicht unterworfen.[12]

Darauf hat im Schrifttum schon *Rainer Wahl* zu Recht hingewiesen.[13]

Damit offenbart sich zugleich das Dilemma, in dem sich die Bezirksregierung Düsseldorf befindet: Sie will Entscheidungen, die im System der mehrstufigen Gesamtplanung prinzipiell der nachgeordneten Planungsebene überantwortet sind, gewissermaßen auf die Ebene ihrer eigenen Planungsstufe „hochzonen“. Die nachgeordnete Planungsebene wäre die Gemeinde[14]. Gleichwohl lässt die Bezirksregierung Düsseldorf in ihrer Praxis seit Jahren Anzeichen dafür erkennen, dass sie nicht gewillt ist, auch die rechtsdogmatischen Konsequenzen einer solchen Hochzonung zu akzeptieren. In diesem Zusammenhang erwähnt das Bundesverwaltungsgericht in seiner soeben dargestellten Rechtsprechung aufschlussreich, dass einem Träger der Regionalplanung unbenommen ist,

> im Interesse einer erhöhten Richtigkeitsgewähr seiner raumordnerischen Zielaussagen ihm bekannte oder an ihn herangetragene raumbedeutsame Eigentumsbelange privater Einzelner bei der Abwägung zu berücksichtigen[15].

Gerade aber einer solchen Auseinandersetzung will sich die Bezirksregierung Düsseldorf entziehen.

Dass sie hierzu jedoch auch das OVG Münster anhalten wird, hat der 20. Senat des OVG Münster in seiner Entscheidung vom 1.10.2001 (Az.: 20 A 1945 / 00) deutlich gemacht. Dort stellt das Gericht unmissverständlich unter

---

[12] BVerwG, DVBl 2001, 1855 (1860).

[13] *Wahl* in: *Hoppe / Kauch* (Hrsg.): Raumordnungsziele nach Privatisierung öffentlicher Aufgaben, 1996, dort S. 29, hier zitiert nach BVerwG, DVBl 2001, 1855 (1860).

[14] Vgl. auch Verfassungsgerichtshof Nordrhein-Westfalen, Urt. vom 11.7.1995, NVwZ 1996, 262 (263).

[15] BVerwG, DVBl 2001, 1855 (1860).

Hinweis auf die Rechtsprechung des Bundesverwaltungsgerichts klar, dass ein landesplanerisch „parzellenscharf" festgelegtes Ziel, das den Verbindlichkeitsanspruch erhebt, eine endgültige planerische Bewältigung des durch die widerstreitenden Belange entstehenden Konflikts auch in seinen konkret standortbedingten und einzelfallbezogenen Besonderheiten herbeiführen zu können, frei von entscheidungserheblichen Abwägungsfehlern sein muss.

Das ist bei Abgrabungskonzentrationszonen nur möglich, wenn alle maßgeblichen Belange, also auch die privaten Belange eines Vorhabensträgers, ermittelt und sie innerhalb der Abwägung der für und gegen die Einbeziehung einer konkreten Vorhabensfläche sprechenden Gründe fehlerfrei berücksichtigt worden sind. Der 20. Senat des OVG Münster stellt damit klar, dass die Anforderungen an die Abwägung bzw. an die Rechtfertigung eines Ziels mit Ausschlusswirkung nicht formal von der Planungsstufe abhängen, auf welcher es festgelegt wird, sondern von seiner inhaltlich-materiellen Bindungswirkung, die das Ziel für die nachgeordneten Planungsstufen entfaltet. Will die Bezirksregierung Düsseldorf Konzentrationszonen mit Ausschlusswirkung ausweisen, kann sie sich den hierfür geltenden gesteigerten Anforderungen an die Abwägung nicht mit dem Argument entziehen, auf ihrer, die Region in den Blick nehmenden Planungsstufe reiche bereits eine „globale" Abwägung aus.

Als Fazit ist festzuhalten, dass unabhängig davon, auf welcher Planungsstufe sich ein Plangeber für Festlegungen mit unmittelbarer und grundrechtsrelevanter Wirkung entscheidet, er alle betroffenen – insbesondere die privaten – Belange einstellen muss und sie in ihrem tatsächlichen und rechtlichen Gewicht materiell nicht verkennen darf. Solange die insoweit erforderlichen verfahrensrechtlichen Vorkehrungen zur Sicherung der insoweit gebotenen Berücksichtigung vom Gesetzgeber noch nicht geschaffen worden sind, ist dem Plangeber unbenommen, sie selbst zu treffen. Dies erhöht zum einen die Richtigkeitsgewähr, ist zum anderen aber verfassungs- und grundrechtlich geboten.

3. Fehlende Beschränkung auf raumbedeutsame Maßnahmen

Weitergehende Kritik ist an der Erstreckung der Abgrabungsbereiche auch auf Vorhaben von einer Größe unterhalb von 10 ha (Plansatz 3.12 Ziel 1 Abs. 4 GEP 1999) zu üben. Die Frage, ob auch Vorhabensflächen unterhalb dieser Größenordnung unterschiedslos als raumbedeutsame Vorhaben zum Gegenstand einer Zielfestlegung gemacht werden dürfen, ist zu verneinen.

Denn Gegenstand der Raumordnung und Landesplanung sind raumbedeutsame Vorhaben, also solche, die den Raum im Sinne von § 3 Nr. 6 Var. 2 Raumordnungsgesetz beeinflussen. Kleine Vorhaben sind nur dann raumbedeutsam, wenn sie den überörtlichen Belang, den das Raumordnungsziel verkörpert, negativ berühren.[16]

Was unter diesem Zentralbegriff zu verstehen ist, ergibt sich im Ansatz aus § 2 Abs. 2 und 3 der Dritten Durchführungsverordnung zum Landesplanungsgesetz NW. Danach kommen in Gebietsentwicklungsplänen zeichnerische Darstellungen nur für raumbedeutsame Planungen und Maßnahmen von überörtlicher Bedeutung mit einem Flächenbedarf von in der Regel mehr als 10 ha in Betracht. In begründeten Einzelfällen können auch Planungen und Maßnahmen mit einem Flächenbedarf von weniger als 10 ha von regionaler Bedeutung sein. Die Rechtfertigung für die Ausdehnung der Abgrabungsbereiche mit Sperrwirkung auf sämtliche Abgrabungsvorhaben im Gebietsentwicklungsplan 1999 trägt dem aufgezeigten Regel-Ausnahme-Verhältnis nicht hinreichend Rechnung:

Dass – so der Gebietsentwicklungsplan 1999 – auch Abgrabungen geringer Größe zu einer planlosen Inanspruchnahme von Landschaft führen, wenn sie außerhalb der Abgrabungskonzentrationszonen erfolgen, ist eine Behauptung des Plangebers. Ihr Nachweis wird auch nicht im Erläuterungsteil erbracht, der die Behauptung lediglich wiederholt, die Raumbedeutsamkeit aber nicht belegt.

Sofern der Planautor ein Bedürfnis dafür sieht, selbst Abgrabungen mit derart geringem Flächenverbrauch zum Gegenstand seiner Zielvorstellungen zu machen, so hat er dies zumindest entsprechend eingehend zu begründen. Das ergibt sich nicht nur aus dem Begründungserfordernis in § 2 Abs. 2 und 3 der Dritten Durchführungsverordnung zum Landesplanungsgesetz NW. Das Rechtsstaatsprinzip, welches auch den Plangeber über Art. 20 Abs. 3 Grundgesetz bindet, fordert für jede belastende Entscheidung eine nachvollziehbare Begründung.

4. Verstoß gegen höherstufige Planung (LEP NW)

Verstöße des GEP 1999 ergeben sich aber auch zur höherstufigen Planung. Ausgangspunkt der Beurteilung ist die im Land Nordrhein-Westfalen geltende dreifach abgestufte Festlegung der Ziele der Raumordnung und Landesplanung nach Landesplanungsrecht. Das OVG Münster[17] skizzierte das hierarchische Verhältnis wie folgt:

- An oberster Stelle stehen gemäß § 12 Landesplanungsgesetz die im Landesentwicklungsprogramm (LEPro NW) als Gesetz beschlossenen allgemeinen

[16] *Spiecker*, Raumordnung und Private, 1999, S. 335.

[17] Az.: 7 A 4018 / 92, NUR 1996, 98.

Ziele der Raumordnung und Landesplanung für die Gesamtentwicklung des Landes.

- Auf der Grundlage des LEPro NW legen nach § 13 Abs. 1 LPLG die Landesentwicklungspläne (LEP NW) die (konkreten) Ziele der Raumordnung und Landesplanung für die Gesamtentwicklung des Landes fest.
- Diese wiederum sind neben dem LEPro NW Grundlage der Gebietsentwicklungspläne (GEP), die gemäß § 14 Abs. 1 LPLG die regionalen Ziele der Raumordnung und Landesplanung für die Entwicklung der Regierungsbezirke festlegen.

a) Versorgungssicherheit

Gemessen an den Vorgaben der höherrangigen Planungsstufen sichert der GEP 1999 die Versorgung mit heimischen Rohstoffen nicht langfristig. Schon nach den eingangs zitierten Vorschriften des Raumordnungsgesetzes sind im Rahmen der Landesplanung die räumlichen Voraussetzungen für die vorsorgende Sicherung sowie die geordnete Aufsuchung und Gewinnung von standortgebundenen Rohstoffen zu schaffen. Dies stützt auf Landesebene beispielsweise § 25 Abs. 4 LEPro NW. Im Landesentwicklungsplan findet sich schließlich unter Plansatz C. IV. 1 nicht nur ein Hinweis auf die hochrangige Bedeutung der Rohstoffversorgung, sondern auch, dass abbauwürdige Bodenschätze zur langfristigen Versorgung mit heimischen Rohstoffen zu sichern sind. Den Begriff der Langfristigkeit konkretisiert diese Vorschrift mit der Angabe von 25 Jahren.

Der Gebietsentwicklungsplan 1999 berücksichtigt diese Maßgaben erkennbar nicht. Weder ist in Plansatz 3.12 Ziel 1 der Begriff der Langfristigkeit überhaupt erwähnt, noch findet sich ein textlicher Hinweis auf die Sicherung über einen Zeitraum von 25 Jahren. Im Gegenteil: Schon in Abs. 2 der Erläuterungen zu Plansatz 3.12 Ziel 1 reduziert der Gebietsentwicklungsplan 1999 die höherrangigen gesetzlichen Vorgaben indirekt, wenn er davon spricht, dass für einen Zeitraum von „mehr als 20 Jahren“ der Rohstoffbedarf berücksichtigt worden sei.

Dass die konkrete Bedarfsermittlung allenfalls auf Schätzungen der Bezirksregierung Düsseldorf auf der Grundlage eigener Erfahrungswerte basiert, sie aber letztlich von unrealistischen Umständen ausging bzw. wissenschaftlich nicht belegbare Berechnungsformeln zugrunde legte, kann an dieser Stelle nur angemerkt und nicht vertieft werden. Nicht alle Widersprüchlichkeiten innerhalb der Bedarfsermittlung lassen sich hier vollständig skizzieren. Jedenfalls ist davon auszugehen, dass im Zeitpunkt der Aufstellung des Gebietsentwicklungsplans nur für circa 13 bis 15 Jahre Rohstoffe gesichert waren.

b) Reservegebietskarte

Darüber hinaus liegt eine vom Landesentwicklungsplan in Plansatz C. IV Ziel 2.2.3 verbindlich geforderte Reservegebietskarte dem Gebietsentwicklungsplan nicht bei. Entsprechende zeichnerische Darstellungen fehlen ebenfalls. Insoweit ignoriert der Plangeber des Gebietsentwicklungsplans das System der Rohstoffsicherung, das der Landesentwicklungsplan vorgibt. Es besteht ausweislich der Erläuterungen in Plansatz C. IV. 3.2 bis 3.6 Landesentwicklungsplan NW zum einen in der Darstellung von Bereichen zur oberirdischen Gewinnung von Bodenschätzen in Verbindung mit den textlichen Zielen in den Gebietsentwicklungsplänen, zum anderen durch die Aufnahme der Karte „Reservegebiete für den Abbau nichtenergetischer Bodenschätze" in die Erläuterungsberichte der Gebietsentwicklungspläne.

Als Begründung für das Erfordernis einer Reservegebietskarte gibt der LEP NW an, dass sich erst auf der Grundlage ausreichender Kenntnisse darüber, welche abbauwürdigen Lagerstätten in Betracht kommen, die Bedeutung, die Schutzwürdigkeit und die Notwendigkeit ihrer landesplanerischen Sicherung angemessen beurteilen lasse. Deshalb sind alle geeigneten Bereiche für den oberirdischen Abbau von Bodenschätzen innerhalb der „Reservegebiete" darzustellen. Gegenüber den öffentlichen Planungsträgern räumt dieses System des LEP NW im Ergebnis den privaten Belangen der Kieswirtschaft Vorrang ein, weil die Reservegebietskarte die öffentliche Planung beschränkt.

Im Gegensatz zu diesen auf eine langfristige und vorhersehbare Beplanung des Raums abzielenden unmissverständlichen Vorgaben des LEP NW war der Ablauf des Aufstellungsverfahrens durch ein konsequentes Ignorieren dieser rechtlich zwingenden Vorgaben durch die handelnden Behörden geprägt. Zunächst fügte die Bezirksregierung Düsseldorf dem Gebietsentwicklungsplan die gebotene Reservegebietskarte überhaupt nicht bei. Das Ministerium für Umwelt, Raumordnung und Landwirtschaft (MURL) des Landes Nordrhein-Westfalen genehmigte den Gebietsentwicklungsplan sodann, obwohl die Reservegebietskarte nicht vorlag. Weder lässt sich dem LEP NW eine dahingehende Befugnis dafür entnehmen, noch konnte das MURL die Genehmigungsfähigkeit des Gebietsentwicklungsplans herbeiführen, indem es sie mit der Maßgabe erteilte, eine qualifizierte Reservegebietskarte sei spätestens drei Jahre nach der Genehmigung des Gebietsentwicklungsplans zur Genehmigung vorzulegen. Qualifiziert bedeutet in diesem Zusammenhang, dass die Karte erschöpfend alle im Regierungsbezirk für den Abbau geeigneten Lagerstätten als Reservegebiete darstellt. Immerhin stützte das MURL seine Genehmigungsmaßgabe auf die viel zu optimistischen, realitätsfernen Annahmen der Bezirksregierung Düsseldorf hinsichtlich des Rohstoffsicherungsbedarfs.

Diese Annahmen, die einen deutlich geringeren als den tatsächlichen Bedarf prognostizierten, dienten der Bezirksregierung Düsseldorf dazu, die öffentlichen Planungsträger durch entsprechend wenige Darstellungen Reservegebietskarte möglichst wenig zu binden. Die Bezirksregierung Düsseldorf stellte die Maßgaben der Genehmigung des MURL gegenüber dem Bezirksplanungsrat, der über den Beitritt zu den Genehmigungsmaßgaben entscheiden muss, verfälscht dar. Sie erweckte in der Beitrittsvorlage den Eindruck, es müssten in der – nachzureichenden – Reservegebietskarte nicht alle abbauwürdigen, sondern überhaupt – irgendwelche – Lagerstätten aufgeführt werden. Nur so ließ sich aus Sicht der Bezirksregierung Düsseldorf eine positive Beitrittsentscheidung herbeiführen und gleichzeitig die Bindungen einer Reservegebietskarte für öffentliche Planungsträger weitgehend einschränken. Auf diese Weise hielt sich die Bezirksregierung Düsseldorf offen, den Gebietsentwicklungsplan 1999 auch nachträglich noch ihren Vorstellungen entsprechend zu gestalten.

IV. Kein Planungskonzept, sondern Verhinderungsplanung

Bereits zuvor sind die grundsätzlich geltenden Maßgaben, denen Abwägungsvorgänge gleichermaßen auf jeder Planungsstufe für die Festlegung verbindlicher Ziele zu genügen haben, dargestellt worden. Bei der Formulierung der Kriterien, denen die gerechte gesamträumliche Abwägung im Rahmen der Ausweisung von Konzentrationszonen zu genügen hat, stellt das Schrifttum insbesondere auf das bereits im Gesetzgebungsverfahren zu § 35 Abs. 3 Satz 3 BauGB vom federführenden Ausschuss für Raumordnung, Bauwesen und Städtebau angeführte Erfordernis eines „schlüssigen Planungskonzepts“ ab.

Die standortbezogene Zielaussage muss also Ausdruck eines gesamträumlichen Entwicklungskonzepts für das Plangebiet sein und zugleich eine einleuchtende Fortschreibung tatsächlicher Gegebenheiten darstellen[18]. Mit dieser Forderung soll der Gefahr begegnet werden, dass die Praxis des Plangebers das Instrumentarium für eine reine Verhinderungs- bzw. Negativplanung missbraucht.

Einem Ziel die beschriebene Ausschluss- bzw. Sperrwirkung beizulegen, erfordert deshalb, dass in bestimmten für die Entwicklung des gesamten Plangebiets günstigen Bereichen ein ausreichendes räumliches Angebot für eine Nutzung gegeben ist, welches es rechtfertigt, diese Nutzung im restlichen Plangebiet völlig auszuschließen[19]. Die Befugnis der Raumordnung und Landesplanung, Konzentrationsanordnungen zu treffen – sollte sie denn in Zukunft über-

---

[18] Vgl. für den Flächennutzungsplan BVerwGE 77, 300 (304).

[19] Vgl. erneut zum Flächennutzungsplan BverwGE 77, 300 (304, 307).

haupt landesrechtlich verankert werden –, kann sich daher nur auf die gestaltende und ausgleichende Zuordnung unterschiedlicher Nutzungen im Raum, nicht jedoch auf die Verhinderung bzw. Zurückdrängung einer bestimmten einzelnen Nutzung erstrecken.

Ein solches gesamträumliches Planungskonzept fehlt im Falle des Gebietsentwicklungsplans Düsseldorf 1999. Abgesehen davon, dass die Abwägungsentscheidung der Bezirksplanungsbehörde auf unzureichend ermittelten Tatsachen beruht, ist ihr „Konzept", Abgrabungen ins Hinterland zu verlagern, nicht schlüssig. Das BVerwG hatte in seiner Grundsatzentscheidung vom 22.5.1987[20] in der Verhinderung einer allgemeinen Verkraterung einen allgemeinen öffentlichen Belang gesehen und gemeint, in diesem Sinne könne die Darstellung von Abgrabungsbereichen – im Flächennutzungsplan – „Unterstützung und einleuchtende Fortschreibung tatsächlicher Gegebenheiten" sein.

Gemessen an diesen Grundaussagen wirft die Verlagerung von Abgrabungen aus ihren traditionell und angestammten Standorten in Rheinnähe in das Hinterland eine Vielzahl von Fragen auf, die im Gebietsentwicklungsplan 1999 nicht beantwortet sind. So lässt der Gebietsentwicklungsplan offen, wie dem Gebot der Konzentration im Sinne des Bundesverwaltungsgerichts zur Vorbeugung von Verkraterung genügt werden kann, wenn Abgrabungen aus ihren angestammten Bereichen, in denen sie bisher bereits konzentriert waren, per Dekret verlagert werden.

Schwierigkeiten, die eine Verlagerung ins Hinterland hinsichtlich des damit verstärkten Transportverkehrs aufwirft, löst der Gebietsentwicklungsplan 1999 ebenfalls nicht einmal im Ansatz. In den traditionellen rheinnahen Abbaugebieten steht etwa im Gegensatz zum Hinterland der umweltschonende Schiffstransport zur Verfügung, der ‚in der Fläche' ausfällt. Gerade an dieser Stelle offenbart sich, dass im Aufstellungsverfahren zum Gebietsentwicklungsplan 1999 nicht mit den tatsächlichen Gegebenheiten, sondern diese ignorierend und geradezu gegen sie geplant worden ist.

Das lässt sich auch belegen. Nach Abs. 7 der Erläuterungen zu Plansatz 3.3 Ziel 4 GEP 1999, das den Titel trägt: „Die Schienenwege für die Nah- und Regionalverkehr sichern", sollen alle wirtschaftliche Nutzungen grundsätzlich an die Schienenwege angeschlossen sein. Auch Abgrabungsvorhaben zählen zu den wirtschaftlichen Nutzungen. Dies drängt folgende Überlegung auf: Stünde hinter der Idee, Abbauvorhaben in das Hinterland zu verlagern, ein die gesamträumlichen Verhältnisse in den Blick nehmendes Planungskonzept, wäre zu erwarten, dass sich auch Abgrabungsvorhaben in der Aufzählung der an das Schienennetz anzuschließenden wirtschaftliche Nutzungen finden. Dort aber fehlen sie.

---

[20] BVerwGE 77, 300 (304).

Das ist im Ergebnis sogar richtig – und die eben angeführte zunächst nahe liegende Überlegung erweist sich als falsch. Denn Steinbrüche lassen sich in aller Regel nicht an das Schienennetz anschließen. Abgrabungsvorhaben mit Gleisanschluss gibt es bis auf ganz wenige Ausnahmen überhaupt nicht. Wenn der Gebietsentwicklungsplan Düsseldorf 1999 dies aber an dieser Stelle richtig erkennt, erweist sich damit zugleich die Verlegung von Abgrabungen ins Hinterland als konzeptionslos und damit falsch. Die mit der Verlagerung ins Hinterland einhergehende Abkopplung von den attraktiven und traditionell genutzten Schifffahrtslinien des Rheins lässt sich nicht kompensieren.

Dies ist nur ein Beispiel dafür, wie der Planautor bei der Aufstellung des Gebietsentwicklungsplans vorgegangen ist. Die Nichtbeachtung der schlechteren Transportsituation und Verkehrsanbindung im Hinterland verstößt jedoch nicht nur gegen den Landesentwicklungsplan, sondern auch gegen den dem Raumordnungsgesetz innewohnenden allgemeinen Grundsatz der Verkehrsvermeidung.

V. Abwägungsfehler

Aber auch sonst ist der Gebietsentwicklungsplan in mehrfacher Hinsicht abwägungsfehlerhaft. Dieses Ergebnis lässt sich an dieser Stelle nur anhand einiger weniger Beispiele belegen.

Zum einen wurden Belange der Rohstoffgewinnung gegenüber denjenigen des Umweltschutzes in unzulässiger Weise zurückgedrängt. Das Raumordnungsgesetz räumt in § 1 ROG mit dem Gebot, widerstreitende Interessen in Ausgleich und die sozialen und wirtschaftlichen Ansprüche an den Raum mit seinen ökologischen Funktionen in Einklang zu bringen, weder den ökonomischen oder sozialen Raumansprüchen, noch den ökologischen Schutz- und Entwicklungsansprüchen per se Vorrangstellung ein. Demgegenüber war das Vorgehen des Bezirksplanungsrates – seit dem Jahr 2001 trägt dieses Gremium nun die Bezeichnung „Regionalrat“ – bei der Auswahl der darzustellenden Abgrabungsbereiche von einer die ökologischen Funktionen überbetonenden Intention geprägt.

In dem der Ausweisung der Abgrabungsbereiche zu Grunde liegenden Gutachten – das fälschlicherweise als Abgrabungsgutachten bezeichnet wird –, werden alle für die Ausweisung in Betracht kommenden (potenziellen) Vorhabensflächen in drei Konfliktstufen eingeteilt.

Auf der Konfliktstufe 1, der das Abgrabungsgutachten unter anderem Naturschutzgebiete, Auebereiche, Wasserschutzgebiete in den Zonen I bis III A und B, Wasserreservegebiete zuordnet, ist die Darstellung von Abgrabungsbereichen ohne Eintritt in eine Abwägung kategorisch ausgeschlossen. Dies kommt einer absoluten Privilegierung ökologischer Belange gleich, die sich insoweit stets gegenüber Belangen der Rohstoffsicherung durchsetzen.

In diesem Zusammenhang lohnt erneut der Blick auf die Rechtsprechung des 20. Senats des OVG Münster. Er wies darauf hin, dass eine derart abwägungslose Bezugnahme auf andere fachplanerischen Entscheidungen oder Verbote in anderen Regelungswerken nur möglich ist, wenn die in Bezug genommene Regelung den Konflikt ihrerseits fehlerfrei gelöst hat. Dahinter steht der Gedanke, dass ein landesplanerisch „parzellenscharf“ festgelegtes Ziel in Form einer Abgrabungskonzentrationszone die gewünschte Ausschluss- bzw. Sperrwirkung nur erzeugen kann, wenn die gebotene konkretisierende Abwägung stattgefunden hat[21]. Deswegen darf sich die Bezirksplanungsbehörde auf der Ebene des GEP insoweit nicht auf eine „globalere“ Abwägung zurückziehen.

Will sie diese qualifizierte Abwägung auf der Ebene des Gebietsentwicklungsplans nicht vornehmen, weil sie meint, auf globalere Gesichtpunkte abstellen oder auf bestehende Regelungen niedrigerer Planungsebenen wie der Bauleit- oder Fachplanung verweisen zu können, dann muss im letzteren Fall die konkrete Konfliktbewältigung bereits dort fehlerfrei geleistet worden sein. Ist dies nicht geschehen, entfällt insoweit generell die Zielqualität des Gebietsentwicklungsplans. Dies ist, wie bereits erwähnt, Rechtsprechung des 20. Senats des OVG Münster.

Kommt ein Gericht zum Beispiel zu dem Schluss, dass ein derart in Bezug genommenes Nassabgrabungsverbot in einer Wasserschutzgebietsverordnung nichtig ist, so entfällt damit die Zielqualität der Konzentrationsanordnung einschließlich der mit ihr gegebenenfalls verfolgten Ausschluss- und Sperrwirkung. Die Zulassung einer außerhalb der Abgrabungskonzentrationszone des GEP gelegenen Nassabgrabung kann dann nicht aus diesem Grund versagt werden.

Zum anderen ging die Bezirksregierung Düsseldorf – zu Unrecht – davon aus, dass der Bedarf an Rohstoffen teilweise über die Verwendung der im Tagebau anfallenden Sande und Kiese gedeckt werden könne, die bei der Braunkohlegewinnung in Garzweiler anfallen. Ganz überwiegend erfolgt der Abbau der Braunkohle jedoch im Regierungsbezirk Köln und die geförderten Sand- und Kiesmengen werden ebenso überwiegend dort verbraucht. Dann lassen sich diese Rohstoffmengen aber nicht vollumfänglich zur Reduzierung des Rohstoffbedarfs im Regierungsbezirk Düsseldorf anführen. Positiv ausgedrückt erweist sich an einer solchen Fehlannahme, dass der Bezirksregierung Düsseldorf insoweit ein überörtlich etwa mit der Bezirksregierung Köln hinreichend abge-

---

[21] So schon zum Flächennutzungsplan BVerwGE 77, 300 (307 f).

stimmtes Planungskonzept im Blick auf den Rohstoffbedarf fehlte; negativ gesprochen lässt sich dies auch mit dem Begriff der Planungswillkür belegen, insbesondere angesichts des Umstands, dass auch die Bezirksregierung Köln nicht die vollen Massen in ihre Berechnungen eingestellt hat.

Schließlich wurden auch die privaten Belange nicht ordnungsgemäß abgewogen. Dazu ist der Plangeber gemäß § 7 Abs. 7 ROG 1998 verpflichtet, denn nach Satz 2 der Vorschrift sind sonstige öffentliche Belange sowie private Belange in der Abwägung zu berücksichtigen, so weit sie auf der jeweiligen Planungsebene erkennbar und von Bedeutung sind. Zwar galt diese Norm im Aufstellungsverfahren zum Gebietsentwicklungsplan Düsseldorf 1999 nicht. Das BVerwG hat in seiner Entscheidung, die zu der vor Inkrafttreten des Bau- und Raumordnungsgesetzes 1998 bestehenden Rechtslage erging, auf die Beteiligungserfordernisse hingewiesen, die obligatorisch einzuhalten sind, wenn parzellenscharfe Regelungen mit Ausschlusswirkung bereits in der Regionalplanung getroffen werden sollen. Sie galten mithin auch schon ohne eine besondere gesetzliche Anordnung. Zahlreiche Abgrabungsunternehmer hatten im Aufstellungsverfahren Erweiterungs- und neue Vorhaben angezeigt. Dennoch enthielt die Bezirksplanungsbehörde diese Informationen dem Regionalrat vor, um ihre Strategie einer allenfalls pauschal begründeten Vorhabensverhinderung durch Ausschlussregelungen ungestört verfolgen zu können.

VI. Verhältnis von Raumordnungs- und Bau(planungs)recht

Diese von der Bezirksregierung Düsseldorf als Bezirksplanungsbehörde und Rechtsaufsichtsbehörde forcierte Entwicklung wird durch die Neufassung des BauGB im Wege des Bau- und Raumordnungsgesetzes 1998 nur scheinbar gestützt. Nach § 35 Abs. 3 Satz 3 BauGB 1998 stehen privilegierten Vorhaben im Sinne von § 35 Abs. 1 Nr. 2 bis 6 BauGB in der Regel öffentliche Belange auch dann entgegen, soweit hierfür durch Darstellungen im Flächennutzungsplan oder als Ziel der Raumordnung eine Ausweisung an anderer Stelle erfolgt ist. Die Vorgängerfassung des § 35 Abs. 3 BauGB 1987 enthielt in Satz 3 lediglich die Bestimmung, dass raumbedeutsame Vorhaben nach den Absätzen 1 und 2 den Zielen der Raumordnung und Landesplanung nicht widersprechen dürfen. Die Novelle des Baugesetzbuchs hat im Interesse des Außenbereichsschutzes und zur Standortbündelung mit der Aufnahme des so genannten Planvorbehalts für die ausgewählten privilegierten Vorhaben stärkere Einwirkungsmöglichkeiten der Raumordnung und der Flächennutzungsplanung eröffnet. Gerade dem Flächennutzungsplan kommt dabei – soweit die übergeordnete Regionalplanung entsprechenden Gestaltungsspielraum nicht bereits ausgefüllt hat – Allokationswirkung zu[22]. Das bedeutet, dass bestimmten Flächen bestimmte Nutzungen zugewiesen werden. Anlass waren zunächst die – seit 1997 privilegierten – Windkraftanlagen.

Bereits zu der vor dem Inkrafttreten des Baugesetzbuchs 1998 geltenden Rechtslage war die Rechtsprechung des Bundesverwaltungsgerichts 1984 und 1987[23] zum gemeindlichen Flächennutzungsplanrecht davon ausgegangen, dass privilegierte Vorhaben nicht an jedem beliebigen Standort im Außenbereich zulässig sind. Den an sich über § 35 Abs. 1 Nr. 3 BauGB privilegierten Abgrabungen konnten schon nach der alten Rechtslage Darstellungen eines Flächennutzungsplans entgegenstehen, wenn diese auf der Grundlage eines Planungskonzepts – und ohne ausschließlich negative Wirkungen einer Verhinderungsplanung – eine Konzentration solcher Vorhaben auf bestimmten Flächen vorsahen[24].

§ 35 Abs. 3 Satz 3 BauGB verweist zunächst auf die in § 7 Abs. 4 ROG vorgesehene – und vom Landesgesetzgeber in Nordrhein-Westfalen noch zu schaffende – Möglichkeit, die Konzentration bestimmter Nutzungen bereits auf der Ebene der Raumordnung zu betreiben. Die Zulässigkeit einer solchen Vorgehensweise hatte sich schon vor der Novelle des BauGB in der höchstrichterlichen Rechtsprechung angedeutet[25]. Es war die Änderung des § 35 Abs. 3 BauGB, die die Bezirksregierung Düsseldorf und den 10. Senat des OVG Münster zu der Annahme (ver-)führte, in der Neufassung eine Aufwertung bzw. Stärkung der Regionalplanung und der gemeindlichen Flächennutzungsplanung auch in ihren inhaltlichen Aussagen durch den Bundesgesetzgeber selbst zu sehen. In den Augen des OVG Münster soll die Wirkung einer positiven Standortzuweisung über § 35 Abs. 3 Satz 3 BauGB gesetzlich gesichert werden, wenn damit privilegierte Nutzungen konzentriert werden und dem die planerische Zielsetzung zugrunde liegt, den übrigen Planungsraum von diesen gesetzlich privilegierten Vorhaben freizuhalten[26].

Der 10. Senat sah nicht deswegen nur einen deutlichen Bedeutungszuwachs zu Gunsten von Konzentrationsdarstellungen überhaupt, sondern erläuterte auch, wie der gesetzliche Sicherungsmechanismus seiner Auffassung nach funktionieren soll: Die bundesgesetzliche Regelvermutung spreche nunmehr „bei entsprechenden Darstellungen“ dafür, dass die planerische Aussage zu-

---

[22] Begriff bei *Löhr* in: *Battis / Krautzberger / Löhr*, BauGB, 8. Aufl. 2001, § 5 Rdnr. 6.

[23] BVerwGE 68, 311 und BverwGE 77, 300.

[24] BVerwGE 77, 300 (306 f.).

[25] Vgl. *Krautzberger* in: *Battis / Krautzberger / Löhr*, BauGB, 8. Aufl. 2001, § 35 Rdnr. 78.

[26] OVG NW, vom 28. Oktober 1997 (10 A 4574 / 94), ZfBR 1998, 160 = StuGR 1998, 223 = BRS 59 Nr. 246 (1997).

gleich mit einem Ausschlussziel für andere Standorte verbunden ist und sie sich entsprechend gegenüber dem Vorhaben durchsetzt. Allerdings sei die Vermutung widerleglich.

Das VG Dessau scheint dieser Interpretation in der Sache zu folgen und erweitert sie, dass nicht nur Vorrang- (im Sinne von § 7 Abs. 4 Satz 1 Nr. 2 ROG), sondern bereits Eignungsgebiete (im Sinne von § 7 Abs. 4 Satz 1 Nr. 3 ROG) „die Ausschlusswirkung nach § 35 Abs. 3 Satz 3 BauGB" aufwiesen[27]. Eine zielförmige Flächenausweisung in Form eines absoluten Vorrangs sei nicht erforderlich, um den Charakter einer Ausweisung im Sinne von § 35 Abs. 3 Satz 3 BauGB bejahen zu können. Infolgedessen genügt es dem VG Dessau, wenn der Träger der Regionalplanung die von ihm bezeichneten Flächen auf Grund ihrer naturräumlichen Eigenschaften als für eine bestimmte Nutzung geeignet eingestuft und damit eine den Anlagenstandort ermöglichende Entscheidung trifft; eine darüber hinausgehende konkrete standortsichernde Entscheidung durch Darstellung als Vorranggebiet sei für die Ausschlusswirkung nach § 35 III 3 BauGB nicht notwendig. Damit geht das VG Dessau von einer Ausschlusswirkung des § 35 Abs. 3 Satz 3 BauGB selbst aus und begründet diese anhand lediglich formaler Aspekte, ohne die materiellen Anforderungen an Zielfestlegungen, wie sie das BVerwG in seiner Entscheidung vom 19. Juli 2001[28] fordert, anzusprechen.

Die Interpretation des OVG Münster ist – abgesehen von den kompetenzrechtlichen Schwierigkeiten, die eine Auslegung aufwirft, der zufolge das Bundesrecht dem gemeindlichen Plangeber gewissermaßen Planungsintentionen zuschreibt – nicht haltbar. Zu beachten ist, dass § 35 Abs. 3 Satz 3 BauGB als Adressaten den Plangeber im Raumordnungsrecht einerseits und die den Flächennutzungsplan aufstellende Gemeinde andererseits anspricht. Wohl deswegen ist die Rechtsprechung des OVG Münster – zu Recht – vereinzelt geblieben, und auch im Schrifttum fehlt – soweit ersichtlich – eine Würdigung[29].

Die Regelvermutung kann sich nicht darauf beziehen, dass Vorranggebiete – oder sogar schon Eignungsgebiete[30] – regelmäßig eine außergebietliche Ausschluss- bzw. Sperrwirkung entfalten[31], denn das raumordnerische Ziel ist Tatbestandsvoraussetzung des § 35 Abs. 3 Satz 3 BauGB. Deswegen kann sich die

---

[27] VG Dessau, Urt. vom 22.11.2000 (1 A 121 / 99 DE), NVwZ-RR 2001, 423 (424); die hier vertretene andere Auffassung bei *Anders / Collisy / Jankowski*, Zulässigkeit von Abgrabungen, Tübingen 2001, S. 129 f.

[28] Az.: 4 C 4.00, DVBl 2001, 1855 = UPR 2002, 33.

[29] Vgl. nur *Spiecker*, Raumordnung und Private, 1999, S. 325 ff., 340, dort bei Fn. 318.

[30] Siehe VG Dessau, a.a.O.

[31] *Spiecker*, a.a.O.

Regelvermutung nur auf das Entgegenstehen öffentlicher Belange beziehen[32]. Ist ein Ziel qualifiziert mit Ausschluss- und Sperrwirkung raumordnerisch festgelegt, soll die Rechtsanwendung in der Regel davon ausgehen, dass einem Vorhaben ein öffentlicher Belang entgegensteht. Es lässt sich also nicht „in der Regel" davon ausgehen, dass der Plangeber der Ausweisung bestimmter Flächen in der Form eines raumordnerischen Ziels auch Ausschluss- bzw. Sperrwirkung beigelegt hat.

Ein Blick auf das Zusammenspiel zwischen Raumordnungs- und Bauplanungsrecht erhellt, dass die Annahmen des 10. Senats des OVG Münster fehlgehen müssen. § 35 Abs. 3 Satz 3 BauGB verlangt jedenfalls, dass der öffentliche Belang Zielqualität haben muss, wenn er einem konkreten Vorhaben als Versagungsgrund entgegengehalten soll werden können. Es genügt also nicht, dass überhaupt eine Ausweisung bestimmter Standorte oder Abgrabungsbereiche erfolgt ist[33]. Es bedarf vielmehr der Prüfung, ob die Ausweisung den Anforderungen entspricht, die das Raumordnungsrecht an ein Ziel mit Ausschluss- bzw. Sperrwirkung stellt. Diese Anforderungen sind abschließend in § 3 Nr. 2 ROG und § 7 Abs. 4 ROG formuliert. Ziele der Raumordnung sind danach verbindliche Vorgaben in Form von räumlich oder sachlich bestimmten oder bestimmbaren, vom Träger der Landes- oder Regionalplanung abschließend abgewogenen textlichen oder zeichnerischen Festlegungen in Raumordnungsplänen zur Entwicklung, Ordnung und Sicherung des Raumes. Einer Darstellung kommt infolgedessen nur dann Zielqualität zu, wenn diese Anforderungen erfüllt sind und nur dann auch kann sie als öffentlicher Belang im Sinne von § 35 Abs. 3 Satz 3 BauGB einem Vorhaben als Versagungsgrund entgegenstehen. Dies sollte, abgesehen von allen Kontroversen, die man um die Wirkung von Standortfestlegungen jeweils führen mag, unstreitig der maßgebliche Ausgangspunkt sein.

Es bleibt die Frage zu beantworten, welche Erkenntnis die Regelvermutung des § 35 Abs. 3 Satz 3 BauGB dem Rechtsanwender vermittelt, der über die Zulässigkeit eines raumbedeutsamen Abgrabungsvorhabens zu befinden hat, das sich außerhalb einer im Gebietsentwicklungsplan festgelegten Konzentrationszone befindet. Für solche Fälle sagt § 35 Abs. 3 Satz 3 BauGB unmittelbar nichts aus, im Übrigen ist zu differenzieren.

Auf die oben erwähnten materiellen Anforderungen an Konzentrationsanordnungen hat § 35 Abs. 3 Satz 3 BauGB wie gezeigt keinen Einfluss. Hier stellt er lediglich einen Verweis auf das dar, was einem raumbedeutsamen Abgrabungsvorhaben nach Raumplanungsrecht ohnehin schon entgegengehalten

---

[32] Siehe auch *Anders / Collisy / Jankowski*, Zulässigkeit von Abgrabungen, Tübingen 2001, S. 130.

[33] Andere Auffassung VG Dessau, NVwZ-RR 2001, 423 (424).

werden kann. Das ergibt sich aus § 4 Abs. 4 ROG in Verbindung mit § 35 Abs. 3 Satz 1 BauGB. Danach sind bei Genehmigungen, Planfeststellungen und sonstigen Entscheidungen über die Zulässigkeit raumbedeutsamer Maßnahmen von Personen des Privatrechts die Erfordernisse der Raumordnung nach Maßgabe der für diese Entscheidung geltenden Vorschriften zu berücksichtigen. Für diese Entscheidung gilt bei Abgrabungen, die nicht dem Fachplanungsvorbehalt des § 38 BauGB unterfallen, § 35 Abs. 3 Satz 2 HS 1 BauGB unmittelbar: Raumbedeutsame Vorhaben dürfen danach nicht den Zielen der Raumordnung widersprechen. Diese Grundaussage ergänzt § 35 Abs. 3 Satz 3 BauGB für den Fall, dass Ziele bestimmter Qualität vorliegen.

Materiell könnte § 35 Abs. 3 Satz 3 BauGB auf Abgrabungsvorhaben Auswirkungen haben, die nicht raumbedeutsam sind. Insoweit könnte § 35 Abs. 3 Satz 3 BauGB die Reichweite von Zielen der Raumordnung erweitern, weil sie nunmehr nicht nur raumbedeutsame, sondern auch sonstige Vorhaben betreffen[34]. Über deren Inhalt oder die Anforderungen, die an solche raumordnungsrechtlichen Zielaussagen zu stellen sind, verhält sich die Vorschrift aber nicht. Das beträfe grundsätzlich Abgrabungen unterhalb einer Flächeninanspruchnahme von 10 ha. Selbst aber hinsichtlich nicht raumbedeutsamer Vorhaben enthöbe § 35 Abs. 3 Satz 3 BauGB die Rechtsanwendung – im Gegensatz zu der vom 10. Senat des OVG Münster 1997 vorgenommenen Interpretation – nicht der eingehenden Prüfung, ob einer Standortfestlegung die oben erwähnte Sperrwirkung zukommt oder nicht.

Gegen eine Erstreckung des § 35 Abs. 3 Satz 3 BauGB auf nicht raumbedeutsame Vorhaben spricht allerdings seine systematische Stellung in Abs. 3, der insgesamt nur im Blick auf raumbedeutsame Vorhaben formuliert ist[35]. Für den Gebietsentwicklungsplan Düsseldorf 1999 stellt sich diese Frage allerdings nicht, denn für ihn ist jedes Abgrabungsvorhaben raumbedeutsam. Das ergibt sich aus Plansatz 3.12 Ziel 1 Abs. 4 GEP 1999, wonach Abgrabungen nur innerhalb der Abgrabungsbereiche vorzunehmen sind und dies auch nur für Vorhaben gilt, deren Größe weniger als 10 ha beträgt.

Nach alledem bleibt die Feststellung, dass § 35 Abs. 3 Satz 3 BauGB die Überprüfung eines Ziels auf eine damit verbundene Ausschluss- bzw. Sperrwirkung weder ersetzt, noch die einem Vorhaben entgegenstehenden Belange gewissermaßen bundesrechtlich mit der Folge auflädt, dass ihnen die Verbindlichkeit eines Ziels mit ebensolcher Wirkung zukommt. Auch dieses Ergebnis lässt sich verifizieren.

---

[34] Andere Auffassung bei *Runkel* in: *Bielenberg / Erbguth / Söfker*, RaumOR und LPlR, LBl.-Ktr. (EL 40, 1999), § 4 Rdnr. 345.

[35] *Runkel*, a.a.O., Rdnr. 345.

Erstens: Selbst wenn der Landesgesetzgeber in Nordrhein-Westfalen die Rahmenbestimmungen der ROG (gemäß § 6 Satz 1 ROG) umgesetzt und dem Plangeber damit im LPlG NW die Möglichkeiten zur Flächenausweisung mit Ausschluss- bzw. Sperrwirkung nach § 7 Abs. 4 Satz 1 Nr. 1 bis 3 ROG eröffnet hätte, bliebe dem Plangeber unbenommen, bestimmten Nutzungen Flächen zuzuweisen, ohne sie damit aus allen anderen Gebieten verdrängen zu wollen. Das kann etwa der Fall sein, wenn der Plangeber die für eine Sperrwirkung von der Rechtsprechung einmütig geforderte parzellenscharfe Abwägung im Rahmen eines für die Nutzung entwickelten gesamträumlichen Entwicklungskonzepts nicht selbst durchführen will (oder kann), weil er die konkrete Konfliktlösung ganz bewusst den nachgeordneten Planebenen überlassen will. Nur eine solche Sichtweise entspricht dem mehrstufigen System räumlicher Gesamtplanung.

Zweitens: Und selbst wenn das geltende Raum- und Landesplanungsrecht dem Plangeber auf seiner höheren Planungsstufe die Befugnis zum Erlass von Flächenkonzentrationsregelungen mit Ausschluss- bzw. Sperrwirkung einräumte, hätte er doch qualitativ immer noch den Abwägungsaufwand zu leisten, der sonst auf der nachgeordneten Planungsstufe zu leisten gewesen wäre. Daran ändert § 35 Abs. 3 Satz 3 BauGB nichts.

Darüber hinaus lässt sich § 35 Abs. 3 Satz 3 BauGB die positive Aussage entnehmen, dass ein Vorhaben außerhalb zielförmiger Konzentrationsanordnungen selbst dann noch zulässig sein *kann*, wenn der Plangeber der Konzentrationszone Ausschluss- bzw. Sperrwirkung beigelegt hat (im Sinne von § 7 Abs. 4 ROG in Verbindung mit der in Nordrhein-Westfalen noch nicht erlassenen landesplanungsrechtlichen Befugnis dazu). Wann öffentliche Belange in Form einer als Ziel formulierten Abgrabungskonzentrationszone mit (negativer) Ausschluss- bzw. Sperrwirkung im Ausnahmefall nicht entgegenstehen, dafür mögen sich der Rechtsprechung des BVerwG Hinweise entnehmen lassen[36]. Die Rechtsfolge des § 35 Abs. 3 Satz 3 BauGB gilt nicht in Sonderfällen. Sie können insbesondere durch private Belange gekennzeichnet sein und durch Grenzziehungen in der Vorschrift selbst, die zu persönlichen Härten führen können[37].

Mit diesen Feststellungen erledigt sich auch die Interpretation des OVG Münster im Urteil vom 28.10.1997, derzufolge die Regelvermutung auch auf Planungen zu beziehen war, die vor Erlass der Norm in Kraft getreten sind. Auch auf diese Weise ließe sich in alte Gebietsentwicklungspläne eine Aus-

---

[36] BVerwGE 77, 300 (308).

[37] *Runkel* in: *Bielenberg / Erbguth / Söfker*, RaumOR und LPlR, LBl.-Ktr. (EL 40, 1999), § 4 Rdnr. 359.

schluss- bzw. Sperrwirkung nicht nachträglich hineinlesen, die der Plangeber im Aufstellungsverfahren nicht intendiert hatte.

VII. Zusammenfassung der Ergebnisse / Ausblick

Gegenwärtig existiert im Land Nordrhein-Westfalen keine Befugnisgrundlage für die Aufnahme von Konzentrationsanordnungen in Gebietsentwicklungsplänen im Sinne von § 7 Abs. 4 ROG. Dass die nach wie vor erforderlichen parzellenscharfen Abwägungen im Aufstellungsverfahren für den Gebietsentwicklungsplan Regierungsbezirk Düsseldorf vorgenommen wurden, wird für die überwiegende Anzahl der (potenziellen) Vorhabensflächen zu verneinen sein. Der Bundesgesetzgeber hat mit § 35 Abs. 3 Satz 3 BauGB keine Regelung geschaffen, die der schlichten Ausweisung von Konzentrationszonen im Wege einer Regelvermutung Ausschluss- bzw. Sperrwirkung vermitteln würde. Vielmehr ist der Vorschrift zu entnehmen, dass selbst bei Geltung solcher Konzentrationsanordnungen ein Vorhaben gleichwohl zulässig sein kann.

Es bleibt abzuwarten, wann und in welchem Umfang der Landesgesetzgeber die mit dem Bau- und Raumordnungsgesetz 1998 eröffneten Steuerungsmöglichkeiten für Nordrhein-Westfalen umsetzen wird und wie die Rechtsprechung insbesondere des 20. Senats des OVG Münster mit dem Gebietsentwicklungsplan 1999 umgehen wird, der erst jüngst in einem Fall, in dem der Gebietsentwicklungsplan 1999 voraussichtlich entscheidend sein wird, die Berufung zuließ.

Aufhebung von Planfeststellungsbeschlüssen

Von Reimar Buchner

I. Einleitung

Die Aufhebung von Planfeststellungsbeschlüssen durch die Verwaltung ist ein nur wenig behandeltes Thema. Dies kann nicht daran liegen, dass Planfeststellungsbeschlüsse als Verwaltungsakte i.S. des § 35 VwVfG[1] ohne weiteres nach den allgemeinen Regelungen über Verwaltungsakte zu behandeln wären. Kommt doch die letzte ausführliche Auseinandersetzung mit dem Thema von *Grupp*[2] zu dem Ergebnis, dass die Aufhebung in den §§ 76 und 77 VwVfG abschließend speziell geregelt sei und die Anwendung der §§ 48 und 49 VwVfG ausscheide[3]. Zu vermuten ist eher, dass die Aufhebung von Planfeststellungsbeschlüssen in der Vergangenheit in der Praxis nur wenig relevant war. Dies hat sich jedoch geändert. Praktisch häufig Anlass für die Beschäftigung mit der Frage der Aufhebung von Planfeststellungsbeschlüssen geben vor allem zwei Fallkonstellationen:

- Die erste Fallkonstellation betrifft planfestgestellte Anlagen (z.B. Eisenbahnbetriebsanlagen), deren Nutzung eingestellt worden ist. Hier stellt sich die Frage, ob auf Antrag des Vorhabenträgers oder Dritter oder gegebenenfalls von Amts wegen der Planfeststellungsbeschluss aufzuheben ist[4].
- Die zweite Fallkonstellation betrifft nach der Planfeststellung eintretende tatsächliche Entwicklungen oder neue Erkenntnisse über die Auswirkungen des Vorhabens, die nicht über eine Planergänzung nach § 75 Abs. 2 Satz 2 VwVfG beseitigt werden können. Insoweit stellt sich – regelmäßig aufgrund von Anträgen betroffener Dritter – ebenfalls das Problem der Rechts-

---

[1] Siehe nur *Knack / Dürr*, VwVfG, 6. Aufl. 1998, § 74 Anm. 4 m.w.N.

[2] *Grupp*, Aufhebung von Planfeststellungsbeschlüssen durch die Verwaltung, DVBl. 1990, 81 ff.

[3] *Grupp*, a.a.O., 81, 91.

[4] Siehe dazu BVerwG, Urt. vom 16.12.1988 – 4 C 48 / 86 – BVerwGE 81, 111 ff.

grundlage, des Verfahrens und eventueller Ansprüche auf Aufhebung des Planfeststellungsbeschlusses[5].

II. Vorüberlegungen zu den bei der Aufhebung von Planfeststellungsbeschlüssen relevanten Gesichtspunkten

Planfeststellungsbeschlüsse sind Verwaltungsakte i.S.d. § 35 VwVfG. Unbeschadet der im folgenden noch zu klärenden Frage nach welchen Vorschriften Planfeststellungsbeschlüsse durch die Verwaltung aufgehoben werden können, stellen sich insoweit bei der Aufhebung die allgemein für Verwaltungsakte relevanten Gesichtspunkte der *Gesetzmäßigkeit der Verwaltung* und des *Vertrauensschutzes Begünstigter*. Da Planfeststellungsbeschlüsse zugleich Genehmigungsentscheidungen und hoheitliche Planungen sind[6], ist zudem ein gegebenenfalls vorhandenes *öffentliches Interesse am Fortbestand der Planung* zu berücksichtigen.

III. Abgrenzung der Planaufhebung von Planänderungen und -ergänzungen sowie vom gesetzlichen Entfallen der Wirksamkeit des Plans

Die Aufhebung des Planfeststellungsbeschlusses durch die Verwaltung ist von der Planänderung und Planergänzung sowie von Fällen des unmittelbar gesetzlichen Entfallens der Wirksamkeit des Planfeststellungsbeschlusses abzugrenzen:

1. Abgrenzung zur Planänderung

Von der Planänderung unterscheidet sich die Aufhebung des Planfeststellungsbeschlusses dadurch, dass Resultat nicht ein geänderter Plan ist – etwa zur Realisierung eines geänderten planfeststellungspflichtigen Vorhabens –, sondern dass die Rechtswirkungen des Planfeststellungsbeschlusses beseitigt werden sollen. Zwar ist auch der Planänderung regelmäßig eine (Teil-)Aufhebung des vorhandenen Planfeststellungsbeschlusses immanent. Es geht aber nicht um die gleichsam „isolierte“ Aufhebung des Planfeststellungsbeschlusses. Mit die-

---

[5] Siehe dazu etwa BVerwG, Urt. vom 21.5.1997 – 11 C 1 / 96 – BVerwGE 105, 6 ff.

[6] Siehe nur *Hoppe / Schlarmann / Buchner*, Rechtsschutz bei der Planung von Straßen und anderen Verkehrsanlagen, 3. Aufl. 2001, Rdnr. 19 ff. m.w.N.

sem Unterschied ist freilich noch nicht entschieden, ob die Planaufhebung als actus contrarius zur Planfeststellung in einem Planfeststellungsverfahren erfolgen muss oder nicht. Dieser Frage wird im Folgenden noch näher nachzugehen sein (s.u. IV. 2).

2. Abgrenzung zur Planergänzung gem. § 75 Abs. 2 Satz 2 VwVfG

Auch die Planergänzung gem. § 75 Abs. 2 Satz 2 VwVfG unterscheidet sich von der Planaufhebung grundlegend. Dies ergibt sich schon aus § 75 Abs. 2 Satz 4 VwVfG. Denn nach dieser Norm können Vorkehrungen und Maßnahmen gerade nur dann von der Planfeststellungsbehörde auferlegt werden, wenn sie mit dem Vorhaben nicht unvereinbar sind. Anders als bei der Planaufhebung soll das Vorhaben und damit der Planfeststellungsbeschluss gerade beibehalten werden.

3. Abgrenzung zum gesetzlichen Wegfall der Wirksamkeit des Planfeststellungsbeschlusses

Eine Aufhebung des Planfeststellungsbeschlusses durch die Verwaltung ist nicht erforderlich, wenn er als Verwaltungsakt seine Wirksamkeit unmittelbar verliert, d.h. ohne dass ein behördliches Handeln erforderlich wäre. In Betracht könnte ein solcher unmittelbarer Wirksamkeitsverlust insbesondere im Falle der Einstellung der Nutzung der planfestgestellten Anlagen kommen. Im Folgenden sind deshalb die gesetzlichen Regelungen über einen unmittelbaren Wegfall der Wirksamkeit von Planfeststellungsbeschlüssen sowie die in der Rechtsprechung anerkannten Fallkonstellationen auf ihre Anwendbarkeit im Falle der Einstellung der Nutzung von Vorhaben sowie bei neuen Erkenntnissen über ihre Auswirkungen zu untersuchen:

a) Außerkrafttreten wegen nicht fristgerechten Beginns mit der Durchführung

Regelungen über einen unmittelbaren Wegfall der Wirksamkeit des Planfeststellungsbeschlusses sind in verschiedenen Fachplanungsgesetzen (z.B. § 17 Abs. 7 FStrG, § 20 Abs. 4 Satz 1 AEG) sowie in § 75 Abs. 4 VwVfG als allgemeine Regelung enthalten. Nach diesen Vorschriften tritt der Plan außer Kraft, wenn mit der Durchführung nicht innerhalb von 5 Jahren nach Eintritt der Unanfechtbarkeit begonnen wird. Die so geregelte Befristung der Wirksamkeit des Planfeststellungsbeschlusses *vor* dem Beginn der Durchführung des Vorhabens soll so genannte Vorratsplanungen verhindern und zugleich sicherstellen, dass die zum Zeitpunkt des Erlasses der Planungsentscheidung gegebenen tatsächlichen und rechtlichen Grundlagen zum Zeitpunkt der tatsächlichen Verwirklichung nicht überholt sind[7]. Zugleich dienen die Regelungen der Rechtsklarheit, indem verhindert wird, dass die betroffenen Grundstückseigentümer unbegrenzt mit der Inanspruchnahme ihrer Grundstücke für das Vorhaben rechnen müssen[8].

Sowohl der oben geschilderte Fall der Aufgabe des Betriebes eines Vorhabens als auch der Gewinn neuer Erkenntnisse über die Auswirkungen einer Anlage unterscheiden sich von der gesetzlich geregelten Problematik dadurch, dass bereits errichtete und betriebene planfeststellungsbedürftige Vorhaben betroffen sind. Auf diese können die gesetzlichen Regelungen über das Außerkrafttreten von Plänen bei Nichtbeginn mit der Durchführung weder unmittelbar noch analog angewendet werden. Insbesondere fehlt es auch bei der Einstellung der Nutzung der Anlagen an der Vergleichbarkeit der Sachverhalte, weil das Vorhaben anders als in den gesetzlich geregelten Fällen verwirklicht worden ist. Verfassungsrechtlich besteht bei einmal errichteten und betriebenen Anlagen nach der Rechtsprechung auch kein Anspruch auf Rückenteignung der betroffenen Grundstückseigentümer[9].

b) Erledigung „auf andere Weise" i.S.d. § 43 Abs. 2 VwVfG

Nach der allgemeinen Regelung des § 43 Abs. 2 VwVfG endet die Wirksamkeit des Verwaltungsaktes durch Rücknahme, Widerruf, anderweitige Aufhebung, Erledigung durch Zeitablauf sowie durch Erledigung auf andere Weise. Als allgemeine Vorschrift über den Verwaltungsakt ist § 43 Abs. 2 VwVfG – ebenso wie sonstige Vorschriften des VwVfG über den Verwaltungsakt und das Verwaltungsverfahren – auf den Planfeststellungsbeschluss nur anwendbar, soweit er nicht durch Regelungen der Fachplanungsgesetze oder die § 72 ff. VwVfG als leges speciales verdrängt wird und seinem Sinn nach überhaupt auf dem Planfeststellungsbeschluss Anwendung finden kann[10]. Die grundsätzliche Anwendbarkeit des § 43 VwVfG auch auf Planfeststellungsbeschlüsse ist anerkannt[11]. Neben den in § 43 Abs. 2 VwVfG genannten Fällen des Endes der

---

7 *Knack / Busch*, a.a.O., § 75 Anm. 8.1.

8 BVerwG, Beschl. vom 23.12.1992 – 4 B 188 / 92 –, DÖV 1993, 433, 436; BVerwG, Urt. vom 24.11.1989 – 4 C 41 / 88 –, BVerwGE 84, 123, 128 f.

9 BVerwG, Beschl. vom 11.11.1993 – 7 B 180 / 93 – DÖV 1994, 268.

10 *Meyer*, in: Meyer / Borgs, Verwaltungsverfahrensgesetz, 2. Aufl. 1982, § 72 Rdnr. 16; vgl. *Allesch / Häußler*, 3. Aufl. 1999, in: Obermayer, VwVfG, § 72 Rdnr. 19.

11 Siehe nur *Bonk*, in: Stelkens / Bonk / Sachs, Verwaltungsverfahrensgesetz, 5. Aufl. 1998, § 72 Rdnr. 127, *Ule / Laubinger*, Verwaltungsverfahrensrecht, 4. Aufl. 1995, § 39 Rdnr. 26.

Wirksamkeit durch behördliches Handeln erfasst § 43 Abs. 2 auch Fälle des unmittelbaren Entfallens der Wirksamkeit, nämlich die Erledigung durch Zeitablauf oder „auf andere Weise". Diese sind im Hinblick auf die eingangs geschilderten Fallkonstellationen näher zu betrachten:

aa) Funktionslosigkeit

Als die Wirksamkeit des Planfeststellungsbeschlusses beendender Fall der Erledigung „auf andere Weise" i.S.d. § 43 Abs. 2 VwVfG dürfte sich die sogenannte „Funktionslosigkeit" des Plans erfassen lassen. Das Institut der Funktionslosigkeit ist vom BVerwG zunächst für Bebauungspläne entwickelt[12] und dann auf Planfeststellungsbeschlüsse – ungeachtet der abweichenden Rechtsnatur des Bebauungsplanes als Satzung und des Planfeststellungsbeschlusses als Verwaltungsakt – übertragen worden. Die Funktionslosigkeit hat nach dieser Rechtsprechung zur Folge, dass der Plan außer Kraft tritt, sich also i.S.d. § 43 Abs. 2 VwVfG erledigt.

Voraussetzung der Funktionslosigkeit des Planes ist zum einen, dass die tatsächliche Entwicklung entgegen der Planung verlaufen ist und die Verhältnisse einen derartigen Zustand erreicht haben, dass die Verwirklichung der Planung auf unabsehbare Zeit ausgeschlossen ist[13]. Zum anderen muss diese Entwicklung erkennbar sein, so dass ein Vertrauen auf die Fortgeltung der Planung ausgeschlossen ist[14]. Weder die Einstellung der Nutzung eines planfestgestellten Vorhabens, noch neue Erkenntnisse über seine Auswirkungen erfüllen diese Voraussetzungen[15].

bb) Verzicht?

Als Fall der Erledigung auf „andere Weise" i.S.d. § 43 Abs. 2 VwVfG könnte der Verzicht des Vorhabenträgers auf den Planfeststellungsbeschluss als begünstigender Verwaltungsakt begriffen werden. Als Verzicht könnte die Einstellung der Nutzung des Vorhabens angesehen werden[16].

---

[12] BVerwG, Urt. vom 29.4.1977 – IV C 39 / 75 – BVerwGE 54, 5.

[13] BVerwG, Urt. vom 31.8.1995 – 7 A 19 / 94 –, BVerwGE 99, 166, 170; siehe dazu *Kraft*, Bauleitplanung auf Bahnflächen, DVBl. 2000, 1326, 1330.

[14] BVerwGE 99, 166, 170.

[15] Andere Ansicht für den Fall der Einstellung des Vorhabens *Sachs*, in: Stelkens / Bonk / Sachs, a.a.O., § 43 Rdnr. 203, der bei Einstellung des Vorhabens eine Erledigung wegen Zweckerreichung annimmt und den Rückgriff auf den Begriff der Funktionslosigkeit insgesamt für nicht erforderlich hält.

[16] So zur endgültigen Aufgabe von Anlagen im Anschluss an die Stillegung *Kruchen*, Planfeststellung und Widmung bei Bundesbahnanlagen, Die Bundesbahn 1967, 181, 183.

Für Genehmigungen ist der Verzicht als Erledigungsgrund grundsätzlich anerkannt[17]. Dieser Erledigungsgrund könnte auf den Planfeststellungsbeschluss übertragbar sein. Dafür sprechen die oben dargestellten Regelungen über das Außerkrafttreten des Planfeststellungsbeschlusses, wenn mit der Durchführung des Vorhabens nicht innerhalb von 5 Jahren nach Eintritt der Unanfechtbarkeit begonnen wird. Denn nach dieser Regelung hängt das Außerkrafttreten *vor* dem Beginn der Durchführung allein vom Willen des Vorhabenträgers ab, weil die Planfeststellungsbehörde ihn nicht zur Verwirklichung des festgestellten Plans zwingen kann. Daraus könnte geschlossen werden, dass der Planfeststellungsbeschluss auch dann unwirksam wird, wenn der Begünstigte ausdrücklich den Verzicht erklärt.

Andererseits ist die Regelung des § 77 Satz 1 VwVfG zu beachten. Nach dieser Norm muss der Planfeststellungsbeschluss bei der endgültigen Aufgabe eines Vorhabens, mit dessen Durchführung bereits begonnen worden ist, durch die Planfeststellungsbehörde aufgehoben werden. Daraus folgt, dass der Planfeststellungsbeschluss sich zumindest *nach* dem Beginn der Durchführung nicht unmittelbar durch den Verzicht des Begünstigten erledigt, sondern dass eine gesonderte Aufhebung durch die Verwaltung erforderlich ist. Anders als etwa für die immissionsschutzrechtliche Genehmigung, die gemäß § 18 Abs. 1 Nr. 2 BImSchG auch erlischt, wenn die Anlage während eines Zeitraums von mehr als 3 Jahren nicht betrieben wird, gibt es im Planfeststellungsrecht auch keine Regelung, die das Erlöschen des Planfeststellungsbeschlusses bei einem längeren Nichtbetreiben der fertiggestellten Anlage vorsieht. Folglich kann auch der Verzicht des Vorhabenträgers nach Fertigstellung des Vorhabens nicht zu Erledigung des Planfeststellungsbeschlusses führen. Eine andere Auslegung würde auch dem Umstand nicht gerecht, dass der Planfeststellungsbeschluss nicht nur genehmigungs-, sondern zugleich hoheitliche Planungsentscheidung ist[18]. Der Verzicht führt nämlich grundsätzlich dann nicht zur Erledigung des Verwaltungsaktes, wenn ein öffentliches Interesse an seinem Bestand vorliegt[19]. An der Aufrechterhaltung von Planfeststellungsbeschlüssen als hoheitliche Planungsakte dürfte jedenfalls regelmäßig *auch* ein öffentliches Interesse bestehen. Der Verzicht des Vorhabenträgers kann deshalb bei Planfeststellungsbeschlüssen nicht zur Erledigung i.S. des § 43 Abs. 2 VwVfG führen.

---

[17] Siehe zur immissionsschutzrechtlichen Genehmigung BVerwG, Urt. vom 15.12. 1989 – 4 C 36 / 86 – BVerwGE 84, 209, 211 f.; im Baurecht BVerwG, Beschl. vom 21.11.2000 – 4 B 36 / 00 – NuR 2001, 265.

[18] *Hoppe / Schlarmann / Buchner*, a.a.O., Rdnr. 19 ff. m.w.N.

[19] *Wolff / Bachoff / Stober*, VerwR I, 10. Aufl. 1994, § 43 Rdnr. 81 f. und § 52 Rdnr. 9.

Dem Vorhabenträger bleibt die Möglichkeit, die Aufhebung durch die Verwaltung zu beantragen[20].

IV. Rechtsgrundlagen der Planaufhebung durch die Verwaltung und Abgrenzung ihres Anwendungsbereiches

Nachdem für die oben dargestellten Fallkonstellationen ein unmittelbarer Wegfall der Wirksamkeit des Planfeststellungsbeschlusses nicht eintritt und sich die isolierte Planaufhebung von der Planergänzung und der Planänderung grundsätzlich unterscheidet, werden im Folgenden die möglichen Rechtsgrundlagen für die Aufhebung von Planfeststellungsbeschlüssen durch die Verwaltung dargestellt und ihr Anwendungsbereich abgegrenzt. Entsprechend dem Spezialitätsverhältnis sind zunächst Spezialregelungen in den Fachplanungsgesetzen (dazu 1. und 2.), im Anschluss Sonderregelungen für Planfeststellungsbeschlüsse in den §§ 72 ff. VwVfG (dazu 3.) sowie schließlich die allgemeinen Regelungen für Verwaltungsakte (dazu V.) zu betrachten (§ 72 Abs. 1 VwVfG):

1. Spezialregelungen in den Fachplanungsgesetzen

Spezielle Regelungen über die Aufhebung von Planfeststellungsbeschlüssen in den Fachplanungsgesetzen gehen den allgemeinen Vorschriften vor. Jedoch liegen Spezialregelungen regelmäßig nicht vor. Als Ausnahme könnten für den Fall der Einstellung der Nutzung die Vorschriften über die Einziehung von Bundesfernstraßen in § 2 Abs. 4 FStrG qualifiziert werden. Zwar betreffen die Regelungen die von der Planfeststellung zu unterscheidende öffentlich-rechtliche Zweckbestimmung der Straße und die öffentliche Sachherrschaft, die ihr durch Widmung i.S.d. § 2 Abs. 1 FStrG verliehen worden ist. In der Praxis wird eine gesonderte Aufhebung der straßenrechtlichen Planfeststellungsbeschlusses neben der Einziehung jedoch nicht für erforderlich gehalten[21]. Gegebenenfalls ließe sich die Einziehung der Straße für den Planfeststellungsbeschluss als Fall der Erledigung in sonstiger Weise gemäß § 43 Abs. 2 VwVfG qualifizieren. Außerhalb des Straßenrechts existieren derartige Regelungen je-

---

[20] So grundsätzlich zu Verwaltungsakten, an deren Aufrechterhaltung ein öffentliches Interesse besteht *Wolff / Bachoff / Stober*, VerwR I, § 52 Rdnr. 9 m.w.N.

[21] Vgl. zum Verhältnis von Entwidmung und Planfeststellung im Straßenrecht näher *Sauthoff*, Planerische Abwägung im System straßen- und wegerechtlicher Entscheidungen, NVwZ 1995, 119, 123, der allerdings auf die rechtlichen Konsequenzen der Einziehung der Straße für den Planfeststellungsbeschluss nicht eingeht.

doch nicht. Zwar ist in der Rechtsprechung des BVerwG auch von einer „Entwidmung“ von Eisenbahnbetriebsanlagen die Rede[22]. Anders als im Straßenrecht findet sich jedoch im Eisenbahnrecht weder für die Widmung noch für die Entwidmung eine Rechtsgrundlage[23]. Zudem lässt die Rechtsprechung eine Differenzierung zwischen Planungsfeststellung und Widmung vermissen und vermengt die beiden Rechtsinstitute. Soweit eine der ausdrücklichen gesetzlichen Regelungen über die Aufhebung von Planfeststellungsbeschlüssen eingreift, ist daher für die „Entwidmung“ im Eisenbahnrecht und sonstigen Fachplanungsgesetzen kein Raum[24].

2. Aufhebung im Planfeststellungsverfahren

In Betracht zu ziehen ist nach der Rspr. des BVerwG[25] eine Aufhebung des Planfeststellungsbeschlusses im Planfeststellungsverfahren. Für die Notwendigkeit der Durchführung eines Planfeststellungsverfahrens zum Zwecke der Planaufhebung kann zunächst einmal die Überlegung ins Feld geführt werden, dass die Planaufhebung als actus contrarius zur Planfeststellung ebenfalls der Durchführung eines Planfeststellungsverfahrens bedürfe[26].

Nach dem Wortlaut der Regelungen der Fachplanungsgesetze über die Planfeststellungspflicht ist allerdings die Feststellung des Plans regelmäßig nur dann erforderlich, wenn planfeststellungspflichtige Anlagen „gebaut oder geändert“ werden sollen. Die Gleichstellung von Bau und Änderung der Anlage deutet darauf hin, dass die Verpflichtung zur Durchführung eines Planfeststellungsverfahrens davon abhängig ist, ob Baumaßnahmen durchgeführt werden sollen. Die (bauliche) Änderung der *Anlage* ist mit der Aufhebung des *Plans* aber nicht notwendig verbunden[27]. In der Regel wird die Aufhebung des Plans freilich dem Umbau bzw. dem anschließenden Abriss der Anlage dienen. Zu-

---

[22] BVerwGE 81, 111 ff.; BVerwGE 99, 166, 168 ff.; BVerwG; Urt. vom 27.11.1996 – 11 A 2 / 96 – UPR 1997, 150.

[23] *Durner*, UPR 2000, 155 ff.

[24] Siehe dazu *Buchner*, Eisenbahnrechtliche Planfeststellung und kommunale Planungshoheit, 2001, S. 156 f. und 196 ff.

[25] BVerwG, Urt. vom 16.12.1988 – 4 C 48.86 – E 81, 111, 115; BVerwG, Beschl. vom 7.1.1992 – 7 B 153.91 – NWVBl. 1992, 202; s. auch OVG NRW, Urt. vom 27.4.1998 – 7 A 3814 / 96 – BauR 1999, 365, 366; VG Gelsenkirchen, Urt. vom 18.3.1997 – 14 K 261 / 95 – NVwZ-RR 1997, 604.

[26] Vgl. *Birk*, FS für Gelzer, S. 1, 9 f.; *Heinze*, Eisenbahn-Planfeststellung, 1997, S. 47; im Ergebnis ebenso *Ronellenfitsch*, in: Marschall / Schroeter / Kastner, Bundesfernstraßengesetz, 5. Aufl. 1998, § 17 FStrG Rdnr. 254.

[27] *Steenhoff*, Die eisenbahnrechtliche Widmung, UPR 1998, 182, 184; vgl. entsprechend zur „Entwidmung“ durch Planfeststellung *Blümel*, Fragen der Entwidmung von Eisenbahnbetriebsanlagen, 2000, S. 45.

mindest in diesen Fällen wäre vom Wortlaut der Fachplanungsgesetze her ein Planfeststellungsverfahren möglich, da es um bauliche Änderungen der Anlage geht[28].

Zur Begründung der Planfeststellungspflichtigkeit der Planaufhebung wird außerdem auf § 76 VwVfG verwiesen. § 76 Abs. 1 VwVfG sieht nämlich für Änderungen des festgestellten Plans *vor* Fertigstellung des Vorhabens, mit denen in der Regel zugleich die (teilweise) Aufhebung des ursprünglichen Plans verbunden ist[29], die Durchführung eines Planfeststellungsverfahrens vor. Daraus wird gefolgert, dass auch die Planaufhebung *nach* Errichtung der Anlage im Planfeststellungsverfahren erfolgen müsse[30].

Bei dieser Schlussfolgerung wird jedoch § 77 VwVfG übersehen. Gem. § 77 Satz 1 VwVfG ist der Plan bei endgültiger Aufgabe des Vorhabens *vor* Fertigstellung des Vorhabens aufzuheben, ohne dass ein Planfeststellungsverfahren durchzuführen wäre[31]. Aus den §§ 76 Abs. 1 und 77 Satz 1 VwVfG ergibt sich, dass die Planaufhebung vor der Fertigstellung des Vorhabens nur dann im Planfeststellungsverfahren erfolgt, wenn sie im Rahmen einer Planänderung der Erstellung eines geänderten planfeststellungspflichtigen Vorhabens dient. Die Planaufhebung als solche stellt demnach keine Planänderung i.S. des § 76 VwVfG dar.

Es ist kein Grund dafür ersichtlich, die Planaufhebung nach Fertigstellung des Vorhabens hinsichtlich ihrer Planfeststellungspflichtigkeit anders zu behandeln. Denn eine gesetzliche Regelung, die für die Planaufhebung nach Fertigstellung des Vorhabens die Durchführung eines Planfeststellungsverfahrens vorschreiben würde, fehlt. Dagegen ordnet beispielsweise § 2 Abs. 4 BauGB ausdrücklich an, dass für die Aufhebung der Bauleitpläne dieselben Vorschriften gelten wie für deren Aufstellung.

Darauf, dass für die Planaufhebung nach der Aufgabe eines fertiggestellten Vorhabens kein Planfeststellungsverfahren durchzuführen ist, deutet auch ein Vergleich mit der gesetzlichen Regelung der Einziehung einer Bundesfernstraße in § 2 Abs. 4 FStrG bei Wegfall jeder Verkehrsbedeutung hin, die außerhalb eines Planfeststellungsverfahrens als gebundene Entscheidung erfolgt[32]. Die

---

[28] So wohl BVerwG, Beschl. vom 7.1.1992 – 7 B 153.91 – NWVBl. 1992, 202; *Finger*, Kommentar zum Allgemeinen Eisenbahnrecht und Bundesbahngesetz, 1982, § 36 BbG Anm. 12a, S. 227 u.. Anm. 17k, S. 241; *Ronellenfitsch*, Einführung in das Planungsrecht, 1986, S. 118.

[29] Vgl. *Knack / Busch*, a.a.O., § 76 VwVfG Anm. 4.1 f.; *Bonk*, in Stelkens / Bonk / Sachs, a.a.O., § 76 VwVfG, Rdnr. 16; *Grupp*, a.a.O., 81, 82.

[30] *Grupp*, a.a.O., 81, 86.

[31] *Ule / Laubinger*, a.a.O., § 43 Rdnr. 14, S. 431; *Knack / Busch*, a.a.O., § 77 VwVfG Anm. 4.

[32] *Sauthoff*, a.a.O., 119, 123: materiell keine Planungsentscheidung.

Einziehung der Straße kommt ihrer Funktion nach der Aufhebung der Planfeststellung gleich, da sie zugleich die Wirksamkeit des Planfeststellungsbeschlusses beendet und die Beseitigung der Anlage ermöglicht. Die Regelung zeigt, dass die Beseitigung der Planungsentscheidung nicht in einem Planfeststellungsverfahren erfolgen muss.

Gestützt wird dieses Ergebnis dadurch, dass die Planaufhebung auch materiell keine Planungsentscheidung darstellt[33]. Anders als bei der Neuplanung von Anlagen und der Planänderung wird keine raumplanerische Entscheidung über die zukünftige Nutzung des Bodens getroffen, die durch vielfältige Interessenkonflikte gekennzeichnet ist. Bei der Planaufhebung im Anschluss an die Nutzungseinstellung sind nicht komplexe Nutzungskonflikte zu lösen, sondern in erster Linie Vertrauensschutzerwägungen anzustellen[34]. Wie die bisher dem in der Planfeststellung definierten Zweck dienenden Flächen nach der Aufhebung des Planfeststellungsbeschlusses genutzt werden dürfen, kann die Fachplanungsbehörde im übrigen nicht entscheiden, da ihr insoweit die Planungskompetenz fehlt.

3. § 77 VwVfG

Gem. § 77 Satz 1 VwVfG ist die Planfeststellungsbehörde zur Aufhebung des Planfeststellungsbeschlusses verpflichtet, wenn ein Vorhaben endgültig aufgegeben wird, mit dessen Durchführung begonnen worden ist. Es erscheint auf den ersten Blick nicht ausgeschlossen, die Vorschrift im Fall der Einstellung der Nutzung einer bereits fertiggestellten Anlage anzuwenden. Bereits die Verwendung des Begriffs „Vorhaben" und der ausdrückliche Hinweis auf den Beginn der Durchführung deutet jedoch darauf hin, dass § 77 VwVfG keine Regelung für die Aufgabe fertiggestellter und bereits genutzter Anlagen enthält, sondern ausschließlich solche Projekte betrifft, von deren Fertigstellung und Verwirklichung endgültig abgesehen wurde. Dies entspricht auch dem Willen des Gesetzgebers, wie er sich aus den Gesetzesmaterialien ergibt[35].

Die Anwendung auf steckengebliebene Vorhaben entspricht schließlich dem verfassungsrechtlichen Hintergrund der in § 77 VwVfG getroffenen Regelung: Das BVerwG hat nämlich in einer Entscheidung zu der – inzwischen aufgehobenen – Parallelregelung in § 18 d FStrG a.F. dargelegt, dass die Aufhebung des Planfeststellungsbeschlusses nach Aufgabe des Vorhabens dann aus Gründen des Eigentumsschutzes geboten ist, wenn der Planfeststellungsbeschluss

[33] So BVerwG, Urt. vom 21.5.1997 – 11 C 1.96 – BVerwGE 105, 6, 11.

[34] Siehe dazu VI. 1.

[35] Vgl. die Begründung des Reg.E. zum VwVfG, BT-Drs. 7 / 910, S. 90.

enteignungsrechtliche Vorwirkung[36] entfaltet. Denn der von einer Enteignung Betroffene hat nach der Rspr. des BVerfG einen Anspruch auf Rückenteignung, wenn der Allgemeinwohlzweck der Enteignung nicht verwirklicht wird, weil die verfassungsrechtliche Ermächtigung zur Enteignung nur für den Fall gegeben ist, dass ein dem Allgemeinwohl dienendes Vorhaben auch tatsächlich ausgeführt wird[37]. Dementsprechend muss – unabhängig davon, ob die Enteignung bereits erfolgt ist oder nicht – auch der die Grundlage für ein Enteignungsverfahren bildende Planfeststellungsbeschluss aufgehoben werden, wenn das Vorhaben endgültig aufgegeben wird[38]. Ein solcher Anspruch auf Rückenteignung besteht nach der Rspr. aber dann nicht, wenn ein Vorhaben tatsächlich verwirklicht wurde und erst später wieder aufgegeben worden ist, da das Ziel der Enteignung (zunächst) erreicht worden ist[39]. Folglich kommt in diesem Fall auch kein Anspruch auf Aufhebung des Planfeststellungsbeschlusses in Betracht. Aus diesem Grund beschränkt sich auch der Anwendungsbereich des § 77 VwVfG auf vor Fertigstellung aufgegebene Vorhaben.

Nach Wortlaut, Entstehungsgeschichte und dem Sinn und Zweck der Regelung ist § 77 VwVfG daher auf erst nach ihrer Vollendung aufgegebene Vorhaben nicht anwendbar[40]. Gleichwohl denkbar wäre eine analoge Anwendung der Norm auf die Aufgabe von Vorhaben, die fertiggestellt und betrieben wurden[41]. Erste Voraussetzung einer Analogie ist aber eine Lücke im Gesetz[42]. An einer solchen Lücke fehlte es, wenn die Aufhebung des Planfeststellungsbeschlusses außerhalb des Planfeststellungsverfahrens nach den allgemeinen gesetzlichen Regelungen über die Aufhebung von Verwaltungsakten im VwVfG möglich wäre.

4. §§ 48, 49 VwVfG

Da eine analoge Anwendung des § 77 VwVfG im Falle der Aufgabe eines Vorhabens nur dann in Betracht kommt, wenn die §§ 48, 49 VwVfG nicht anwendbar sind, muss die Anwendbarkeit der §§ 48, 49 VwVfG auf Planfeststellungsbeschlüsse geprüft werden. Für die oben geschilderte Fallkonstellation des Vorliegens neuer Erkenntnisse über die Auswirkungen des Vorhabens kommt

---

[36] So z.B. § 22 AEG, § 19 FStrG.

[37] BVerfG, Beschl. vom 12.11.1974 – 1 BvR 32 / 68 – E 38, 175, 180 f.

[38] BVerwG, Urt. vom 11.4.1986 – 4 C 53.82 – DVBl. 1986, 1007, 1008 f.

[39] BVerwG, Beschl. vom 11.11.1993 – 7 B 180.93 – DÖV 1994, 268.

[40] *Meyer / Borgs*, a.a.O., § 77 VwVfG Rdnr. 4; *Allesch / Häußler*, in: Obermayer, a.a.O., § 77 VwVfG, Rdnr. 16 f.; *Grupp*, a.a.O., 81, 85 f.

[41] So *Kopp / Ramsauer*, VwVfG, 7. Aufl. 2000, § 77 Rdnr. 2.

[42] *Larenz*, Methodenlehre der Rechtswissenschaft, 6. Aufl. 1991, S. 370 ff.

eine analoge Anwendung des § 77 VwVfG im übrigen ohnehin nicht in Betracht.

V. Anwendbarkeit der §§ 48, 49 VwVfG auf Planfeststellungsbeschlüsse

1. Überblick über den Streitstand

Das BVerwG hat – nach einer ohne weitere Erörterung von der Anwendbarkeit der §§ 48, 49 VwVfG zugunsten des begünstigten Vorhabenträgers einer abfallrechtliche Planfeststellung ausgehenden Entscheidung[43] – die Anwendbarkeit der §§ 48, 49 VwVfG auf Planfeststellungsbeschlüsse längere Zeit ausdrücklich offen gelassen[44]. In einer Entscheidung aus dem Jahr 1997 hat jedoch der 11. Senat § 49 Abs. 2 Nr. 5 VwVfG auf einen atomrechtlichen Planfeststellungsbeschluss angewandt und ausdrücklich auch die Möglichkeit eines Anspruchs Drittbetroffener auf fehlerfreie Ermessensentscheidung über den Widerruf des Planfeststellungsbeschlusses bejaht[45].

In der Literatur wird die Entscheidung z.T. kritisiert und eine differenzierende Betrachtung, insbesondere die Anwendung der §§ 48, 49 VwVfG nur zugunsten des Vorhabenträgers und / oder nur bei bestimmten Planfeststellungen oder in Extremfällen befürwortet[46]. Vor diesem Hintergrund ist auf die wesentlichen Argumente für und gegen die Anwendbarkeit der §§ 48, 49 VwVfG näher einzugehen:

a) Ausschluss der Anwendbarkeit der §§ 48, 49 VwVfG?

Ein Teil der Literatur hält die Anwendbarkeit der §§ 48, 49 VwVfG auf Planfeststellungsbeschlüsse für ausgeschlossen[47]. Ausführlich begründet hat diese Auffassung besonders *Grupp*: Er stützt sich zunächst auf die Überlegung,

---

[43] BVerwG, Beschl. vom 19.5.1988 – 7 B 215.87 – DVBl. 1989, 509, 510 f.

[44] BVerwG, Urt. vom 14.9.1992 – 4 C 34-38.89 – E 91, 17, 22 (FStrG); offen auch BVerwG, Urt. vom 5.12.1986 – 4 C 13.85 – E 75, 214, 220 (LuftVG).

[45] BVerwG, Urt. vom 21.5.1997 – 11 C 1.96 – BVerwGE 105, 6 ff.

[46] *Ronellenfitsch*, in: Marschall / Schroeter / Kastner, a.a.O., § 17 FStrG Rdnr. 254 – zugunsten des Vorhabenträgers bei Aufhebung von Amts wegen.; kritisch zur Entscheidung des 11. Senats *Bonk*, in: Stelkens / Bonk / Sachs, a.a.O., § 72 VwVfG Rdnr. 131; für eine Anwendung nur in Extremfällen *Allesch / Häußler*, in: Obermayer, a.a.O., § 72 VwVfG Rdnr. 41; zustimmend zur Entscheidung des 11. Senats dagegen *Sendler*, NJ 1997, 604.

[47] *Grupp*, a.a.O., 81 ff.

dass das Instrumentarium der §§ 72 ff. VwVfG zur Vermeidung von Nachteilen für das Gemeinwohl durch die Nutzung des Vorhabens ausreichend sei; speziell im Fall drohender schwerer Nachteile für das Allgemeinwohl würden die Vorhabenträger, die überwiegend Stellen der öffentlichen Verwaltung seien, entweder eine Änderung des Vorhabens beantragen oder dessen Durchführung aufgeben[48]. Ein Rückgriff auf die §§ 48, 49 VwVfG sei mit der aus § 75 Abs. 2 Satz 1 und Satz 2 VwVfG folgenden erhöhten Bestandskraft des Planfeststellungsbeschlusses nicht zu vereinbaren[49]. Die vorwiegend an Aspekten des Vertrauensschutzes orientierten Regelungen der §§ 48, 49 VwVfG könnten auf einen Planfeststellungsbeschluss, der ein komplexes Interessengeflecht gestalte und zudem personale mit dinglichen Elementen verknüpfe, keine Anwendung finden; der Aspekt des Vertrauensschutzes könne nur völlig unzulänglich berücksichtigt werden, wenn nicht allein die Position des Vorhabenträgers gegenüber den Gemeinwohlinteressen Beachtung verlange, sondern auch zahlreiche sonstige durch die Maßnahme Begünstigte von der Aufhebung nachteilig betroffen seien[50]. Im übrigen könne der Gedanke des Vertrauensschutzes bei Planfeststellungsbeschlüssen für Vorhaben von Trägern öffentlicher Verwaltung ohnehin nicht zum Tragen kommen[51]. Bestätigt werde die Unanwendbarkeit der §§ 48, 49 VwVfG durch den in § 72 Abs. 1 VwVfG geregelten Ausschluss des Anspruchs auf Wiederaufgreifen des Verfahrens gem. § 51 VwVfG, der nicht durch die Aufhebung des Planfeststellungsbeschlusses nach §§ 48, 49 VwVfG unterlaufen werden dürfe. Da der nach § 72 Abs. 1 VwVfG ausgeschlossene Anspruch des Betroffenen auf ein Wiederaufgreifen des Verfahrens und die behördliche Befugnis zur Aufhebung in einem nicht trennbaren Zusammenhang stünden, sei auch die Behörde nach Eintritt der Bestandskraft des Planfeststellungsbeschlusses an der Aufhebung nach den §§ 48, 49 VwVfG gehindert[52]

b) Uneingeschränkte Anwendbarkeit der §§ 48, 49 VwVfG

Die exakte Gegenposition, nämlich eine uneingeschränkte Anwendung der §§ 48, 49 VwVfG einschließlich eines subjektiven Rechts der Betroffenen auf eine ermessensfehlerfreie Entscheidung über die Aufhebung des Planfeststellungsbeschlusses, vertreten ebenfalls Teile der Rspr. und der Literatur[53]. Diese

---

48 *Grupp*, a.a.O., 81, 88 f.

49 *Grupp*, a.a.O., 81, 89.

50 *Grupp*, a.a.O., 81, 89.

51 *Grupp*, a.a.O., 81, 90 mit Fn. 83.

52 *Grupp*, a.a.O., 81, 90 f.

53 VGH Bad.-Württ., Urt. vom 27.7.1987 – 5 S 2646 / 86 – UPR 1988, 77, 78 f.; OVG Münster, Urt. vom 20.12.1985 – 9 A 719 / 83 – NJW 1986, 2657, 2658; OVG

Auffassung stützt sich auf den Wortlaut des § 72 Abs. 1 VwVfG, demzufolge allein § 51 VwVfG nicht anzuwenden ist. Ausgeschlossen sei mithin lediglich der Rechtsanspruch auf Wiederaufgreifen des Verfahrens gem. § 51 VwVfG, nicht dagegen die Anwendbarkeit der §§ 48, 49 VwVfG schlechthin einschließlich eines Anspruchs Betroffener auf eine fehlerfreie Ermessensentscheidung über die Aufhebung[54].

c) Differenzierte Anwendung

Schließlich sind nach einer differenzierenden Auffassung die §§ 48, 49 VwVfG zwar grundsätzlich anwendbar, jedoch soll ein Anspruch Betroffener auf ermessensfehlerfreie Entscheidung über die Aufhebung des unanfechtbaren Planfeststellungsbeschlusses ausgeschlossen sein. Die Ansprüche Betroffener seien in den §§ 72 ff. VwVfG im Interesse einer gesteigerten Bestandskraft abschließend geregelt, was durch den Ausschluss der Anwendbarkeit des § 51 VwVfG bestätigt werde. Die Betroffenen könnten allein nachträgliche Maßnahmen gem. 75 Abs. 2 Satz 2 VwVfG verlangen[55]. Ein Anspruch auf ermessensfehlerfreie Entscheidung über die Aufhebung komme schon deshalb nicht

---

Koblenz, Urt. vom 22.4.1986 – 6 A 16 / 85 – NJW 1986, 2779, 2780 und BVerwG, Urt. vom 21.5.1997 – 11 C 1.96 – BVerwGE 105, 6, 10 f.; *Kopp / Ramsauer*, a.a.O., § 72 Rdnr. 22; *Meyer / Borgs*, a.a.O., § 72 VwVfG Rdnr. 16 u. 19; *Steinberg*, Fachplanung, 3. Aufl. 2000, § 5 Rdnr. 23; *Sieg*, Die Schutzauflagen im Fachplanungsrecht, 1994, S. 186 f.; für die Anwendbarkeit der §§ 48,49 VwVfG, jedoch ohne Erörterung der Problematik des Anspruchs Drittbetroffener auf ermessensfehlerfreie Entscheidung: BayVGH, Urt. vom 8.3.1985 – 20 B 81 D.I – BayVBl. 1985, 399 f.; *Bronnenmeyer*, Der Widerruf rechtmäßiger begünstigender Verwaltungsakte nach § 49 VwVfG, 1994, S. 198; *Korbmacher*, Plangewährleistung und Vertrauensschutz, WiVerw 1979, 37, 45 f.; *Maurer*, Allgemeines Verwaltungsrecht, 12. Aufl. 1999, § 16 Rdnr. 31; *Ossenbühl*, Staatshaftungsrecht, 5. Aufl. 1998, S. 386.

54 VGH Bad.-Württ., Urt. vom 27.7.1987 – 5 S 2646 / 86 – UPR 1988, 77, 78 f.

55 *Ule / Laubinger*, a.a.O., § 43 Rdnr. 19, S. 434; *Wolff / Bachof / Stober*, VerwR I, § 50 Rdnr. 23; vgl. auch OVG Berlin, Urt. vom 2.5.1996 – 2 A 5.92 – DVBl. 1997, 73, 77; Hess.VGH, Beschl. vom 17.6.1992 – 2 Q 195.92 – DVBl. 1992, 1446, 1447; VGH Mannheim, Urt. vom 12.9.1996 – 8 S 1511 / 96 – NVwZ-RR 1997, 682 f., wo die Anwendung als Ermächtigungsgrundlage für die Behörde jeweils offengelassen, ein Anspruch Betroffener auf ermessensfehlerfreie Entscheidung über die Aufhebung aber ausgeschlossen wird; ähnlich auch der BayVGH, Beschl. vom 12.10.1995 – 20 B 94.1188 – NVwZ 1996, 1125, 1128, der eine Anwendung der §§ 48, 49 VwVfG zur sog. Lärmsanierung einer Bahnstrecke im Interesse Dritter allenfalls in „krassen" Ausnahmefällen für möglich hält; dafür auch *Bonk*, in: Stelkens / Bonk / Sachs, a.a.O., § 72 VwVfG Rdnr. 131 u. § 74 VwVfG Rdnr. 24; *Knack / Dürr*, a.a.O., § 75 VwVfG Rdnr. 85 („nur in besonders gelagerten Ausnahmefällen") und wohl auch § 72 VwVfG Rdnr. 30. Der VGH Mannheim, Urt. vom 1.10.1998 – 5 S 1358 / 97 – NVwZ-RR 2000, 87 ff. will einen Anspruch Drittbetroffener auf Rücknahme oder Widerruf nur dann erwägen, wenn nachträgliche Schutzauflagen gem. § 75 Abs. 2 Satz 2 VwVfG nicht als Abhilfe ausreichen.

in Frage, weil er sich durch Ermessensreduzierung zu einem Anspruch auf Aufhebung verdichten könne, der gerade gesetzlich ausgeschlossen worden sei. Gegen Ansprüche Betroffener aufgrund der §§ 48, 49 VwVfG spreche schließlich, dass die Regelung des Anspruchs auf nachträgliche Schutzvorkehrungen bei unvorhersehbaren Auswirkungen gem. § 75 Abs. 2 Satz 2 VwVfG überflüssig sei, wenn § 49 VwVfG zugunsten Betroffener angewendet würde[56].

Die §§ 48, 49 VwVfG kommen nach dieser Auffassung also für die Behörde als Rechtsgrundlage der Planaufhebung in Betracht. Jedoch sollen durch die Sonderregelungen für den Planfeststellungsbeschluss in den §§ 72, 75 VwVfG Ansprüche Betroffener aus den §§ 48, 49 VwVfG ausgeschlossen sein.

d) Stellungnahme

Entsprechend der zuletzt dargestellten differenzierenden Auffassung muss zunächst zwischen der Frage, ob die Planfeststellungsbehörde aufgrund der §§ 48, 49 VwVfG befugt ist, den Planfeststellungsbeschluss von Amts wegen aufzuheben, und dem nachgelagerten Problem eines Anspruchs Betroffener auf ermessensfehlerfreie Entscheidung über eine solche Aufhebung unterschieden werden:

aa) Anwendbarkeit der §§ 48, 49 VwVfG

Spezielle Regelungen für die Aufhebung von Planfeststellungsbeschlüssen enthalten die §§ 72 ff. VwVfG – mit Ausnahme des § 77 VwVfG, der lediglich den Sonderfall des steckengebliebenen Vorhabens regelt – nicht. Der Ausschluss der Anwendbarkeit der §§ 48, 49 VwVfG kann sich deshalb nur mittelbar aus sonstigen Regelungen der §§ 72 ff. VwVfG ergeben.

Der als Argument gegen die Anwendbarkeit der §§ 48 u. 49 VwVfG herangezogene Ausschluss des Anspruchs auf Wiederaufgreifen des Verfahrens (§ 51 VwVfG) durch § 72 Abs. 1 VwVfG ist für die Frage der Anwendbarkeit als Ermächtigungsgrundlage für die Behörde unerheblich. Sinn und Zweck des § 72 Abs. 1 VwVfG ist es allein, dem Planfeststellungsbeschluss erhöhte Bestandskraft gegenüber nachträglich geltend gemachten Ansprüchen Betroffener zu verleihen, nicht aber, ein Tätigwerden der Planfeststellungsbehörde von Amts wegen auszuschließen. Allein dem Schutz des Vorhabens vor Ansprüchen Betroffener dient auch § 75 Abs. 2 VwVfG, der nach Unanfechtbarkeit des Planfeststellungsbeschlusses gem. Satz 1 Ansprüche auf Unterlassung des Vorhabens etc. ausschließt und gem. Satz 2 i.V.m. Satz 4 selbst bei nicht vor-

---

[56] Hess.VGH, Beschl. vom 17.6.1992 – 2 Q 195.92 – DVBl. 1992, 1446, 1448.

aussehbaren Wirkungen des Vorhabens die Ansprüche Betroffener auf mit dem Vorhaben vereinbare Schutzauflagen beschränkt. Auch aus dieser Regelung kann deshalb nichts für ein prinzipielles Verbot der Aufhebung des Planfeststellungsbeschlusses nach den §§ 48, 49 VwVfG von Amts wegen hergeleitet werden. Vielmehr spricht § 75 Abs. 2 VwVfG umgekehrt gerade für die Anwendbarkeit der §§ 48, 49 VwVfG, da die Norm lediglich nachträgliche Schutzmaßnahmen *auf Antrag Betroffener* regelt. Da nicht angenommen werden kann, dass der Gesetzgeber nachträgliche Schutzmaßnahmen im Interesse des *Wohls der Allgemeinheit* ausschließen wollte, müssen die §§ 48, 49 VwVfG auf Planfeststellungsbeschlüsse anwendbar sein, so dass die Auferlegung von Schutzmaßnahmen für das Allgemeinwohl als milderes Mittel gegenüber der gänzlichen Aufhebung des Planfeststellungsbeschlusses möglich ist[57].

Ohne die §§ 48, 49 VwVfG gäbe es im übrigen keine unmittelbar anwendbare gesetzliche Grundlage für die vollständige Planaufhebung, da ein Planfeststellungsverfahren nach der hier vertretenen Auffassung für die Planaufhebung ausscheidet[58]. Bei Vorhabenträgern, die selbst Stellen der öffentlichen Verwaltung sind, mag das Fehlen einer Rechtsgrundlage für die Aufhebung der Planfeststellungsbeschlusses praktisch bedeutungslos sein, wenn man unterstellt, dass diese bei schwerwiegenden negativen Auswirkungen selbst die Aufhebung beantragen werden. Handelt es sich dagegen um Vorhaben privater Träger, wäre das Fehlen einer Rechtsgrundlage für die behördliche Aufhebung des Planfeststellungsbeschlusses nicht hinnehmbar.

Auch der Charakter des Planfeststellungsbeschlusses als Regelung eines komplexen Interessengeflechts mit gestaltender Wirkung vermag die Anwendbarkeit der §§ 48, 49 VwVfG nicht auszuschließen. Zu bedenken ist nämlich, dass auch Genehmigungsentscheidungen, wie etwa die immissionsschutzrechtliche Genehmigung, komplexe Interessengeflechte rechtsgestaltend regeln können[59]. Bei derartigen Verwaltungsakten ist dennoch die Aufhebung zulässig, wie beispielsweise die – § 49 VwVfG weitgehend entsprechende – Regelung des § 21 BImSchG zeigt.

---

[57] So zu Recht *Kopp / Ramsauer*, a.a.O., § 75 Rdnr. 2; das BVerwG hat dagegen trotz des entgegenstehenden Wortlauts der Norm mit Urt. vom 1.7.1988 – 4 C 49.86 – E 80, 7, 9 ff., Schutzauflagen im Interesse des Allgemeinwohls *nach* Unanfechtbarkeit des Planfeststellungsbeschlusses gem. § 17 Abs.6 Satz 2 FStrG a.F. ausdrücklich für zulässig erachtet.

[58] Für gänzlich ausgeschlossen scheint *Grupp*, a.a.O., 81, 86 u. 90 die Aufhebung des Planfeststellungsbeschlusses ohne Antrag des Vorhabenträgers zu halten, da er Planänderungen nicht von Amts wegen, sondern nur auf Antrag für zulässig hält und zugleich die Anwendbarkeit der §§ 48, 49 VwVfG verneint; anders dagegen BVerwG, Urt. vom 14.9.1992 – 4 C 34-38.89 – E 91, 17, 22 (FStrG), das die Planänderung auch *von Amts wegen* für zulässig hält.

[59] Darauf weist auch das BVerwG, Urt. vom 21.5.1997 – 11 C 1.96 – BVerwGE 105, 6, 12 hin.

Schließlich trifft die Erwägung *Grupps*, dass ein Vertrauensschutz nach den §§ 48, 49 VwVfG zugunsten von Trägern öffentlicher Verwaltung nicht in Betracht komme, jedenfalls auf private Vorhabenträger von vornherein nicht zu[60]. Der durch den Planfeststellungsbeschluss begünstigte Vorhabenträger hat vielmehr Anspruch darauf, dass sein Vertrauen in den Fortbestand des festgestellten Plans nach Maßgabe der allgemeinen Regelungen der §§ 48, 49 VwVfG geschützt wird[61]. Die Aufhebung des Planfeststellungsbeschlusses von Amts wegen nach den §§ 48, 49 VwVfG wird also nicht durch die §§ 72 ff. VwVfG ausgeschlossen.

bb) Anspruch Betroffener auf ermessensfehlerfreie Entscheidung über die Aufhebung

Schwieriger zu entscheiden ist, ob ein Anspruch Betroffener auf ermessensfehlerfreie Entscheidung über die Aufhebung der Planfeststellung gem. §§ 48, 49 VwVfG bestehen kann. Der Ausschluss des Anspruchs auf Wiederaufgreifen des Verfahrens gem. § 51 VwVfG und die Beschränkung nachträglicher Ansprüche durch § 75 Abs. 2 Satz 2 u. 4 VwVfG auf Maßnahmen, die mit dem Vorhaben vereinbar sind, sprechen in der Tat dafür, dass dem Planfeststellungsbeschluss eine besondere Bestandskraft gegenüber Ansprüchen Betroffener zuerkannt werden sollte. Andererseits enthält § 75 Abs. 2 VwVfG lediglich eine Regelung der Wirkungen der Bestandskraft von Planfeststellungsbeschlüssen, nicht aber eine spezielle Regelung der in den §§ 48, 49 VwVfG vorgesehenen Durchbrechung der Bestandskraft von Verwaltungsakten[62].

Zudem wird durch § 72 Abs. 1 VwVfG ausdrücklich nur die Anwendung des § 51 VwVfG ausgeschlossen, so dass ein Umkehrschluss zugunsten der Anwendbarkeit der §§ 48, 49 VwVfG naheliegt. Darauf deutet auch die Entstehungsgeschichte des § 72 Abs. 1 VwVfG hin. Denn in der Begründung des Regierungsentwurfs zu § 68, der dem jetzigen § 72 VwVfG entspricht, heißt es, dass ein *Recht* auf Akteneinsicht nicht bestehen könne, Akteneinsicht aber *nach pflichtgemäßem Ermessen* gewährt werden könne. „*Ebenso*" könne § 47 des Entwurfs – nunmehr § 51 VwVfG – wegen der besonderen Rechtswirkungen eines unanfechtbar gewordenen Planfeststellungsbeschlusses keine Anwendung

---

[60] Im übrigen dürfte aber auch zugunsten der Vorhaben von Trägern öffentlicher Verwaltung ein Vertrauensschutz zumindest dann nicht ausgeschlossen sein, wenn der Vorhabenträger nicht zum selben Rechtsträger gehört wie die Planfeststellungsbehörde.

[61] *Korbmacher*, a.a.O., 37, 45 f.; *Ule / Laubinger*, a.a.O., § 43 Rdnr. 18 (S. 434); *Maurer*, a.a.O., § 16 Rdnr. 31.

[62] BVerwG, Urt. vom 21.5.1997 – 11 C 1.96 – BVerwGE 105, 6, 11 ff.

finden[63]. Diese Begründung legt nahe, dass die Entscheidung nach pflichtgemäßem Ermessen über die Aufhebung des Planfeststellungsbeschlusses gem. §§ 48, 49 VwVfG auf Antrag Betroffener gleichermaßen wie die Gewährung von Akteneinsicht nach pflichtgemäßem Ermessen möglich bleiben sollte. Anders als beim Akteneinsichtsrecht bestand für eine ausdrückliche gesetzliche Erwähnung des Rechts auf ermessensfehlerfreie Entscheidung über die Aufhebung des Planfeststellungsbeschlusses in § 72 VwVfG kein Anlass. Denn mit den §§ 48, 49 VwVfG war eine gesetzliche Regelung vorhanden, deren Anwendung nach dem Wortlaut des § 72 Abs. 1 VwVfG, der lediglich § 51 VwVfG erwähnt, gerade nicht ausgeschlossen wurde.

Durch die Anerkennung eines Anspruchs auf ermessensfehlerfreie Entscheidung über die Aufhebung des Planfeststellungsbeschlusses gem. §§ 48, 49 VwVfG wird die Bestandskraft auch nicht über Gebühr ausgehöhlt; denn regelmäßig dürfte es möglich sein, einen Antrag auf Entscheidung über die Aufhebung eines Verwaltungsaktes ermessensfehlerfrei abzulehnen.

Für die Anwendung der §§ 48 u. 49 VwVfG zugunsten Betroffener können zudem zumindest in Ausnahmefällen, insbesondere dann, wenn eine Rechtsverletzung oder -gefährdung durch die nachträgliche Anordnung von Schutzvorkehrungen gem. § 75 Abs. 2 Satz 2 VwVfG nicht verhindert werden kann, auch verfassungsrechtliche Gründe sprechen[64]. Im Hinblick auf den gebotenen Grundrechtsschutz wäre es insbesondere bedenklich, den Betroffenen das Prognoserisiko über die Auswirkungen des Vorhabens aufzubürden, wie es mit der Beschränkung des Anspruchs auf nachträgliche Schutzauflagen allein auf den Fall *objektiv nicht voraussehbarer* Auswirkungen in § 75 Abs. 2 Satz 2 VwVfG geschehen ist[65], und zugleich Ansprüche auf Entscheidung über die Planaufhebung gem. §§ 48, 49 VwVfG ohne jede Ausnahmemöglichkeit auszuschließen. Treten zwar objektiv voraussehbare, tatsächlich aber weder von der Behörde noch von den Betroffenen vorausgesehene nachteilige Wirkungen ein, bestünde für die Betroffenen selbst dann keine Schutzmöglichkeit, wenn schwerwiegende Gesundheitsschäden drohen. Denn § 75 Abs. 2 Satz 2 VwVfG schließt ja nachträgliche Schutzauflagen bei objektiv voraussehbaren Auswirkungen gerade aus.

---

[63] Begr. des Regierungsentwurfs des Verwaltungsverfahrensgesetzes, BT-Drs. 7 / 910, S. 87.

[64] Vgl. *Kopp / Ramsauer*, a.a.O., § 72 Rdnr. 21; *Steinberg*, a.a.O., § 6 Rdnr. 24 (S. 295); a.A. VGH Mannheim, Urt. vom 12.09.1996 – 8 S 1511 / 96 – NVwZ-RR 1997, 682, 683, der jedoch übersieht, dass die Betroffenen das Prognoserisiko tragen.

[65] BVerwG, Urt. vom 1.7.1988 – 4 C 49.86 – E 80, 7, 13; kritisch dazu *Dürr*, in: Kodal / Krämer, Straßenrecht, 6. Aufl. 1999, Kap. 35 Rdnr. 17.4 (S. 1153 f.); abgemildert dagegen wohl BVerwG, Urt. vom 22.11.2000 – 11 C 2.00 – BVerwGE 112, 221, 226, wonach maßgeblich ist, womit die Beteiligten „verständigerweise rechnen“ konnten.

In diesem Sinne hat der frühere 11. Senat des BVerwG ausgeführt, dass eine generelle Rechtsschutzversagung durch die Nichtanwendung der allgemeinen Rücknahme- und Widerrufsregelungen gerade in den Fällen, in denen besonders nachteilige Auswirkungen auftreten und anderweitige Schutzmöglichkeiten nicht ausreichen, mit den Grundrechten der Betroffenen nicht zu vereinbaren wäre[66].

VI. Voraussetzungen und Rechtsfolgen der Aufhebung von Planfeststellungsbeschlüssen nach den §§ 48, 49 VwVfG

1. Der Planfeststellungsbeschluss als Verwaltungsakt mit Misch- und Doppelwirkung

a) Begünstigende und belastende „Mischwirkung" des Planfeststellungsbeschlusses

Der Planfeststellungsbeschluss begünstigt den *Träger des Vorhabens*, da er die Durchführung des Vorhabens ermöglicht, indem er das in dem Planfeststellungsvorbehalt liegende präventive Verbot der Errichtung des planfeststellungspflichtigen Vorhabens aufhebt und das Vorhaben genehmigt (Genehmigungswirkung des Planfeststellungsbeschlusses, § 75 Abs. 1 Satz 1, 1. Halbsatz VwVfG)[67]. Wegen der regelmäßigen Auferlegung der Errichtung und Unterhaltung von Schutzanlagen gemäß § 74 Abs. 2 Satz 2 VwVfG etc. hat der Planfeststellungsbeschluss typischerweise aber zugleich auch belastende Wirkungen für den Vorhabenträger. Verwaltungsakte, die begünstigende und belastende Rechtswirkungen für denselben Betroffenen entfalten, werden als Verwaltungsakte mit Mischwirkung bezeichnet[68]. Die Aufhebung derartiger Verwaltungsakte und damit auch die Aufhebung von Planfeststellungsbeschlüssen erfolgt nach herrschender Meinung grundsätzlich nach den Regelungen über begünstigende Verwaltungsakte[69]. Nur wenn die begünstigende und die belastende Wirkung des Verwaltungsaktes trennbar sind, gelten für die Aufhebung des belastenden Teils allein die Regelungen über belastende Verwaltungsakte[70]. Der Planfeststellungsbeschluss darf also grundsätzlich nur nach den Vorschrif-

---

[66] BVerwG, Urt. vom 21.5.1997 – 11 C 1.96 – BVerwGE 105, 6, 13 f.; a.A. noch VGH Mannheim, Urt. vom 12.9.1996 – 8 S 1511 / 96 – NVwZ-RR 1997, 682, 683.

[67] *Ule / Laubinger*, a.a.O., § 43 Rdnr. 18; *Korbmacher*, a.a.O., 37, 46 mit Fn. 34.

[68] *Sachs*, in: Stelkens / Bonk / Sachs, § 48 VwVfG, Rdnr. 129; *Wolff / Bachoff / Stober*, VerwR I, § 51, Rdnr. 29.

[69] *Sachs*, in: Stelkens / Bonk / Sachs, § 48 VwVfG, Rdnr. 129 m.w.N.

[70] *Kopp / Ramsauer*, § 48 VwVfG, Rdnr. 68; *Ule / Laubinger*, § 61 Rdnr. 27.

ten über die Aufhebung begünstigender Verwaltungsakte aufgehoben werden; in diesem Rahmen hat der Träger des Vorhabens einen Anspruch auf Planfortbestand[71].

Durch den Planfeststellungsbeschluss betroffene *Dritte* werden, auch wenn es bei der Aufhebung zugleich um die Beseitigung vorteilhafter Schutzauflagen oder Lagevorteile der bisherigen Planung geht, nicht wie der Vorhabenträger begünstigt und genießen insoweit keinen Vertrauensschutz. Dies hat das Bundesverwaltungsgericht in einer insoweit wenig beachteten Entscheidung zur Änderung eines Planfeststellungsbeschlusses klargestellt. Wörtlich hat das BVerwG folgendes ausgeführt:

> „... Die von dem Plan festgestellten Vorhaben betroffenen Grundstückseigentümer werden durch die Bestandskraft der Planung nicht in der Weise geschützt, wie der Adressat eines begünstigenden Verwaltungsaktes, der Änderungen nur unter den Voraussetzungen dieser Bestimmungen hinnehmen muss. Sie haben keinen rechtlich zu schützenden Anspruch auf Fortbestand der ursprünglichen Planung, ebenso wenig wie sich ein Nachbar auf die Bestandskraft einer Baugenehmigung berufen kann, wenn der Bauherr später bei der Behörde ein verändertes bauliches Vorhaben zur Genehmigung stellt ... Die von der beabsichtigten Planänderung Betroffenen haben ein subjektiv-öffentliches Recht auf gerechte Abwägung ihrer Belange unter Beachtung der durch § 74 Abs. 2 Satz 2 VwVfG gezogenen Grenze. Dabei wird unter anderem auch das Interesse der Betroffenen an einer Erhaltung der ursprünglichen Planung gegen das Interesse des Vorhabenträgers an der beabsichtigten Änderung abzuwägen sein“[72].

Ein subjektives Recht auf Abwägung eigener Belange unterhalb der Rechtsschwelle besteht freilich nur dann, wenn die Planaufhebung in einem dem Abwägungsgebot unterliegenden Planfeststellungs- oder Plangenehmigungsverfahren erfolgt. Bei einer Aufhebung außerhalb eines dem Abwägungsgebot unterliegenden Planungsverfahrens sind Interessen Dritter dagegen nicht geschützt. Dies gilt insbesondere bei einer Aufhebung nach den §§ 48, 49 VwVfG. Dies entspricht auch dem Stand der Diskussion um die sog. Plangewährleistung. Denn danach richten sich Ansprüche auf Planfortbestand bei Planungen in der Rechtsform des Verwaltungsaktes allein nach den §§ 48, 49 VwVfG[73].

b) „Doppelwirkung“ des Planfeststellungsbeschlusses

Wegen der belastenden Wirkungen des Planfeststellungsbeschlusses auf Nachbarn und sonstige Betroffene, d.h. begünstigender und belastender Wir-

---

[71] *Maurer*, a.a.O., § 16 Rdnr. 28 ff., 31.

[72] BVerwG, Urt. vom 14.9.1992 – 4 C 34-38 / 89 – BVerwGE 91, 17, 23.

[73] Siehe nur *Maurer*, a.a.O., § 16 Rdnr. 31; *Ossenbühl*, a.a.O., S. 386 m.w.N.

kungen für verschiedene Personen, ist der Planfeststellungsbeschluss ein Verwaltungsakt mit Doppelwirkung[74]. Außerhalb des Rechtsbehelfsverfahren darf auch ein derartiger Verwaltungsakt mit Doppelwirkung nur unter den Voraussetzungen für Rücknahme und Widerruf begünstigender Verwaltungsakte aufgehoben werden[75]. Dies ergibt sich aus einem Umkehrschluss aus § 50 VwVfG, der ausdrücklich die Unanwendbarkeit der Regelungen über Rücknahme und Widerruf begünstigender Verwaltungsakte für den Fall anordnet, dass ein Verwaltungsakt mit Doppelwirkung im Widerspruchsverfahren bzw. im verwaltungsgerichtlichen Verfahren auf Anfechtung eines Dritten hin aufgehoben wird.

2. Abgrenzung von Rücknahme und Widerruf

Während § 48 VwVfG die Aufhebung rechtswidriger Verwaltungsakte regelt, behandelt § 49 VwVfG die Aufhebung rechtmäßiger Verwaltungsakte. Maßgeblich für die Bestimmung der anzuwendenden Norm ist also, ob der Planfeststellungsbeschluss rechtmäßig ist oder nicht.

Soweit Änderungen der Sach- und Rechtslage nach Erlass des Planfeststellungsbeschlusses eintreten, ist zu prüfen, ob eine solche nachträgliche Veränderung der Sachlage auf die Rechtmäßigkeit des Planfeststellungsbeschlusses i.S. der verwaltungsverfahrensrechtlichen Vorschriften über Rücknahme und Widerruf Einfluss haben kann.

Teilweise wird die Auffassung vertreten, dass in den Fällen der nachträglichen Änderung der Sachlage § 48 VwVfG anzuwenden sei, da der Verwaltungsakt bzw. seine Aufrechterhaltung infolge der Änderung der Sach- und Rechtslage rechtswidrig werde[76]. Die wohl überwiegende Auffassung geht demgegenüber davon aus, dass für die Beurteilung der Rechtmäßigkeit eines Verwaltungsaktes im Sinne der verwaltungsverfahrensrechtlichen Vorschriften über Rücknahme und Widerruf grundsätzlich der Zeitpunkt des Erlasses maßgeblich ist[77]. Nachträgliche Änderungen der Sach- und Rechtslage könnten dann nicht zur Rechtswidrigkeit führen.

---

[74] *Ule / Laubinger*, § 41 Rdnr. 41. Dem hier verwendeten Begriff der Doppelwirkung entspricht die häufig verwendete Bezeichnung als Verwaltungsakt mit Drittwirkung, siehe z.B. *Sachs*, in: Stelkens / Bonk / Sachs, § 48 VwVfG, Rdnr. 130.

[75] *Ule / Laubinger*, § 64 Rdnr. 20 mit Rdnr. 10; *Kopp / Ramsauer*, § 48 VwVfG, Rdnr. 72.

[76] *Lange*, Vertrauensschutz nach dem Verwaltungsverfahrensgesetz, Jura 1980, 456, 459 f.; *Ule / Laubinger*, a.a.O., § 61 Rn. 20 ff. (S. 613 ff.); *Schenke / Baumeister*, Die Der rechtswidrig gewordene Verwaltungsakt – BVerwGE 84, 111 – JuS 1991, 547 ff.; *Bronnenmeyer*, a.a.O., S. 53 ff., 72 f.

[77] VGH Mannheim, Urt. vom 27.8.1987 – 5 S 2646.86 – UPR 1988, 77, 78; *Wolff / Bachof / Stober*, VerwR I, § 51 Rn. 21 f.; Knack / *Meyer*, a.a.O., § 49 VwVfG

Letztere Auffassung kann sich auf die Entstehungsgeschichte stützen. Denn in der Begründung des Regierungsentwurfs des § 48 VwVfG wird ein Verwaltungsakt dann als rechtswidrig betrachtet,

> „wenn bei seinem Erlaß das Recht unrichtig angewandt oder bei der Entscheidung von einem Sachverhalt ausgegangen worden ist, der sich als unrichtig erweist“[78].

Weiterhin ist als systematisches Argument die Regelung des § 49 Abs. 2 Satz 1 Nr. 3 und Nr. 4 VwVfG anzuführen, weil dort nach Erlass des Verwaltungsaktes eingetretene Änderungen der Sach- und Rechtslage beim begünstigenden Verwaltungsakt als Widerrufsgrund vorgesehen sind. Zwar ließe sich der Anwendungsbereich dieser Regelungen nach dem Wortlaut auch allein auf diejenigen Fälle beschränken, in denen die Behörde zum Nichterlass des Verwaltungsakts lediglich berechtigt, nicht aber verpflichtet ist, also auf Verwaltungsakte, deren Erlass im Ermessen der Behörde steht[79]. Geboten ist eine solche einschränkende Auslegung jedoch nicht. Es erscheint auch fraglich, ob ein Bedürfnis dafür besteht, einen begünstigenden Verwaltungsakt beim nachträglichen Wegfall der Rechtmäßigkeitsvoraussetzungen rückwirkend nach § 48 VwVfG aufzuheben, wenn die Behörde die geänderten Verhältnisse nicht rechtzeitig erkennt[80]. Im Hinblick auf die geschilderte Entwurfsbegründung zu § 48 VwVfG ist vielmehr davon auszugehen, dass § 49 Abs. 2 Satz 1 Nr. 3 und 4 VwVfG gerade auch die Fälle erfasst, in denen der Verwaltungsakt aufgrund der nachträglich eingetretenen Umstände nicht erlassen werden durfte.

Nach der gesetzlichen Regelung ist der nachträglichen Änderung der Sach- und Rechtslage deshalb grundsätzlich kein Einfluss auf die Rechtmäßigkeit des Verwaltungsaktes i.S. der §§ 48, 49 VwVfG beizumessen. Soweit der Planfeststellungsbeschluss nicht aus anderen Gründen ursprünglich rechtswidrig war, kommt bei nachträglichen Änderungen der Sach- und Rechtslage nur die Anwendung der Widerrufsregelungen in Betracht[81].

Rn. 17 u. vor § 43 Rn. 47 m.w.N.; *Erichsen*, AllgVerwR, 10. Aufl. 1995, § 17 Rn. 5; *Achterberg*, AllgVerwR, 2. Aufl. 1986, § 23 Rn. 74; *Sachs*, in Stelkens / Bonk / Sachs, a.a.O., § 44 VwVfG Rn. 15 („im Grundsatz“); *Kopp / Ramsauer*, a.a.O., § 48 VwVfG, Rn. 33 f.

[78] Begr. zu § 44 des Regierungsentwurfs des VwVfG, BT-Drs. 7 / 910, S. 68; vgl. auch *Wolff / Bachof / Stober*, VerwR I, § 51 Rn. 20.

[79] So *Lange*, a.a.O., 456, 459; *Bronnenmeyer*, a.a.O., S. 69 f.

[80] *Erichsen*, a.a.O., § 17 Rn. 5.

[81] Ausdrücklich für die Anwendung der Widerrufsreglungen für die Aufhebung des Planfeststellungsbeschlusses bei nachträglichen Veränderungen der Planungsgrundlagen VGH Mannheim, Urt. vom 27.8.1987 – 5 S 2646.86 – UPR 1988, 77, 78.

3. Aufhebung auf Antrag des Vorhabenträgers gemäß § 49 Abs. 1 VwVfG

Soweit der Träger des Vorhabens selbst die Aufhebung des Planfeststellungsbeschlusses beantragt, liegt ausnahmsweise trotz der begünstigenden Wirkung des Planfeststellungsbeschlusses kein Fall des § 49 Abs. 2 VwVfG vor. Dient doch die Einschränkung der Widerrufsmöglichkeit allein dem Schutz des Vertrauens des durch den Verwaltungsakt Begünstigten. Begehrt der Begünstigte selbst die Aufhebung, greifen die in seinem Interesse bestehenden Beschränkungen gemäß § 49 Abs. 2 VwVfG nicht ein[82].

4. Aufhebung auf Antrag Dritter

Soweit Dritte die Aufhebung des Planfeststellungsbeschlusses beantragen, an dem der Träger des Vorhabens weiter festhalten will, richtet sich die Rechtmäßigkeit des Widerrufs nach § 49 Abs. 2 VwVfG. Als Widerrufsgründe kommen im Wesentlichen § 49 Abs. 2 Satz 1 Nr. 3 und 5 VwVfG in Betracht. § 49 Abs. 2 Nr. 3 VwVfG dürfte für Fälle der Einstellung des Betriebes der planfestgestellten Anlagen einschlägig sein. Demgegenüber erfasst § 49 Abs. 2 Satz 1 Nr. 5 Fälle, in denen nachträglich Auswirkungen des Vorhabens erkannt werden, die durch nachträgliche Auflagen i.S.d. § 75 Abs. 2 Satz 2 VwVfG nicht beherrschbar sind. Hinsichtlich der Auslegung der Tatbestandsmerkmale, die im Rahmen des vorliegenden Beitrages nicht näher untersucht werden können, gelten die allgemeinen Regeln.

5. Rechtsfolgen des Widerrufs gemäß § 49 VwVfG

Mit dem Widerruf gemäß § 49 VwVfG verliert der Planfeststellungsbeschluss gemäß § 43 Abs. 2 VwVfG seine Wirksamkeit mit Wirkung für die Zukunft (§ 49 Abs. 1 und 2 VwVfG). In der Rechtsprechung noch nicht geklärt ist, welche Folgen dies für den Bestand vorhandener baulicher Anlagen hat. Anhaltspunkte bildet insoweit die Überlegung, dass der Planfeststellungsbeschluss einerseits hoheitlicher Plan und andererseits Genehmigungsentscheidung ist und damit die im allgemeinen Baurecht getrennten Ebenen der Planung und der Genehmigung verbindet. Hinsichtlich des Genehmigungselements des Planfeststellungsbeschlusses kann ebenso wie bei der Baugenehmigung zwi-

[82] Zur Nichtanwendbarkeit der §§ 48, 49 VwVfG im *auf Antrag* des Vorhabenträgers eingeleiteten Planänderungsverfahren gemäß § 76 VwVfG BVerwG, Urt. vom 14.9. 1992 – 4 C 34-38 / 89 – BVerwGE 91, 17, 22 f.

schen einem feststellenden und einem verfügenden Teil unterschieden werden. Der verfügende Teil des Planfeststellungsbeschlusses ist mit der Verwirklichung des Vorhabens ebenso wie eine Baugenehmigung erledigt. Der feststellende Teil des Planfeststellungsbeschlusses als Genehmigung sowie der Plan werden durch den Widerruf unwirksam. Nach den im Baurecht entwickelten Grundsätzen müsste mit dem Widerruf auch der Bestandsschutz für vorhandene bauliche Anlagen entfallen, soweit sie nicht ausnahmsweise nach den §§ 34 und 35 VwVfG einer anderweitigen zulässigen Nutzung zugeführt werden können oder aber eine planungsrechtliche Grundlage für eine solche zulässige Weiternutzung vorhandener Anlagen geschaffen wird[83]. Soweit eine planungsrechtlich zulässige Nutzung der vorhandenen Anlagen denkbar ist, wäre eine Beseitigungsanordnung rechtswidrig. Hält man diese baurechtliche Betrachtungsweise für den Planfeststellungsbeschluss nicht für anwendbar, bleibt hinsichtlich der Regelung der Folgen nach dem Widerruf des Planfeststellungsbeschlusses Raum für eine analoge Anwendung des § 77 Satz 2 VwVfG.

VII. Zusammenfassung

1. Weder im Falle der Einstellung der Nutzung eines Vorhabens durch den Vorhabenträger noch im Falle neuer Erkenntnisse über die Auswirkungen des Vorhabens entfällt die Wirksamkeit des Planfeststellungsbeschlusses unmittelbar. Erforderlich ist vielmehr eine Aufhebung durch die Verwaltung.
2. Die (isolierte) Aufhebung von Planfeststellungsbeschlüssen durch die Verwaltung ist gesetzlich in § 77 VwVfG allein für sog. „steckengebliebene“ Vorhaben geregelt. Weder § 76 VwVfG noch die Regelungen über die Planfeststellungspflichtigkeit bestimmter Vorhaben nach den Fachplanungsgesetzen erfassen die isolierte Planaufhebung durch die Verwaltung.
3. Die §§ 48, 49 VwVfG sind auf Planfeststellungsbehörden anwendbar und werden nicht durch spezielle Regelungen verdrängt. Die §§ 48, 49 VwVfG erlauben nicht nur eine Aufhebung von Planfeststellungsbeschlüssen von Amts wegen, sondern geben betroffenen Dritten auch einen Anspruch auf ermessensfehlerfreie Entscheidung über die Planaufhebung.
4. Nachträgliche Änderungen der Sach- und Rechtslage, die zur Prüfung der Aufhebung des Planfeststellungsbeschlusses führen, ändern nichts an der Rechtmäßigkeit des Planfeststellungsbeschlusses. Zur Anwendung kommt deshalb regelmäßig § 49 VwVfG.

[83] Vgl. BVerwG, Beschl. vom 21.11.2000 – 4 B 36 / 00 – NuR 2001, 265 f. zur Aufgabe der Nutzung einer für militärische Zwecke im Außenbereich errichteten Anlage.

5. Beantragt der Vorhabenträger selbst die Aufhebung des Planfeststellungsbeschlusses, ist § 49 Abs. 1 VwVfG anwendbar. Dritte werden auch im Falle faktisch günstiger Auswirkungen des Planfeststellungsbeschlusses nicht ebenso geschützt wie der Adressat eines begünstigenden Verwaltungsaktes. Ein rechtlich geschützter Fortbestand der ursprünglichen Planung besteht hinsichtlich des Planfeststellungsbeschlusses für Dritte nicht.
6. Mit dem Widerruf des Planfeststellungsbeschlusses entfällt der Bestandsschutz für vorhandene bauliche Anlagen. Ihre Beseitigung kann angeordnet werden, wenn nicht eine anderweitige planungsrechtlich zulässige Nutzung gemäß §§ 34, 35 BauGB gegeben ist oder kurzfristig durch einen Bebauungsplanverfahren geschaffen wird.

Web based planning: Der Einfluss der Informations- und Kommunikationstechnologie auf Planungsverfahren der öffentlichen Verwaltung

Von Dirk Heckmann

I. Einleitung: E-Government. Neue Medien – Neue Verwaltung?!

Traut man den Aussagen der Politiker – und das nicht nur im Wahlkampf – dann gehört E-Government zu den ganz großen politischen Themen der nächsten Jahre. Immerhin wollen der Bund und viele Bundesländer, namentlich der Freistaat Bayern, ihre sämtlichen Dienstleistungen (man muss wohl hinzufügen: solche die auch „internetfähig" sind) bis zum Jahr 2005 „ins Netz stellen".[1] Was das genau bedeutet, mag an dieser Stelle einmal dahin gestellt sein. Allenthalben spürt man den faktischen Druck, der insoweit auf Staat und Verwaltung lastet: Mit der rasanten Verbreitung des Internets, des Anstiegs von Nachfrage und Angebot internetbasierter Dienstleistungen der Privatwirtschaft, wächst auch die Erwartungshaltung gegenüber der öffentlichen Hand. Warum sollte diese sich Informations- und Kommunikationsmitteln verschließen, die längst Einzug in die Privathaushalte gehalten haben? Sich womöglich abschotten gegenüber ausländischen oder internationalen Einrichtungen, die immer mehr im virtuellen Raum agieren?

Ist die Internetpräsenz von Staat und Verwaltung somit unabdingbar, mag der vorgenannte Anpassungsdruck aber auch positiv gewendet werden: das Internet nämlich als Motor einer umfassenden Verwaltungsmodernisierung.[2] Nicht ohne Grund firmiert der wohl größte deutsche Fachkongress zur „elektronischen Verwaltung", der des Deutschen Beamtenbundes Anfang Juni in Leipzig, unter der domain www.neue-verwaltung.de. Themen wie Bürgernähe

---

[1] http://www.bundonline2005.de/de/index.html (23.04.2002); http://www.baynet.de/CDA_VMB_PL_Portal/1,3565,,00.html (23.04.2002).

[2] Weiterführend hierzu: *Heinrich Reinermann*, Neue Informationstechniken – Neue Verwaltungsstrukturen?, Heidelberg 1988; *Alexander Roßnagel* in: *Hoffmann-Riem / Schmidt-Aßmann*, Verwaltungsrecht in der Informationsgesellschaft, Baden-Baden 2000, S. 326 f.

und Transparenz, Effizienzsteigerung und Partizipation sind nicht neu,[3] erfahren durch die Etablierung der Neuen Medien jedoch schärfere Konturen und vielleicht sogar neue Durchsetzungschancen.

Dabei mahnt der Einbruch des Neuen Marktes zu einer besonders realistischen Einschätzung einer „Multimediatisierung" der Verwaltung. Verlangt man nämlich eine medienbruchfreie Umsetzung von Geschäftsgängen auch im Staat-Bürger-Verhältnis – was in der Sache durchaus folgerichtig gedacht ist – dann wird man nach meiner Einschätzung noch 20 Jahre warten müssen, bis der erste elektronische Verwaltungsakt erlassen wird. Bis dahin erscheint die parallele Verwendung unterschiedlicher Trägermedien (Papier, digitalisierte Dateien) unverzichtbar.

Spart man aber die Kosten konventioneller Geschäftsprozesse nicht ein, sondern addiert diese zu den Implementierungskosten einer elektronischen Verwaltung, dann bedarf es schon guter Gründe, solch hohe Investitionen zu rechtfertigen. Der Vergleich sei gestattet: Man bezieht das schöne neue Eigenheim, ohne gleichzeitig die alte Wohnung zu kündigen. Wie aber schafft man einen entsprechenden Mehrwert durch Einsatz neuer Medien? Sicher nicht durch schillernde Begriffe wie „virtuelles Rathaus", wenn dieses sich in der Downloadmöglichkeit herkömmlicher, mediendidaktisch nicht aufbereiteter Formulare, erschöpft, die einfach eins zu eins in Netz gestellt werden.[4] Wie aber ein nachhaltiges, qualitativ hochwertiges Angebot internetunterstützter Verwaltungsdienstleistungen aussehen kann, und welche Zielkonflikte sich auch für die reformfreudigste Verwaltung ergeben: das möchte ich Ihnen am Beispiel des Interneteinsatzes für Planungsverfahren der Öffentlichen Verwaltung aufzeigen.

Web based planning: Dieser bislang wenig gebrauchte Begriff[5] wird von mir in bewusster Anlehnung an das bekanntere web based training (WBT) verwendet. E-Learning und E-Government hängen – wie meine Ausführungen am Ende hoffentlich bewiesen haben – eng zusammen. Eines haben sie allemal gemeinsam: das Problem der Medienkompetenz, an deren Fehlen bislang auch ansonsten gut durchdachte Internetdienstleistungen scheitern.

---

[3] *Jörg Schlachter*, Mehr Öffentlichkeit wagen, Heidelberg 1993; *Joachim Scherer*, Verwaltung und Öffentlichkeit, Baden-Baden 1978; *Kurt Reding*, Die Effizienz staatlicher Aktivitäten, Baden-Baden 1981; *Martin Boerger*, Die Effizienz öffentlicher Verwaltung in der Bundesrepublik Deutschland, Frankfurt am Main 1978; *Ulrich Battis*, Partizipation im Städtebaurecht, Berlin 1976; *Peter Dienel*, Partizipation an Planungsprozessen als Aufgabe der Verwaltung, Die Verwaltung 1971, S. 151ff.

[4] Z.B. das virtuelle Rathaus der Stadt Passau: http://www.passau.de/verwaltung/buerger/default.htm (23.4.2002), oder das Angebot der Stadt München: http://www.muenchen.de/referat/kvr/service/ (23.4.2002).

[5] Web based planning wird bisher bei der Unternehmensplanung oder im technischen Bereich verwendet: Z.B.: http://www.ri.cmu.edu/pubs/pub_3877.html oder http://www.event411.com/ (23.4.2002).

Vor diesem Hintergrund mag der Einfluss der Informations- und Kommunikationstechnik auf Planungsverfahren der öffentlichen Verwaltung derzeit verhältnismäßig gering sein. Dies dürfte sich in den nächsten Jahren jedoch zugunsten einer immer stärker internetunterstützten Planung ändern. Betrachtet man nämlich die Charakteristika staatlicher, zum Beispiel raum- oder anlagenbezogener Planungsverfahren, ist eine Affinität zu den Informations- und Kommunikationsmöglichkeiten des Internets unverkennbar: Ob Bauleitplanung, Raumordnung oder Landesplanung, wasserrechtliche, abfallrechtliche oder atomrechtliche Planungsverfahren: Stets handelt es sich um komplexe Planungsgegenstände, eine Vielzahl von Betroffenen und Beteiligten, vielfach divergierende Interessen, ein Potpourri harter Fakten und weicher Arrangements, ein permanentes Denken in Alternativen und inmitten die Planungsbehörde, die eine wohlabgewogene Entscheidung zu treffen hat. Und das setzt ein Höchstmaß an Information und Kommunikation unter den Beteiligten, den Bürgern und der Verwaltung voraus.[6] Das kann selbstverständlich die konventionelle Amtsermittlung,[7] die Bürgerversammlung[8] oder das förmliche Verfahren papier-schriftlicher Einwendungen sein.[9]

Oder eben die Planungsplattform im Internet einschließlich newsgroups und Internetforen für die zeit- und ortsunabhängige asynchrone Kommunikation, der Chatroom für virtuelle Live-Diskussionen, der rund um die Uhr verfügbare Zugriff auf Datenbanken, multimedial aufbereitete Planentwurfe bis hin zu einem workflow der vollständig papierlosen Datenerfassung und Datenverarbeitung zwischen sämtlichen beteiligten Bürgern und Behörden. Das Internet bietet sich insofern als das erste Medium an, auf das jeder zeitgleich, aber ortsunabhängig zugreifen kann und das Interaktion im Prinzip auch dem technischen Laien bietet.

Daraus ergeben sich die Chancen von web based planning, und das seien meine 3 Ausgangsthesen:

(1) Web based planning kann die Transparenz komplexer Planungsverfahren erhöhen: Diese werden durchsichtiger, wenn alle maßgeblichen Informationen komfortabel abrufbar und – nicht zuletzt durch Mittel der Visualisierung – auch besser nachvollziehbar sind.

---

[6] Weiterführend zur Komplexität der Steuerung durch die planende Verwaltung vgl. *Thomas Würtenberger*, Staatsrechtliche Probleme politischer Planung, 1979, S. 46f.

[7] Vgl. § 24 VwVfG.

[8] Diese Partizipationsform ist in vielen Kommunen üblich geworden: *Dietrich Fürst*, u.a., Gesellschaftswissenschaftliche Grundlagen, Planungsmethoden, http://www.laum.uni-hannover.de/ilr/lehre/Ptm/Ptm_Part.htm (Stand der Inhalte der Seite: 2001), S. 8 ff..

[9] Die einschlägigen Verfahrensvorschriften richten sich nach den jeweiligen Planverfahren. Z.B. im Bauplanungsverfahren § 3 BauGB.

(2) Web based planning kann die Partizipation aller Beteiligten in Planungsverfahren verbessern: Das Internet bietet ein breites Spektrum an Kommunikationsmöglichkeiten, über die alle Belange in das Verfahren eingebracht und weiter verarbeitet werden können.

(3) Web based planning kann schließlich die Effizienz der Planung steigern: Die Planungsziele mögen durch bessere Information und Kommunikation schneller, kostengünstiger, präziser oder nachhaltiger erreicht werden.

Ob diese Thesen, die in Zeiten der Interneteuphorie noch unwidersprochen geblieben wären, einer kritischen Betrachtung standhalten, sei nun der Reihe nach überprüft.

II. Transparenz und Web based planning

Als erster potentieller Vorteil eines internetunterstützten Planungsverfahrens wird die Erhöhung von Transparenz genannt. Dies wirft mehrere Fragen auf:

- Inwieweit ist Transparenz überhaupt relevant im Planungsrecht?
- Wie und warum führt die Internetunterstützung zu mehr Transparenz im Planungsverfahren?
- Stehen etwaigen Vorteilen der Internetnutzung auch Nachteile gegenüber?

1. Öffentliche Verwaltung als offene Verwaltung

Grundsätzlich ist öffentliche Verwaltung auch als offene Verwaltung in dem Sinne zu verstehen, dass Verwaltungshandeln gerade als staatliche Dienstleistung für den Bürger geschieht, sich diesem also öffnen muss, insbesondere durch Zugang der Bürger zu solchen Informationen, die ihn betreffen. Transparenz tut Not bei komplexen, undurchschaubaren Systemen, wozu auch die meisten Planungsverfahren zählen.[10] Öffentlichkeit – Offenheit – Transparenz. In dieser Abfolge wird nicht übersehen, dass es keinen Anspruch auf Transparenz schlechthin geben kann, öffentliche Verwaltung nicht gläserne Verwaltung bedeutet. Einen solchen Anspruch begründen weder Art. 5 Abs. 1 GG, der mit der Wendung der „allgemein zugänglichen Quelle" diese Quelle nicht fordert, sondern voraussetzt,[11] noch die Art. 1, 2 Abs. 1 und 3 Abs. 1 GG: Informationelle Selbstbestimmung ist Abwehr- nicht aber Teilhaberecht,[12] der Gleich-

---

[10] Vgl. beispielsweise das Planfeststellungsverfahren § 72 ff. VwVfG.

[11] BVerfGE 27, 71 (83).

[12] BVerfGE 65, 1 (43).

heitssatz toleriert ohnehin Informationsdefizite, solange alle gleichermaßen davon betroffen sind. Dass insoweit allerdings gerade web based planning neue, zusätzliche Probleme bereitet – Stichwort: digital divide, die Spaltung der Gesellschaft in Internetnutzer und solche, denen der Zugang zum virtuellen Raum verschlossen ist – sei an dieser Stelle nur als Merkposten genannt.[13]

Nichtsdestotrotz besteht ein verfassungsrechtliches und verfassungspolitisches Leitbild des informierten Bürgers, das letztlich allen Staatsziel- und Staatsstrukturbestimmungen des Grundgesetzes zugrunde liegt: So setzt das Demokratieprinzip Information als Grundlage der Meinungsbildung voraus,[14] bedingt das Rechtsstaatsprinzip Information zur Rechtmäßigkeitskontrolle[15] usw. Im demokratischen Rechtsstaat muss der Bürger wissen, was sich innerhalb der Verwaltung abspielt, was sie entscheidet und warum. Nur so lassen sich vielfach willkürliche Entscheidungen vermeiden.

Das einfache Gesetzesrecht trägt diesem Transparenz-Postulat verschiedentlich durch Anhörungs- und Auskunftsansprüche,[16] Verfahrensbeteiligungen,[17] Akteneinsicht[18] und Publikationserfordernisse[19] Rechnung. Dies wird rechtssystematisch – anders als etwa in den USA oder Schweden – aber nach wie vor als Ausnahme zur Regel der beschränkten Aktenöffentlichkeit gesehen.[20] Erst die jüngste Informationsgesetzgebung deutet eine Trendwende an: Man denke an die auch für das Planungsrecht relevanten Informationszugangsgesetze mancher Bundesländer[21] oder das Umweltinformationsgesetz,[22] die grundsätzlich freien Zugang zu Behördeninformationen gewährleisten, solange keine überwiegenden öffentlichen oder privaten Interessen entgegenstehen. Auf dieser Li-

[13] Es gibt kein allgemeines Recht auf Informationszugang vgl. auch *Roßnagel* in: *Hoffmann-Riem / Schmidt-Aßmann* (vgl. Fn. 2), S. 312.

[14] *Klaus Stern*, Das Staatsrecht der Bundesrepublik Deutschland, Band I, 2. Auflage, München 1984, S.618; BVerfGE 20, 162 (174).

[15] *Roßnagel* in: *Hoffmann-Riem / Schmidt-Aßmann* (vgl. Fn. 2) S. 269; *Stern* (vgl. Fn. 14), S. 825.

[16] Z.B. § 28, § 25 S. 2 VwVfG.

[17] Z.B. § 3 BauGB.

[18] Z.B. § 29 VwVfG.

[19] Z.B. die Planauslegung § 73 Abs. 3 VwVfG oder § 3 Abs. 3 BauGB.

[20] *Scherer* (vgl. Fn. 3), S. 17 ff.; *Schlachter* (vgl. Fn. 3), S. 2 ff.; *Meinhard Schröder*, Staatstheoretische Aspekte einer Aktenöffentlichkeit im Verwaltungsbereich, Die Verwaltung 1971, S. 301 ff. (314, 315).

[21] Akteneinsichts- und Informationszugangsgesetz (AIG) Brandenburg vom 10.3. 1998, GVBl. Brandenburg, S. 46; Gesetz zur Förderung der Informationsfreiheit (IFG) im Land Berlin vom 15.10.1999, GVBl. Berlin, S. 561; Gesetz über die Freiheit des Zugangs zu Informationen (IFG) für das Land Schleswig Holstein vom 9.2.2000, GVBl., S. 166.

[22] Umweltinformationsgesetz in der Fassung der Bekanntmachung vom 23.8.2001, BGBl I S. 2218.

nie liegt ebenfalls der Referentenentwurf für ein Informationsfreiheitsgesetz des Bundes,[23] der im Dezember 2000 bekannt wurde: Danach soll allen Bürgern der Zugang zu Akten und Informationen der Bundesbehörden verschafft werden, um die demokratischen Beteiligungsrechte zu stärken und das Verwaltungshandeln transparenter zu machen. Dass dieser Entwurf nach mehr als einem Jahr noch nicht in das parlamentarische Verfahren eingebracht wurde, zeigt vielleicht die Brisanz, die in diesem Thema steckt.

So fordert der Ministerrat des Europarates schon seit langem, jedermann das Recht einzuräumen, auf Anfrage Informationen von öffentlichen Einrichtungen zu erhalten, den Informationszugang durch geeignete und effektive Mittel sicherzustellen und nicht mit der Begründung zu verweigern, der Anfragende habe kein spezifisches Interesse an der Information.[24] Ein entsprechender Gesetzentwurf wurde in Deutschland bislang indes mit der Begründung zurückgewiesen, dadurch werde die Verwaltung gestört, behindert und lahmgelegt.[25] Die Frage ist nun, ob diese Einwände in Zeiten des Internets überhaupt noch stichhaltig sind. Web based planning könnte dem skizzierten umfassenden Informations- und Transparenzauftrag gerecht werden, ohne die vorgenannten Nachteile in Kauf nehmen zu müssen. Wie lässt sich eine Planungsseite im Internet vor diesem Hintergrund gestalten?

2. Die Planungsplattform im Internet

Wenn hier von internetunterstützter Fachplanung – web based planning – gesprochen wird, dann meint dies keine punktuellen Informationen auf untergeordneten Internetseiten der Planungsbehörde und ebenso wenig vereinzelte Beantwortung von Anfragen per E-Mail. Vielmehr möge man sich eine umfassende Planungsplattform im Internet vorstellen, die man am besten über eine Internetseite erreichen sollte, deren second level domain zugleich das Planungsvorhaben bezeichnet, z.B. www.gewerbepark-planstadt.de.[26]

Auf diese Seite könnte der Bürger genauso wie etwaige Investoren, Sachverständige oder Fachbehörden direkt zugreifen. In der Medienberichterstattung würde die Seite genauso genannt und verlinkt wie auf Internetseiten der Betei-

---

[23] Referentenentwurf eines Informationsfreiheitsgesetzes vom 20.12.2000: http://www.bmi.bund.de/ (23.4.2002), unter Gesetzes- und Verordnungsentwürfe – Informationsgesellschaft.

[24] *Herbert Burkert*, Ein Informationszugangsgesetz – auch für Deutschland ?, Datenschutz und Datensicherheit 1998, S. 430 (431).

[25] Vgl. Fn. 24.

[26] Im Internet sind teilweise schon gute Ansätze zu finden: http://www.citimage.de/O17/high/d/parent.htm; http://www.virtuelle-stadtplanung.de/; http://www.hannover.de/bauplan/.

ligten, z.B. der planungsverantwortlichen Gemeinde (www.planstadt.de), aber auch von Bürgerinitiativen (www.gewerbepark-nein.de). Inhalt, Aufbau und Funktionalität der Seite sollten von Planungsexperten gemeinsam mit Informatikern, Webdesignern und Didaktikern erarbeitet werden.

- Am Anfang steht die äußere Gestaltung der Planungswebsite mit ihrem grundlegenden Webdesign, den technischen Anforderungen hinsichtlich Funktionalität und Navigation einschließlich der back-office-Anwendungen, sowie die Festlegung der Verzeichnisstruktur.
- Auf dieser Grundlage sind die Sektoren der Plattform festzulegen, u.a.:
  - Öffentliche, behördeninterne und speziellen Nutzern vorbehaltene Bereiche,
  - statische Informationsseiten und interaktive Module wie Chat und Forum,
  - Integration von Datenbanken (Gesetze, Beschlüsse, Dokumente, Pressespiegel),
  - Multimedia-Simulationen von Planentwürfen,
  - Formularserver für Kontaktaufnahme oder Einwendungen.

Die Inhalte dieser Planungsplattform dürfen natürlich nicht ungefiltert, unkontrolliert und von jedermann ins Netz gestellt werden. Vielmehr bedarf es eines differenzierten Content-Managements.

Was einzelne Inhalte wie Planvarianten, Stellungnahmen von Fachbehörden und Sachverständigen oder ggf. auch Einwendungen betrifft, so sind diese erst behördenintern zu erfassen und aufzubereiten, bevor sie auf der Plattform veröffentlicht werden. Die Aufbereitung erfolgt nicht durch den Sachbearbeiter alleine, sondern durch eine vom Projektmanagement des Planungsträgers eingesetzte Zentrale Informationsbearbeitungsstelle, die die Vorgaben mediengerecht umsetzt und die aufbereiteten Inhalte in Zweifelsfällen mit dem Sachbearbeiter abklärt. Beteiligt werden sollte vor der Veröffentlichung auch eine Prüfstelle Datenschutz, die insbesondere die Weitergabe personenbezogener Daten datenschutzrechtlich verantwortet. Erst dann kommen Informationen vom Intranet ins Internet.

3. Chancen und Risiken von Transparenz durch Internetpräsenz

Wie Sie sehen können, bietet web based planning zahlreiche Möglichkeiten zur Schaffung und Erhöhung von Transparenz:

- Das betrifft bereits allgemein Art und Ort der *Informationsdarbietung*, weil das Internet einen zeit- und ortsunabhängigen Zugriff ermöglicht.

- Weiter trägt die Weise der *Informationsverarbeitung*, z.B. die multimediale Aufbereitung der Planentwürfe, zu deren Verständlichkeit bei. Gleiches gilt für strukturierte Textdarstellungen oder die vollständige Abbildung des Planungsgeschehens. Eine behindertengerechte Aufbereitung erreicht zudem solche Adressaten, denen herkömmliche Planungsverfahren schwer zugänglich sind.
- Schließlich vermögen die *interaktiven Elemente* der Planungsseite wie etwa ein „Einwendungsforum" die kontroverse Diskussion offener zu gestalten, weil Argument und Gegenargument nachhaltig im Netz stehen und Querverweise deren Überprüfung erleichtern.

Erscheinen somit Vollständigkeit, Nachhaltigkeit und Verständlichkeit als Gebote eines transparenten Planungsverfahrens, so ist die Erstellung und Unterhaltung einer Planungsplattform im Internet auch nicht risikolos. So entstehen vielfach Zielkonflikte, wenn einerseits planungsrelevante Daten offen preisgegeben werden, andererseits diese Daten wegen Personenbezugs dem Recht auf informationelle Selbstbestimmung unterliegen. Die Diskussion Informationsfreiheit versus Datenschutz wird seit Jahren engagiert geführt,[27] das Internet trägt zu deren Verschärfung bei.

Weiterhin verbietet sich die unterschiedslose Einstellung aller denkbaren Informationen ins Internet schon deshalb, weil Transparenz durch Informationsfülle eher erschwert als verbessert wird. Die notwendige Auswahl zu treffen zeugt ebenso wie die Wahl des mediendidaktischen Konzeptes dagegen mehr vom Geschick des Projektleiters als von einer Durchsichtigkeit des eigentlichen Verwaltungshandelns.

Außerdem kann die Realisierung des Planungszieles gefährdet sein, wenn allzu offene Vorab-Informationen etwa Grundstückspreise in die Höhe treiben, so dass der Grundstückserwerb durch die öffentliche Hand unmöglich ist. Kontraproduktiv kann es ebenso sein, wenn man jeden Vorentwurf einer Planung bereits veröffentlicht und damit möglicherweise deren Urheber in ihrer kreativen Gestaltung desavouiert. Insgesamt muss web based planning auch gewärtigen, dass hinter jeder Fachplanung Menschen stehen, die sich nicht in ein rationales Ablaufschema mit vorhersehbaren Kausalverläufen pressen lassen. Berücksichtigt man indessen diese Bedenken bei der Erstellung der Planungsplattform, überwiegen die Vorteile einer Erhöhung von Transparenz durch Interneteinsatz.

---

[27] Vgl. hierzu die kontrovers geführte Diskussion der Datenschutzbeauftragten untereinander: *Bettina Sokol*, Datenschutz und Datensicherheit 1997, 380 ff.; *Thomas Giesen*, Grundrecht auf Informationszugang?, Datenschutz und Datensicherheit 1997, S. 10 ff.

III. Partizipation und web based planning

Vorteilhaft könnte eine internetunterstützte Fachplanung auch durch eine bessere Beteiligung insbesondere der betroffenen Bürger sein.

1. Öffentliche Verwaltung als Verwalter der Bürgerinteressen

Als Rechtsphänomen teilt Partizipation das Schicksal der soeben angesprochenen Transparenz: So wenig wie es einen verfassungsrechtlichen Anspruch auf Gewährung transparenter Planungsverfahren gibt,[28] so wenig gibt es einen generellen Anspruch auf Beteiligung des Bürgers in Verwaltungsverfahren. Und dennoch ist Partizipation im demokratischen Rechtsstaat unverzichtbar: Nur eine ausreichende Einbeziehung etwa der Planadressaten vermeidet sinnlose Verfahren nachträglichen Rechtsschutzes,[29] fördert durch Berücksichtigung des Sachverstandes der Bürger die Planungszwecke und trägt mittelbar zur demokratischen Legitimation von Verwaltungsentscheidungen bei.[30] Ob die jüngere Gesetzgebung zur Beschleunigung von Planungsverfahren diesem Gedanken zuwiderläuft, mag hier dahinstehen: Die Partizipation der Bürger erhält umgekehrt einen immer größeren Stellenwert. Das zeigt auch die sog. Aarhus-Konvention der UN / ECE, ein Übereinkommen über „... die Beteiligung der Öffentlichkeit an Entscheidungen".[31] Nach dieser Konvention, die kurz vor ihrer Ratifzierung steht, hat „die Öffentlichkeit die Möglichkeit, alle von ihr für die geplante Tätigkeit als relevant erachteten Stellungnahmen, Informationen, Analysen oder Meinungen in Schriftform vorzulegen oder ... vorzutragen". Zwar betrifft das Übereinkommen nur Umweltangelegenheiten, diese mögen aber trendwendend pars pro toto für alle Abwägungsentscheidungen der Verwaltung gesehen werden. Erkennt man erst einmal die Vorteile frühzeitiger und ernst genommener Bürgerbeteiligung, sind der Phantasie zur nachhaltigen Nutzung von Bürgerinformationen auch und gerade über die neuen Medien keine Grenzen gesetzt. Der Bürger wird vom Störenfried zur Ressource.[32] Die mo-

[28] Art. 1, 5, 8, 9, 17 GG führen nicht zu einem Anspruch auf Partizipation: *Walter Schmitt-Glaeser*, Partizipation an Verwaltungsentscheidungen, VVDStRL Nr. 31, S. 221 f.; *Stern* (vgl. Fn. 14), S. 970 f.

[29] *Battis* (vgl. Fn. 3), S. 61.

[30] *Schmitt-Glaeser* (vgl. Fn. 28), S. 221 ff.

[31] „Übereinkommen über den Zugang zu Informationen, die Beteiligung der Öffentlichkeit an Entscheidungen und den Zugang zu Gerichten in Umweltangelegenheiten (ECE / CEP / 43)". Sie wurde am 25.6.1998 in Aarhus in Dänemark abgeschlossen. Nachweis: http://www.unece.org/env/pp/documents/cep43g.pdf (23.4.2002).

[32] *Herbert Kubicek* u.a., Multimedia@Verwaltung, Heidelberg 1999, S. 249.

derne Verwaltung verwaltet, d.h. organisiert diese Bürgerinformationen und die damit zusammen hängenden Bürgerinteressen.

Bei der konkreten Ausgestaltung der Partizipation ist in erster Linie zu berücksichtigen, dass Partizipation Interaktion voraussetzt. Zu einer sachgerechten und dem Allgemeinwohl entsprechenden Planung kann nur ein Wechselspiel der an der Planung gleichermaßen beteiligten Behörden und Bürger in der Rolle als Informationsquelle und als Rezipient führen. Alle Akteure sollten durch Informationsbeiträge und konkrete Weiterentwicklungen die Planung vorantreiben und dabei alle bisherigen Erkenntnisse verwerten und berücksichtigen, sie sind – in der Internetsprache – gewissermaßen „provider" und „user".

2. Partizipation und web based planing

Betrachtet man konkret die Beteiligungsmöglichkeiten zunächst in zeitlicher Perspektive, nimmt Partizipation in Planungsverfahren mit der Zeit stetig ab.[33] Daran ändert im Prinzip auch die Internetunterstützung nichts.

Ausgehend von der Einteilung des Planungsvorganges in eine Programm- eine Entwurfs und eine Feststellungsphase,[34] bietet sich eine breit angelegte Partizipation der Bürger am ehesten in der Planungsfrühphase an. Zu diesem Zeitpunkt kann zum einen etwaigen durch das Gefühl der Machtlosigkeit ausgelösten dysfunktionalen Verhaltensweisen, wie Desinteresse, Misstrauen oder Protest entgegengewirkt werden.[35] Zudem sind in dieser Phase der Planung als Entscheidungsgrundlage konkrete Wertvorstellungen und weniger planerisches Fachwissen maßgeblich.[36] Die Betroffenen sind daher die besten Experten. Dabei sollen die Bürger die Möglichkeit haben die Planungsinitiative im Rahmen von Diskussionsforen und Chatrooms zu ergreifen. Weniger kreative und aktive Bürger können mit Hilfe von internetgestützten und multimedialen Stadtexperimenten, Stadtspielen oder Stadtgeschichten zu innovativen Ideen herausgefordert werden.[37] Die Internetplattform fungiert hier als „Ideenwerkstatt".

Demgegenüber sind planfördernde Partizipationsmöglichkeiten bei den nachfolgenden Planungsabschnitten aufgrund des Wissensvorsprunges der Verwaltung nur bedingt möglich. Abgesehen von den gesetzlichen Verpflichtungen zu Bürgerbeteiligungen wird sich die Partizipation hier faktisch wohl

---

[33] *Dienel* (vgl. Fn. 3), S. 159.

[34] Diese Einteilung wurde für die Niederlande durch die beiden Gutachten des Beirates für Raumordnung über die Mitsprache bei raumbedeutsamen Entscheidungen („inspraak") gewählt. Nachweis bei: *Dienel* (vgl. Fn. 3), S. 159.

[35] *Battis* (vgl. Fn. 3), S. 44.

[36] *Dienel* (vgl. Fn. 3), S. 159 f.

[37] In anderem Zusammenhang: *Kubicek* (vgl. Fn. 32), S. 242.

auf die Bewertung der ausgearbeiteten Planungsmodelle oder auf die Vorstellung von Alternativen oder Abänderungen beschränken. Partizipation übernimmt in diesen späteren Planungsphasen eher die Funktion als „Frühwarnsystem“ für potentielle Planungskonflikte.[38] Die in einigen Planverfahren gesetzlich normierten konventionellen Partizipationsformen der Bürgerbeteiligung (beispielsweise § 3 Abs. 1 BauGB) und der Anhörung (zum Beispiel § 73 VwVfG) können zwar auch zusätzlich im Internet angeboten werden; wegen des immer noch bestehenden „digital divide“ ist aber eine rein digitalisierte Variante noch nicht durchsetzbar.[39] Hinderlich für die digitale Partizipation sind zumindest vor der Geltung des 3. VwVfGÄndG auch die Schriftformerfordernisse (§ 73 Abs. 4 VwVfG). Aber selbst nach der erfolgten Gleichstellung der digitalen Signatur mit der Schriftform wird eine rein elektronische Beteiligung durch die teilweise angeordneten Präklusionsfolgen (§ 73 Abs. 4 VwVfG) unterbliebener Beteiligungen verhindert. So sinnvoll ein medienbruchfreies, quasi „papierloses“ Beteiligungsverfahren erscheint, seine Folgen sind derzeit untragbar: die große Zahl aller nicht ausreichend medienkompetenten Bürger wäre vom Verfahren ausgeschlossen.

Anders verhält es sich mit der Planauslegung selbst, deren Verlagerung ins Internet keine Formvorschriften entgegenstehen. Problematisch ist in diesem Zusammenhang nur die der Auslegung vorangehende ortsübliche Bekanntmachung (z.B. in § 73 Abs. 5 VwVfG) im virtuellen Raum. Nach den Gemeindeordnungen der Länder hat diese Bekanntmachung in regelmäßig erscheinenden Druckwerken oder durch Anschlag an den Gemeindetafeln zu erfolgen.[40] Auch wenn hier eine digitalisierte Version zumindest noch unter den Gesetzeswortlaut subsumierbar ist, wäre im Sinne von mehr Rechtssicherheit eine gesetzgeberische Klarstellungen wünschenswert. Zusammenfassend bleibt daher festzuhalten, dass sich die Partizipation zumindest in der Anfangsphase der Planung durch den Interneteinsatz erheblich steigern lässt und die Qualität der erfassten Informationen wesentlich erhöht. Auch wenn die gesetzlich vorgesehenen konventionellen Beteiligungsformen selbst in Zukunft nicht ausschließlich im virtuellen Raum stattfinden können, so werden sie doch durch entsprechende Internetangebote sinnvoll ergänzt.

---

[38] *Battis* (vgl. Fn. 3), S. 45.

[39] Die Folge wäre sonst ein Verstoß gegen das Demokratie-, Rechtsstaats- und Sozialstaatsprinzip, den Schutz der Menschenwürde, gegen den Gleichheitssatz und das Recht auf mediale und kommunikative Selbstbestimmung. Vgl. *Roßnagel* in: *Hoffmann-Riem / Schmid-Aßmann,* (vgl. Fn. 2), S. 312.

[40] Z.B. Art. 27 Abs. 2 i.V.m. Art. 26 Bayerische Gemeindeordnung in der Fassung der Bekanntmachung vom 22.8.1998, GVBl. S. 796.

3. Chancen und Risiken von Partizipation durch Internetkommunikation

a) Chancen

Die Chancen, die web based planning bietet, verstehen sich zugleich als Antworten auf Probleme der Partizipation im realen Raum. So wird aus der Sicht der Planungsexperten oft die Qualität der Bürgerbeteiligungen aus mangelnden Verfahrenskenntnissen und aufgrund fehlendem technischen Verständnis kritisiert.[41] Gerade der Einsatz einer Internetplattform mit adressatenbezogener Informationsaufbereitung ermöglicht es aber, dass sich der Bürger über den genauen Verfahrensablauf und die Gesetzeslage, sowie über die technischen Rahmenbedingungen, dargestellt in Laiensprache, informiert.[42] Er ist somit durchaus in der Lage von korrekten Prämissen auszugehen und qualifizierte Beiträge zu liefern. Wichtig ist eben die mediendidaktische Aufbereitung der Informationen, die – wenn gut gemacht – gleichsam einen „virtuellen Crashkurs“ zur Planungsmaterie beinhaltet. Hier begegnen sich E-Government und E-Learning.

Ebenso wird die durch Partizipation der Bürger hervorgerufene Verlängerung der Planungsdauer mit Hilfe des Interneteinsatzes nahezu wieder aufgehoben. Aufgrund der zeitlichen und örtlichen Unabhängigkeit der Partizipation, sowie der auch der Möglichkeit einer unbegrenzten gleichzeitigen Teilnahme an dem Planungsprojekt und einer automatischen Diskussionsleitung bzw. Auswertung lässt sich der Zeitaufwand für die Beteiligung der Bürger minimieren und gleichzeitig die Partizipation steigern. Web based planning ermöglicht auch einige Mängel der anhand der gesetzlichen Vorgaben formalisiert durchgeführten Bürgerbeteiligung zu beheben.

Die unterbleibende Partizipation eines Großteiles der betroffenen Bevölkerung war oftmals auf die unzureichende Kenntnisnahme der Planauslegung im Rahmen der „ortsüblichen Bekanntmachung“ per Aushang im Rathaus oder im Amtsblatt zurückzuführen.[43] Auch die für die Auslegung teilweise vorgeschriebenen Räume (z.B. bei der Polizei) schreckten viele Bürger ab.[44] Durch den Interneteinsatz ist der ausgelegte Plan jedem Bürger am heimischen PC unabhängig von etwaigen Behördenöffnungszeiten zugänglich. Die Bekanntmachung kann ergänzend zu den konventionellen Formen kostengünstig durch die Versendung von E-mails und Veröffentlichung auch auf der Homepage der je-

[41] *Fürst* (vgl. Fn. 8), S. 2.
[42] *Fürst* (vgl. Fn. 8), S. 2.
[43] *Fürst* (vgl. Fn. 8), S. 13.
[44] *Fürst* (vgl. Fn. 8), S. 13.

weiligen Gemeinde erfolgen. Es werden damit mehr Bürger erreicht und informiert. Eine größere Beteiligung ist zu erwarten.

b) Risiken

Den Chancen virtueller Planung stehen auch Risiken gegenüber, die es zu minimieren gilt, damit sich web based planning wirksam entfalten kann. So wird von Planern oft vorgebracht, dass endlose Debatten über Nebensächlichkeiten geführt werden.[45] Das wäre um so problematischer, je mehr Bürger sich an der Debatte beteiligen und um so weniger Hürden auf dem Weg ins Diskussionsforum bestehen. Mit Hilfe gezielter Informationen auf der Internetplattform kann jedoch auch verhindert werden, dass sich die Diskussion auf unveränderliche Tatsachen erstreckt. Bei veränderbaren Tatsachen zeugt aber eine breite Erörterung in der Öffentlichkeit davon, dass es sich im Sinne einer idealen Planung für die Allgemeinheit gerade um keine Nebensächlichkeit handelt und von den Planern entsprechend berücksichtigt werden sollte.

Weiterhin wird den am Planungsprozess partizipierenden Bürgern auch oft unterstellt sie seien unfähig oder unwillig zwischen Umwelt- und Wirtschaftsbelangen abzuwägen.[46] Dabei muss zunächst klargestellt werden, dass dies nicht die Aufgabe der Beteiligten ist. Der Abwägungsvorgang selbst soll auch in einem Modell verstärkter Internet-Partizipation alleine der Verwaltung vorbehalten bleiben. Bei der eigentlichen Aufgabe der Bürgerbeteiligung, der vollständigen Ermittlung des Abwägungsmaterials, ist jedoch web based planning insofern hilfreich, als dadurch die Anregungen von mehr Bürgern eingearbeitet werden können.

Unabhängig von der Form der Kommunikation ist aber eine weitere Voraussetzung planungsunterstützender Partizipation die Bereitschaft innerhalb der Verwaltung die Informationen der Bürger in den Entscheidungsprozess mit einzubeziehen. Hierfür wäre die Veröffentlichung der einzelnen Bürgervorschläge auf der Internetplattform förderlich, wodurch eine größere Transparenz der einzelnen Äußerungen erreicht wird. Aus dieser Öffentlichkeit der einzelnen Bürgerbegehren und der damit einhergehenden Politisierung der Beiträge folgt dann ein faktischer Druck auf die Verwaltung die Vorschläge der Bürger zu berücksichtigen. Es gilt in diesem Zusammenhang der drohenden Gefahr zu begegnen, dass Partizipation faktisch an den gesetzlichen Mindeststandards orientiert ist und die dazu parallel existierende Internetplattform von den Entscheidungsprozessen ausgeschlossen wird. Nur ein interner Projektablaufplan der Verwaltung kann dafür sorgen, dass bei jeder Zwischenentscheidung und jedem

---

[45] *Fürst* (vgl. Fn. 8), S. 2.

[46] *Fürst* (vgl. Fn. 8), S. 2.

Planungsentwurf zwangsweise die Informationen der Internetplattform auf ihre Relevanz hin ausgewertet und einbezogen werden.

Wie diese Ausführungen bereits zeigen, liegt das Problem internetunterstützter Planungsbeteiligung weniger an der Technik, Informationen ins Netz zu bringen als vielmehr darin, wie die Beteiligten mit einem potentiellen Übermaß an Information, Positionen und Einwendungen umgehen sollen. Notwendig erscheint eine Art der Informationsablage und Systematisierung, die sowohl den oben erörterten Bereich der Nutzung des Bürgers als Informationsquelle betrifft, als auch die Stellung der Verwaltung als Rezipient der Bürgerideen. Als Lösungsvorschlag bietet sich die Einführung eines themenorientierten Konferenzsystems an. Dieses erfüllt im Rahmen der Interaktion über das Internet zwei Funktionen. Zum einen wird damit dem Bürger ermöglicht bei der Erstellung seines Beitrages auf eine systematisierte Datenbank zurückzugreifen und bisherige Informationen zu berücksichtigen sowie auf diesen aufzubauen. Zum anderen kann die Verwaltung bei der Auswertung der Bürgerbeteiligungen auf ein geordnetes System zurückgreifen und eine sachbezogene Analyse der vorhandenen Informationen vornehmen. Als Vorbild für eine solche Datenbank kann das Issue Based Information Systems (IBIS) dienen.[47] Dieses Datenbanksystem folgt einem hierarchischen Aufbau, der auf der obersten Ebene von einer Frage (Issue) ausgeht die von der Verwaltung oder vom Bürger initiiert werden kann. Bei deren Beantwortung durch die Bürger auf einer Unterebene können dann unterschiedliche Antworten (Lösungsvorschläge, Stellungnahmen, Forderungen, Behauptungen) vorgebracht werden, die sogenannten „Positions". Auf einer weiteren Unterebene werden, ebenfalls durch die Bürger, die Behauptung (Position) unterstützende Argumente oder Gegenargumente (Arguments) formuliert. Dabei soll die Ablage in den Ordnern der Datenbank so organisiert werden, dass für jede Frage ein Ordner eröffnet wird, für jede Behauptung (Position) ein eigener Unterordner besteht und innerhalb dieser Anordnung eine Systematisierung der unterstützenden Argumente und Gegenargumente in je einen Unterordner erfolgt. Trotz dieser strengen Katalogisierung soll die Dynamik des Modells dadurch erhalten bleiben, dass jedem Benutzer die Freiheit eingeräumt wird aus Positionen und Argumenten eine neue eigene Fragestellung zu eröffnen.

Web based planning führt damit zumindest in dem Bereich der Partizipation zu wesentlich mehr Chancen als Risiken. Es besteht die Möglichkeit, klassische Probleme der Partizipation auszuräumen und die Beteiligungen sowohl in der Quantität wie auch in der Qualität zu steigern. Eine Verwaltung, die die Pla-

---

[47] IBIS wurde in der Großforschungseinrichtung GMD Forschungszentrum Informationstechnik in Birlinghoven bei Bonn entwickelt. Nachweis: *Kubicek* (vgl. Fn. 32), S. 249.

nung im Sinne des Allgemeinwohles wirklich will, kann sich dem Einsatz der neuen Kommunikationstechnologie nicht entziehen.

IV. Ausblick: Effiziente Planung trotz oder gerade wegen Internetunterstützung?

Ich komme zum Schluss. Schöne neue Welt transparenter Internetfachplanung mit zufriedenen Beteiligten, guten Planungsverläufen und am Ende noch der Anstoß für eine moderne, bürgerfreundliche Verwaltung insgesamt? So weit wollte und würde ich nicht gehen. Meine Ausführungen haben hoffentlich zeigen können, das web based planning realistische Chancen zur Planungsverbesserung bietet, eine Erhöhung der Transparenz, die Verbesserung der Partizipation, gleichzeitig aber auch erhebliche Risiken zu gewärtigen sind.

Kann man unterdessen noch von Effizienzsteigerung sprechen, wenn solche Internetnutzung teuer und zeitaufwendig ist und aus ganz unterschiedlichen Gründen auf Ablehnung, Misstrauen und zuweilen gar schiere Ignoranz stößt?

Hier hilft ein Blick auf die Zeitachse: So sind die Anlaufkosten zur Errichtung und Pflege einer internetunterstützten Planungsplattform erheblich, mittel- und besonders langfristig amortisiert sich diese Investition jedoch durch Einsparungspotentiale, die beispielsweise in der Modularisierung der Plattforminhalte und in Synergieeffekten durch die Zusammenarbeit mehrerer Planungsträger liegen.

Kurzfristig nachteilig erscheint auch der hohe Zeitaufwand, mit dem der Aufbau von web based planning betrieben werden muss, um professionelle Resultate zu erzielen. Zukünftig ergeben sich aber auch insoweit Einsparungspotentiale, wenn erst einmal ein workflow voll digitalisierter Geschäftsprozesse entstanden ist, die Information und Kommunikation in erheblich kürzeren Intervallen erlauben. Schon mittelfristig wirkt sich die Gleichzeitigkeit der Informationserhebung- und -verarbeitung über das Internet zeitsparend aus.

Nicht leicht einzuschätzen ist die Akzeptanz einer internetunterstützten Fachplanung bei den Akteuren. Sowohl den Bürgern als auch den Bediensteten in den Behörden fehlt es vielfach an der notwendigen Medienkompetenz, aber auch an dem neuen Rollenverständnis, das ihnen nach dem vorgestellten Modell zukommt. Die Prognose erscheint aber kaum gewagt, dass künftig mit dem Internet als alltäglichem Informations- und Kommunikationsmittel auch die Akzeptanz solcher Verfahrensweisen wächst.

Soweit freilich auch kurzfristig bereits Gebrauch gemacht wird von Internetdiensten der Planungsträger, wirkt sich effizienzsteigernd bereits anfänglich die höhere Qualität aus, die web based planning auszeichnet. Transparenz und Partizipation sorgen auch für eine präzisere Planzielerreichung, weil bekanntlich 1000 Augen mehr sehen als 2. Dass dies nicht immer im Sinne solcher Interessenträger sein mag, die durch undurchsichtige Planungsgeheimverfahren profitierten, ja, das kann guten Gewissens hingenommen werden.

Verzeichnis der Autoren

Dieter R. Anders, Rechtsanwalt, Anders Thomé, Krefeld

Dr. Dr. Jörg Berkemann, Prof., Richter am Bundesverwaltungsgericht, Berlin

Dr. Reimar Buchner, Rechtsanwalt, Rechtsanwälte Gleiss, Lutz, Hootz & Hirsch, Berlin

Dr. Klaus-Peter Dolde, Prof., Rechtsanwalt, Rechtsanwälte Dolde & Partner, Stuttgart

Alexandra Fridrich, Rechtsanwältin, Fachanwältin für Verwaltungsrecht, De Witt Oppler Rechtsanwälte, Freiburg i.Br.

Dr. Thomas Gerhold, Rechtsanwalt, Zenk Rechtsanwälte, Köln

Dr. Barbara Griefahn, Univ.-Prof., Universität Dortmund

Dr. Dirk Heckmann, Univ.-Prof., Universität Passau

Dr. Dietmar Hönig, Berlin

Klaus Jankowski, Rechtsanwalt, Anders Thomé, Krefeld

Dr. Norbert Kämper, Rechtsanwalt, Kanzlei Kleiner Rechtsanwälte, Düsseldorf

Hans-Peter Kleemann, Dipl.-Ing., B.A.U. Büro für Angewandten Umweltschutz, Stuttgart

Jens Ortscheid, Umweltbundesamt, Berlin

Dr. Ulrich Ramsauer, Prof., Vorsitzender Richter am Verwaltungsgericht, Hamburg

Dr. Ulrich Storost, Richter am Bundesverwaltungsgericht und Vizepräsident des Verfassungsgerichtshofs des Landes Berlin

Dr. Bernhard Stüer, Prof., Rechtsanwalt und Notar, Fachanwalt für Verwaltungsrecht, Münster / Osnabrück

Bertram Walter, Oberregierungsrat, Eisenbahn-Bundesamt, Halle

Dr. Heidemarie Wende, Umweltbundesamt, Berlin